中国语言生活绿皮书

国家语言文字工作委员会发布

YW B012

中国语言生活状况报告
(2012)

教育部语言文字信息管理司　组编

商务印书馆
创于1897 The Commercial Press
2013年·北京

顾　问　许嘉璐　赵沁平　郝　平　李卫红
策　划　教育部语言文字信息管理司
审　订　陈章太　戴庆厦　陆俭明　邢福义

组委会
主　任　李宇明
副主任　田立新
委　员　（按音序排列）
陈　敏　郭　熙　何婷婷　侯　敏　苏新春
王丹卉　王　奇　杨尔弘　易　军　赵小兵
周洪波　周庆生

主　编　周庆生　侯　敏
副主编　郭　熙　杨尔弘　周洪波
作　者　（按音序排列）
阿力肯·阿吾哈力　艾山江·阿不力孜　艾孜尔古丽
艾孜海尔江　白　娟　才旺拉姆　曹　晖　柴省三
陈　芳　陈　鹏　陈瑞端　陈章太　戴冬梅　戴红亮
古丽拉·阿东别克　郭　杰　郭双双　郭　熙　郝阿庆
何群雄　何婷婷　何　伟　侯　敏　汲传波　黎景光
李　峰　李　强　李现乐　李　欣　李旭练　李　艳
李宇明　刘冬明　刘　华　骆　峰　麦麦提艾力
毛拉尼亚孜·吐尼亚孜　毛力群　毛筱静　孟庆瑜
牟　岩　潘海英　齐向伟　祁坤钰　屈哨兵　容　宏
苏新春　滕永林　涂新辉　汪　磊　王　佳　王　磊
王利峰　王　奇　王文媛　王学荣　王雅莉　文秋芳
吴　蓓　谢俊英　熊文新　胥桂仙　许小颖　杨尔弘
杨书俊　姚　敏　一　清　应　玲　于洪志　余桂林
玉素甫·艾白都拉　袁　伟　翟志国　战　菊　张秀彦
张　艳　赵春燕　赵凡伊　赵军民　赵小兵　郑梦娟
郑泽芝　周道娟　周洪波　朱晋伟　朱俊玄　邹　煜

《中国语言生活绿皮书》说明

《中国语言生活绿皮书》由国家语言文字工作委员会发布，旨在贯彻落实《中华人民共和国国家通用语言文字法》，提倡“语言服务”理念，引导社会语言生活和谐发展，为构建和谐社会做贡献。

《中国语言生活绿皮书》分 A、B 两个系列，各自连续编号发布出版。

A 系列是语言文字“软性”规范。语言文字规范标准制定难度大、涉及面广，往往需要较长的试行试用过程；许多语言文字现象具有弹性，不易在短期内形成共识或不宜做“硬性”规定；语言文字信息处理等领域急需相应规范，但一时又难以妥帖制定。以《中国语言生活绿皮书》的形式发布一些“软性”规范，是为了适应语言文字规范制定的复杂情况，满足社会语言生活的多种需求。

A 系列的作用是引导社会语言文字应用，向社会提供参考，并鼓励采用。规范加上“草案”字样，以与国家正式的语言文字规范有所区别。有些“软性”规范通过试用完善，可以升为正式规范。

B 系列是中国语言生活的状况与分析，主要发布语言生活的各种调查报告和实态数据。国家发展的历史进程中，会遇到不少语言文字问题；世界语言生活风云万千，会对参与世界事务越来越多的中国发生各种影响。了解国内外语言生活状况，研究现实语言生活问题，对制定科学的语言规划、保护与开发语言资源、保证语言生活的和谐与活力，具有十分重要的意义。

B 系列是“实态”性质的：报告内容是实态的，语言数据的统计及其技术也是实态的。及时发布语言生活的实况与数据，就像发布水文监测、空气质量监测和气象监测数据一样，能为国家相关部门的决策提供参考，为语言文字研究者、产品开发者和社会其他应用者提供语言服务。

《中国语言生活绿皮书》是开放的。发布的内容不局限于国家语言文字工作委员会的科研项目，也吸纳社会优秀成果。《中国语言生活绿皮书》的出版也是开放的，欢迎各家出版社加入出版行列，出版内容和出版单位的选定，都遵循一定的遴选程序。

许嘉璐先生为《中国语言生活绿皮书》题字。国家语委历任领导都很关心《中国语言生活绿皮书》的编辑出版工作。相关课题组做出了贡献，一些出版单位和社会人士也给予了支持与关心。在此特致谢忱！

教育部语言文字信息管理司

科学保护各民族语言文字

——序《中国语言生活状况报告(2012)》

李宇明

2011年10月，中国共产党十七届六中全会通过了《中共中央关于深化文化体制改革 推动社会主义文化大发展大繁荣若干重大问题的决定》，提出要“大力推广和规范使用国家通用语言文字，科学保护各民族语言文字”。这是党对语言文字工作提出的明确要求，为语言文字事业改革和发展指明了方向。

我国有56个民族，最新的研究成果显示有100余种语言，仍在使用的文字近30种。这些语言文字，都是中华民族的文化瑰宝，在国家乃至国际的不同层面上发挥着交际作用，充当着国人的最为重要的思维工具，记录着中华各民族的历史和文化。对于这些语言文字，我们必须平等对待它们，充分尊重它们，由衷珍爱它们，科学保护它们，开发利用它们。

一　树立科学的语言生活观

“地位平等、功能互补”，是我国语言文字在语言生活中的基本状况，也是我国语言规划的基本理念。语言平等是我国民族平等政策的必然要求，是宪法精神的具体体现，同时也符合“人人平等”的普世价值观。但是，“语言平等”是政治地位的平等，语言地位的平等；在现实语言生活中，各种语言文字所发挥的作用其实并不相同。

(一)各种语言的现实状态不同：有的语言使用人口众多，有的使用人口较少；有的有共同语，有的尚未形成共同语；有的有方言，有的没有方言；有的有文字，有的没有文字；有的有大量的书面文献，有的只有口头传说；有的能够进行小学教育，有的能够进行中小学教育，有的可以进行大中小学系统完整的教育。

(二)因各种历史因素的作用,使用状况各有不同:有的语言文字在全国通用,有的在本民族自治地方使用,有的只是本民族部分成员在特定场合使用;有的有报纸、图书、广播、电视、电影等各种传播载体和书面成果,广泛应用于社会各领域,而有的只在社会一部分领域、甚至只在家庭使用;有的不仅本民族使用,其他民族也学习和使用,而有的连本民族成员都在放弃使用或已经放弃使用,语言处在濒危状态甚至即将消亡。

但是不管语言的现实使用状况如何,它们都在语言生活中发挥着一定的功能。而且,各种语言文字的功能是相互补充、相互辅助的。普通话是汉民族共同语,也是国家通用语言,在跨方言、跨民族的层面上发挥交际作用,在教育、新闻出版、行政、公共服务、科技、军事等领域发挥主要交际作用,在国际生活中代表国家行使语言职责。但是,人们不可能在所有场合都使用普通话,少数民族语言、汉语方言、外国语言都有它最适宜使用的场合,都有不可替代的作用。

科学保护各民族语言文字,并不是要削弱国家通用语言文字的功能,减弱推广普及国家通用语言文字的力度,相反,国家通用语言文字还需要大力推广普及,需要大力提倡规范使用;同时也要重视发挥少数民族语言文字、汉语方言的作用,保护其应有的使用空间。我国拥有丰富的语言文字资源,语言关系处理得好,是国家宝贵的文化财富;语言关系处理不好,就会发生冲突,文化财富会变成"社会问题"。当然,多语言国度的语言生活发生语言矛盾是不可避免的,关键是要有科学的语言生活观,"大力推广和规范使用国家通用语言文字"同"科学保护各民族语言文字"是相辅相成的,辩证统一的,不能将两者割裂起来,甚至对立起来;要建立解决语言矛盾的有效机制,通过语言功能调适来维持语言生活的和谐有序。科学的语言生活观,是科学保护各民族语言文字的前提。

二　制定科学的语言保护规划

"科学保护各民族语言文字",不是摆放在共和国大厅里的花瓶,而是牵涉广泛、影响深远且时间急迫的行动。如此之行动必须要有科学的行动规划。

语言保护规划首先是顶层设计,要谋求法律的保障,谋求通过宣传、教育、示范等方式建立社会的语言保护意识,谋求建立上下左右有效协调的运作机制,谋求具体有效的各种举措。

其次,要深入了解各民族语言文字的现实状况,根据不同语言文字的实态,制定切合实际的语言保护规划。比如，对于极少数即将消亡的语言，当务之急是“语言保存”，应尽快进行全方位的语言实态调查，建立永久保存的数据库，像保护非物质文化遗产那样确立“语言传承人”名录；对于一些濒危中的语言，要通过祖孙隔代传承、建立语言保护区、建设语言文字博物馆等措施，进行“语言抢救”；对于有衰落倾向的语言，主要是通过教育传承、鼓励应用等措施，增加其语言活力；对于具有活力的语言，主要是在政策、教育、使用等层面保持其语言活力。

其三，语言保护规划应当是综合性的社会动员规划，要靠专家和热心人，但不能只靠专家和热心人；规划应当是可以持续进行的，特别是应当具有操作性，语言保护措施应当与社会的经济文化发展相适应，与社会的语言保护意识相适应，不能超出社会的承受力。

其四，语言保护涉及民族与个人，采取什么样的方式进行保护，应充分尊重语言使用者的意愿，应经常进行协商取得一致意见，忌讳越俎代庖，更忌讳强加于人。

三　采用科学的语言保护方法

语言是人使用的，语言保护必须“以人为本”。语言与文化的关系十分密切，语言是文化的根基，又是在文化的“培养基”中发育成长的。因此，语言保护的各种方法都必须考虑使用语言的人，考虑语言所负载的亦是语言所根植的文化因素。这种“以人文本，语言与文化一体”的理念，具有语言保护的方法论意义。语言保护的方法很多，应当对这些方法进行全面梳理，深入分析，依据国情及“以人文本，语言与文化一体”的理念择良而用。

需特别强调的是，应重视现代语言技术的运用。现代语言技术主要是录音、照相、录像等方面的数字技术，以及数据库技术等。要制定适合语言保护的技术标准，研发、优化相关的软件，集成为技术包，并注意优选合适的硬件装备。就技术标准、软硬件的使用以及相关问题进行人员培训，形成一支具有新思维、新装备的技术队伍。国家语言文字工作委员会正主持进行的“中国语言资源有声数据库”的建设经验，值得借鉴。

互联网时代，要充分重视互联网的应用，通过虚拟世界促进现实世界的工作。通过互联网进行语言保护的宣传及其动态报道，以提高社会的语言保护观念，提升社会的知情度和参与度；提倡在互联网上学习和使用各民族的语言文字，以扩大语言文字的活力；创办虚拟的语言文字博物馆、展览馆，便于更多的人利用语言文字的保护成果。更为有意义的是，应注意发动网民参与到语言保护的具体工程建设中，比如提供语音资料、风土人文的图片和视频等。在互联网十分发达、网民数量超过五亿的今天，在云计算和物联网正在由概念成为现实的今天，互联网的作用绝不可低估。

四　充分开发语言保护的效益

语言保护是有效益的。其效益主要有三个方面：

首先是社会效益。应该有这样的评估：开展了语言保护工作之后，语言生活是否比过去和谐了，国家语言文字是否能够充分行使其职能，语言使用者是否满意，语言矛盾是否有所消解，语言濒危的势头是否得到遏制……。

其次是经济效益。语言保护需要投入，但是也能够产生一定的经济效益。比如促进新闻出版、旅游、会展、语言艺术等文化产业的发展，产生一些语言文化方面的新职业、新产业，利用语言资源发展语言信息产业等。

当然，还可以考虑学术效益。语言保护本身就有很高的学术含量，能够推动语言学、民俗学、人类文化学、信息科学的发展；通过语言保护产生的语言资源，用于学术研究，也能促进许多学科的发展。

语言保护需要建立强烈的效益意识。在制定规划之时就要仔细谋划，在保护过程中就要有效益利用的评价指标，边保护边开发。语言保护能否持续进行，关键在于对语言保护效益的开发利用。

目　　录

Contents

2011年中国语言生活状况

2011年中国语言生活生机勃勃，健康多彩。总体状况为：中央政府高度重视语言文字事业；国家语言文字工作的视野和领域进一步拓展；大力推广和规范使用国家通用语言文字、科学保护各民族语言文字工作稳步推进，亮点突出；残障人士的语言文字权利得到切实保障；社会大众广泛关注语言生活；国际化、市场化进程中的语言文字问题受到关注；海峡两岸语言文字学术交流活跃；媒体、教材等的用字用语情况稳定。

一　中央政府高度重视语言文字事业

1.1　中央全会决议

中国共产党第十七届中央委员会第六次全体会议10月通过《中共中央关于深化文化体制改革 推动社会主义文化大发展大繁荣若干重大问题的决定》，提出要“大力推广和规范使用国家通用语言文字，科学保护各民族语言文字”，对语言文字事业提出明确要求，凸显了语言文字工作在社会主义文化建设中的战略地位，体现了党和国家对语言文字事业的高度重视和殷切希望。

1.2　刘延东讲话

中共中央政治局委员、国务委员刘延东1月在纪念《国家通用语言文字法》颁布10周年座谈会上代表中共中央、国务院发表重要讲话，指出“加强国家通用语言文字的推广和普及，是维护国家主权与尊严、体现国家核心利益的战略举措”，阐述了语言文字方针政策，强调了语言文字工作的地位作用，明确了新时期语言文字工作的方向，对当前和今后一个时期的语言文字工作具有重要指导意义。

1.3 国务院文件

国务院2011年发布的多个文件都涉及语言文字工作内容，包括残障人士的语言权利保障、少数民族语言文字工作以及语言文化国际交流，如《兴边富民行动规划（2011—2015年）》《关于促进牧区又好又快发展的若干意见》《中国遏制与防治艾滋病"十二五"行动计划》《国务院关于修改〈出版管理条例〉的决定》《中俄人文合作委员会第十二次会议纪要》等。

1.4 国务院相关部委文件

国务院相关部委2011年发布多个文件，重视语言文字工作，例如：

国家民族事务委员会、国家发展和改革委员会、财政部、中国人民银行、国务院扶贫开发领导小组办公室6月联合发布《扶持人口较少民族发展规划（2011—2015年）》，内容涉及促进双语教育，推进语言文字规范化、标准化和信息化，支持出版发行少数民族语言文化产品，加强濒危语言的抢救和保护等等。

民政部7月发布《婚姻登记机关等级评定标准》，规定婚姻登记员统一使用普通话，涉外婚姻登记机关婚姻登记员至少熟练掌握一门外语。

卫生部12月发布《医疗机构从业人员行为规范（征求意见稿）》，要求医疗机构从业人员文明用语，认真执行医疗文书制度，规范书写、妥善保存病历材料，正确运用医学术语。

国家广播电影电视总局2月发布《关于进一步加强电视剧文字质量管理的通知》，要求"电视剧制作机构应对所制作的电视剧进行文字质量检查，确保电视剧用字用语正确、规范，避免出现字幕错别字，同时尽可能减少读音错误、用词错误和表达错误。""电视剧审查机构要制定明确、严格的文字质量监管制度，加强对送审电视剧的文字质量把关。"

新闻出版总署2月下发《关于倡议开展向中西部贫困地区农村中小学捐赠〈新华字典〉活动的通知》，倡议向中西部贫困地区农村中小学生捐赠《新华字典》平装本，为贫困山区的孩子奉献一片爱心，切实解决农村地区学生缺乏正版字典问题。

新闻出版总署和海关总署3月联合发布《音像制品进口管理办法》，规定出版进口音像制品要使用经批准的中文节目名称；外语节目应在音像制品及封面包装上标明中外文名称；出版进口音像制品使用的语言文字应符合国家公布的语言文字规范。

二　大力推广和规范使用国家通用语言文字

2.1　国家中长期语言文字事业改革和发展规划纲要

《国家中长期语言文字事业改革和发展规划纲要(2010—2020年)》(以下简称《语言文字规划纲要》)基本定稿。制定发布实施《语言文字规划纲要》,对语言文字事业适应形势发展,全面贯彻落实《教育规划纲要》,保证国家语言文字事业全面、协调、可持续发展具有重要作用。《语言文字规划纲要》正根据中共中央十七届六中全会提出的"大力推广和规范使用国家通用语言文字,科学保护各民族语言文字"要求进一步修改完善。

2.2　语言文字规范标准建设

《通用规范汉字表》8月17日经国务院常务会议审议通过。《通用规范汉字表》是贯彻《国家通用语言文字法》,适应信息时代社会各领域汉字应用需要的重要汉字规范。《出版物上数字用法》《标点符号用法》《中国人名汉语拼音字母拼写规则》等3项国家标准已发布,有助于提升社会各领域语言文字应用的规范化水平。

2.3　普通话推广工作

第十四届全国推广普通话宣传周(简称"推普周")活动在全国各地广泛开展。9月,推普周开幕式、闭幕式分别在内蒙古自治区鄂尔多斯市和西藏自治区拉萨市举行。本届推普周的宣传主题是"提升国家通用语言文字应用能力,弘扬中华优秀文化传统"。

国家普通话水平测试。2011年度,全国共有4 090 167人次参加了国家普通话测试,其中公务员99 469人次,教师338 752人次,学生3 378 127人次,广播电影电视系统7 127人次,社会其他人员266 692人次。

2.4　国家语委"十二五"科研工作

国家语言文字工作委员会(简称"国家语委")2011年度设立的"十二五"科

研项目共有136项，覆盖了国家语委的各项重点工作，包括语言政策、语言文字规范标准、普通话的推广与测试、国民语言能力、中华经典诵读、双语教育、盲文手语标准等。

2.5 提高国民语言能力

汉语能力测试取得突破性进展。汉语能力测试试点工作12月在北京、内蒙古、上海、江苏、云南等省市、自治区及南开大学等校启动，共有2 442人参加测试。

面向社会的其他语言测试，包括汉字应用水平测试、中国少数民族汉语水平等级考试、汉语口语水平测试、新汉语水平考试、中国汉语水平考试、国家职业汉语能力测试等有序开展。

推进规范汉字书写教育。举办了"中华诵·2011全球华人学生暨全国学生规范汉字书写大赛"；组织开展国家级规范汉字书写教育特色学校评审；举办了首届规范汉字书写、书法师资培训班；召开了规范汉字书写教育论坛。

2.6 中华诵·经典诵读行动

教育部、国家语委下发《关于在学校开展"中华诵·经典诵读行动"试点工作的通知》，全国教育系统开展"中华诵·2011经典诵读大赛""中华诵·2011中小学生作文大赛"等活动。天津、江苏、浙江等14个省(区、市)共组织各类红色经典诵读活动近5万场次，直接参与和观摩师生人数近1 400万人，参与学校1.5万所。

2.7 国家级语言文字规范化示范校建设

教育部办公厅4月下发了《关于开展第三批国家级语言文字规范化示范校申报、认定工作的通知》，要求各地重视示范校建设，积极组织申报。经评审和复查，教育部、国家语委12月授予506所学校国家级语言文字规范化示范校称号。

2.8 新时期普通话审音工作

新时期普通话审音工作研讨会5月召开。10月在北京成立普通话审音委员会，同时开通"普通话语音规范网(普通话审音网)"。新时期普通话审音工作将围绕普通话审音原则制定和《普通话异读词审音表》修订，进一步完善普通话语音标准，适应新时期语言生活发展的需要。

三 科学保护各民族语言文字

3.1 中国语言资源有声数据库建设

中国语言资源有声数据库上海库、北京库和辽宁库的建设工作先后启动。中国语言资源有声数据库建设试点总结会在南京召开，会议总结了江苏省的试点经验，肯定了“政府主导、学者承担、社会参与”的工作模式，同时开通了中国语言资源有声数据库(江苏库)展示网。

3.2 少数民族语言测试

蒙古语标准音水平测试在内蒙古自治区的14个考点举行了11次考试，考生总人数达到2 500人次。壮语文水平考试研制工作2010年启动，2011年在广西部分考点完成了模拟考试和题目分析。

3.3 少数民族语言文字研究

“现代藏语语法信息词典数据库研究”项目12月通过专家鉴定，项目成果为进一步开展藏语文本语法标注、机器自动分词、藏汉机器翻译等奠定了基础。“达斡尔、鄂温克和鄂伦春语语音声学参数数据库”11月通过专家鉴定。这些项目的成果有助于我国少数民族语言语音资源的保护和开发。《中国少数民族语言文字规范化信息化报告》出版。

3.4 中华字库工程

新闻出版总署发布了《新闻出版业“十二五”时期发展规划》，提出建设“中华字库工程”。该工程将收集现有文献资料中的汉字形体和少数民族文字形体，建立字际联系，并按照出版印刷及网络数字化需求，制作出符合各种应用需求的汉字和少数民族文字的编码及主要字体字符库。

3.5 少数民族语言文字新闻出版

“十二五”期间，国家“重点民文出版译制工程”每年资助重点少数民族文字

(含民汉双语)图书和民文音像制品,资助优秀汉文、外文出版物的民文翻译。“五种民族文字500种图书进千村千校”项目从12月开始,向蒙古族、藏族、维吾尔族、哈萨克族、朝鲜族5个少数民族聚居的省区免费赠阅50万册图书。

3.6 少数民族双语法官培训

最高人民法院围绕西部民族地区建立双语法官培训基地开展调查研究,组织并资助新疆维吾尔自治区、青海、内蒙古自治区等地编写双语法官培训教材,编写完成了《汉藏对照法学词典》。

四 切实保障残障人士的语言文字权利

4.1 提供无障碍信息交流服务

国务院法制办公室就《无障碍环境建设条例(征求意见稿)》公开征求意见,其中规定:发布政务信息、播出电视节目时应提供无障碍信息交流服务;城市公共服务场所、公共交通工具等应为无障碍信息交流创造条件;网站、图书馆等应逐步提供无障碍信息交流服务。服务方式包括:文字提示、手语、语音提示、屏显字幕、视觉引导、听力辅助、有声读物、盲文读物、盲文选票、盲文试卷等。

4.2 推广国家通用手语和盲文

中国残疾人联合会发布《中国残疾人事业“十二五”发展纲要》,将手语、盲文研究与推广工作纳入国家语言文字工作规划,建立手语、盲文研究机构,规范、推广国家通用手语、通用盲文,提高手语、盲文的信息化水平,建立手语翻译员培训、认证、派遣服务制度。

4.3 实施盲文出版工程

新闻出版总署发布《新闻出版业“十二五”时期发展规划》,提出“十二五”期间国家实施“盲文出版工程”,加强盲文出版基地建设,配置盲文刻印机和盲文制版印刷生产线;开发符合盲人认知的盲文乐谱、工具书、期刊、数字有声读物;建设中国盲文图书馆;设立盲用信息化辅助技术研究和产品研发专项。

五　社会大众广泛关注语言生活

5.1　汉语盘点2011

12月，国家语言资源监测与研究中心、商务印书馆等单位主办的“汉语盘点2011”活动，发布了“年度字词”“年度流行语”“年度新词语”。国内年度字和年度词分别是“控”和“伤不起”；国际年度字和年度词分别是“债”和“欧债危机”；十大流行语是：中国共产党建党90周年、“十二五”开局、文化强国、食品安全、交会对接、日本大地震、欧债危机、利比亚局势、乔布斯、德班气候大会；十大新词语是：伤不起、起云剂、虎妈、政务微博、北京精神、走转改、微电影、加名税、淘宝体、云电视。

5.2　汉语能力测试

汉语能力测试坚持非强制性、非选拔性、非营利性的原则，是公益类社会性考试。

新华网7月报道，历时3年研制的“汉语能力测试”将于年内试点开考。这则消息引起社会热议。赞成者认为，推行汉语能力测试有利于提高国民的母语能力，促进汉语的健康发展。质疑者担心开展测试会增加学生的学习负担，损害汉语的教育与学习。

5.3　地名更名

关于湖北“襄樊”市改称“襄阳”市引发社会议论。支持者认为，历史上襄阳的地位比樊城高，更名凸显了襄阳的历史文化底蕴，有利于招商引资或旅游开发。反对者认为，樊城的历史文化同样深远，更名要修改各种地图、公章等，至少要付出1亿元的成本。

5.4　淘宝体的应用

淘宝体录取通知。 南京理工大学7月，给新生发送了“淘宝体”录取短信：“亲，祝贺你哦！你被南理工录取了哦！不错的哦！211院校哦！……”。有人认为该短信采用年轻人喜闻乐见的表达方式，很亲切，但质疑者认为这种短信不够严肃。

淘宝体通缉令。上海徐汇警方发布了一则“淘宝体通缉令”，用“亲”来称呼在逃人员，并使用了“优惠”“客服热线”“预订”“套餐”等商家常用的词语。质疑者认为，这种表达形式模糊了警察与罪犯的界限，消解了司法的严肃性，使庄重的执法带上了娱乐化色彩。

淘宝体招聘公告。外交部微博“外交小灵通”8月发布了一则“中日韩三国合作秘书处”招聘公告。该公告用“亲”的称呼开头，用“不包邮”结束，中间还使用了“有木有”等带有咆哮体特征的词语以及网络表情符号。批评者认为，“外交无小事”，外交部门使用的语言不应过于随意。

六　国际化、市场化进程中的语言文字问题

6.1　《公共服务领域外文译写规范》研制工作

《公共服务领域外文译写规范 英文》专家委员会8月在北京成立，“公共服务领域外文译写”网站同时开通。《公共服务领域外文译写规范 英文(通则)》(草案)12月审议通过。我国公共服务领域外文译写规范将包含英、俄、日、韩四个语种，覆盖交通、旅游、文娱、体育、卫生、商贸、餐饮住宿等十多个领域。

6.2　国家外语能力受到关注

有专家指出，目前我国国家外语能力远不能满足国家快速发展的需求，主要表现在外语语种数量不足，外语资源质量不高，高端外语人才缺乏，对现有外语资源的掌控和开发利用程度不够。建议国家相关部门采取措施，加强统一管理。

6.3　语言服务产业

据目前掌握的资料，截至2009年年底，我国语言翻译服务企业有15 039家，翻译和本地化业务年产值约120亿元人民币；语言培训市场规模2013年预计将达400多亿元，并将在未来3至5年内保持每年15%以上的增长速度。商务印书馆推出的《新华字典》，已在海内外累计发行4亿余册，称得上是“世界上发行量最大的辞书”；《全球华语大词典》列入国家“十二五”出版规划重大项目。

七　海峡两岸语言文字学术交流

7.1　简化字在台湾使用增多

大陆游客赴台湾个人游开放。为招揽大陆游客，扩大商机，台湾地区一些商家开始使用简化字的招牌、标识、产品说明书、餐馆菜单等，有的还将台湾菜名改为大陆熟悉的名称。一些机构的网站还启用了简化字版。

7.2　合作编纂中华语文工具书

海峡两岸合编中华语文工具书取得较大进展。12月，《两岸常用词典》(《中华语文词典》简编本)的编纂、中华语文知识库网站检索等系统的建设、5 000万字语料的建库和加工，中华语文知识库网站实现云技术服务均已完成。

7.3　两岸语言文字学术交流

"2011两岸汉字艺术节"9月在台北故宫博物院开幕，展出了台北故宫博物院收藏的书法作品，举办了"书写汉字——大陆当代艺术展""两岸篆刻名家展""数字e笔书画展"，开展了名家对谈、艺术讲堂等活动。11月，以"国语运动百年"为主题的"第六届海峡两岸现代汉语问题学术研讨会"在澳门召开，与会者深入讨论了国语运动、方言、汉语词汇、汉语语音、语文教育、语言政策等议题。

八　媒体用字用语状况

报纸、广播电视、网络(新闻)的年度用字用语状况，可以反映媒体年度的语言使用实态。从这些字和词语的使用状况可以反映年度社会生活、时事面貌。

8.1　国家通用语言媒体用字用语调查

2011年年度国家通用语言媒体用字用语调查在2011年度国家语言资源监测语料库上进行，语料共计1 167 751个文本，1 292 983 007字符次，其中汉字出现1 054 313 804字次。

8.1.1 汉字使用情况

本次调查全部语料中一共出现了 10 590 个字种。

(1)覆盖率达到 80%、90%、99%的字种数分别为 593、957、2 396 个,高频汉字使用稳定,与 2010 年对比,相同覆盖率汉字的数量和使用的字种略有不同。

(2)在高频汉字中,使用频率变化较大的汉字体现了年度用字特点,记录了社会生活。如在 2011 年中,使用频率明显增高的汉字有:“亥、叙、微、党、债、卡、食、限、核、醋、乔”等,与 2011 年的“辛亥革命 90 周年、叙利亚局势、微博、小微企业、中国共产党建党 90 周年、欧债危机、卡扎菲、食品安全、限购令、福岛核泄漏、勾兑醋、乔布斯去世”等热点话题相关。

(3)低频汉字数量大。纵观历年用字调查,覆盖率从 99.99%到 100%是年度独用字集中出现的范围。年度独用字都是低频字,大部分出现在人名、专名、术语、方言用字中。

8.1.2 词语使用情况

全部语料共计 619 752 369 词次,2 369 349 个词种。其中在报纸、广播电视、网络(新闻)3 种媒体中都出现的词语有 231 272 个,占全部词语的 9.76 %,3 种媒体词语使用差异较大,这表明除了语文词和热点事件以外,不同媒体都有各自关注的话题。

覆盖率达到 90%的高频词语有 13 656 个,占全部词种数的 0.58%。这些词语使用了 2 732 个汉字,这些汉字中有 2 658 个出现在年度用字总表的前 3 000个高频汉字中。3 种媒体高频词语的使用具有较强的共性。

媒体词语的使用特点:

(1)高频词语数量及高频词语用字数量较稳定。高频词语数量稳定在 1 万余条,高频词语用字数量稳定在 2 700 个左右。这些高频词语主要是语文词语,也包括少数专有名词和时间表达式。

(2)高频词语中使用频率变化较大的词语体现了年度社会生活。与 2010 年相比,2011 年度下列词语使用频率明显增加,反映了 2011 年的社会图景:卡扎菲、限购、校车、房产税、辛亥革命、欧债危机、瘦肉精、京沪高铁、塑化剂、乔布斯。

(3)媒体中大量词语出现频率较低,占年度全部词种数 91%的词语仅覆盖全部语料的 1%。这些词语主要是人名、地名、组织机构名以及时间、数字表达式等。

8.1.3 新词语

2011 年从国家语言资源监测语料库中提取出新词语 593 条。其中三字词语最多，占 51.77%；其次为四字词语，占 21.08%；二字词占 15.51%。三字词语比例持续占优势，与近几年多用热门格式造词有关。2011 年持续了 2010 年的“××门、××族、××哥、××体、微××”格式，其中“××体、微××”特别活跃，如“咆哮体、淘宝体、宝黛体、撑腰体、高铁体，微电影、微访谈、微小说、微生活、微招聘”等。

593 条新词语中，完全由汉字构成的有 572 条，占 96.45%；其余 21 条大多是字母词，如“CDI(综合发展指数)、U 站、4D 报纸、hold 住”等。

2006 到 2010 年共搜获年度新词语 2 976 条，在 2011 年语料中，这些年度新词语有 40%能留存下来，年使用频次在 10 以上，如“博客、微博、动车、80 后、保障房”；有 1/4 低频使用，年频次在 10 以下，如“晒友、高薪蓝、秒杀族、雷词、发票奴”；还有 1/3 会隐退，从语言生活中消失，如“撞峰、晒黑族、有碗族、楼断断、俗贿”。

8.1.4 姓氏

在全部语料中出现了 704 835 个不同的名字(包括带姓的称谓，如“欧阳女士”之类)，这些名字或称谓共出现 13 364 915 次。姓氏 785 个，其中单字姓 497 个，复姓 278 个，三字姓 10 个。

排在前 100 位的单姓是：李、王、张、陈、刘、杨、周、黄、吴、赵、孙、马、胡、徐、郭、林、朱、金、郑、高、何、宋、罗、梁、谢、姚、韩、冯、许、邓、曹、丁、蔡、蒋、于、杜、叶、唐、温、沈、彭、袁、姜、余、潘、万、苏、曾、董、汪、鲁、范、田、陆、白、方、贾、肖、谭、崔、雷、吕、石、钟、任、韦、康、卢、江、牛、魏、程、孟、安、廖、夏、戴、邵、龙、钱、齐、秦、毛、汤、邱、洪、乔、俞、华、莫、梅、熊、薛、穆、易、侯、尹、顾、段、傅。

出现的复姓如：欧阳、司马、诸葛、上官、司徒、慕容、闾丘、皇甫、西门、尉迟、公孙、东方、令狐、申屠、端木、夏侯、东郭、呼延、拓跋、万俟、长孙、澹台、鲜于。

8.2 中文博客语言状况

国家语言资源监测与研究中心以新浪、网易和搜狐三家网站公布的名博列表中的用户发布的博客帖为调查对象，对 1 728 个博客用户 2011 年全年发布的共计 201 488 个博客帖进行了多角度的调查和分析。

8.2.1 发帖量

年发帖量小于或等于 50 的用户占总用户数的 53.29%；发帖量小于或等于 300 的用户占总用户数的 90.68%，这些用户合计发帖 102 445 篇，占总发帖量的 50.84%。年发帖量大于 300 的用户有 161 个，占总用户数的 9.32%，共发帖 99 043 篇，占总发帖量的 49.16%。年发帖量大于 1 000 篇的用户主要是一些广告媒体机构、政治和经济评论家等，由此可以看出少数机构和个人在网络宣传中所发挥的作用。

8.2.2 博客帖长度分布

长度小于等于 3 000 个字符的博客帖占总帖数的 81.76%，长度小于等于 5 000个字符的博客帖占 91.19%。最短的博客帖只有 7 个字符，长度在 30 个字符以内的有 802 篇，主要是只有标题和图片说明的博客帖。

8.2.3 不同性别博客用户语言使用状况

在 2011 年收集的 1 728 个博客用户中，选择了 350 个男性博客用户和 350 个女性博客用户，对他们的博客帖用频率差的方法进行调查统计。结果显示，男性和女性在字词使用上都有所不同。

男性用得更多的 10 个字是：国、学、中、政、民、为、文、教、年、社；女性用得更多的则是：我、女、你、一、她、不、好、爱、情、男。

男性用得较多的 10 个名词是：社会、问题、国家、政府、学生、文化、政治、历史、学校、大学；女性用得较多的则是：女人、男人、时候、女性、爱情、朋友、孩子、美女、明星、妈妈。

男性使用更频繁的前 10 个人名是：毛泽东、孔子、蒋介石、鲁迅、曹操、孙中山、胡适、袁世凯、斯大林、马克思；女性使用更频繁的则是：张柏芝、范冰冰、杨幂、琼瑶、谢霆锋、赵薇、姚晨、周迅、林志玲、刘亦菲。

从这些数据可以看出，男性用户的博客帖关心的话题更多与政治、社会等相关；而女性更关心生活、情感、娱乐类话题。

8.3 藏文媒体用词调查

第一次对藏文的报纸、网络媒体词语的使用情况进行了调查。语料源自 2010 年度 4 种藏文报纸的全部文本、3 家网站的新闻报道，共计 2 247 821 词次，31 403 个词种。全部语料覆盖率达到 90%时的词种数是 2 326 个。

藏文媒体的词语使用具有以下特点：

8.3.1 高频词语使用相对集中

覆盖率达到 90%时，报纸媒体的词语计 2 166 个，网络媒体计 2 261 个，其中 2 104 个词语相同，共用率达到各自高频词语的 95%左右；将两媒体覆盖率达到

90%时的2 326个高频词与藏语文教材(小学、初中、高中)语料中覆盖率达到90%时的2 220个词语对比,相同的词语共计2 065个,共用率也达到各自高频词语的90%左右。可见藏语高频词语的使用相对集中。

8.3.2 媒体高频词中的新词语

将调查语料中出现的全部31 403个词种与已有的8部藏汉词典、新词术语词典以及藏文新词术语表中的96 843条词语对比,语料中的词语占词典词种数的32.43%。这表明2010年度作为大众媒体传播的报纸、网络(新闻)使用的词汇仅占这些词典总词汇量的三分之一。媒体高频词中的新词语多属于政策、法规和经济类词语。

九 教材用字用语状况

国家语言资源监测与研究中心今年开展了包括国家通用语言、少数民族语言和海外华语在内的基础教育教材的调查。

9.1 基础教育数理化教材

根据教材的流行程度、使用范围以及教学界评价,在数学、物理、化学三科中各选取了两套教材作为调查对象。

9.1.1 用字情况

调查数据显示,数学教材用字2 391个,物理教材用字2 425个,化学教材用字2 053个,三科总用字3 014个,其中共用字1 610个,占53.04%;每科都有一些独用字,其中大部分是学科用字。

基础教育语文教材共用字5 070个,数学、物理、化学三科使用的3 014字中与语文教材共用的有2 927个,占其总数的97%;独用字有86个,如"氯、钾、铝、镁、氖、氟、钨、幂、锂",其中多数是指化学元素或化合物的汉字。

将数学、物理、化学的3 014个字与《现代汉语常用字表》的3 500字比较,未见于《现代汉语常用字表》的267个,如"铀、瀚、篑、涸、绚、钨、黏、铂、熨、兹、骼、彗、豚"等。

9.1.2 用词情况

数学教材用词10 647个,物理教材用词8 927个,化学教材用词5 913个,三科总用词17 537个,其中共用词2 406个,占13.72%,独用词比例高达68.39%,

可见不同学科用词差别较大。数学中的独用词如“正方形、函数、不等式”；物理中的独用词如“磁场、动能、浮力”；化学中的独用词如“化学式、盐酸、溶质”。

基础教育语文教材一共用词 50 670 个，数学、物理、化学三科使用的 17 537 个词中与语文教材共用的有 10 413 个，占其总数的 59.38%；独用词有 7 124 个，占 40.62%，其中绝大部分是学科词语，只出现一次的高达 3 269 个，表明学科用词数量多，复现率低。

由此可见，数学、物理、化学三科教材所使用的字词虽然在总量上不大，但在很大程度上与语文课形成互补，和语文课一起承担着培养学生语言能力的任务。这些课程不仅具有传授自然科学知识的功能，在学生语言能力培养上的作用也不容低估，这应引起教材编写者和教学工作者的重视。

9.2 维吾尔语高中语文教材

调查选取的是新疆教育出版社出版的普通高中教育维吾尔语文新课程标准实验教科书，包括必修课教材和选修教材。

必修课教材共用 139 880 词次，32 125 词种，15 895 词干种；选修教材有 333 306词次，57 518 词种，23 031 词干种。二者比较可以看出，必修课教材从语料规模到词种、词干种数量都小于选修教材，必修课教材词汇使用集中，注重基础知识；选修教材词汇使用量大，词种丰富，用以拓展词汇和知识领域。

将高中教材与小学、初中教材用词状况统一考查，维吾尔语语文教学从小学到高中共涉及 33 248 个词干，其中小学、初中阶段学习词干 24 568 个，高中阶段学习词干 26 124 个。两个阶段的共用词干为 17 572 个，分别占各自总词干的 71.52%、67.26%。可以看出，高中教育是对小学、初中基础教育所学知识的巩固、延伸和扩展，高中也是学生词汇量快速增长的阶段。

9.3 哈萨克语小学语文教材

国家语言资源监测与研究中心今年首次开展了哈萨克语教材的调查。调查选取了新疆教育出版社出版的两套哈萨克小学语文教材，分别为普通班版和双语班版。

调查数据显示，普通班版使用了 108 515 词次，26 679 个词种，6 975 个词干种，273 个词尾种；双语班版使用了 54 396 词次，16 607 个词种，6 065 个词干种，239 个词尾种。从教材词语使用规模上看，普通班版几乎是双语班版的 2 倍，词种数也多出 2/5，显示出两套教材不同的性质和特点。

两套教材各册在词种、词干的使用数量上分布基本一致，使用词种、词干数量最多的都在第 8 册，显示出一定规律性。

9.4 马来西亚华文小学语文教材《华文》

马来西亚的华文教学属于第一语言教学，《华文》是供马来西亚华文小学统一使用的教材，共 6 册，230 篇课文。这次调查的对象是教材中的课文用词，并与人民教育出版社出版的新课标小学《语文》、马来西亚主要华文媒体语料库进行了对比研究。

《华文》共使用 30 089 词次，6 924 个词种；《语文》共使用 132 401 词次，13 950 个词种。二者共用词种 4 535 个，占《华文》词种数的 65.50%，占《语文》词种数的 32.51%。数据表明，无论教材篇幅还是词汇量，《语文》都远远大于《华文》。

马来西亚主要华文媒体语料库的词种数共 180 428，词次共 38 013 207，将其词语按频率降序排列，取前 6 924 个词语（此时的覆盖率为 88.32%）和《华文》全部词语进行对比，二者共用词种数 2 807，占 40.54%，独用词种数 4 117，占 59.46%。《华文》独用词语大多是日常生活中的知识性词语，如“青蛙、大地、风筝”等，适合儿童认知，体现了小学语文教材的特点。马来西亚主要华文媒体语料库独用词语多为人名、地名、时政性词语、马来西亚特色词语，如“拿督、新闻、议员”等。

《国家通用语言文字法》颁布10周年纪念*

陈章太　谢俊英

2011年1月20日，全国人民代表大会（简称“人大”）教育科学文化卫生（简称“教科文卫”）委员会、教育部、国家语言文字工作委员会、国务院法制办公室等，在北京人民大会堂联合召开纪念《中华人民共和国国家通用语言文字法》（以下简称为《国家通用语言文字法》）颁布10周年座谈会，中共中央政治局委员、国务委员刘延东和全国人大副委员长路甬祥出席会议并发表重要讲话，全国人大教科文卫委员会主任白克明主持会议，教育部、国务院法制办公室、广播电影电视总局、解放军总政治部宣传部和江苏省人民政府等部门主要领导同志在会上发言，首都各界人士及各地代表200多人参加座谈会。会议主题是总结《国家通用语言文字法》公布实施10年来取得的成绩和经验，规划语言文字法制建设蓝图，推动中长期语言文字事业科学发展，构建和谐语言生活。这次会议的召开，意义重大，影响深远，显示了《国家通用语言文字法》的贯彻实施取得了辉煌成就，同时标示我国的语言生活发生深刻变化，主体性和多样性相结合的特征更加凸显。

《国家通用语言文字法》是中国有史以来第一部语言文字专项法律，也是世界上近200个国家中不多的语言大法之一。《国家通用语言文字法》于2000年10月31日由第九届全国人大常务委员会第十八次会议审议通过，2000年10月国家主席发布命令公布，2001年1月1日起实施。10年来，《国家通用语言文字法》的实施已经取得显著成就，充分显示了这部语言大法的鲜明特色和强盛活力，对我们国家社会交际、民族团结、国家统一、经济繁荣、文化发展、文明进步和

---

* 本文所引资料主要依据刘延东同志在“纪念《中华人民共和国国家通用语言文字法》颁布10周年座谈会”上的讲话稿及《语言文字工作简报》和公开发表的相关报道。

现代化、信息化、国际化建设等都有重大作用。

在纪念《国家通用语言文字法》颁布实施10周年座谈会上，刘延东代表党中央、国务院的讲话(以下有时简称“讲话”)，站在时代的高度，从国家、事业发展全局的战略出发，结合中国的国情和国家语言生活实态，深刻论述了《国家通用语言文字法》颁布的重要意义，全面总结了该法实施10年来的丰硕成果和主要经验，强调指出推广、普及国家通用语言文字的重要性和紧迫性，及做好语言文字工作的重大意义，科学阐述国家语言政策，具体提出未来语言文字事业发展的方向。“讲话”是我国近期语言文字工作的总结和新形势下开创语言文字工作新局面的动员令，在我国语言文字工作发展史上具有重大意义。“讲话”内容丰富，论述精辟，亮点较多，值得我们认真学习和深入领会。

一　语言大法颁布实施的意义、成就和经验

1.1 意义

刘延东在讲话中指出：“语言文字是人类智慧和文明的结晶，是文化传承的重要载体，是推动历史发展和社会进步的重要力量。”“《国家通用语言文字法》正式颁布，标志着我国语言文字事业走上了法制化的轨道，进入依法行政、依法管理的新阶段，具有重要里程碑意义。……《国家通用语言文字法》的颁布实施，对于提高国民素质，促进教育发展，弘扬中华文化，提升国家信息化水平；对于加强规范管理，推动依法行政，营造和谐语言生活环境；对于促进经济发展和社会进步，维护民族团结和国家统一，增强国家软实力和民族凝聚力，都产生了积极的推动作用。”

1.2 成就

《国家通用语言文字法》颁布10年来，已经取得显著的成就，“讲话”具体概括了这些成就。指出：“一是普通话和规范汉字作为国家通用语言文字的法律地位得到落实，推广普及力度不断加大，成为公务活动、教育教学、新闻出版和广播影视、国防安全、公共服务行业的主导用语用字，成为我国不同民族和地区间的主要交流工具；语言文字规范化标准化程度和广大人民群众普通话应用能力以及语言文化素养显著提高。二是明确了各级政府管理国家通用语言文字使用的职责及语言文字工作的管理体制，促进了工作机构、队伍、机制的建设；国家通用

语言文字的法律法规体系、规范标准体系、工作体系初步形成，为国家通用语言文字在社会生活中更好地发挥作用提供了有力保障。三是坚持国家通用语言文字的主导地位和使用原则，妥善处理方言、少数民族语言文字以及外国语言文字等的学习使用，加强对新的语言现象的研究、引导，既有效促进了国家通用语言文字在党政机关、学校、媒体和社会公共服务行业的规范应用，也维护了社会语言生活的和谐、健康，促进了语言文字的丰富发展。四是重视并发挥国家通用语言文字在促进各民族、各地区经济文化交流，加强社会主义文化建设中的特殊作用，为传承和弘扬中华优秀传统文化发挥了积极作用。”

1.3 经验

《国家通用语言文字法》颁布 10 年来，在贯彻、实施《国家通用语言文字法》，创新、发展语言文字工作的实践中，积累了弥足珍贵的经验。“讲话”指出：“一是坚持以中国特色社会主义理论体系为指导，坚持党的语言文字工作方针政策，紧紧依靠党和政府的领导以及广大人民群众的支持；二是坚持解放思想、改革创新，主动适应经济社会发展需要，围绕中心，服务大局；三是坚持以人为本，做到规范与服务相结合，不断满足人民群众日益增长的学习使用语言文字方面的需求；四是坚持立足基本国情、尊重语言文字发展演变的客观规律，实事求是，因势利导；五是坚持政府主导、依法行政、依法管理，建立健全各部门分工协作、齐抓共管的体制机制；六是充分发挥语言文字工作者的主动性和创造性，充分调动社会各方面积极性，群策群力做好语言文字工作。对这些经验，我们要倍加珍惜，长期坚持，在今后工作中不断丰富发展。”

“讲话”内容全面具体，对深入贯彻实施《国家通用语言文字法》，进一步做好语言文字工作和各项相关工作都有重要指导意义。

二　关于加强国家通用语言文字的推广和普及

2.1 大力推广和普及国家通用语言文字

“讲话”指出：“加强国家通用语言文字的推广和普及，是维护国家主权与尊严、体现国家核心利益的战略举措。我们一定要从党和国家事业发展全局的高度，充分认识加强语言文字工作的重要意义，切实增强提高国家通用语言文字普及和应用水平的责任感、紧迫感和使命感。”因为“这是建设人力资源强国、实现中国特色社会主义现代化的迫切需要。”“是传播弘扬中华文化、增强国家软实力的迫切需要。”“是维护民族团结和国家统一、建设中华民族共有精神家园的迫切需要。”“是适应时代发展新要求、提升语言文字信息化、规范化水平的迫切需要。”“是推进语言文字法制化建设、解决当前突出问题的迫切需要。”“讲话”详细、深刻地论述了这些“迫切需要”。

2.2 开创语言文字事业新局面

“讲话”接着论述开创语言文字事业新局面的问题，指出：“贯彻《国家通用语言文字法》是一项长期的战略任务。我们要以法律颁布10周年为起点，以中国特色社会主义理论为指导，全面落实依法治国基本方略，加快推进法治建设，完善机制，突出重点，改革创新，不断研究新情况，解决新问题，把《国家通用语言文字法》贯彻实施工作努力引向深入，切实推动语言文字科学发展。”具体有五方面的工作：“第一，大力推广和普及国家通用语言文字。……将其摆在语言文字事业的核心地位。”“第二，全面提升国民语言文字应用能力。要建立健全覆盖听说读写的科学评价体系，使其成为衡量国民语言文字应用能力的重要依据。”“第三，加强语言文字规范标准和信息化建设。要进一步完善与《国家通用语言文字法》实施相配套的语言文字规范标准体系。”“第四，加强对社会语言生活的监管与服务。”“第五，加强语言文字交流与合作。”

三　关于科学处理几种语言关系的若干问题

随着我国实行深化改革开放政策，国家正向现代化、信息化、国际化迈进，社会人口大流动，语言交际和语言影响增多，人们的思想观念和社会生活发生深刻的变化。在这种背景下，我国的社会语言生活非常活跃、丰富、复杂，语言关系发生较大变化，社会语言生活中出现了不少热点、难点问题，如国家通用语言文字普通话和规范汉字与少数民族语言文字的关系，普通话与方言的关系，简化汉字与繁体汉字的关系，汉语言文字与外国语言文字的关系，以及涉及3 000万聋人盲人切身利益的盲文手语的规范推广，还有新词语、流行词语、网络词语、字母词、外来语等问题。刘延东的讲话直面这些社会语言生活中的热点难点，深刻阐释了国家语言政策，从政策层面明确回答了这些热点难点问题，提出正确处理各种语言文字关系的政策性意见。

3.1 关于国家通用语言文字与少数民族语言文字问题

我国是一个统一的多民族多语言多方言国家，人们在社会交际中语言障碍较大，因此各个历史时期都不同程度地重视民族共同语的推广，都取得了一定成绩，但到上世纪前半叶，社会语言生活状况没有发生根本性变化，基本上仍是单语制，即社会交际中仍以使用民族语言或方言为主，民族共同语只在少数人、少数场合使用，没有占据社会语言生活的主导地位。新中国成立后，国家上下都十分重视普通话的推广，推广普通话成为政府行为，社会广泛参与，国家制定了大力推广普通话政策，并从法律上确定普通话作为全国通用的“国家通用语言”地位，同时国家还在法律、政策上确定了各民族语言文字平等共存的政策，在有关法律法规中，明确规定：“各民族都有使用和发展自己的语言文字的自由。”国家的这些语言政策，完全符合中国国情和社会语言生活状况，符合人民大众对语言使用的实际需要，有力保障了普通话和各民族语言的共同发展，使我国的社会语言生活逐渐形成主体性与多样性相结合的双语文生活，即以普通话规范汉字为主，各民族语言文字共存分用，各自发挥其功能和作用，社会语言生活长期保持和谐、健康平稳地发展，没有发生影响全局的语言冲突和语言问题。我国实施的语言规划成为语言规划史上一种成功的范例，受到国内外的普遍赞誉。

“讲话”对新时期的国家通用语言文字普通话规范汉字与少数民族语言文字的关系，联系我国语言生活实际，从政策法律上进行深刻的论述。指出：“我国幅员辽阔、人口众多，拥有多民族、多语言、多文种、多方言，普及国家通用语言文字，是增进民族间、地区间的交往，促进经济、文化等各项事业发展的必要条件。”“加强国家通用语言文字的推广和普及，是维护国家主权与尊严、体现国家核心利益的战略举措。”“普及国家通用语言文字，充分发挥其作为中华文化载体及鲜明标志的作用，不仅是方便沟通、促进各民族经济文化交流的需要，而且事关整个中华民族的历史文化认同和传承，是维系中华民族的主要纽带。”“学好国家通用语言文字，有利于促进各民族间的沟通和交流，促进民族地区经济社会特别是教育、科技事业发展，促进各民族共同团结奋斗，共同繁荣发展，对维护民族团结和国家统一具有十分重要的作用，符合广大少数民族群众的根本利益。”“民族地区加强双语教育、推广普通话方面所取得的成就，对促进民族地区教育发展、增进各民族之间的交流交往、巩固平等团结互助和谐的社会主义民族关系，发挥了不可替代的作用。”在新的形势下，“要求我们尊重语言文字发展规律，注重主体性和多样化的辩证统一，在国家通用语言文字发挥主导作用的前提下，依法处理好少数民族语言文字……使它们按照法律的要求各得其所、各展所长，保障社会语言生活的和谐健康。”“少数民族学习使用国家通用语言文字和少数民族语言文字，是法律赋予的神圣权利。”“民族地区……双语教学亟待加强。”

3.2 关于普通话与汉语方言问题

汉语是汉民族共同语，普通话是汉语的规范形式标准语，也是国家通用语言，实际具有中华民族共同语的性质和功能。汉语还包括许多大大小小的地域方言。汉语方言纷繁复杂，分歧很大，这给我国社会交际造成很大的语言障碍，影响各项事业的发展，不利于社会进步和国家安全。当然，方言也有其社会价值和文化价值，它为方言区人们服务，传承中华文化和地方文化，丰富、发展了普通话。由于语言内部和外部的各种复杂原因，方言总会不断发生变化。就汉语方言近期发展变化总的状况看，有的逐渐成为强势方言，有的则缓慢弱化、萎缩，变为弱势方言，少数乃至退化成濒危方言，而绝大多数方言保持平稳发展，它们的活力普遍有所增强，这是语言进化、演变的结果，是正常现象，但社会上也有些人认为某些方言的弱化、退化是受普通话影响的结果，是社会语言问题。

“讲话”也对普通话与方言问题作了阐述。“讲话”强调指出：“党和国家的语言政策是明确、稳定的，我们要加大宣传力度，使全社会广泛知晓并自觉遵守贯彻。依法推广普通话的目的是为了克服交际障碍，方便沟通和交流，而不是歧视、禁止方言。方言是客观存在的，有其自身的产生发展规律和使用价值，并将在一定领域和特定地区内长期存在。对方言、特别是一些濒危的方言还应利用现代技术手段，如有声数据库建设等进行调查、整理、研究和开发应用……”这段政策性说明、论述是十分重要、精辟的，为看待、解决普通话与方言的问题提出了原则，指明了方向。

3.3 关于汉语言文字与外国语言文字问题

新中国成立以后，因受国内外各种因素的限制和影响，我国对外国语言文字的学习使用重视不够，或者说还来不及给予足够重视，长期缺乏详细周密的外国语言文字规划，因而造成外语教学、培养薄弱，外语学习使用水平不高，外语人才缺乏，不能适应国家、社会发展的需要。自实行改革开放政策以后，这种状况发生了较大变化，国家、社会普遍重视外国语言文字学习使用，并逐渐形成“外语热”，尤其是“英语热”，有时还出现外语学习、使用影响本国语言文字的学习和使用，引起有些社会人士的忧虑，担心汉语言文字的学习、使用被削弱，水平逐渐下降，汉语发生“危机”。

“讲话”对外国语言文字的学习、使用问题也有重要的阐述。指出：“对于外语学习和使用，应该认识到这是进一步扩大开放、加强与世界联系和交往的需要，也是学习借鉴外国先进科学技术、吸取人类文明成果的需要，应鼓励和支持，但对于片面强调外语学习和不当使用外语，尤其是忽略或削弱本国语言文字学习和使用的，要进行必要的纠正，依法予以规范。”刘延东的这一段讲话，语义十分明确，政策性、针对性极强，对认识、解决外国语言文字学习使用问题将发挥重要作用。

3.4 关于科学处理若干语言文字问题

新词语、流行语、字母词、外来语和网络语言这些问题，都是近年来人们普遍关注的社会语言生活中的“热点”问题，涉及的社会面较广，使用情况比较复杂，对这些问题怎样看待怎样解决，学术界和社会上都存有不同意见。大概因为问题较多，情况比较复杂，“讲话”对这些问题未能逐一细论，只作原则说明，指出对这些问题要开展“监测与研究，引导社会规范使用，吸收其合理的、有生命力的成分，丰富国家通用语言文字的词汇系统及表达手段，促进语言文字健康发展”。

关于繁体字、异体字问题，“讲话”说明：“推行规范汉字，也并不要求所有的场合都不能使用繁体字、异体字。《国家通用语言文字法》对……繁体字、异体字使用也作出了具体规定。”“要在国家通用语言文字发挥主导作用的前提下，依法处理好……繁体字……的学习使用问题。”

关于手语盲文的问题，“讲话”十分重视，强调指出：“手语、盲文作为听力残疾人和视力残疾人使用的语言文字，涉及三千万聋人和盲人的切身利益，社会性强，影响面广，专业化程度高，应统筹规划，加强指导，做好通用手语和通用盲文的研究、规范和推广工作。”

四　关于贯彻落实《国家通用语言文字法》

“讲话”最后对贯彻落实《国家通用语言文字法》提出明确要求，指出：“贯彻落实《国家通用语言文字法》，是一项复杂的系统工程，涉及方方面面，事关长远未来，必须从战略和全局的高度，加强组织协调，全面谋划推进。”具体要求四项：

4.1 加强领导、明确责任

“各级政府和有关部门要进一步提高对语言文字工作重要性的认识，牢固树立语言文字法律责任意识，依法加强对语言文字工作的领导。要把语言文字工作纳入议事日程，摆在更加突出的位置，统筹安排，科学规划，扎实推动。主要负责同志对语言文字工作要亲自关心过问，协调解决重大问题。各级党政机关特别是领导干部要带头推广使用国家通用语言文字。”

4.2 改革创新、健全机制

“要坚持‘政府主导、语委统筹、部门支持、社会参与’的管理体制，进一步完善分工协作、齐抓共管的工作机制。教育部门要抓好各级各类学校特别是幼儿园、中小学校和师范院校普通话和规范汉字的普及和应用，加强民族地区的双语教学工作，充分发挥教育在语言文字工作中的基础性作用。新闻出版和广电部门要依法规范出版物、广播影视和新型媒体中国家通用语言文字的使用，充分发挥出版和广播电视传媒的示范作用。工商行政管理以及公共服务行业的其他相关管理部门，要切实加强公共服务行业使用国家通用语言文字的监督管理，营造和谐的社会语言文字环境。标准管理部门要管理、制定好语言文字规范标准，满足现代语言生活需要，牢牢掌握中国语言文字标准的主导权。”

4.3 严格执法、加强监督

“法律贵在落实，重在执行。要将《国家通用语言文字法》贯彻执行情况作为衡量各级政府依法行政的重要方面，纳入建设法治政府、精神文明创建、教育督导等工作范围。要探索建立语言文字法律法规的执法监督、群众监督、舆论监督等，加强对落实语言文字法律法规的执法监督，提升依法行政水平。”

4.4 加强宣传、形成合力

“要结合纪念《国家通用语言文字法》颁布 10 周年和编制语言文字事业规划纲要，把《国家通用语言文字法》的学习宣传纳入普法规划，全面宣传和普及国家语言文字方针政策、法律法规和规范标准。要针对社会关注的语言文字热点和难点问题做好释疑解惑工作，注重引导好社会舆论。要拓宽宣传渠道，积极宣传语言文字工作的先进典型和成功经验，营造有利于国家通用语言文字推广和应用的良好社会氛围。”

《国家通用语言文字法》贯彻实施 10 年来，我国的语言文字事业稳步发展，取得了辉煌成就。国家通用语言文字法律法规体系基本形式并逐渐完善和发展，有效加强了语言文字规范化、标准化、信息化，有力促进国家通用语言文字的推广和普及，为国家通用语言文字在社会生活和现代化建设中更好发挥作用提供保障。

《国家通用语言文字法》颁布 10 周年的各种纪念活动及相关活动，不仅有力推动了《国家通用语言文字法》的深入贯彻实施和语言文字事业的顺利发展，同时，也是一次非常好的语言文字工作和语言文字政策法规的社会宣传教育活动。通过这种宣传教育活动，可以提高《国家通用语言文字法》的社会知晓程度，消除人们对于语言文字立法必要性的认识分歧，使社会各界越来越多的人了解重视《国家通用语言文字法》。这对提升国民语言文字能力，增强国家文化实力，提高国家语言文字规范化、标准化、信息化水平，调谐各种语言文字关系，构建健康和谐语言生活，促进语言文字丰富发展，都有重要意义。

第一部分

工　作　篇

中共中央、国务院、最高人民法院和最高人民检察院公文中有关语言文字的内容*

一　中共中央

党中央高度重视语言文字事业。

10月18日，中国共产党第十七届中央委员会第六次全体会议通过的《中共中央关于深化文化体制改革 推动社会主义文化大发展大繁荣若干重大问题的决定》，提出了教育和语言文字事业在文化传承发展繁荣中的重要作用和发展任务，指出要"大力推广和规范使用国家通用语言文字，科学保护各民族语言文字。"① 这是我们党对语言文字工作提出的明确要求，为语言文字事业改革和发展指明了方向，体现了党和国家对语言文字事业的高度重视和殷切希望。

1月，中共中央政治局委员、国务委员刘延东同志在纪念《国家通用语言文字法》颁布10周年座谈会上，代表党中央、国务院发表了重要讲话，指出"加强国家通用语言文字的推广和普及，是维护国家主权与尊严、体现国家核心利益的战略举措"，② 明确了新时期语言文字工作的方向目标，强调了语言文字工作的地位作用，阐述了语言文字方针政策，对当前和今后一个时期的语言文字工作具有重要指导意义。

12月6日，中共中央、国务院印发了《中国农村扶贫开发纲要（2011—2020

---

* 本文的写作得到国家语委"十二五"科研规划项目（YB125－41）的资助。

① 《中共中央关于深化文化体制改革 推动社会主义文化大发展大繁荣若干重大问题的决定》，中央人民政府网站2011年10月25日，http://www.gov.cn/jrzg/2011-10/25/content_1978202.htm。

② 《刘延东在纪念〈国家通用语言文字法〉颁布10周年座谈会上强调，深入贯彻〈国家通用语言文字法〉，开创语言文字事业科学发展新局面》，中央人民政府网站2011年1月20日，http://www.gov.cn/ldhd/2011-01/20/content_1789523.htm。

年)》要求“在民族地区全面推广国家通用语言文字”。“扫除青壮年文盲。”①

二 国务院

国务院多个重要的公文公报都在不同程度上涉及语言文字工作的内容，重点关注少数民族语言文字使用、为残疾人提供语言文字服务，以及语言国际交流和文化推广等问题。

2.1 少数民族语言文字使用

国务院发布的《兴边富民行动规划(2011—2015 年)》(6 月 5 日，国办发〔2011〕28 号)《中国儿童发展纲要(2011—2020 年)》(7 月 30 日，国发〔2011〕24 号)《关于促进牧区又好又快发展的若干意见》(6 月 1 日，国发〔2011〕17 号)《国务院关于进一步促进内蒙古经济社会又好又快发展的若干意见》(6 月，国发〔2011〕21 号)《国务院关于修改〈出版管理条例〉的决定》(3 月 19 日，中华人民共和国国务院令第 594 号)涉及少数民族的双语教育及语言文字使用问题。

> 大力推进双语教育。
>
> 重点支持少数民族语言文字普遍使用的边境地区，大力开展国产优秀影视作品、科普作品的翻译发行，并提高市场投放的时效性和普及性。丰富民族语广播电视节目内容，加强广播电视在边境农村、口岸等地区的传输覆盖，加强边境地州(市)、县广播电视基础设施和农村广播建设。
>
> 加大双语教学支持力度。
>
> 对广播影视设施维护进行补助，支持增加广播电台、电视台少数民族语言节目的数量。支持边境地区少数民族语言文字新闻出版业发展。②
>
> 大力推进双语教学，全面推广国家通用语言文字，尊重和保障少数民族儿童使用本民族语言接受教育的权利，重视加强学前双语教育。

---

① 《〈中国农村扶贫开发纲要(2011—2020 年)〉印发》，中央人民政府网站 2011 年 12 月 1 日，http://www.gov.cn/jrzg/2011-12/01/content_2008462.htm。

② 《国务院办公厅关于印发兴边富民行动规划(2011—2015 年)的通知》，中央人民政府网站 2011 年 6 月 13 日，http://www.gov.cn/zwgk/2011-06/13/content_1883222.htm。

重视少数民族文字少儿读物的创作、译制和出版工作。[①]

因地制宜开展双语教育，加强双语师资队伍建设……加强少数民族语言文字广播影视节目译制制作播映，增加适合牧民的少数民族文字出版物。加大文化遗产保护力度。加强少数民族传统体育项目保护和推广。[②]

支持蒙古语软件研发和应用推广。

加强民族教育，提高双语教学质量。

建设国家蒙古文出版基地，努力提高新闻出版单位技术装备水平。[③]

《出版管理条例》第二十八条增加："出版物使用语言文字必须符合国家法律规定和有关标准、规范"一款，作为第三款。第五十六条仍保留"国家扶持少数民族语言文字出版物和盲文出版物的出版发行"。[④]

2.2 为残疾人提供语言文字服务

为了给残疾人提供良好的语言文字服务，国务院的《中国残疾人事业"十二五"发展纲要》(5 月 16 日，国发〔2011〕13 号)提出许多重要措施：

制定完善听力语言康复，脑瘫、智力残疾、孤独症儿童康复训练，精神病防治康复等技术标准。

聋人参加各类外语考试免试听力。

将手语、盲文研究与推广工作纳入国家语言文字工作规划，建立手语、盲文研究机构，规范、推广国家通用手语、通用盲文，提高手语、盲文的信息化水平。建立手语翻译员培训、认证、派遣服务制度。

建设网上中国残疾人数字图书馆，拓展面向各类残疾人的数字资源服务。扶持各种音像制品、网络视频和学习课件加配字幕。

推动公共服务行业、公共场所、公共交通工具建立语音提示、屏显字幕、视觉引导等系统。推进聋人手机短信服务平台建设。推进药品和食品说明

---

① 《国务院关于印发中国妇女发展纲要和中国儿童发展纲要的通知》，中央人民政府网站 2011 年 8 月 8 日，http://www.gov.cn/zwgk/2011-08/08/content_1920457.htm。

② 《国务院关于促进牧区又好又快发展的若干意见》，中央人民政府网站 2011 年 8 月 9 日，http://www.gov.cn/zwgk/2011-08/09/content_1922237.htm。

③ 《国务院关于进一步促进内蒙古经济社会又好又快发展的若干意见》，中央人民政府网站 2011 年 6 月 29 日，http://www.gov.cn/zwgk/2011-06/29/content_1895729.htm。

④ 《中华人民共和国国务院令(第 594 号)》，中央人民政府网站 2011 年 3 月 19 日，http://www.gov.cn/zwgk/2011-03/19/content_1827821.htm。

的信息无障碍。图书和声像资源数字化建设实现信息无障碍。

支持中西部地区设区的市、县两级公共图书馆盲人阅览室建设和省、市两级电视台开办手语节目。扶持特殊艺术人才培养基地。

中央、省、设区的市广播电台要积极创造条件开设残疾人专题节目、电视台要积极创造条件开办手语栏目。对困难地区广播电台开设残疾人专题节目、电视台开设手语栏目给予扶持。继续推进影视剧和电视节目加配字幕。①

2.3 语言国际交流和文化推广

国务院的《中俄总理第十六次定期会晤联合公报》(10月11日)写道：

双方将加大力度进一步开展大学生、研究生和科研教学工作者的学术交流，联合培养高水平人才，在中俄人文合作委员会框架下设立"中俄人文交流专项奖学金"，相互为对方增加在高校深造的政府奖学金名额。促进对方国家语言、历史、文化的推广，编写教授汉语和俄语外语类的教科书和教学资料，扩大汉学家和俄语学家的交流，在中国和俄罗斯分别翻译和出版俄语和汉语文学作品。②

三 最高人民法院和最高人民检察院

最高人民法院发布了《最高人民法院工作报告》《2011年人民法院工作要点》，最高人民检察院发布了《最高人民检察院工作报告》《2011年检察工作主要任务》，这4个公告中的相关表述，涉及规范法官接待用语、使用群众语言、推进双语法官培养、制定并落实文明用语规则等问题。

3.1 规范法官接待用语

规范法官接待行为和用语，努力为群众提供良好诉讼环境。③

① 《国务院关于批转中国残疾人事业"十二五"发展纲要的通知》，中央人民政府网站2011年6月8日，http://www.gov.cn/jrzg/2011-06/08/content_1879697.htm。

② 《中俄总理第十六次定期会晤联合公报》(2011年10月11日)，中央人民政府网站2011年10月12日，http://www.gov.cn/jrzg/2011-10/12/content_1967601.htm。

③ 《最高人民法院工作报告——2011年3月11日在第十一届全国人民代表大会第四次会议上》，最高人民法院网站2011年12月20日，http://www.court.gov.cn/qwfb/gzbg/201112/t20111220_168518.htm。

3.2 使用群众语言

学习推广以“用群众认同的态度倾听诉求，用群众认可的方式查清事实，用群众接受的语言诠释法理，用群众信服的方法化解纠纷”为核心内容的陈燕萍工作法等，提升了广大法官化解矛盾纠纷的能力。①

> 有计划地安排年轻干部和业务骨干到基层一线、信访部门和地方党政部门挂职，加强群众工作的实践锻炼，提高掌握群众心理、使用群众语言、疏导群众情绪、处理群众诉求等能力。②

3.3 推进双语法官培养

推进双语法官培养，围绕在西部民族地区建立双语法官培训基地问题开展专题调研，组织并资助新疆、青海、内蒙古等地编写双语法官培训教材，《汉藏对照法学辞典》已编写完成。

为进一步规范司法行为、改进司法作风，最高人民法院印发了修订后的《法官职业道德基本准则》、《法官行为规范》和人民法院文明用语基本规范，要求全国各级法院以贯彻落实这三个文件为契机，切实把“公正、廉洁、为民”司法核心价值观体现到执法办案工作的各个环节。

> 积极推进全员培训、主题培训、预备法官培训、专题培训和岗位练兵、少数民族双语法官培训、司法警察专业技能培训等，全面提高法院干警政治素质和司法能力。③

3.4 制定并落实文明用语规则

全面落实检察官职业行为基本规范、检察机关执法工作基本规范和检察机

---

① 《最高人民法院工作报告——2011年3月11日在第十一届全国人民代表大会第四次会议上》，最高人民法院网站2011年12月20日，http://www.court.gov.cn/qwfb/gzbg/201112/t20111220_168518.htm。

② 《曹建明:2011年检察工作主要任务》，最高人民检察院网站2010年12月21日，http://www.spp.gov.cn/site2006/2010-12-21/0005430425.html。

③ 《最高人民法院工作报告——2011年3月11日在第十一届全国人民代表大会第四次会议上》，最高人民法院网站2011年12月20日，http://www.court.gov.cn/qwfb/gzbg/201112/t20111220_168518.htm。

关文明用语规则，切实做到严格、规范、公正、文明执法。

深入开展“恪守检察职业道德、促进公正廉洁执法”主题实践活动，制定检察官职业行为基本规范和检察机关文明用语规则……。[①]

（许小颖）

① 《最高人民检察院工作报告(2011年03月11日)》，最高人民检察院网站2011年3月12日，http://www.spp.gov.cn/site2006/2012-03-12/0001838174.html。

国家语委语言文字工作

一 纪念《国家通用语言文字法》颁布10周年座谈会

由全国人大教科文卫委员会、教育部、国家语言文字工作委员会(以下简称“国家语委”)、国务院法制办公室联合召开的“纪念《国家通用语言文字法》颁布10周年座谈会”1月20日在北京举行。会议的主题是总结《国家通用语言文字法》贯彻实施10年来取得的成绩和经验,规划语言文字法制建设蓝图,推动中长期语言文字事业的科学发展。中共中央政治局委员、国务委员刘延东,全国人大常委会副委员长路甬祥出席会议并发表重要讲话。教育部部长袁贵仁、国务院法制办公室副主任袁曙宏、广电总局副局长李伟、解放军总政治部宣传部副部长禹光和江苏省人民政府副省长曹卫星在会上发言。会议由全国人大教科文卫委员会主任委员白克明主持。出席会议的还有国家语委委员单位及其他相关部委、各省级教育行政部门和语言文字工作部门的负责同志以及在北京的专家学者。

刘延东在讲话中充分肯定了《国家通用语言文字法》颁布10年以来,语言文字工作取得的丰硕成果,总结了在创新发展的实践中积累的宝贵经验,明确指出了新时期做好语言文字工作的重大意义,强调了各级政府和有关部门的职责,明确提出了大力推动语言文字工作科学发展的要求,明确了新时期语言文字工作的方向目标,强调了语言文字工作的地位作用,阐述了语言文字方针政策,对当前和今后一个时期的语言文字工作具有重要指导意义。

1月21日,国家语委组织召开专题座谈会,认真学习领会刘延东同志重要讲话精神,精心谋划2011年的语言文字工作。国家语委主任、教育部副部长李卫红出席座谈会并发表重要讲话。李卫红指出,纪念《国家通用语言文字法》颁布10周年座谈会的召开意义重大、影响深远;刘延东国务委员代表党中央、国务院的讲话,站在党和国家工作全局的战略高度,站在时代的高度,在科学发展观的指导下,明确指出了当前做好语言文字工作的重大意义，使我们深深感到党和国家的期望之殷，使我们充满了使命感、紧迫感和自豪感。她要求语言文字工作战线深入学习领会，认真贯彻落实，并在延东同志重要讲话精神的指导下，努力开创语言文字工作的新局面。与会同志在讨论中畅谈了参加座谈会、特别是聆听刘延东同志讲话的体会，表示要武装思想，统一认识，积极行动，抓好学习贯彻落实。

二 《国家中长期语言文字事业改革和发展规划纲要（2010—2020年）》

2011年《国家中长期语言文字事业改革和发展规划纲要（2010—2020年）》（以下简称《语言文字规划纲要》）起草工作取得重大进展，教育部副部长李卫红主持研讨班和系列专题研讨会，并赴地方和高校调研、听取意见，对文稿的立意、结构、主要观点等作出了一系列具体的指示。截至2011年5月，先后开展专题调研15项，召开专题研讨会38次，举办专题研讨班1期，召开国家语委系统专题培训会议1次，召开省区市和高等院校座谈会多次，在国家语委全委会和咨询委员会会议上征求意见3次，在年度语言文字工作会议上征求意见2次，并向相关部委、地方语委、部内司局、高等院校等139家单位书面征求过意见。在此基础上文稿集中修改了50余次，现已基本定稿。

《语言文字规划纲要》包括“序言”“指导思想和工作方针”“目标和任务”“改革和发展重点”以及“保障措施”5个部分。明确了“构建和谐语言生活”的指导思想和“加快普及，提升能力，弘扬文化，服务大局，和谐发展”的工作方针；提出了未来10年国家语言文字事业改革和发展的目标、任务、重点及保障措施。

《语言文字规划纲要》有以下几个特点：

第一，突出了语言文字事业的性质。语言文字事业事关历史文化认同传承和经济社会发展，事关国家统一和民族团结，事关国民个人素质提高和发展。普及国家通用语言文字，提高国民语言文字应用能力，促进语言文字规范化、标准化、信息化，构建和谐语言生活，是建设人力资源强国的基础，是国家软实力的体现，涉及国家安全和核心利益，在国家发展战略中处于极其重要的地位，具有不可或缺的作用。

第二，概括出“加快普及，提升能力，弘扬文化，服务大局，和谐发展”的20字工作方针。语言文字事业改革和发展把加快普及国家通用语言文字作为首要任务，把提升国民语言文字应用能力作为根本要求，把弘扬中华优秀文化作为重要使命，把服务国家经济社会发展大局作为基本原则。

第三，明确了工作目标，即“到2020年，普通话在全国范围基本普及，汉字社会应用的规范化程度进一步提升，汉语拼音更好地发挥作用。国民的国家通用语言文字意识进一步增强，语言文字应用能力明显提升。语言文字规范标准基本满足社会需求，信息化水平进一步提高。各民族语言文字的科学保护得到加强。语言文字传承和弘扬中华优秀文化的作用进一步发挥。国家语言能力显著增强”。

第四，拓展了任务，把“提升国民语言文字应用能力”“弘扬中华民族优秀文化，保护中华语言资源”列为语言文字工作新的任务。并具体提出了实施语言文字应用能力提升工程，推出了建立语言能力测评体系、推动语文教学和评价改革、提高不同职业人群语言文字应用能力等举措。此外，《语言文字规划纲要》结合“中华诵·经典诵读行动”，提出了一系列主动融入社会主义文化建设、提升国家文化软实力的创新举措。

三 语言文字应用管理

3.1 汉语能力测试取得突破性进展

汉语能力测试(HNC)作为国内首个全面考查汉语听说读写能力的语言评价系统，旨在评估以汉语作为生活、学习、工作基本用语人群的汉语应用能力，为社会不同层次人群汉语学习和能力的提升提供参照，为社会相关行业评估员工语言能力提供平台。

2011年，汉语能力测试取得突破性进展。教育部语言文字应用管理司(以下简称“语用司”)联合教育部考试中心，先后组织召开汉语能力测试新闻通气会、两次试点工作会，全面部署测试组织宣传工作。汉语能力测试试点工作12月24日率先在北京、内蒙古、上海、江苏、云南和南开大学等地(校)开考，分“四级”和“五级”两个级别，参测者有学生、教师、公务员、军人、农民、公司职员、自由职业者、退休职工共2 442人。

3.2 第三批国家级语言文字规范化示范校

教育部于2011年4月下发《教育部办公厅关于开展第三批国家级语言文字

规范化示范校申报、认定工作的通知》(〔2011〕1号)。通知要求各地高度重视此项工作,把示范校建设作为贯彻国家通用语言文字法律法规、方针政策,实现语言文字事业中长期发展目标的一项重要抓手和平台,严格把关、积极申报。

教育部语用司于8月初组织河北等12个省(区、市)语委办负责同志,从工作制度机制、能力素质要求、教育教学实践、校园文化建设、科研创新探索、示范引领作用等方面,评审了各地申报的各类学校和幼儿园。对拟认定的第三批国家级示范校抽查和对已认定命名的国家级示范校,语用司又于10至11月组织了复查。2011年12月,教育部、国家语委发文,授予北京朝阳区芳草地国际学校等506所学校国家级语言文字规范化示范校称号。

目前,全国共授予三批1 103所国家级语言文字规范化示范校。

3.3 规范汉字书写教育

教育部语用司继续深入推进规范汉字书写教育工作。举办了"中华诵·2011全球华人学生暨全国学生规范汉字书写大赛",2011年年初召开了规范汉字书写教育论坛,来自全国各地各级教育行政部门、语言文字工作部门相关负责同志,大中小学的校长和书法教师共170余名代表出席了论坛。代表们交流了各地及各级各类学校书写教育的做法和经验,探讨加强规范汉字书写教育的长效机制和途径。

组织了国家级规范汉字书写教育特色学校评审。截至2011年6月,语用司共收到全国2 046所中小学的申报材料。经专家初评,共遴选出313所学校进入"国家级规范汉字书写教育特色校"入选名单。

指导相关部门开展规范汉字书写、书法师资培训工作。首届规范汉字书写、书法师资培训班于2011年11月在京举办,该培训班由语用司主办,西泠印社出版社、中国语文报刊协会规范汉字书写专业委员会承办,全国各地小学语文教师及写字专、兼职教师约100人参加。

3.4 中华诵·经典诵读行动

推进"中华诵·经典诵写讲"进校园试点行动。《教育部、国家语委关于在学校开展"中华诵·经典诵读行动"试点工作的通知》下发,试点工作为期一年,参与试点的共有教育部直属高等院校11所、20个省(区、市)的学校2万多所。试点期间,教育部、国家语委召开"中华诵·经典诵写讲"研讨会暨中华经典教育全国校长论坛，交流了各单位深入推进经典诵读行动的思路和举措。另外，还举办了中小学经典诵读教育骨干教师国家级培训班两期，参训学员 233 名。

为纪念中国共产党成立 90 周年，语用司与中共中央党史研究室联合，在全国教育系统开展红色经典诵读活动。据不完全统计，天津、江苏、浙江等 14 个省(区、市)共组织各类红色经典诵读活动近 5 万场次，直接参与和观摩师生人数近 1 400 万人，参与学校 1.5 万所。

与中央文明办、国务院侨办组织了“中华诵·2011 经典诵读大赛”“中华诵·2011 全球华人学生暨全国学生规范汉字书写大赛”；举办了“中华诵·2011 中小学生作文大赛”。

联合中央文明办举办“中华诵·2011 中小学生夏令营”“中华诵·2011 经典诵读晚会(端午篇)”。与前两届相比，本次夏令营首次有香港 15 名小学生参加，进一步扩大了夏令营的影响力。

召开了“中华诵·经典诵读行动”经验交流研讨会。探讨了“中华诵”系列活动深入拓展的途径，参会的语言文字工作代表来自全国 29 个省(区、市)和 11 所高等院校。

3.5 第 14 届全国推广普通话宣传周

“提升国家通用语言文字应用能力，弘扬中华优秀文化传统”是第 14 届推广普通话宣传周(以下简称“推普周”)的宣传主题。本届推普周开幕式于 9 月 11 日在内蒙古自治区鄂尔多斯市举行，闭幕式于 9 月 17 日在西藏自治区首府拉萨市举行，两地组织群众集会，开展国家通用语言文字和民族地区通用语言文字双语诵读活动。教育部副部长、国家语委主任李卫红出席了推普周活动并发表重要讲话。

电视公益广告《我和爷爷》及招贴画《诵读经典 传承文明》《我和爷爷》是本届推普周的宣传品，已在各地媒体和基层单位广泛宣传。

为纪念《国家通用语言文字法》颁布实施 10 周年，营造规范使用语言文字的社会氛围，全国推普周领导小组办公室还举办了“全国双推博客微博评比活动”。本次活动收到作品 5 736 篇，其中博客类约 2 700 篇，微博类作品约 3 000 篇，共有 1 020 名参赛者获奖，50 个基层学校获优秀组织奖。

3.6 两岸合作编纂中华语文工具书

海峡两岸合作编纂中华语文工具书工作取得了较大进展。双方商定 2012

年2月初在北京、台北同时发布中华语文工具书合作编纂成果，正式开通两岸“中华语文知识库”网站，公布大陆版及台湾版《两岸常用词典》纸质版样书。双方研讨了《两岸常用词典》的出版和扩编、两岸网站的连接机制，确定了合作编纂工作中某些关键词语的统一英文译名，研究了词典编写以及科技名词对照工作中具体问题的处理原则等。

2011年12月词典编写组按计划编写出《中华语文词典》简编本（即《两岸常用词典》）。大陆本全稿预计2012年6月出书。信息技术组研制出中华语文知识库网站的检索系统、两岸共编词典的查询系统和两岸专业术语检索查询系统；完成了5 000万字语料的建库和语料加工，目前语料库已能够为词典组编词典服务；中华语文知识库网站已经迁移至中国万网云主机上，实现了云技术服务，提高了速度，扩大了容量。《两岸科技常用词典》目前已进入到词目释义的拟写和审议工作进程。

四　语言文字信息管理

4.1　国务院常务会议原则通过《通用规范汉字表》审议

《通用规范汉字表》的研制工作自2001年启动，2011年修订完善上报国务院，8月17日经国务院常务会议审议通过，待进一步通过审核后发布。《通用规范汉字表》是贯彻《中华人民共和国国家通用语言文字法》，适应信息时代社会各领域汉字应用需要的重要汉字规范。研制和实施《通用规范汉字表》，对提升国家通用语言文字的规范化、标准化水平，促进国家经济社会和文化、教育事业发展具有重要意义。

4.2　研制《公共服务领域外文译写规范》

根据教育部、国家语委的工作规划，研制《公共服务领域外文译写规范》。该规范包含英、俄、日、韩四个语种，覆盖交通、旅游、文娱、体育、卫生、商贸、餐饮住宿等十多个领域，并将与即将承办国内外重大活动的城市合作，共同进行语言环境规划。

研制发布《公共服务领域外文译写规范》对规范公共服务领域外文使用、提升国家软实力具有重要意义。5月19日，《公共服务领域外文译写规范》研制启动仪式暨专家研讨会在北京举行，与会专家深入讨论了标准制定的意义、原则以及标准名称、应用领域、体例和译写技术等问题。8 月 29 日，《公共服务领域外文译写规范 英文》专家委员会成立会暨研讨会在北京召开。教育部副部长、国家语委主任李卫红出席会议并讲话。李卫红指出，建立全国统一的标准，规范我国公共服务领域的外文译写，需求迫切，意义重大。她对做好此项工作提出三点要求：(1)把握好政策；(2)群策群力，汇集众智，“开门定规范”；(3)开展扎实的科学研究。成立会上开通了“公共服务领域外文译写”网站（http://wwyx.shyywz.com)。12 月 7 日至 8 日，《公共服务领域外文译写规范》研制工作会在上海召开，会议审议通过了《公共服务领域外文译写规范 英文(通则)》(草案)。

4.3 新时期普通话审音工作

《普通话异读词审音表》发布实施二十多年来，在规范普通话语音方面发挥了重要作用。随着社会语言生活的发展变化，社会对语音标准有了新的需求，有必要进一步丰富和完善普通话语音标准。

新世纪普通话审音工作研讨会于 5 月 26 日在北京召开，与会专家围绕普通话审音工作的内容、原则、方式、成果形式等问题展开了深入讨论。10 月 28 日，普通话审音委员会成立会在北京举行。审音委员会由来自语言学、教育学、普通话研究以及播音主持、科技名词、地名、民族语言等领域的专家组成。教育部副部长、国家语委主任李卫红出席会议并讲话。李卫红指出，新时期普通话审音工作要研究确定新时期普通话审音工作的基本原则，调整完善《普通话异读词审音表》，建立健全普通话语音规范标准体系，满足现代语言生活需要。会上还开通了“普通话语音规范网(普通话审音网)”(http://www.pthyygf.org)。

4.4 《标点符号用法》等国家标准发布

《标点符号用法》《出版物上数字用法》《汉语拼音正词法基本规则》《中国人名汉语拼音字母拼写规则》于 2011 年 1 月报送国家标准化管理委员会审批。《出版物上数字用法》于 2011 年 7 月 29 日发布，2011 年 11 月 1 日实施。《标点符号用法》于 2011 年 12 月 30 日发布，2012 年 6 月 1 日实施。《中国人名汉语拼音字母拼写规则》于 2011 年 10 月 31 日发布，2012 年 2 月 1 日实施。这几个标准都是社会迫切需要的基础标准，发布使用这些标准将有力提升社会各领域语言文字应用的规范化水平。

4.5 国家语委“十二五”科研立项

国家语委4月份公布了《国家语委关于印发〈国家语委“十二五”科研规划〉〈国家语委“十二五”科研规划2011年度项目指南〉〈国家语委科研项目管理办法(2011年修订版)〉的通知》,启动了“十二五”科研立项工作。经过资格审查、网络评审、重大项目答辩、会议评审和公示等环节,2011年度设立的科研项目总计136项。

这些项目覆盖了国家语委的重点工作,既包括语言政策、语言文字规范标准建设、普通话的推广与测试等传统领域工作,也包括语言能力、中华经典诵读、双语教育等新工作内容,此外还有与中国残联合作的盲文、手语推广研究工作。这次立项工作在制度建设和方法手段方面也做出有益探索。

“语言文字规范标准符合性测查认证系统建设”“国民语言文字能力标准与测评体系研究”“基础教育领域语言教学软件现状调研”“普通话水平测试体系研究”等重大项目和委托项目从10月份开始,陆续开题。

4.6 中国语言资源有声数据库建设

中国语言资源有声数据库上海库、北京库和辽宁库建设工作启动。上海于3月24日启动。教育部副部长、国家语言文字工作委员会主任李卫红,上海市副市长、市语委主任沈晓明3月24日出席了上海库建设工作启动仪式,并共同为建库工作揭幕。上海话是吴方言的代表之一,也是海派文化的载体和组成部分。上海的建库工作在全市设12个调查点,每个点调查采录4名发音人的上海话语音资料,3名发音人的上海普通话语音资料。

北京建库工作于5月27日启动。李卫红和北京市副市长、市语委主任洪峰出席并讲话。北京是继江苏、上海之后全国第三个开展语言资源数据库建设的省市。

辽宁建库工作于12月20日启动。教育部语言文字信息管理司(以下简称“语信司”)副司长田立新,辽宁省语委副主任、教育厅副厅长王燕玲等出席启动仪式。辽宁库建设工作将首先在大连市开展试点。

中国语言资源有声数据库建设试点总结会于4月6日在南京举行,李卫红出席并讲话。中国语言资源有声数据库(江苏库)展示网同时开通。会议总结了江苏省试点工作经验,肯定了“政府主导、学者承担、社会参与”的工作模式和一系列行之有效的专家团队运作及管理办法。

4.7 2010年度中国语言生活状况报告

教育部、国家语委5月12日发布了2010年中国语言生活状况报告。这是教育部、国家语委第六次向社会发布这种年度报告。2010年语言生活总体状况是：中央政府重视语言文字事业，语言文字工作亮点突出，社会大众关注语言生活，微博、新词语、热词成为新的信息传递方式，自然灾害和人道主义救援中的语言援助问题引起关注，关注国际语言生活。国家语言资源监测与研究中心同时发布了2010年度若干媒体的汉字使用情况、词语使用情况、姓氏使用情况、维吾尔语基础教育语文教材调查情况和藏语中学语文教材调查情况、中文博客进行调查得到的具体数据。

4.8 语言文字年终盘点

由国家语言资源监测与研究中心、商务印书馆、新浪网、《中国青年报》联合主办的“汉语盘点2011”活动，12月14日在商务印书馆举行。“控”和“伤不起”分列年度国内字词首位，“债”和“欧债危机”分列年度国际字词首位。“汉语盘点”在汉语词语推广方面有较大的社会影响力，已成为一项重要的文化活动和新闻事件，成为国人关注中国和世界的重要窗口。

“2011年度中国媒体十大流行语”由国家语言资源监测与研究中心、北京语言大学、中国传媒大学、华中师范大学、中国新闻技术工作者联合会、中国中文信息学会、商务印书馆于12月14日联合召开新闻发布会发布。“十大流行语”共分：综合类、国内时政类、国际政治类、国际时事类、经济类、科技类、社会生活类、文化类、教育类、体育娱乐类、中国共产党建党90周年专题、民生专题、楼市专题、社会问题专题、食品安全专题15类。其中综合类的十大流行语是：中国共产党建党90周年、“十二五”开局、文化强国、食品安全、交会对接、日本大地震、欧债危机、利比亚局势、乔布斯、德班气候大会。

“2011年度中国媒体十大新词语”由国家语言资源监测与研究中心、中国传媒大学、北京语言大学、商务印书馆于12月14日联合发布。“伤不起、起云剂、虎妈、政务微博、北京精神、走转改、微电影、加名税、淘宝体、云电视”是该年度的十大新词语。

4.9 少数民族语言文字规范标准建设及信息化项目结项

“达斡尔、鄂温克和鄂伦春语语音声学参数数据库”项目于11月4日通过了专家组的鉴定。该项目在国内首次建立了达斡尔、鄂温克和鄂伦春语语音声学参数数据库，数据容量较大，标准化程度高，达到了国际先进水平；建立了参数数据库统一平台，为成果的推广应用和开展深入的语音声学研究提供了可靠的理论依据。该研究成果有助于进一步促进我国少数民族语言语音资源的保护和开发。

12月22日，“现代藏语语法信息词典数据库研究”项目通过了专家组的鉴定。“藏语语法信息词典”建立了以词为核心的藏语词法、句法、语用属性，提出了完整的藏语语法体系的信息化表征方式，构建了4万余词的信息词典和500万词的标注语料，发表了专著和数十篇研究论文，为进一步开展藏语文本语法标注、机器自动分词、藏汉机器翻译等应用项目奠定了基础。

4.10 《中国少数民族语言文字规范化信息化报告》出版

由教育部语信司组织编写的《中国少数民族语言文字规范化信息化报告》于10月正式出版。该书属于“中国语言生活绿皮书”B系列，即中国语言生活的状况与分析系列。教育部、国家语委2008—2009年组织了“少数民族语言文字规范化信息化调研”。该书的出版有助于社会进一步了解各地少数民族语言文字工作的基本情况，对相关部门制定符合科学发展观的发展战略、进一步做好少数民族语言文字工作具有重要意义。

五 重要会议

5.1 国家语委年度语言文字工作会议

国家语委2011年度语言文字工作会议于1月20日至21日在北京召开。教育部副部长、国家语委主任李卫红出席会议并讲话。各省级教育行政部门和语言文字工作部门负责人，部分省(自治区)少数民族语言文字工作部门负责人，国家语委委员单位联络员，教育部、国家语委相关司局和事业单位负责同志150余人出席了会议。

李卫红做题为《依法推进语言文字事业科学发展》的报告。她指出，要深入学习领会刘延东国务委员的重要讲话精神，把思想和行动统一到党中央、国务院的要求和部署上来。她回顾总结了“十一五”期间语言文字工作的进展情况和取得的成就，分析了语言文字工作中存在的问题，部署了“十二五”期间语言文字工作任务，强调了2011年的工作重点。

2010年通过城市评估的西宁市、完成全省一二三类城市评估任务的江苏省及“中华诵”经典诵读活动支持单位受到大会的嘉奖。江苏、甘肃、天津、黑龙江、上海、江西、云南等省（市）教育厅、民语委相关负责人在大会上做了典型发言，发言主题涉及推进“中华诵”经典诵读、推动城市语言文字工作评估、构建语言文字测评体系、固化推广普通话宣传周活动效果、创新管理方式加强依法管理、以示范校建设为抓手融入教育大局、推进民族语言工作新发展等方面。

会议讨论了《语言文字规划纲要》（征求意见稿）。

5.2　国家语委年度全体委员会议

国家语委2011年度全体委员会议2月14日在北京召开。国家语委主任、教育部副部长李卫红，新闻出版总署副署长邬书林，中国残疾人联合会副理事长程凯以及工信部、国家民委、人社部、民政部等20个部委的国家语委委员、代表、联络员出席会议。国家语委副主任王登峰、李宇明分别通报了教育部语用司、语信司2010年工作情况、工作安排及重点工作项目，介绍了《语言文字规划纲要》起草研制进展情况。会议围绕贯彻落实刘延东国务委员1月20日在纪念《国家通用语言文字法》颁布10周年座谈会上的重要讲话精神以及《语言文字规划纲要》（征求意见稿）、《外国语言文字使用管理规定》（草稿）、《公共服务领域外文译写标准》（研制方案）和《国家语委“十二五”科研规划》（征求意见稿）等进行讨论。

与会代表充分肯定了国家语委2010年工作和2011年的工作思路，对《语言文字规划纲要》和未来进一步做好语言文字工作提出了许多中肯的意见和建议。李卫红在最后讲话中指出，语言文字事业具有基础性、全民性、全局性特点，希望各语委成员单位继续支持国家语委的工作，推动各行业系统学习贯彻刘延东国务委员在纪念座谈会上的讲话和座谈会精神，组织行业系统宣传培训和贯彻落实《语言文字规划纲要》活动，配合教育部做好语言文字规范标准的宣传贯彻工作，为提高全社会语言文字应用水平做出新的更大的贡献。

5.3　国家语委咨询委员会第11次会议

2月18日，国家语委咨询委员会第11次会议在北京召开。第十届全国人大常委会副委员长、国家语委咨询委员会主任许嘉璐出席并主持会议。国家语委咨询委员会委员和教育部及相关司局、事业单位负责人参加会议。国家语委咨询委员会副主任柳斌、朱新均，教育部副部长、国家语委主任李卫红出席会议并讲话。

国家语委副主任王登峰、李宇明分别汇报了教育部语用司和语信司2010年工作情况和工作要点，教育部语用司副司长张世平汇报了《语言文字规划纲要》研制情况。会议研究并讨论了《语言文字规划纲要》（征求意见稿）、《外国语言文字使用管理规定》（草稿）、《公共服务领域外文译写标准》（研制方案）和《国家语委"十二五"科研规划》（征求意见稿）。

委员们高度评价了纪念《国家通用语言文字法》颁布10周年座谈会及其重大意义，建议国家语委采取有效措施，大力加强学习贯彻刘延东同志重要讲话精神。委员们认为，《语言文字规划纲要》充分体现了刘延东同志的讲话精神，涵盖范围广，内容丰富，在继承以往好的工作思路、经验和措施的基础上，有亮点、有创新，并对纲要中所涉及的管理体制机制、经费筹措等问题和某些具体表述提出意见，同时建议纲要出台后，要强化宣传解读和培训工作。委员们还提出，要进一步重视科研基地建设，建议加强正面引导和管理等外文的使用。

李卫红在讲话中指出，国家语委将努力适应社会需求，积极开拓进取，借势借力，自觉融入国家经济社会发展大局，进一步加强管理和宣传力度，实事求是，量力而行。

许嘉璐在总结讲话中指出，语言文字是文化的载体和特殊表现形式，语言文字工作对社会主义核心价值体系的建立、和谐社会构建及中华文化的传承起着非常重要的基础性作用。未来十年，语言文字工作的机遇和挑战并存。他希望国家语委在《语言文字规划纲要》的修改过程中认真研究、充分吸收委员们的意见建议，加强纲要实施后的宣传力度。他还建议可就某些重大问题及时召开咨询会议，以便更加充分地发挥咨询委员的作用。

5.4 国家语委"十二五"科研工作座谈会

国家语委"十二五"科研工作座谈会于11月11日在上海召开。教育部副部长、国家语委主任李卫红出席会议并讲话。李卫红指出，中共中央十七届六中全会提出要"大力推广和规范使用国家通用语言文字，科学保护各民族语言文字"，这将是今后一个时期国家语言文字工作必须紧紧围绕的重心和工作落脚点。语言文字工作系统要切实把思想、认识、行动统一到六中全会精神上来，开拓创新、承担责任、履行义务，大力加强国家通用语言文字和民族语言文字的规范化、标准化和信息化建设，大力推进国家通用语言文字的推广和使用，科学地保护民族语言文字及其负载的文化，积极推动语言文字工作与文化的结合，充分发挥语言文字在传播弘扬中华文化、增强国家软实力、建设中华民族共有精神家园方面的重要作用，为推动社会主义文化大发展大繁荣作出贡献。

李卫红对做好语言文字科研工作提出两点要求：第一，要以服务实践为目标，加强科研组织管理。重点要优化项目设置，强化科学选题；要加强制度建设，强化质量管理；要健全宣传机制，强化语言服务。第二，要以长效机制为核心，加强包括人才队伍建设、学科建设和科研基地建设在内的基础建设。

座谈会上，李卫红和上海市语委副主任、教委主任薛明扬共同为设在上海外国语大学的首个国家语委科研基地“中国外语战略研究中心”揭牌。

5.5 扬州论坛：语言与国家的安全和发展

4月8日至9日，中国政策科学研究会国家安全政策委员会、国家语言文字工作委员会在江苏省扬州市联合举办“扬州论坛：语言与国家的安全和发展”。全国政协副主席李金华，中国政策科学研究会国家安全政策委员会会长巴忠倓，教育部副部长、国家语委主任李卫红与会并讲话。与会代表深入研究讨论了国家语言主权、国家安全、国家语言能力、语言认同、语言信息化、语言生活管理、民族地区双语教育等问题。论坛把语言问题提到国家战略和国家安全发展的高度，聚焦语言在国家安全和发展中的重要作用，富有积极成效。

5.6 中文罗马化转写国际标准研讨会

中文罗马化转写国际标准研讨会于2月14日在北京召开。国际标准ISO 7098《文献工作——中文的罗马化》是我国文字拉丁转写的重要标准，上世纪80年代初制定，1991年做过微调，在信息与文献的检索、图书编目、博物馆建设等领域发挥了巨大的作用，架起了我国与世界沟通的桥梁。但由于当时条件所限，又缺乏配套标准，目前该标准已不能完全适应全球化、信息化发展的要求，需尽快修订完善。国家语委副主任、教育部语信司司长李宇明指出，随着信息化的飞速发展，汉语拼音和正词法在国际上的作用越来越突出，修订此项标准意义重大。要抓住机会，进一步促进汉语拼音在国际上的推广和使用。

5.7 第六届海峡两岸现代汉语问题学术研讨会

“第六届海峡两岸现代汉语问题学术研讨会”于11月28日至12月1日在澳门召开。会议主题为“国语运动百年”。教育部语信司副司长田立新，北京语言大学党委书记王路江等出席会议并讲话。田立新指出，国语运动是中国语文现代化的开端，在中国现代语言发展史上具有里程碑式的重要地位；希望两岸四地语言文字研究领域的合作与交流不断巩固、深化和发展。与会者从多种角度深入探讨了国语运动、方言、汉语词汇、汉语语音、语文教育、语言政策等问题。

5.8 语言经济研究中心成立大会暨语言经济研讨会

山东大学语言经济研究中心成立大会暨语言经济研讨会于12月26日在济南举行。国家语委副主任、教育部语信司司长李宇明在讲话中充分肯定了该中心的研究工作，强调了开展语言经济研究的重要意义，希望该中心能积极服务国家、服务社会。

（周道娟、王　奇、容　宏、孟庆瑜、张　艳、郝阿庆、翟志国）

国家民委少数民族语言文字工作

一 发布相关文件

国家民族事务委员会(简称“国家民委”)2011年度单独或联合其他部委,发布了多个重要文件,比如,《扶持人口较少民族发展规划(2011—2015年)》(2011年6月20日,民委发〔2011〕70号)、《坚持和完善民族理论政策体系规划(2011—2015年)》(2011年9月7日)、《民族法制体系建设十二五规划(2011—2015年)》(2011年8月11日),内容涉及促进少数民族双语教育,加强公共文化服务能力建设,推进少数民族语言文字规范化、标准化和信息化,支持出版发行少数民族语言文化产品,加强濒危语言的抢救和保护等等。

1.1 少数民族双语教育

优先发展教育事业。大力推进双语教育,开发少数民族语言教学资源,加强双语教学质量监测和双语师资队伍建设。开设人口较少民族校本课程。加强青壮年特别是妇女的国家通用语言文字扫盲工作,推进现代远程教育。

双语教学质量监测。在试点基础上增加教学监测点,促进双语教育。[①]

深入研究少数民族和民族地区义务教育、高等教育、职业教育发展问题,研究“双语”教学和民族院校思想政治工作问题,就其中存在的问题和解决途径提出对策建议。[②]

1.2 公共语言文化服务能力建设

加强公共文化服务能力建设。支持人口较少民族语言文字出版单位基础设

---

① 《扶持人口较少民族发展规划(2011—2015年)》,国家民委网站2011年7月1日,http://www.seac.gov.cn/art/2011/7/1/art_149_129390.html。

② 《坚持和完善民族理论政策体系规划(2011—2015年)》,国家民委网站2011年9月13日,http://www.seac.gov.cn/art/2011/9/13/art_149_136322.html。

施建设和生产设备技术改造，推进人口较少民族语言文字规范化、标准化和信息化处理。提高少数民族语言广播影视节目制作能力，加强优秀广播影视作品少数民族语言译制工作。支持民族语文音像制品、书报刊等文化产品的出版发行。优先支持人口较少民族对外文化交流。①

1.3 依法推动少数民族语言文字工作

研究制定相关政策法规，推动少数民族语言文字工作、清真食品管理、少数民族殡葬管理和少数民族特需商品管理纳入法制轨道。②

1.4 发展少数民族语言文化事业

保护民族文化遗产。加强人口较少民族口头传承古籍及濒危语言的抢救和保护工作。

少数民族文字出版工程。大力推动人口较少民族语言文字作品翻译出版，将一批优秀汉文、外文出版物翻译成民文（含民汉双语）出版物，出版一批原创优秀民文（含民汉双语）出版物。

人口较少民族语言文字软件研发和推广应用。支持人口较少民族语言文字（如柯尔克孜族语言文字）软件、涉农软件等软件技术研发和产品推广应用。

人口较少民族濒危语言的抢救和保护。建设濒危语言文字资源数据库。

将有关法律法规翻译为适应民族地区需要的少数民族语言文字出版。③

二　民族语文翻译工作

2.1 举办民族语文翻译高级研修班及培训班

2.1.1 第3期全国民族语文翻译工作业务骨干高级研修班

人力资源和社会保障部与国家民委4月在北京联合举办“第3期全国民族

① 《扶持人口较少民族发展规划（2011—2015年）》，国家民委网站2011年7月1日，http://www.seac.gov.cn/art/2011/7/1/art_149_129390.html。

② 《民族法制体系建设十二五规划（2011—2015年）》，国家民委网站2011年8月11日，http://www.seac.gov.cn/art/2011/8/11/art_149_133670.html。

③ 《扶持人口较少民族发展规划（2011—2015年）》，国家民委网站2011年7月1日，http://www.seac.gov.cn/art/2011/7/1/art_149_129390.html。

语文翻译工作业务骨干高级研修班”。参加研修的学员共104人，分属19个民族，来自12个省(自治区)和中国民族语文翻译局。教育部、中共中央党校、北京大学、中央民族大学等单位12位知名专家应邀授课，内容包括中国特色社会主义理论、民族理论政策、民族语文法律政策及业务知识、民族语文翻译理论与实践等。该班自2009年开办，已受到各地参训学员的普遍欢迎，对提高民族语文和民族语文翻译工作的理论水平和业务素质，起到了促进作用。

2.1.2 全国民族语文翻译工作业务骨干能力建设高级研修班

人力资源和社会保障部、国家民委12月在西南民族大学联合举办了“全国民族语文翻译工作业务骨干能力建设高级研修班”。参加研修的学员共有52位，来自全国12个省自治区和国家民委5个委属单位，学员分属15个民族。北京大学、西南民族大学、国家民委少数民族语言文字工作办公室等单位的专家学者应邀授课，内容涉及民族语文政策、民族语文翻译技巧与实践、民族语文翻译新词术语统一规范等问题。

此外，学员进行了4次专题研讨，内容涉及民汉双语人才培训基地建设、民族语文翻译新词术语的统一规范、民族语文翻译人才的培养、民族语文翻译机构的设置等。学员还考察了西南民族大学藏学院和彝学院的民族语文教学情况，与阿坝师范高等专科学校师生进行了双语教学交流，参观了汶川县映秀、水磨两个镇的地震遗址和灾后重建工作，大家一致认为此次研修收获很大。

2.1.3 全国朝鲜语翻译业务骨干培训班

由中国民族语文翻译局和东北三省朝鲜语文协作领导小组共同主办的“全国朝鲜语翻译业务骨干培训班”10月在北京举办。本次培训的主题是朝鲜语翻译理论与实践、朝鲜语翻译口译、朝鲜语翻译同声传译等，旨在通过专题讲座、交流讨论等形式，重点提高翻译人员的业务水平与能力，增进彼此间的交流和了解，为进一步做好朝鲜语文翻译工作搭建互动平台。来自北京、吉林、黑龙江、辽宁等地的翻译、新闻出版、教育、司法等领域共59名学员参加了培训。

2.2 召开工作经验交流会

“国家民委民族语文暨民族语文翻译工作经验交流会”9月在四川凉山彝族自治州西昌市召开，来自国家民委、教育部、13个省(自治区)有关单位的120余名代表参加了会议。会议交流总结了近年来各地民族语文、民族语文翻译和双语教学工作的经验，分析研究了新形势下民族语文和民族语文翻译工作面临的新任务、新问题，探讨了进一步做好民族语文工作的思路和措施，体现了党和国家对民族语文工作的关心和支持。

2.3 开展工作情况调研

9月份，国家民委就我国民族语文翻译工作进行专题调研，召开了有关会议，在全面总结新中国成立以来民族翻译工作取得成绩的同时，深入分析了当前面临的特殊问题和困难，提出了对策和建议。

2.4 完成四省藏区行政自然村地名汉藏对照翻译

中国民族语文翻译局从2010年开始，从事青海、四川、甘肃、云南四省藏区行政、自然村的汉藏对照地名项目研究。一年多来，项目组搜集整理了青、川、甘、云四省区10个藏族自治州、2个市、75个县、836个乡镇等行政、自然村汉藏对照地名近2万条，2011年12月，项目预定工作任务基本完成，成为迄今除西藏自治区外最完整、最规范的藏区行政、自然村地名汉藏对照翻译，弥补了藏区没有村级地名汉藏对照翻译的空白。

2.5 出版发行《汉彝大词典》

中国民族语文翻译局彝语文室组织编纂、部分彝语文专家审订的《汉彝大词典》，是一部综合性的双语词典，4月由四川出版集团、四川民族出版社出版发行。该词典以《现代汉语词典》为蓝本，还收录了《汉语成语大词典》(湖北大学语言研究室编纂，河南人民出版社出版)中绝大部分成语条目，以及《中小学汉彝词汇对译手册》(四川省教育厅民教处、四川民族出版社、四川省凉山彝文教材编译室联合组织编写，四川民族出版社出版)中的诸多条目。同时还收录了1949年以来，尤其是改革开放以来出现的社会科学类为主的新词术语、使用频率较高的科技词汇。

三 双语人才培训基地建设调研

针对当前我国民族语文及民族语文翻译工作中迫切需要解决的若干问题，国家民委8月底至12月，精心制定《工作方案》，组成专家组，拟定调研提纲，以内蒙古、广西、西藏、新疆等4个民族自治区，辽宁、吉林、黑龙江、四川、贵州、云南、甘肃、青海等8个少数民族重点省份,中央民族大学、西南民族大学、西北民族大学等3所民族院校为对象,开展了“民汉双语人才培训基地建设”调研。形成了一份调研总报告,较全面地了解了各有关地方现有民汉双语及翻译人才基本底数、民族语文使用、未来一段时间对民汉双语人才需求、各有关高校在建立民汉双语培训基地方面具备的软硬件条件等情况。

调研总报告表明,当前民族地区民汉双语人才严重缺乏,质量参差不齐,已影响到党和国家政策在基层的贯彻落实,迫切需要加强民汉双语人才的培训和培养,以进一步巩固和发展全国民族团结进步事业;同时,部分高校已具备建立民汉双语培训基地的条件。调研总报告认为,在近期积极推进民汉双语人才培训基地建设是必要的,也是可行的。同时报告还提出了基地建设的总体思路。

四 少数民族濒危语言数据库建设

国家民委组织有关专家对中国少数民族濒危语言数据库的框架结构进行研究设计,在广西以隆林各族自治县的仡佬语、新疆察布查尔锡伯自治县的锡伯语为试点,开展组织建设、项目库设计、人才库设计等前期准备工作。

(李旭练、王学荣、许小颖)

国家相关部门公文中有关语言文字的内容*

一　民政部

民政部发布的多个重要的公文公报，涉及地名术语建设，婚姻、殡仪服务用语规范，听力、言语残疾分级等内容。

1.1　地名术语建设

民政部与国家发展和改革委员会印发的《民政事业发展第十二个五年规划》（12 月 20 日，民发〔2011〕209 号）、民政部与国家标准化管理委员会联合编制发布的《全国民政标准化“十二五”发展规划》（6 月 16 日，民发〔2011〕90 号）涉及以下地名术语建设内容。

> 完成第二次全国地名普查试点任务，开展第二次全国地名普查工作。完善地名管理标准，加强历史地名保护和地名文化建设。规范城乡地名标志设置，加强地名导向系统建设。完成四级地名数据库建设任务，完善地名公共服务。开展我国对国际共有领域地名命名和管理工作。①
>
> 在区划地名领域，重点研制地名术语、地名规划、地名译写、月球地名、南极地名、海底地名、地名文化保护、地名标志、地名数据库建设、地名信息服务等方面标准。
>
> 在社会福利与慈善事业领域，重点研制社会福利基本术语等方面标准。
>
> 康复辅具领域，重点研制残疾人辅助器具分类和术语等方面标准。在福利彩票领域，重点研制福利彩票术语等方面标准。在婚姻婚庆婚介领域，

---

* 本文的写作得到国家语委“十二五”科研规划项目（YB125－41）的资助。

① 《民政部、国家发展和改革委员会关于印发〈民政事业发展第十二个五年规划〉的通知》，民政部网站 2011 年 12 月 29 日，http://www.mca.gov.cn/article/zwgk/mzyw/201112/20111200248416.shtml。

重点研制婚姻登记基本术语、婚介服务机构等级评定、婚礼主持人职业规范、婚礼策划师职业规范等方面标准。①

1.2　婚姻、殡仪服务用语规范

民政部发布的《婚姻登记机关等级评定标准》(行业标准,MZ/T 024—2011,2011 年 7 月 1 日实施)涉及婚姻服务用语规范内容。

婚姻登记员应统一着装、挂牌上岗、举止得体、文明用语。

婚姻登记员统一使用普通话,涉外婚姻登记机关婚姻登记员至少熟练掌握一门外语。

民政部发布的《殡仪接待服务》(MZ/T 018—2011,2011 年 4 月 5 日实施)涉及殡仪服务用语规范内容。

提倡讲普通话,语言文明、描述准确、表达清楚。

使用规范的服务用语。

禁讲行业忌语。

涉外接待人员应具备英语听、说、读、写能力。

服务用语规范:应遵守公认的语言规范,针对不同的客户使用不同的服务语言,服务用语应符合特定的语言环境;应使用普通话或对方易懂的语言,使用规范的服务用语,称谓恰当,用词准确,语义明确,口齿清楚,语气亲切,语调柔和;接待人员宜掌握和运用外语、手语。

1.3　听力、言语残疾分级

国家标准化管理委员会、民政部、中国残疾人联合会发布的《残疾人残疾分类和分级》(国家标准化管理委员会、民政部、中国残联,GB/T26341—2010,4 月 28 日)对听力残疾和言语残疾分级做出了规定。

1.3.1　听力残疾

听力残疾一级:听觉系统的结构和功能极重度损伤,较好耳平均听力损失大于 90dB HL,不能依靠听觉进行言语交流,在理解、交流等活动上极重度受限,在参与社会生活方面存在极严重障碍。

① 《全国民政标准化"十二五"发展规划》,民政部网站 2011 年 7 月 20 日,http://www.mca.gov.cn/article/zwgk/mzyw/201107/20110700168685.shtml。

听力残疾二级：听觉系统的结构和功能重度损伤，较好耳平均听力损失在(81～90)dB HL之间，在理解和交流等活动上重度受限，在参与社会生活方面存在严重障碍。

听力残疾三级：听觉系统的结构和功能中重度损伤，较好耳平均听力损失在(61～80)dB HL之间，在理解和交流等活动上中度受限，在参与社会生活方面存在中度障碍。

听力残疾四级：听觉系统的结构和功能中度损伤，较好耳平均听力损失在(41～60)dB HL之间，在理解和交流等活动上轻度受限，在参与社会生活方面存在轻度障碍。

1.3.2 言语残疾

言语残疾一级：脑和/或发音器官的结构、功能极重度损伤，无任何言语功能或语音清晰度小于等于10％，言语表达能力等级测试未达到一级测试水平，在参与社会生活方面存在极严重障碍。

言语残疾二级：脑和/或发音器官的结构、功能重度损伤，具有一定的发声及言语能力。语音清晰度在11％～25％之间，言语表达能力等级测试未达到二级测试水平，在参与社会生活方面存在严重障碍。

言语残疾三级：脑和/或发音器官的结构、功能中度损伤，可以进行部分言语交流。语音清晰度在26％～45％之间，言语表达能力等级测试未达到三级测试水平，在参与社会生活方面存在中度障碍。

言语残疾四级：脑和/或发音器官的结构、功能轻度损伤，能进行简单会话，但用较长句表达困难。语音清晰度在46％～65％之间，言语表达能力等级测试未达到四级测试水平，在参与社会生活方面存在轻度障碍。

二　商务部

商务部联合34个部门发布的《服务贸易发展“十二五”规划纲要》(商务部等34个部门，2011年9月27日，商服贸发〔2011〕340号)涉及汉语国际推广内容：“加快汉语国际推广，提高汉语国际影响力。”“以‘汉语热’的兴起为契机，发挥对外汉语教材在出版服务出口中的先导作用”。[①]

① 《服务贸易发展“十二五”规划纲要》，商务部网站2011年11月28日，http://www.mofcom.gov.cn/aarticle/b/xxfb/201111/20111107851688.html?565819551=689055778。

三 文化部

文化部发布的《文化部关于进一步加强古籍保护工作的通知》(2011年3月8日,文社文发〔2011〕12号)涉及少数民族语言、文字古籍及外文古籍普查、保护、研究等内容。

加快研制少数民族语言古籍普查软件平台。

加强少数民族文字古籍保护工作。

要重点做好新疆公藏单位少数民族文字古籍的保护,开展部分重要文献的整理出版工作,积极征集散落民间的文献典籍。积极开展满文文献的普查、保护工作。对其他少数民族地区少数民族文字古籍的保护,要结合实际,适时设立保护工作专项,及时开展有关工作,促进我国少数民族文字古籍的全面保护。

加强对现存我国的外文古籍的普查和保护,可聘请国外专家参与外文古籍的鉴定、保护和研究。①

四 卫生部

卫生部发布的公文公告主要涉及医疗用语、文书规范和预包装食品标签用字、名称规范内容。

4.1 医疗用语、文书规范

卫生部发布的《医疗机构从业人员行为规范(征求意见稿)》(2011年12月26日,卫新宣函〔2011〕57号)、《综合医院康复医学科建设与管理指南》(2011年4月14日,卫医政发〔2011〕31号)以及《医疗机构临床心理科门诊基本标准(试行)》(2011年3月17日,卫医政发〔2011〕号)都涉及医疗用语、文书规范的内容。

优质服务,医患和谐。言语文明,举止端庄,认真践行医疗服务承诺,加强与患者的交流与沟通,自觉维护行业形象。

① 《文化部关于进一步加强古籍保护工作的通知》,文化部网站2011年3月29日,http://www.ccnt.gov.cn/xxfb/zwxx/ggtz/201103/t20110329_88484.html。

认真执行医疗文书制度，规范书写、妥善保存病历材料，不隐匿、伪造或违规涂改、销毁医学文书及有关资料，不违规签署医学证明文件。

按照《病历书写基本规范》要求，及时准确、完整规范书写护理病历，认真管理，不伪造、隐匿或违规涂改、销毁护理病历。

正确运用医学术语，及时、准确出具检查、检验报告，不谎报数据，不伪造报告。

配合医师做好患者用药使用禁忌、不良反应、注意事项和使用方法的解释说明，详尽解答用药疑问。[①]

综合医院康复医学科诊疗活动应当达到以下指标：病历和诊疗记录书写合格率≥90%。[②]

患者登记和医疗文书书写记录管理制度。[③]

4.2 预包装食品标签用字、名称规范

卫生部发布的《预包装食品标签通则》(2011年4月20日，GB7718—2011)涉及预包装食品标签用字、名称规范内容。

应使用规范的汉字(商标除外)。具有装饰作用的各种艺术字，应当书写正确，易于辨认。

可以同时使用拼音或少数民族文字，拼音不得大于相应的汉字。

可以同时使用外文，但应与中文有对应关系(商标、进口食品的制造者和地址、国外经销者和地址、网址除外)。所有外文不得大于相应的汉字(商标除外)。

预包装是食品包装物或包装容器最大表面面积大于35cm时(最大表面面积算法见附录A)，强制表示内容的文字、符号、数字的高度不得小于1.8mm。

应在食品标签的醒目位置，清晰地标示反映食品真实属性的专用名称。

当国家标准、行业标准或地方标准已规定了某食品的一个或几个名称

① 《卫生部就〈医疗机构从业人员行为规范〉公开征求意见》，卫生部网站2011年12月26日，http://www.moh.gov.cn/publicfiles/business/htmlfiles/mohjcg/s3578/201112/53733.htm。

② 《卫生部关于印发〈综合医院康复医学科建设与管理指南〉的通知》，卫生部网站2011年5月3日，http://www.moh.gov.cn/publicfiles/business/htmlfiles/mohyzs/s3573/201105/51579.htm，

③ 《卫生部关于印发〈医疗机构临床心理科门诊基本标准(试行)〉的通知》，卫生部网站2011年4月7日，http://www.moh.gov.cn/publicfiles/business/htmlfiles/mohyzs/s3578/201104/51188.htm。

时，应选用其中的一个，或等效的名称。

无国家标准、行业标准或地方标准规定的名称时，应使用不使消费者误解或混淆的常用名称或通俗名称。

标示“创新名称”、“奇特名称”、“音译名称”、“牌号名称”、“地区俚语名称”、“商标名称”时，应当在所示名称的同一展示版面标示。

当“创新名称”、“奇特名称”、“音译名称”、“牌号名称”、“地区俚语名称”、“商标名称”含有易使人误解食品属性的文字或术语(词语)时，应当在所示名称的同一展示版面邻近部位使用同一字号标示食品真实属性的专用名称。

当食品的真实属性的专用名称因字号或字体颜色不同易使人误解食品属性时，也应使用同一字号标示食品真实属性的专用名称。①

五　中国民用航空局

中国民用航空局发布的《使用英语通信的有关要求以及 CCAR－121.479 条的偏离限制》(编号 AC－121－FS－2011－24R1，2011 年 2 月 23 日)涉及英语通信内容。

每个机组仅允许包含最多 1 名未达到英语 4 级的驾驶员；

对于 1960 年(不含)以前出生人员，机组应配备至少 2 名达到英语 4 级以上机组成员，包括一名机长或者资深副驾驶；

对于 1960(含)以后出生人员，应达到英语 3 级标准，且机组应配备至少 2 名达到英语 4 级以上机组成员，包括一名机长或者资深副驾驶。②

六　国家广播电影电视总局

广电总局发布的《广电总局办公厅关于进一步加强电视剧文字质量管理的通知》(2011 年 2 月 28 日，广办发剧字〔2011〕30 号) 主要涉及以下内容。

一、电视剧制作机构应对所制作的电视剧进行文字质量检查，确保电视

① 《食品安全国家标准——预包装食品标签通则》，卫生部网站 2011 年 4 月 20 日，http://www.moh.gov.cn/publicfiles///business/cmsresources/mohwsjdj/cmsrsdocument/doc11940.pdf

② 《使用英语通信的有关要求以及对 CCAR－121.479 条的偏离限制》，中国民用航空局 2012 年 2 月 21 日，http://www.caac.gov.cn/B1/ZXTG/201202/P020120221357771628832.pdf。

剧用字用语正确、规范，避免出现字幕错别字，同时尽可能减少读音错误、用词错误和表达错误。

二、电视剧审查机构要制定明确、严格的文字质量监管制度，加强对送审电视剧的文字质量把关。

三、作为当前最普及、社会影响最广泛的大众传播媒体，电视播出机构应建立规范、有效的电视剧文字质量检查制度。中央电视台和省级电视台卫视频道应当在电视剧文字质量方面发挥表率作用，如发现黄金时段拟播电视剧单集字幕错别字达2处，应退回制作机构进行修改，并可根据合同条款要求制作机构承担相关责任，文字质量不达标不得播出。

四、已经播出的电视剧，如被发现仍存在较多的文字错误，广电总局将依法对有关制作机构、播出机构给予相应处理、处罚。

五、广电总局将对各省级广电行政部门执行电视剧文字质量监管工作的情况，以及电视播出机构播出电视剧的文字质量情况进行专项检查，并将相关检查结果予以公布。①

七 新闻出版总署

新闻出版总署发布多个重要的公文公报，涉及支持少数民族文字出版、盲文基地建设、中华字库工程、推进两岸交流，开拓海外华文市场、音像制品语言文字规范等内容。

7.1 支持少数民族文字出版

新闻出版总署发布的《新闻出版业“十二五”时期发展规划》(2011年4月20日，新出政发〔2011〕6号)中规定：

重点支持民文出版、“三农”出版、盲文出版和面向未成年人、进城务工人员等特殊群体的出版，构建新闻出版公共服务产品体系。

加大政府投入，争取国家财政加大对国家出版基金、农家书屋工程可持续发展资金、民族文字出版专项资金、“走出去”专项资金等的支持力度。

① 《广电总局办公厅关于进一步加强电视剧文字质量管理的通知》，广电总局网站2011年2月25日，http://www.sarft.gov.cn/articles/2011/02/25/20110224171105380730.html。

在新疆、西藏等地建设民文出版基地。为一批民族语言文字出版单位、民族地区党报党刊、重点民文期刊和主要承担民文印刷任务的单位配置必要的业务用房和编辑印刷生产设备。

资助民族宗教政策法规解读、科技致富、民族职业教育、青少年教育、优秀传统民族文化、医疗卫生保健、文学艺术等出版物的出版，每年资助重点民文（含民汉双语）图书 1 000 种，重点民文音像制品 500 种。资助优秀汉文、外文出版物的民文翻译，每年翻译图书 800 种、音像制品 500 种。①

7.2 盲文基地建设

新闻出版总署发布的《新闻出版业“十二五”时期发展规划》规定：

加强盲文出版基地建设，配置盲文刻印机和盲文制版印刷生产线，实现年生产盲文书刊 1 600 种、70 万册的规模。开发符合盲人认知的盲文乐谱、工具书、期刊、数字有声读物，出版《盲人百科全书》等重点图书。建设中国盲文图书馆（中国视障文化资讯服务中心）。设立盲用信息化辅助技术研究和产品研究专项。②

7.3 中华字库工程

《新闻出版业“十二五”时期发展规划》规定：

到“十二五”期末，完成中华字库工程。收集现有文献资料中的汉字形体和少数民族文字形体，建立主要文字的编码和全部字体字符库。重点研发文字的编码体系、输入输出、存储传输以及相互兼容等关键技术。实现收录汉字及少数民族文字字符数在 50 万个以上，并完成字符编码，实现字体格式适合于数字出版印刷和网络化、数字化。③

7.4 推进两岸交流，开拓海外华文市场

《新闻出版业“十二五”时期发展规划》规定：

大力推进海峡两岸新闻出版交流合作，重点支持挖掘和整合两岸出版

① 《〈新闻出版业“十二五”时期发展规划〉发布》，新闻出版总署网站 2011 年 4 月 20 日，http://www.gapp.gov.cn/cms/html/21/3219/201104/723561.html。

② 同注①。

③ 同注①。

资源、文化资源，完善两岸业界交流机制，加强项目合作，共同开拓海外华文市场，弘扬中华文化。[①]

7.5 进口音像制品的语言文字规范

新闻出版总署和海关总署联合发布的《音像制品进口管理办法》(2011年3月17日，新闻出版总署/海关总署令第53号)规定：

> 出版进口音像制品，应当符合新闻出版总署批准文件要求，不得擅自变更节目名称和增删节目内容，要使用经批准的中文节目名称；外语节目应当在音像制品及封面包装上标明中外文名称。
>
> 出版进口音像制品使用的语言文字应当符合国家公布的语言文字规范。
>
> 违反本办法，有下列行为之一的，由省级以上新闻出版行政部门责令改正，给予警告，可并处3万元以下的罚款：
>
> (一)出版进口音像制品使用语言文字不符合国家公布的语言文字规范的；
>
> (二)出版进口音像制品，违反本办法擅自变更节目名称、增删节目内容的。[②]

八 国家版权局

国家版权局发布《版权工作"十二五"规划》(2011年4月20日，国版发〔2011〕5号)涉及文字著作权管理和外语能力内容。

> 批准成立中国音像著作权集体管理协会、中国文字著作权协会、中国摄影著作权协会和中国电影著作权协会等4个集体管理组织，形成了文字、音乐、音像、电影和摄影等比较完备的著作权集体管理体系。
>
> "十二五"时期，要进一步加强版权涉外队伍建设和人才培养，打造一批政治素质强、业务水平高、研究能力强、外语基础好、熟悉国际国内版权保护制度的专业版权业务骨干。[③]

---

① 《〈新闻出版业"十二五"时期发展规划〉发布》，新闻出版总署网站2011年4月20日，http://www.gapp.gov.cn/cms/html/21/3219/201104/723561.html。

② 《音像制品进口管理办法》，新闻出版总署网站2012年7月20日，http://www.gapp.gov.cn/cms/cms/website/zgshdfwnew/layout3/index.jsp? channelId=3463&siteId=308&infoId=760823。

③ 《版权工作"十二五"规划》，新闻出版总署网站2011年4月20日，http://www.gapp.gov.cn/cms/html/21/508/201104/715471.html。

九　国家知识产权局

国家知识产权局发布的《专利审查工作“十二五”规划（2011—2015年）》（2011年5月30日）提出：“不断改进机器翻译系统，提高审查员阅读外文文献的效率。”①

十　国家旅游局

国家旅游局发布的《中国旅游业“十二五”发展规划纲要》（2012年4月）和《中国旅游公共服务“十二五”专项规划》（2011年12月30日，旅办发〔2011〕222号）涉及推动多语种服务建设和完善中文语言服务环境等内容。

推动完善适应入境旅游需求的信用卡支付、外币兑换等金融服务体系以及双语和多语标识系统和解说系统建设。

推动境外目的地加强对中文导游的培养，完善中文旅游信息咨询等相关服务与设施，提升出境游客满意度。

将放开中文卫星电视频道落地、更宽松的中文图书报刊进口政策、更为完善的中文接待环境等内容纳入开放和实施中国公民出境旅游的重要条件。

加强旅游投诉电话和质监网站建设，继续完善24小时热线及12301电话语音系统，建立健全专门的旅游质量监督网，按月或季度发布旅游服务质量公报。

建设各级目的地旅游网站、多语种海外网站，为旅游者提供便利的咨询和指南服务。

建立旅游解说系统，完善导游服务系统，主要旅游景区逐步实现无线导游和多语种自动导游机服务。②

推动建设景区停车场、游客服务中心、导览标识等基础设施及多语种无线导游等服务设施。

① 《专利审查工作“十二五”规划（2011—2015年）》，国家知识产权局网站2011年6月1日，http://www.sipo.gov.cn/gk/gzyd/201106/t20110601_606008.html。

② 《中国旅游业“十二五”发展规划纲要（征求意见稿）》，中国网2010年12月6日，http://www.china.com.cn/travel/txt/2010-12/06/content_21486128_2.htm。

加强与出境旅游目的地国家(地区)旅游部门的合作,推动完善ADS协议的签署和修订,简化签证手续、缩短签证时间,增加免签目的地,完善中文语言服务环境,强化安全保障,为出境游客提供安全、便利、优质的旅游环境。

推动主要旅游城市规划并加快开通旅游观光巴士,并从中选取5—10条在投入模式、运营模式、设施功能、多语言讲解以及整合交通、游览、住宿等方面具有示范作用的线路。①

十一　国务院新闻办公室

国务院新闻办公室发布的《中国特色社会主义法律体系》白皮书(2011年10月27日)和《〈国家人权行动计划(2009—2010年)〉评估报告》(2011年7月14日)涉及少数民族语言文字使用状况内容。

使用和发展本民族语言文字。中国55个少数民族中,53个民族有自己的语言,共使用72种语言;29个少数民族有本民族的文字。②

两年来,……27个省级电视台开办了手语新闻栏目,341个公共图书馆建立了盲人阅览室。

少数民族自由、平等地学习、使用和发展本民族语言文字的权利得到保障。目前,适应各民族语言环境与教育条件的双语教学模式基本建立。到2010年,全国1万余所学校开展了双语教学,在校生近500万人;有14种少数民族语言广播,8种少数民族语言电视;在内蒙古、新疆、西藏等10个省、自治区建立了11个少数民族语电影译制中心,覆盖34个少数民族语种或方言,自2009年起已完成466部数字电影的译制和361部少数民族语数字电影译制发行版的制作;7种少数民族语言文字能够在计算机中广泛使用;国家投入1.2亿元,扶持发展少数民族出版事业,36家民族类出版社用23种少数民族文字出版各类图书;国家扶持少数民族文字报纸近百种、期刊192种。③

---

① 《中国旅游公共服务"十二五"专项规划》,国家旅游局2011年12月31日,http://www.cnta.gov.cn/html/2011-12/2011-12-31-10-5-26806.html。

② 《〈中国特色社会主义法律体系〉白皮书发布(全文)》,中央人民政府网站2011年10月27日,http://www.gov.cn/jrzg/2011-10/27/content_1979498.htm。

③ 《〈国家人权行动计划(2009—2010年)〉评估报告》,中央人民政府网站2011年7月14日,http://www.gov.cn/jrzg/2011-07/14/content_1906151.htm。

十二　国务院法制办公室

国务院法制办公室发布的《无障碍环境建设条例(征求意见稿)》(2011 年 4 月 25 日)涉及无障碍信息交流内容。

县级以上人民政府及其有关部门发布重要的或者紧急的政务信息时，应当提供文字提示、手语、语音等无障碍信息交流服务。

国家机关、社会团体举办有听力残疾人参加的大型会议和活动时，应当配备字幕或者手语翻译。

设区的市级以上电视台在播出或者重播电视节目时应当加配字幕，每周至少播放一次配备手语翻译的新闻节目。

公开出版发行的影视类录像制品应当配有同声字幕。

城市公共服务场所、公共交通工具，应当建立语音提示、屏显字幕、视觉引导、听力辅助等系统，为无障碍信息交流创造条件。

火警、匪警、医疗急救、交通事故等紧急呼叫系统，应当具备方便听力、言语残疾人的报警、呼叫功能。

电信业务经营者提供电信服务时，应当逐步向听力、言语残疾人提供文字信息服务，向视力残疾人提供语音信息服务。

设区的市级以上公共图书馆应当设立盲人阅览室，提供盲文读物、有声读物，为视力残疾人获取信息提供便利。国家推广手语、中文速录在听力残疾人集中的公共活动中的应用，为听力残疾人获取信息提供便利。

组织选举的部门应当为残疾人参加选举提供便利，为盲人提供盲文选票，或者由工作人员予以协助。

国家举办的升学考试、职业资格考试和任职考试，有盲人参加的，应当为盲人提供盲文试卷、电子试卷，或者由工作人员予以协助。①

十三　中国银行业监督管理委员会

中国银行业监督管理委员会发布的《中国银行业监督管理委员会关于修改

① 《法制办就"无障碍环境建设条列"公开征求意见》，中央人民政府网站 2011 年 4 月 25 日，http://www.gov.cn/gzdt/2011-04/25/content_1852011.htm。

〈金融机构衍生产品交易业务管理暂行办法〉的决定》(2011 年 1 月 5 日,中国银行业监督管理委员会令 2011 年第 1 号)和《商业银行信用卡业务监督管理办法》(2011 年 1 月 13 日,中国银行业监督管理委员会令 2011 年第 2 号)涉及语言文字运用问题。

银行业金融机构应当以清晰易懂、简明扼要的文字表述向客户提供衍生产品介绍和风险揭示的书面资料,相关披露以单独章节、明白清晰的方式呈现,不得以页边、页底、脚注或小字体等方式说明。[①]

应当由持卡人承担的费用必须公开透明,风险提示应当以明显的、易于理解的文字印制在宣传材料和产品(服务)申请材料中。

发卡银行应当提前 45 天以上采用明确、简洁、易懂的语言将信用卡章程、产品服务等即将发生变更的事项通知持卡人。[②]

(许小颖)

---

① 《中国银行业监督管理委员会关于修改〈金融机构衍生产品交易业务管理暂行办法〉的决定》,中央人民政府网站,http://www.gov.cn/gongbao/content/2008/content_928460.htm。

② 《银监会会议通过商业银行信用卡业务监督管理办法》,中央人民政府网站 2011 年 1 月 27 日,http://www.gov.cn/gzdt/2011-01/27/content_1794045.htm。

地方语言文字工作

一　关于国家通用语言文字的工作

2011年，全国各地语言文字工作管理部门认真学习贯彻党的十七届六中全会精神，学习刘延东国务委员在纪念《国家通用语言文字法》颁布10周年座谈会上讲话精神，紧密围绕教育规划纲要、语言文字规划纲要（待颁布）的相关部署，不断拓宽视野，科学谋划，推动语言文字事业持续、健康发展。

1.1　编制当地《语言文字规划纲要》

各地通过组织专家解读《国家中长期语言文字事业改革和发展规划纲要（2010—2020年）》（以下简称《语言文字规划纲要》）的方式，认真学习宣传贯彻。安徽积极落实纲要提出的"依法将语言文字规范化纳入教育督导评估检查内容"要求，省人民政府教育督导团、省教育厅2011年4月联合印发《对市教育局2011年度主要工作目标管理考核内容》，将语言文字工作列入考核内容。

江苏、上海、天津、辽宁、黑龙江等地在调研本地区语言生活现状基础上，分析经济社会未来发展对语言文字的需求，起草了本地的《语言文字规划纲要》。

1.2　颁布语言文字法规及执法监督

截至2011年年底，我国共有29个省（自治区、直辖市）发布了相关语言文字法规。12月1日，广东省政府常务会议通过《广东省国家通用语言文字规定》，并以省政府令颁布施行。11月24日，《甘肃省国家通用语言文字条例》经省十一届人大常委会第二十四次会议审议通过。此外，上海还研制了《上海市公共场所外文使用管理规定》。

新疆加强语言文字调研执法督察，编制了《语言文字政策法规汇编》，加强了语言文字政策法规宣传，全面督查了南疆、北疆、东疆的12个地州、29个县市，以及自治区卫生、交通运输、民航和部分窗口服务部门贯彻语言文字法规政策和自治区党委加强翻译工作意见的情况。

1.3 语言文字规范标准建设工作

上海市语言文字工作委员会牵头，组织北京、上海、江苏三地专家，积极开展国家标准《公共服务领域外文译写规范 英文(通则)》研制工作。12 月 7 日至 8 日，《公共服务领域外文译写规范》研制工作会在上海召开，会议审议通过了《通则》(草案)。

天津市语言文字培训测试中心研制完成《普通话朗诵水平测试》《普通话演讲水平测试》《旅游行业普通话水平测试》三个项目，并于 10 月 26 日通过鉴定。

1.4 第 14 届推广普通话宣传周

天津市语委办与天津移动公司合作，向 20 万手机用户和近百万校讯通用户发送了推广普通话宣传短信，扩大了宣传范围。天津市语言文字培训测试中心在推广普通话宣传周(以下简称“推普周”)期间，积极服务社会，面向大学生举办了“口才助你成功”推普公益讲座 18 场，受益人群 10 800 人；结合语文教学，面向语文教师举办“教师职场口才”公益讲座 6 场，参与人数约 1 800 人；面向书法教师开展书法教师业务培训 2 场。

内蒙古自治区承办了 2011 年的全国推普周活动开幕式。有关领导为首届“自治区蒙汉两种语言文字诵读经典、书写经典大赛”优秀选手颁发了证书。内蒙古广播电台主持人、有关获奖师生及所有在场师生进行了大型诵读节目展示。伊金霍洛旗公务员、在校师生和群众代表 7 000 余人参加开幕式。

福建省推普周开幕式在厦门一中隆重举行，900 多名师生、部队战士、群众观看了经典诗文诵读等推普周宣传演出。海军厦门水警区、武警厦门支队的许多战士参加了推普活动和演出，成为今年厦门市推普周活动的“亮点”。

广东省清远市举办的系列大型宣传活动丰富多彩，包括学生古诗词朗诵比赛和书法比赛、演讲比赛、语文知识竞赛及剪纸比赛，灯谜活动、手抄报展览、推普专栏展示，推普主题班会和推普周主题文艺汇演等。

海南省海口市、三亚市、文昌市结合海南省建设国际旅游岛的要求，认真开展规范用字用语的整治工作。整治内容包括路标路牌、旅游景点说明标牌的文字使用、服务行业的规范礼仪日常用语和政府机关的用字用语等。琼海市、保亭县旅游委举行导游和服务行业从业人员的普通话培训。省公安厅开展宣传人名规范用字活动，提倡人名使用现行通用规范汉字，不用生僻字和自造字。

云南省推普周活动重点在西双版纳州景洪市举行，围绕“加快少数民族地区国家通用语言文字的普及，增强中华民族的认同感和自豪感”的主题，举办了文艺展演、规范汉字大赛、普通话应用、社会用字调查等系列宣传活动。

1.5 普通话测试

截至 2011 年年底，全国仅剩 3 个省份尚未开展计算机辅助普通话水平测试（以下简称“机测”）工作，基本实现了预定工作目标。

北京市对全市普通高等院校在校生开始实施免费的普通话水平测试。全年完成普通话水平测试 5 万人次以上，创历史新高。“机测”工作取得突破，实施“机测”的区县、高等院校测试机构数已经过半。

吉林省下发《吉林省普通话水平测试等级证书管理办法（试行）》，加强了普通话培训测试的管理。下半年全省所有测试站都已实现“机测”。

按照《国家普通话水平测试等级证书管理办法》的规定，上海市制定相关规定，加强对普通话水平测试等级证书的管理，指导市语言文字水平测试中心继续做好在校大学生和中职学生普通话免费测试工作。

江苏省在认真总结以往全省 107 个考点全面实行“机测”、83 万考生参测的经验，编写出版了全国第一本基于“机测”的《普通话水平测试指导用书·江苏版》。全年参加“机测”人数达 32 万。

山东省加大对高校语言文字工作和测试机构的管理力度。组织完成了济宁学院、济宁职业技术学院、曲阜师范大学、曲阜师范大学杏坛学院、淄博职业学院 5 所高校的语言文字工作及测试机构的评估认定工作。进一步完善了测试管理办法，全面启用国家普通话水平测试信息管理系统。加强了测试视导检查、审音检查，提高了测试质量。

湖南省举办了两期省级普通话水平测试员培训班，学员共计 233 名，由单一的教师群体扩充为教师、公务员、媒体从业人员等多个群体。通过近半个月的培训和考核，156 人取得了“省级普通话水平测试员”资格证书。

广西壮族自治区大中专院校全部采用“机测”，南宁、柳州、桂林、梧州、北海、钦州、玉林、贺州、河池、崇左 10 市（占设区市的 71%）“机测”工作进展顺利。

重庆市范围内基本实现普通话水平智能测试。截至 12 月，除开县、奉节县等少数区县外，其他区县和 15 所高等院校已全面完成测试站建设并投入运行，测试状况良好，提高了测试质量和效率。加强了对三峡移民、进城务工人员的普通话培训。

陕西省积极扩大普通话“机测”试点工作，今年新增陕西青年职业学院、杨凌示范区、西安外国语大学、延安大学等8个测试点。指导省测试中心积极开展测试工作，全面启用普通话测试新版证书，一些学校已经实现计算机打印照片。

宁夏组织完成了全自治区普通话水平培训测试工作调研，加强管理普通话水平测试质量、操作规范、服务效率、证书管理等工作。

新疆成立了全国中小学生作文大赛（新疆赛区）领导小组，与自治区教育厅、中国移动新疆公司联合开展了中国移动校讯通杯2011全国中小学生作文大赛，共收到有效作品20 115篇，评出一、二、三等奖作品180篇和优秀作品150篇。组织参加“汉口银行杯”全国“双推”漫画大赛，以“规范使用语言文字，提升语文应用能力”为主题的“双推”博文评比活动。

1.6 中国语言资源有声数据库建设

江苏省持续推进中国语言资源有声数据库建设。启动第四批23个点的调查工作；对前三批共47个点的调查资料，以及近350个小时的音频、视频语料进行验收；启动建库的相关研究工作，为下一步调查成果入库做技术准备；启动地方口头文化调查，完成苏州方言文化试点采录。

上海市启动中国语言资源有声数据库上海建库工作，进行发音人遴选、有声数据采录及地方文化信息收集，加强对建库工作的质量监控。

北京市启动中国语言资源有声数据库北京库暨北京语言文化资源信息库的建设，初步完成研究队伍的组织、建设方案的制定等前期工作。

辽宁省启动中国语言资源有声数据库辽宁库建设工作，确定大连市区和金州区为试点，完成专家推荐、人员培训的前期准备。

1.7 国家级语言文字示范校建设

河北省教育厅、省语委开展了第三批省级语言文字规范化示范校的评选工作，授予河北大学等34所学校省级语言文字规范化示范校称号。

山西省从3月中旬开始，对全省现有的220所省级示范校进行全方位的考核评比，在学校申报、市级筛选的基础上，省语委办组织10余名专家，用了近两个月的时间，经过审读文字图片、补充完善电子档案和逐项评比打分等多个环节的工作，其中22所申报学校获批为第三批国家级语言文字规范化示范校。

辽宁省评选推荐了第三批国家级示范校。对已命名的国家、省级示范校进行调研、回头看，抓巩固提高。

安徽省本着“重过程、重建设、重实效”的原则，认真开展市级示范校和省级示范校的创建和评估。在各市创建市级语言文字示范校的基础上，省语委办组织人力完成了对合肥、巢湖、六安、铜陵、池州等市申报的省级语言文字示范校评估检查。加强对各市市级示范校创建工作的督导，对已经取得省级、国家级示范校称号的学校进行回访或复查。

河南省成立了以教育厅领导为组长，纪律检查、人事及有关专家参加的评审组，对各市申报学校进行认真评审，最终确定 33 所学校申报国家级示范校。

湖北省语委办通过“省、市、县(区)三级联创”，评选出一批省级语言文字示范校。在创建省级示范校的基础上，省语委办组织 6 个专家评估组，陆续交叉对申报的学校进行了实地检查评估，推荐湖北第二师范学院等 22 所学校申报国家级语言文字规范化示范校。

新疆维吾尔自治区民语委向国家语委申报了自治区第二批国家语言文字示范校，在全疆开展了规范汉字书写教育特色校创建活动，认真评审全疆 57 所申报特色校材料，抽检了乌鲁木齐、石河子、沙湾、阜康 8 所中小学的语言文字工作。

1.8 城市语言文字工作评估

截至 2011 年年底，北京、上海、江苏及黑龙江四省市已全部完成了一、二、三类城市的语言文字评估工作。

北京市开展示范街道(乡镇)和语言文字规范化达标单位评比创建工作。市语委工作组抽查 2011 年申报的语言文字规范化示范街道(乡镇)，批准认定东城区龙潭街道等 21 个街道(乡镇)为市级首批语言文字规范化示范街道(乡镇)，认定北京银行光明支行等 31 个单位为第七批北京市语言文字规范化达标单位。

黑龙江省督促、指导未完成三类城市评估工作的市地开展三类城市语言文字工作评估。到 2011 年年底，已全部完成一、二、三类城市语言文字工作评估。

浙江省对湖州、嘉兴进行评估整改“回头看”，指出了两市存在的不足和薄弱环节，加大了依法管理语言文字工作力度，巩固国家二类城市语言文字工作评估成果，不断提高社会用语用字规范化水平。指导了国家三类城市开展语言文字工作评估；广东省深入江门、东莞、肇庆等市督促指导语言文字评估工作，推动茂名、惠州、梅州三市开展三类城市语言文字评估达标工作，促进已达标城市开展以落实整改措施为重点的“回头看”工作，不断巩固达标成绩。

广西壮族自治区各市加快开展国家三类城市语言文字评估认定工作。该项工作由各市组织实施，省语委具体指导，督促检查。2011 年有 24 个县通过了“三类城市语言文字工作评估”，完成了全年 22 个县通过评估验收的计划任务。

新疆维吾尔自治区深入开展“语言文字建设年”活动，认真做好城市语言文字评估和学校语言文字工作。自治区民语委组成三类城市语言文字评估指导工作组，完成了塔城地区沙湾县、和硕县评估工作，召开全疆城市语言文字评估工作 10 周年总结表彰大会。

西藏自治区在教育部、国家语委观察组的全程指导和监督下，顺利完成了对拉萨市国家通用语言文字工作的评估，促进了城市语言文字工作的和谐发展。第 14 届全国推普周闭幕式在拉萨市成功举办。

1.9 科学研究工作

北京市成立“北京语言文化建设研究中心”，积极发挥“北京语言产业研究中心”的作用，出版《语言产业导论》。

吉林省编制《吉林省语言文字工作委员会科研项目管理办法》和《吉林省语言文字应用“十二五”科研立项评审办法》，完成吉林省语言文字应用“十二五”科研规划项目的立项工作。

黑龙江省语委办组织开展了“把握心理发展‘最佳期’的婴幼儿早期主动发展实验研究”和“汉语拼音直呼音节实验研究”等课题的研究工作。

上海市认真组织国家语委“十二五”科研规划课题的申报工作，加强对市级课题科研工作的管理。指导“中国外语战略研究中心”“国家语言政策研究中心”的建设，加强人才队伍建设。积极开展科学研究，启动了国内外语言政策信息数据库、语言文字学术资源及人才资源数据库的建设工作。

浙江省加强语言文字应用科研的规划与管理，组织制定了《浙江省语言文字应用“十二五”科研规划》和《浙江省语言文字应用科研 2011 年度项目指南》。

湖南省将语言文字应用研究纳入到了湖南省教育科学“十二五”规划课题研究，并给予资金保障。2011 年 11 月，召开了湖南省语言文字应用科研与信息化工作会议，并下发了《关于组织申报湖南省教育科学“十二五”规划 2011 年度语言文字应用研究专项课题的通知》。

1.10 队伍建设

云南、山西等地对本省语言文字干部、普通话测试站工作人员进行了业务培训，提高他们的履职能力。山西出台了《山西省语言文字工作年度考核评比办法》，调动了广大语言文字工作者的工作积极性和创造性，丰富完善了语言文字工作的制度建设，为依法监管、提升各级语委的工作能力和水平奠定了基础。

1.11 语言文字信息化建设

各地以语言文字网为宣传主阵地，不断推进语言文字信息化建设。湖南安排专项经费70万元，通过开发在线服务项目的方式，用于语言文字信息化建设，搭建了“湖南省语言文字在线”。吉林通过制定《吉林省语言文字宣传工作评比细则》，加强信息员培训等一系列措施，进一步加强语言文字宣传工作。

二 关于少数民族语言文字工作

2.1 濒危语言抢救

云南省认真实施少数民族语言文字抢救保护工程。2010年收集了211件少数民族语言文字实物，并进行了分类、记录、存放。2011年陆续赴丽江、德宏、西双版纳等州市，收集少数民族语言文字实物296件，充实了民族语言文字实物档案。此外，还派出相关专业人员，深入民族地区，调查、记录了克木、拉基、仙岛、老品等濒危语种的语音，撰写“云南省少数民族语言濒危情况报告”。

2.2 双语使用、培训和测试

新疆维吾尔自治区人民政府办公厅5月3日发布了《关于进一步规范使用民汉两种语言文字的通知》(新政办发〔2011〕57号)(该文件全文见本书附录2)。文件从七个方面重申了自治区语言文字工作的有关规定，要求各地各部门高度重视规范使用民汉两种语言文字，加强领导，认真组织学习宣传，建立健全规章制度，经常组织检查本地本部门(单位)的语言文字使用情况，及时整改不规范现象，为实现新疆跨越式发展和长治久安，营造良好的语言文字环境。

新疆维吾尔自治区组织部、宣传部、人力资源和社会保障厅、民族语言文字工作委员会3月28日联合发布了《关于在全区基层干部、新录用公职人员、窗口服务行业相关人员和青壮年农牧民中开展“双语”学习的意见》(新语发[2011]16号)，内容包括“提高认识，切实加强‘双语’学习”“目标任务和主要措施”“加强组织领导”三个部分。文件提出，要通过集中培训、分类指导、实践锻炼等多种形式，使各类基层干部、新录用公职人员、少数民族青壮年农牧民等具备一定的双语能力。新疆维吾尔自治区完成了第十一批两年期、第十二批异地挂职干部“双语”能力测试工作，测试人员485人；新疆生产建设兵团对42名学习维吾尔语的兵团系统基层干部进行笔试、面试。在自治区公安厅、卫生厅、安全厅、司法厅、监狱管理局开展了“双语”学习工作调研。维吾尔文—汉文版《双语学习语音读本》持续推广发行，组织编写了汉文—哈萨克文、汉文—蒙古文、汉文—柯尔克孜文版《双语学习语音读本》教材，完成《新疆邮政系统窗口行业“双语”教材》审定工作。

由云南省教育厅、省民语委办等单位共同主办的云南省“零障碍双语教育”第一届国际学术研讨会，10月26日至27日在西双版纳举行，150人参会。

2.3 语言规划、标准化和信息化

2.3.1 语言规划

八省区蒙古语文工作协作(以下简称“八协”)小组第十五次成员会议7月初在青海省召开，来自内蒙古、黑龙江、吉林、辽宁、河北、甘肃、青海、新疆八个省和自治区的协作小组副组长及成员近100人参加了会议。“八协”小组组长、内蒙古自治区副主席刘新乐在会上讲话，国家民委专职委员李文亮代表国家民委到会祝贺并讲话，“八协”小组副组长兼办公室主任做了工作报告。会议讨论通过了《2011—2015年八协工作规划》。

新疆维吾尔自治区民族语言文字工作委员会6月25日发布了《自治区“十二五”时期语言文字工作规划》，确定了“十二五”期间自治区语言文字工作的指导思想、发展思路、目标、任务、重点工程等内容，提出要努力提升全区各族人民语言文字应用能力，加强语言文字规范化、标准化、信息化建设，为实现新疆跨越式发展和长治久安，营造和谐的语言文字环境。

2.3.2 术语标准化

全国彝语术语标准化工作委员会第三次术语审定会议10月27日在广西壮族自治区南宁市召开，来自全国各地的22名彝语文工作领导、专家参加会议。自治区民语委党组成员、副主任杨启标，全国彝语术语标准化工作委员会主任、西南民族大学副校长沙马拉毅出席会议并讲话。会议总结了近年来全国彝语术语标准化工作委员会的工作成绩，分析了川、云、黔、桂等地彝语术语发展的趋势和彝语文标准化工作存在的问题，提出了今后的工作重点。会议还审议通过了彝语术语翻译借音、地名中同音词音译、地名、民族族称等原则。

新疆维吾尔自治区召开名词术语规范审定会议，规范审定少数民族语言名词术语 4 100 余条，维吾尔语常用名词术语 1 200 余条，哈萨克语日常用语、林业等方面的名词术语 1 000 条，蒙古语涉及林业方面名词术语 1 591 条，柯尔克孜语 616 条。推进国家标准《信息技术维吾尔文、哈萨克文、柯尔克孜文通用软件排版规则和字符集与变形现象字符使用规则》的有关研究工作。

广西壮族自治区民语委启动重新修订《壮汉词汇》工作，并经国家语委科研规划领导小组批准列为国家语委“十二五”科研规划 2011 年度自筹项目。现已成立“五人专家小组”，推举出执行主编和执行副主编，分工开展各项工作。

西藏自治区完成了出版《汉藏对照新词术语词典》的有关工作。该书收录了自 1995 年到 2010 年间的新词术语 3 000 余条，以汉藏对照形式附录了 6 225 条西藏自治区村级以上行政区划名称。该词典由自治区藏语文工作委员会办公室、自治区编译局和自治区新词术语藏文翻译规范委员会办公室组织自治区内有关专家学者审定。新疆维吾尔自治区编纂了《汉维谚语词典》《汉维形容词造句词典》《哈语同义典》《新疆蒙古语正字正音水平测试大纲》《托忒蒙文胡都木蒙文对照卫拉特方言正字正音词典》和《新疆地名蒙汉文音译转写规范词典》等专业辞书，审定了《维吾尔人名汇编》《现代维吾尔语详解辞典》《现代哈萨克语》。

2.3.3 信息化

青海省海西蒙古族藏族自治州开通了中国·柴达木蒙藏语版网站，为少数民族群众及时了解政府决策，政府了解社情民意开辟了通道。海南藏族自治州出版发行了藏汉地名信息工具书《海南州地名文化释义》。

2.3.4 语文水平考试试点工作

广西壮族自治区为贯彻落实《国务院关于进一步繁荣发展少数民族文化事业的若干意见》和《国家民委关于做好少数民族语言文字管理工作的意见》有关“加快制定和完善从事少数民族文化工作的专业（技术）人员职称评定政策和资质认证、机构和团体建设等方面的相关标准和办法”“研究建立少数民族语言文字翻译资格认证和等级考试制度”的精神，由自治区民语委筹划开展了壮语文水平考试试点工作。该项工作是我国少数民族语文标准化考试的首次探索和尝试。已研究制定壮语文水平考试试点工作方案、座谈会方案；建立完善了壮语文水平考试语料数据库、统计分析壮语词频、编写分级词汇表和初中高三个等级考试大纲及其试题样卷、考试参考书目，开展试题的命题、制卷和考试题库工作。

目前，壮语文水平考试试点各项筹备工作基本就绪，将择时召开壮语文水平考试试点工作座谈会，向社会宣布正式启动壮语文水平考试试点工作。

2.3.5 语文有声数据库建设

云南省少数民族语言文字资源库建设取得重要进展，研究制订了"云南民族语言文化网"的栏目结构，10月份实行公开招标，并和昆明卓绵科技有限公司签订了开发协议。省民语委办"少数民族语言调查表和调查规范"于9月获得教育部、国家语委立项，将对少数民族语言资源采集中的工作程序、技术标准和调查内容等作出规范，并指导全国开展少数民族语言资源采集，为建设好"中国语言资源有声数据库"提供支持。

2.3.6 城市民族语文评估标准

西藏自治区参照普通话评估标准和体系，初步完成了《拉萨市藏语文评估标准》的制定工作，成熟后可以用于城市语言文字工作评估。

2.4 语言调查与执法

广西壮族自治区启动广西少数民族语言有声数据库试点调查。自治区民语委以仡佬语多罗方言作为广西少数民族语言有声数据库试点调查对象，派出专人到百色市隆林各族自治县进行摸底调查。初步了解到，在广西境内，仡佬语多罗方言区人口约有500人，主要分布在该县德峨乡的么基村上、下冲屯和岩茶乡的者艾。目前，该方言区能熟练使用母语进行交际的人数估计不足十几人，日常交际用语大多使用当地汉语，部分人还兼通壮语、苗语等少数民族语言。同时，广西壮族自治区开展了广西世居少数民族语言文字使用状况调查。自治区民语委将该项调查列为2011至2012年的一项重点工作。对来自各市县民语部门的114名调查员进行入户调查培训，许多市县的入户调查工作已基本完成。

西藏自治区开展了藏语文翻译社会效益情况调研。该工作由自治区民语委办(局)牵头，抽调西藏日报社藏编部、西藏人民出版社藏编部有关人员分别组成两个调研组，分赴全区7个地(市)深入23个县、21个乡(镇)、1个区(城关区)、1个街道办事处，历时将近2个月，调查了解藏语文翻译社会效益和藏语文工作情况的第一手资料，写成了调研报告，上报自治区政府。

2.5 语言翻译

青海省、州、县各级民族语文工作部门完成党政公文、法律法规、科技、文化艺术、广播影视、"两会"文件、中央和省委1号文件及各种会议材料的翻译工作外，还翻译了大量政策法规宣传材料，在贯彻落实党和政府的重大决策、促进地方经济和社会发展、帮助农牧民脱贫致富中起到了重要作用，为少数民族地区的社会稳定、经济发展、促进新农村牧区的和谐发展做出了贡献。

新疆维吾尔自治区民语委领导牵头，自治区相关部门参加，组成南疆、北疆、东疆三个调研组，深入开展民族语文翻译调研。自治区党委书记张春贤、自治区主席努尔·白克力听取了民语委的调研汇报，就加强翻译工作做出重要指示。汇报会后，自治区编办同意成立自治区民族语文翻译局，与自治区民语委构成两块牌子一套人马，有力推进了全自治区翻译工作的开展。

云南省做好民汉双语教材及科普材料的编写翻译工作。省民语委办承担了瑶文教材一、二、三、四年级的校对和五年级的翻译工作，编写傈僳文、苗文、哈尼文、藏文和彝文学前教材，编写及校对景颇语文、载佤文、独龙文学前及小学一、二、三年级教材。会同红河州科学技术协会、红河州民族研究所等单位编译出版民汉对照《科普知识宣传手册》。

四川省正式发布《四川省少数民族语言文字翻译系列高级专业技术职务任职资格评审办法》。根据不断变化的职称评审形势和省职称改革工作领导小组有关政策要求，四川省对2008年制定的《办法》做进一步修改完善，下发实行。这对提高专业人员业务能力和学术水平，规范技术职称资格申报工作起到积极作用。

2.6 民族语文活动

内蒙古自治区举办第二届“母语杯”蒙古文书法大赛，主题为“促和谐、各民族共同团结奋斗、共同繁荣发展”，共收到来自新疆、辽宁、吉林、北京等省市自治区和内蒙古各盟市的370多名作者的600余幅作品。同时，举办了第二届“哈扎布杯”八省区蒙古族长调歌曲演唱大赛，内蒙古、黑龙江、吉林、辽宁、河北、甘肃、青海、新疆八个省和自治区近200名民间长调歌手报名参赛，内蒙古电视台蒙古语频道进行直播。自治区民语委会同自治区教育厅，举办了全区“图古拉沁夫(牧童)”中小学生蒙古文作文大赛、蒙汉两种语言文字诵读经典/书写经典比赛，主题是“在党的民族政策的光辉照耀下”，受到社会各界的好评。

广西壮族自治区举办了第六届壮族文学奖评奖暨第二届壮文文学奖评奖活动，评出第六届壮族文学奖获奖作品5部，第二届壮文文学奖获奖作品3部(篇)。

(李旭练、袁　伟、吴　蓓、王学荣)

国家语委“十二五”科研规划

国家语言文字工作委员会(以下简称“国家语委”)2011年4月11日印发了《国家语委“十二五”科研规划》(以下简称《科研规划》),提出未来五年即第十二个五年计划期间,国家语委科学研究工作的指导思想、主要目标和重点研究方向,这对推动我国“十二五”期间应用语言学研究的发展具有重要的引导作用。

一　制定背景

《科研规划》是在科学认识国际国内形势及“十二五”期间我国各项事业发展的基础上制定的。从国际看,经济全球化的深入发展,极大地促进了国际间政治、经济、教育、文化的交流与合作,语言交流问题越来越多。从“走出去”的角度看,对外需要继续推进中华语言文化的国际传播,积极争取话语权,增进各国人民对中华文明的理解,对内迫切需要提升国家的外语能力,维护国家安全。

从国内语言生活看,快速的城市化进程使我国的“语言地图”快速改写,语言生活发生前所未有的重大变化,加强语言规划、积极提供语言服务、及时准确地掌握语言国情、保存中华语言及其各种方言将成为当前工作的重要内容。国家的信息化水平日益提升,虚拟语言生活对社会的影响日益广泛深远,做好语言资源的开发、促进虚拟语言生活的健康发展日益成为社会关注的焦点。伴随着“双言双语”语言生活的初步形成,妥善地处理好日益复杂的语言关系,以及建立科学的公民语言能力标准成为国家社会的迫切需要。

“十二五”时期将是我国语言文字工作机遇和挑战并存的时期。作为一项基础性工作,语言文字工作应当抢抓机遇,改革创新,奋力前行,为国家各项事业的稳定发展做出应有的贡献。

二　制定过程及主要内容

从2010年起,国家语委科研规划领导小组办公室(以下简称"科研办")开始筹划制定国家语委"十二五"科研规划,期间多方征求意见,召开多次专题工作会议修改完善,前后历时一年研制成功。

2.1　制定过程

这是一个集思广益、群策群力的决策过程:5月国家语委科研办向全国各地语委、民语委,相关部委直属高校,科研院所,学术团体等征集科研选题建议。社会积极响应,共征集选题建议476项。7月国家语委科研办委托教育部语言文字应用研究所分类整理选题建议,研制《科研规划》及《国家语委"十二五"科研规划2011年度项目指南》(以下简称《项目指南》)初稿。9月份国家语委科研办组织召开科研规划制定座谈会,研讨"十二五"期间国家语委科学研究的方向,明确需要进一步深化和拓展研究的重点领域,提出重点研究课题。11月国家语委科研办先后组织召开专家论证会和科研规划研讨会,审议《科研规划》及《项目指南》初稿。在2011年2月分别在国家语委2011年度全体委员会议和国家语委咨询委员会第11次会议上征求意见。3月,又分别向国家语委科研规划领导小组成员及国家语委相关部门征求意见。4月11日《科研规划》及2011年度《项目指南》正式印发。

2.2　主要内容

《科研规划》分为三个部分。

2.2.1　工作回顾

《科研规划》系统总结了"十一五"期间国家语委科学研究工作取得的成果,这些成果涉及"国家语言战略研究""语言文字规范标准建设""语言能力评测体系""语言文字基础工程建设""社会语言生活引导""促进汉语走向世界""民族语言文字规范化、信息化建设""应用语言学学科建设"等方面。

2.2.2　面临的形势

《科研规划》分析了当前国家语言文字工作面临的形势和机遇,特别指出全球化的深入发展、信息化发展的日新月异、语言生活的发展变化,对语言文字工作的影响和需求，阐述了科学研究在保障语言文字事业发展方面应发挥的作用及存在的不足。

2.2.3 指导思想、主要目标和重点研究方向

《科研规划》的指导思想是："以全面服务国家语言文字事业发展为目标，以语言文字规范化、标准化、信息化为主线，以科研基地建设和语言工程建设为基础，关注社会语言生活热点"。主要工作目标是"进一步提高语言文字科学研究水平""把握语言国情""服务社会语言需求""引导社会语言生活"。保障措施是"建设国家语委科研基地系统""发挥高校、科研院所、学术团体以及地方语委的作用""加强应用语言学学科建设""培养应用语言学人才"。

三 基本特点

语言文字工作的特殊性决定了《科研规划》具备许多特点，主要体现在以下几个方面：

3.1 更新学术理念，引领研究方向

科研项目指南具体体现了科研规划的指导精神。《科研规划》和《项目指南》提出以下五个主攻方向，即"语言战略、语言规划与语言政策研究""语言文字规范标准建设""语言生活与语言管理研究""语言教育与语言能力研究""语言资源建设与中文信息处理研究"，以便推动语言文字应用研究有针对性地、有效地满足国家社会的需求。《科研规划》还十分关注学术前沿和跨学科发展的重要研究领域，敏锐提出汇聚了"语言能力""语言经济""语言产业"等新的语言理念，培育学术研究的新增长点，支持推进"提升国家语言能力的方略研究""语言经济与语言产业发展战略研究""提高国民语言应用能力研究""国民语言文字能力标准与测评体系研究"等项目，引领学术研究的潮流。

3.2 坚持"问题驱动"，解决实践问题

《科研规划》坚持以"问题驱动"为原则，以语言生活中富有前瞻性、战略性、全局性的重大理论和实践问题为主攻方向，更好地服务于语言文字事业。一方面，《科研规划》围绕"提升国民语言能力"设立了科研项目群集中研究国民语言应用能力的提升等；加强了对母语教育、少数民族地区双语教育、汉语国际教育、

听力视力残疾人语言获得等方面的研究。另一方面,《项目指南》既强调要做好"提升国家语言能力的方略研究""语言经济与语言产业发展战略研究""中文信息处理发展战略研究""基于云计算平台的语言资源整合应用方略研究"等方面的战略研究,又紧密结合当前语言生活的实际做好"汉语拼音的推广及应用中的问题""我国城镇化进程中的语言文字问题""网络环境下的语言文字应用问题"等具体问题的对策研究,做到宏观与具体结合,多层次地研究分析当前语言生活中的热点、难点问题。

3.3 强调调查研究,把握语言国情

《科研规划》着重把"关注社会语言生活,把握语言国情""引导社会语言生活和谐发展"列为"十二五"期间国家语委科学研究的主要目标之一和重点研究方向,一方面既强调要"加强语言国情研究""加强新媒体中语言使用状况的研究""加强语言使用动态的监测与研究""加强语言舆情研究""开展手语、盲文使用状况调查,建立动态监测系统"等方面的研究;同时也强调开展对"香港、澳门、台湾及海外华人华侨的语言生活""不同国家的语言战略与政策""国外语文生活状况及经验"等境内外语言生活的研究。在《项目指南》中还具体设立了"中国跨境语言现状调查研究""少数民族地区国家通用语言文字使用情况调研""我国少数民族网络语言生活调查研究""基础教育领域语言教学软件现状调研"等研究方向,积极引导学界关注和摸查语言国情。

3.4 突出语言服务,发挥社会效益

服务国家、服务社会、服务群众一直是语言文字工作的重要宗旨。《科研规划》积极引导语言文字应用研究提升语言服务的水平,《科研规划》在工作目标中特别指出要"主动服务各领域、各地区的语言需求"。《科研规划》重点设立了"语言文字应用咨询服务平台建设""语言文字政策法规查询服务系统""语言文字规范标准应用服务系统""语言文字培训测试系统建设"等科研项目,大力推动现有语言资源及研究成果更好更快地运用于经济社会的发展和满足人民群众的需求。《科研规划》还特别强调推进国家语言文字政策和语言文字工作知识的大众化、普及化,加强"语言科学的社会普及方略研究",积极推进社会整体语言文字素质的提高,为语言文字事业提供良好的生态环境和知识氛围。

四 贯彻实施

6月至8月，国家语委科研办先后组织开展了科研项目的资格审查、网络初审、重大项目答辩、会议评审和项目公示等工作，最终共有136个科研项目获得国家语委“十二五”科研规划2011年度立项支持。

4.1 科研立项

在科研立项过程中，国家语委科研办加大公平竞争、择优资助、纪律严明、开放透明的科研管理制度的建设，探索建立了专家回避制度、在线双向匿名评审制度和重大项目会议答辩制度；严格执行同行评审制度，依托近百位专家学者进行评审，保证评审结果的准确性和严肃性；加强项目评审结果的公开，实行评审结果的公示制度和评审申诉制度，接受社会的监督。这些制度大大地保证了项目评审的公平公正，保障了科研项目的质量。

4.2 项目开题

课题开题直接关系到课题研究的方向和进程，关系到课题研究成果的质量。国家语委科研办严格管理，先后组织近百位专家参与了课题开题，对课题组的开题进行指导，提出许多富有建设性的意见。从9月30日起，“国民语言文字能力标准与测评体系研究”“语言文字规范标准符合性测查认证系统建设”等6个重大项目及“海外华语使用情况调查”“基础教育领域语言教学软件现状调研”等10个委托项目共16个科研项目陆续开题。

4.3 省域自筹项目

为了推进省域语言生活的研究，6月20日教育部语信司下发了《关于报送国家语委自筹科研项目的通知》(教语信司函〔2011〕26号)，指导各地语委结合本地实际申报国家语委“十二五”科研规划2011年度项目，加强本地科学研究工作。11月11日召开的国家语委“十二五”科研工作座谈会，再次指出各地要积极筹措经费，制定科研规划，整合专家队伍，开展有特色、有成效的科学研究，积极研究解决本地语言生活中的实际问题，逐步在全国范围内形成各有特色、各展所长、蓬勃发展的地方语言文字工作态势。

4.4 科研工作专家库

国家语委科研办 11 月 24 日下发了《关于建设国家语委科研工作专家库采集专家信息的通知》(教语信司函〔2011〕49 号),在全国范围内采集相关专家信息,筹建国家语委科研工作专家库。该项工作不仅采集语言学及应用语言学、汉语言文字学、中国少数民族语言文字学、外国语言学等领域的专家信息,还采集中文信息处理、语言经济学等与语言学相关的交叉学科、边缘学科的专家信息。截至目前,国家语委科研工作专家库共采集研究人员近 2 000 位,其中近 700 位已经入库,初步建立了国家语委科研工作专家队伍。

4.5 科研基地

科研基地在科学研究、打造队伍、学科建设、学术交流、语言服务等方面具有十分突出的优势。11 月 11 日,国家语委首个科研基地"中国外语战略研究中心"在上海外国语大学成立,标志着国家语委科研基地体系建设的正式启动。

附:2011 年度立项重要项目选录

项目类型	项目名称	承担单位
重大项目	国民语言文字能力标准与测评体系研究	教育部考试中心
	语言文字规范标准符合性测查认证系统建设	教育部语言文字应用研究所
	中华经典诵读教育与语文素质、语文教育、弘扬中华优秀传统文化相关研究	广州大学、西南大学
	国家通用盲文标准修订	北京联合大学
	国家通用手语标准研制	北京师范大学
	中国跨境语言现状调查研究	中央民族大学
重点项目	国家语言资源监测语料库建设相关技术研究	华中师范大学
	高校母语教育问题与对策	中国人民大学
	语言文字舆情自动监测技术研究	中国传媒大学
	少数民族学生国家通用语言文字应用能力标准与测评体系研究	北京语言大学
	国外语言生活状况综合考察	北京外国语大学
	汉语文本简繁转换系统研制	北京师范大学

（续表）

	基于语言舆情库的语言服务平台建设及若干热点舆情研究	教育部语言文字应用研究所
	提高国民语言应用能力研究	上海市教委、上海市语委
	广播电视语言问题研究	教育部语言文字应用研究所
委托项目	汉字字形规范	北京师范大学
	海外华语使用情况调查	暨南大学
	基础教育领域语言教学软件现状调研	华东师范大学
	少数民族地区双语教育教材语料库建设	中央民族大学
	外国语言文字在中国境内使用的相关标准研制	上海市教委、上海市语委

（李　强）

第二部分

专　题　篇

汉语国际传播状况*

汉语国际传播有两翼，一是汉语作为第二语言的教学，目前国内多称为汉语国际教育；再就是华文教学或华文教育，以语言文化传承为目标。本报告将从这两个方面来陈述。

一　汉语国际教育

1.1　孔子学院发展概况

据国家汉办/孔子学院总部发布的数据，截至 2011 年 11 月底，中国已在 105 个国家、地区建立了 350 多所孔子学院和 500 多个孔子课堂，海外学汉语人数超过 4 000 万，其中 2011 年新建孔子学院 36 所、孔子课堂 131 个，学习汉语的人数增长了 39%。为了满足各国人民学习汉语的需要，有 8 000 多名教师和志愿者奔赴 100 多个国家教授汉语，有 118 个国家的 5 000 多名学生接受奖学金，来华学习研修。各地孔子学院在 2011 年举办了 1.3 万场文化活动，吸引了 722 万人参加，为各国汉语爱好者展示才艺，为外国民众认识中国、近距离了解中华文化提供了机会和舞台。①

1.2　拓宽办学渠道

特色化办学是孔子学院发展的一个方向，继中医孔子学院、商务孔子学院、戏曲孔子学院、网络孔子学院、广播孔子学院之后，2011 年 4 月 9 日，全球首个“旅游孔子学院”在澳大利亚格里菲斯大学宣布成立。旅游孔子学院将以旅游汉

---

*　本文是 2010 年度教育部哲学社会科学重大课题攻关项目“新形势下国家语言文字发展战略研究”(编号：10JZD0043)的阶段性研究成果之一。

①　《汉语热在全球持续升温 已建立 350 多所孔子学院和 500 多个孔子课堂》，国家汉办/孔子学院总部网站 2011 年 12 月 21 日，http://www.hanban.edu.cn/article/2011-12/21/content_396733.htm。信息来源：《人民日报·海外版》2011 年 12 月 15 日第 04 版。

语为主，利用澳大利亚得天独厚的旅游资源，培养旅游方面的人才。

为所在国政府公务人员提供汉语学习服务成为孔子学院办学的一个重要内容。比如泰国清迈大学孔子学院为清迈地区公务员开设为期3个月的汉语培训班，印度尼西亚阿拉扎大学孔子学院应邀为印尼贸易部官员进行为期2个月的汉语培训，阿拉伯联合酋长国迪拜警察学院与迪拜大学孔子学院联合举办的迪拜警察学院汉语培训班，比什凯克人文大学孔子学院为吉尔吉斯共和国国家缉毒总局开设汉语培训班。

2011年汉语国际教育最大的亮点是国家汉办暨孔子学院总部实施的“我唱北京——国际青年声乐家汉语歌唱计划”。这是一项全新的国际声乐家汉语教育项目，该项目从全球200余名申请者中选取了20名青年歌唱家来华接受短期汉语强化培训和汉语歌曲表演训练。学员们在孔子学院大会期间成功举办了“我唱北京”音乐会，展示他们学习汉语和中华文化的成果。这一活动丰富了汉语国际教育内涵，增进了中外文化的交流与合作，受到国际声乐界的广泛关注。

1.3 逐级开展推广教材培训

以往教材推广主要是以赠促推、以展促销，2011年国家汉办组织相关机构和高校，开展了以教材推广为目标的逐级培训。

1.3.1 教育官员培训

9月中旬，北京语言大学举办了汉语教材培训教育官员班，来自澳大利亚和新西兰的63位教育官员参加。培训采用互动与全程体验相结合，每一位学员既能了解汉语教材研发状况，又能更深认识中国文化。

1.3.2 教材培训师培训

为配合小语种国家孔子学院(课堂)开展教材培训以及外国本土汉语教师来华教材培训工作，9月底，北京外国语大学汉语国际推广多语种基地承办了2011年国际汉语教材培训师研修班，来自24个国家67所孔子学院(课堂)和北京大学、北京师范大学等国内11所国际汉语推广基地院校的121名学员参加了此次培训。培训期间，教材编者们介绍了孔子学院总部推广的《汉语乐园》《快乐汉语》《跟我学汉语》《当代中文》《新实用汉语课本》《长城汉语》等主干教材的编写理念、教学资源及培训方法，在此基础上，每位学员都结合自己所要培训的对象的实际情况，编写了具体的教材培训实施方案。

1.3.3 本土教师教材培训

本土教师教材培训工作分别在境内、境外进行。境内培训任务主要由汉语国际推广基地承担，境外培训任务主要由当地孔子学院承担。法国、埃及、吉尔吉斯共和国、缅甸等国都举办了本国首届本土教师汉语教材培训班。

以教材推广为目标的逐级培训充分展示了已开发的优秀教学资源，有助于教学水平的提高。

1.4 促进交流发展

2011年中国教育部和西班牙、法国教育部合作举办了西班牙汉语年和法国汉语年，西班牙和法国所在的孔子学院为汉语年的成功举办做了大量的工作。

为完善交流平台，国家汉办暨孔子学院总部6月份在西班牙召开了《孔子学院》多语种系列期刊研讨会，会议的主题是"通力协作，推动《孔子学院》期刊可持续发展"。来自国家汉办《孔子学院》多语种期刊编辑部及相关处室的专家和中国、俄罗斯、法国、埃及、泰国、日本、韩国及西班牙等国家的8个语种的《孔子学院》期刊的编辑同仁聚集一堂，共同商讨如何立足实际，办出有区域特色和语种特色的《孔子学院》杂志，进一步完善各期刊之间的运行协作机制，扩大杂志的影响力。

为提高办学质量，国家汉办暨孔子学院总部大力支持各个国家和地区孔子学院之间的交流与合作。4月14日至16日，在美国旧金山，亚洲协会[①]、美国大学理事会与国家汉办共同举办了第四届全美中文大会，会议主题是"联结、创新、引导"。美国各州大中小学校长、教师及政界代表共1 500多人参加会议，这是多年来出席会议人数最多、与会代表规格最高的一届盛会。2011年中国政府给美国带来了"三个一万"项目，即万名美国大学生来华留学，"汉语桥"万人来华研修，公派万人赴美攻读博士学位。目前美国已有1 000多所大学开设汉语专业，4 000多所中小学校开设汉语课程。[②] 9月14日，在英国新议会大厦举办了"2011全英孔子学院大会"，中英两国政府官员、英国上下议院议员代表、全英17所孔子学院院长及30余所孔子课堂所在中小学校长、英国工商界人士等160余人参加会议，代表们围绕"汉语教学"、"中国文化推广"和"孔子学院可持续发展"3个主题展开讨论。

12月12日至14日在北京召开的第六届孔子学院大会是2011年最具影响力的一次盛会，会议主题是"孔子学院的未来十年"。来自105个国家350多所

---

① 亚洲协会(Asia Society)，是全球著名的非盈利、非政府、无党派的民间组织，总部位于纽约。1956年由约翰·D.洛克菲勒三世创办。该协会旨在促进并加强美国与亚洲人民之间、领导层及研究机构之间的相互了解与合作。

② 《第四届全美中文大会在旧金山举行》，国家汉办/孔子学院总部网站2011年4月30日，http://www.hanban.edu.cn/news/article/2011-04/30/content_269421.htm。

孔子学院、60多个孔子课堂，以及中国各有关省份教育部门和大中小学2 000多名中外代表参加了此次会议。

1.5 来华汉语国际教育

据教育部发布的数据，2011年来华留学生总人数、生源国家和地区数、我国接收留学生单位数及中国政府奖学金人数四项均创新中国成立以来新高。2011年全年在华学习的外国留学人员总数首次突破29万人，比上一年度增加了10.38%。他们来自194个国家和地区，分布在中国31个省、自治区、直辖市(不含台湾省、香港特别行政区和澳门特别行政区)的660所高等院校、科研院所和其他教学机构学习。来华留学生生源地新增了波多黎各、法罗群岛、摩纳哥，接收留学生单位新增40所。①

来华留学生中居于首位的是亚洲学生，占总数的64.21%，从增幅上看，来自非洲和美洲的留学生人数增长显著，同比增长率分别为26.46%和18.75%。从生源国来看，人数最多的是韩国留学生，达62 442人。目前来华留学的九成是自费生，其中非学历生占来华总人数的59.39%，学历生占来华总人数的40.61%，同比增长10.62%，学历生增幅高于来华留学生总人数增长速度。从专业类别来看，留学生中学文科的最多，达179 801名，其中16万人属于汉语类，也就是说，近一半人在华主要接受汉语国际教育。②

为贯彻"扩大规模、优化结构、规范管理、保证质量"的工作方针，2011年中国政府在来华留学教育工作方面采取了一系列重要措施，比如成立了教育部等多个部委和机构共同组成的来华留学工作部际协调小组，教育部会同外交部启动中国政府单方奖改革工作，设立中俄人文交流专项奖学金，积极落实中美人文交流专项奖学金项目。

二 华文教育

2.1 概况

近年来，中国国务院侨务办公室(简称"国侨办")和中国海外交流协会加强

---

① 《2011年全国来华留学生数据统计》，教育部网站2012年2月28日，http://www.moe.gov.cn/publicfiles/business/htmlfiles/moe/s5987/201202/131117.html。

② 同注①。

与有关国家政府教育主管部门的交流合作，努力推动华文教育进入当地主流教育体系，华文教育的外部环境得到一定的改善。与此同时，中国政府加大了对海外华文学校的支持力度。为了提高华文教育水平，国侨办组织专家学者完成了从幼儿园到初中、从夏令营到师资培训、从语言到文化的海外华文教育主干教材体系的建设工作，并在此基础上陆续启动“本土化”教材的编写工作。此外，国侨办还举办了两岸华文教育论坛，努力推动两岸民间性、事务性、学术性交流，以促进两岸在海外华文教育、弘扬中华文化方面的合作和发展。

中国华文教育基金会以项目带动募捐的模式，2011 年全年募集了 7 868 万元人民币的资金，资助 54 所海外华文教育示范学校共 540 万元人民币，用于改善办学条件；开展了 52 个各类工作项目，其中 32 个系当年的新项目。①中国华文教育基金会与耀华实验学校合作举办奖学金国际班，首届中国华文教育基金会耀华奖学金国际班 2011 年 4 月 12 日开班，该班开创了中国华文教育基金会首次与民办学校合作培养高层次华裔子弟模式，具有模式新、投入大、周期长的特点。该项目计划在 5 年内培养 5 届共 100 名高素质的海外华裔人才，奖学金共计 3 165 万元人民币。该奖学金国际班所招收的华裔学生将在耀华实验学校接受三年的基础教育和国际课程教育，其培养目标是向中国国内重点大学和国外知名大学输送人才。②

2.2 开办华文学校

在北美西欧，许多新移民创办华文学校，为新移民子弟实施华文教育。随着海外侨胞经济实力的增长，部分海外华文学校的办学条件得到较大改善，比如温州人在意大利依托侨团创办的普拉托华侨华人联谊会中学，自筹资金购买房产，建设校舍。2011 年该校从幼儿部到初中部共招生 1 100 多人，开设了中文、意大利文、武术、舞蹈等不同程度的 78 个班级，成了意大利乃至欧洲最大的华文学校。由温州籍女教师创办的罗马中华语言学校则得到了意大利政府机构的支持和帮助，该校 5 年内先后开设两个分校，开办了华裔儿童班、意大利成人中文班。

① 《中国华文教育基金会 2011 年募集资金 7 868 万元》，国务院侨务办公室网站 2012 年 1 月 10 日，http://www.gqb.gov.cn/news/2012/0110/25238.shtml。

② 《首届中国华文教育基金会耀华奖学金国际班开班》，中国新闻网 2011 年 4 月 12 日，http://www.chinanews.com/hwjy/2011/04-12/2967791.shtml。

2011年学生总数达600余人,还首开了高中部课程。[①]据温州市侨办统计,迄今,温州人创办的华文学校有30多所,主要分布在法国、意大利、西班牙、荷兰等国家。[②]

2.3 加强华文教育基础研究

为全面了解华文教育形势的变化和需求,国侨办、教育部语信司、各相关部门及教学科研机构近年来都加强了华文教育基础研究。

2011年国侨办资助了不少华文教育基础研究项目,譬如,暨南大学文学院承担的项目就有"海外华文教师等级标准研制""传承与认同——新形势下海外华文教育策略研究""21世纪华文教材的发展、问题与对策研究"等。

地方侨务办公室也积极开展研究。2011年浙江温州侨务办公室首次开展海外温籍华校基本情况调查,调查采取发放调查问卷、召开来访座谈会、赴海外实地调研等多种形式,力图深入了解海外温籍华校总体情况,掌握温籍华校在华文教育方面面临的主要问题和困难,以寻求积极有效的对策。

教育部语信司除了资助课题外,还与暨南大学共同建立了华文教育研究平台——海外华语研究中心,该中心创建了全球华语网,承担了对海外华语使用状况进行监测和研究的任务。自2005年成立以来,中心开展了一系列的研究工作和比较有影响力的学术交流活动。在全球华语网上,中心推出了东南亚主要华文媒体语料库、留学生书面语语料库、留学生口语语料库在线服务,为华文教育基础研究工作提供了宝贵的材料。

中国首部华侨华人研究蓝皮书《华侨华人研究报告(2011)》2011年8月15日发布,在社会上产生了较大的影响。该书由华侨大学主编、社会科学文献出版社出版,全书考察了海外华侨华人社会的新动态和新问题,并有专文具体分析华文教育的历史、现状及在世界"汉语热"背景下的境遇。

第二届世界华文教育大会10月30日至11月2日在西安举行,这是2011年华文教育研究方面的最大盛会。会议由国侨办和中国海外交流协会主办、西安市人民政府承办,参会代表600多名,来自37个国家和地区。会议以多种形

---

① 《温州人创建欧洲最大中文学校 华教仍需披荆斩棘》,国务院侨务办公室网站2012年10月18日,http://www.gqb.gov.cn/news/2011/1018/24224.shtml。

② 《温州市侨办首次开展海外温籍华校基本情况调查》,中国华文教育网2011年10月24日,http://www.hwjyw.com/info/content/2011/10/24/21877.shtml。

式讨论了新时期的海外华文教育现状、特点、困难及如何抓住机遇，促进华文教育大发展等议题。

2.4 培养和培训华文教育人才

在华文教育人才培养和培训方面，国家有关部门及教育机构2011年所做的工作主要有以下几个方面。

2.4.1 培养华文教育后备人才

一方面，加大国内华文教育后备人才的培养力度。暨南大学设立了海外华语与华文教学研究专业博士点，暨南大学和华侨大学设立了华语与华文教学硕士点，这是以"华语与华文教育"命名的硕士点。

另一方面，加强两岸的交流与合作，联合培养华文教育后备人才。厦门大学海外教育学院与台湾铭传大学华语文教学学系2011年6月下旬联合举办了首届"华语教学与师资培训班"，来自台湾铭传大学、联合大学、东华大学等高校华语教育系的20名学生参加了历时两周的学习。

2.4.2 培训本土华文教师

除常规培训项目外，本年度还组织专家到海外进行师资培训。比如由国侨办组办的师资培训团2011年5月在法国巴黎举办了培训班，学员来自法国16所华文学校的中文教师。为提高印度尼西亚华语教学的整体水平，应印尼雅加达华文教育协调机构邀请，中国海外交流协会6月至7月，委派了两个专家团在印尼多个省份进行了华文师资培训。

2.4.3 培训教育管理人员

上海华东师范大学4月举办了"2011年泰国华校负责人培训班"，来自泰国各地的32位华校校长和负责人参加培训，培训内容涉及学校管理、教学艺术、学生心理、教师培养、教学模式、中国文化等多个方面。为提高海外华文幼儿园的教学管理水平，深圳宝安区教育科学研究培训中心12月举办了为期两周的东南亚华文幼儿园园长培训，来自东南亚7个国家50所华文幼儿园的69名学员参加培训。这些培训工作都得到了国侨办和当地侨务办公室的大力支持。

2.5 公布华文教育五年计划

全国侨务工作会议2010年10月19日至20日在北京召开，国侨办公布了华文教育未来五年的工作目标：一是加大支持海外华文学校的力度，本着成熟一批建立一批的原则，争取5年内建设300所华文教育示范学校；二是加大培训华文师资的力度，通过学历教育、短期培训、远程教学、巡回讲学等形式，每年培训教师1万名；三是每年组织2万名海外华裔青少年来华参加夏令营或冬令营等活动；四是进一步完善华文教材体系建设，努力满足海外华裔青少年多样化、多层次的学习需求，积极研发平面媒体和多媒体教材，注重研发“本土化”教材，教材年发行量要达200万册。①

（骆　峰、郭　熙）

① 《中国谋划海外华文教育5年邀10万华裔青少年访华》，国务院侨务办公室网站2011年10月21日，http://www.gqb.gov.cn/news/2011/1021/24256.shtml。另见张红《华文教育的春天来了》，《人民日报·海外版》2011年11月02日第06版。

国家外语能力现状

随着中国改革开放及世界经济全球化进程的加速，中国的政治、经济、文化和军事迅速发展，在国际上产生了巨大的影响。在这发展进程中，外语已经成为国家不可或缺的资源之一。当外语为国家利益服务时，它就成了国家核心竞争力的一部分，成为国家软实力的重要标志。世界上发达国家都非常重视国家外语能力的发展，尤其是世界上最发达的国家美国。进入 21 世纪后，美国采取了以军方为主导的国家外语能力发展战略，规划翔实，投资巨大，措施得力，涉及面广，影响深远。相比之下，我国上至中央政府下至广大群众对国家外语能力的关注都很少，为了引起政府和广大群众对国家外语能力的重视，本文将从中美对比的视角，描述中国国家外语能力的现状。

一　关于国家外语能力

国家外语能力指的是一个国家运用外语处理各种事务的能力。这种能力不取决于一个国家掌握外语的绝对人数，也不取决于一个国家外语教育的普及程度。衡量它的根本标准是一个国家能够使用的外语资源的种类与质量。一个国家很难准确预测何时何地会发生需要何种外语的突发事件。2011 年 1 月 21 日韩国军队与索马里海盗交战一事就是最好的例证。韩方抓到 5 名海盗，其中 1 名说阿拉伯语，4 名说索马里语。由于语言障碍，法庭取证时，须先把韩语译成英语，再把英语译成索马里语。考虑到法律问题的专业性，韩国计划聘请英国专业翻译人士前来帮助，因为索马里北部曾是英属殖民地。设想索马里海盗掌握着有关韩国安全的重要情报，聘请他国人员参与就未必妥当。从这个意义上说，全世界的语言都需纳入国家外语能力的范畴。无论是通用语种，还是非通用语种，国家都需要有相应的外语人才储备，随时可供国家所用。他们掌握的外语种类不仅要足够多，而且要达到专业水准，即外语技能娴熟，且精通当地文化与国情。

国家外语能力包括三个组成部分:构成要素、存在形式与转换机制(见图2—1)。构成国家外语能力的基本要素有外语种类与质量。国家外语能力存在形式有三种:潜在能力、现实能力、未来能力。转换机制有两种:国家对外语资源的掌控与国家对外语资源的规划及其实施,前者是将潜在能力转换为现实能力的关键机制,后者是将现实能力发展为未来能力的动力源泉。

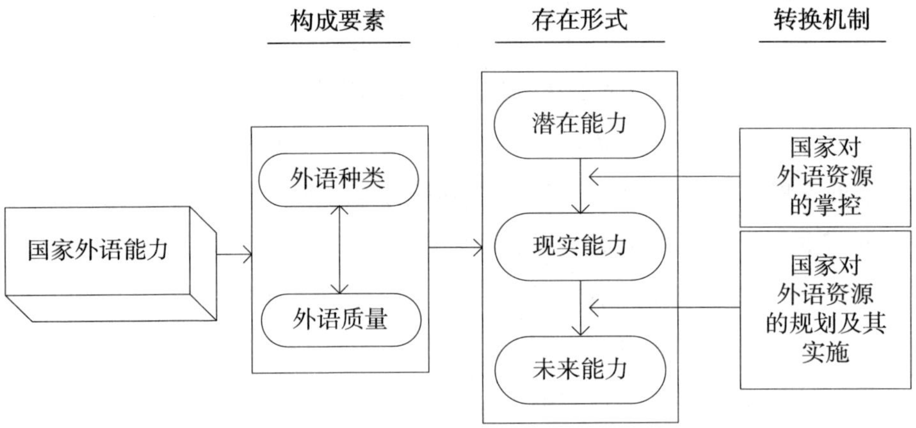

资料来源:文秋芳、苏静、监艳红《国家外语能力的理论构建与应用尝试》,《中国外语》2011年第3期4—10页。

图2—1 国家外语能力的理论框架

外语作为一种资源首先分为自然资源与人造资源两种(见图2—2)。自然资源指的是无须经过政府投入额外资金进行培育而存在的资源,例如说非英语的移民就是美国的自然外语资源。人造资源指的是通过系统教育而产生的资源,例如我国的外语专业毕业生就是我国的人造外语资源。外语资源的种类又分为单语资源与多语资源。单语指掌握一种外语的人才资源;多语指掌握两种或多种外语的人才资源,例如在联合国任职的官员需要同时精通英语和法语。外语资源的质量可从深度与广度两个角度来衡量。深度指的是掌握某种外语的水平,是初级、中级还是高级;广度有三种含义,一种指的是口语、还是笔语;第二种指的是国家拥有的某语种人才能够在多少语域(例如外交、新闻、法律、军事、商贸等)内工作;第三种指的是某个语种资源能够覆盖该语种的多少方言变体。

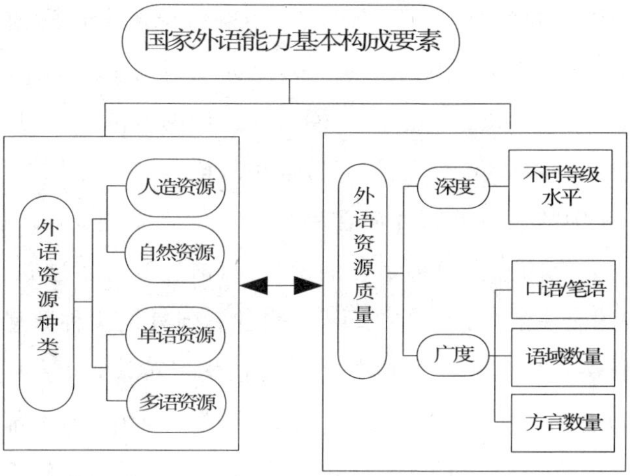

资料来源：文秋芳、苏静、监艳红《国家外语能力的理论构建与应用尝试》，《中国外语》2011年第3期4—10页。

图2—2 国家外语能力基本构成要素示意图

二 外语资源种类

美国的外语资源比较丰富。就自然外语资源而言，根据美国2000年的人口普查资料，能够操用非英语的美国公民人口达到5 500万，占总人口的17.7%，语种数量有380多种。与自然外语资源相比，美国人造资源种类也很丰富。表面上看，美国国民不重视外语教育。例如2003年12月美国国会议员拉什·霍尔特提交《国家安全语言法案》时指出，美国从高中到大学，99%的学生学习的大都是欧洲语言，而问津非通用语种的人寥寥无几。[①] 但美国高校提供的非通用外语课程多达276种[②](O'Connell & Norwood, 2007)，哈佛大学一所大学就能开设90多个语种的外语课程。[③]

我国不是一个移民国家，自然外语资源几乎为零。但考虑到国内跨境语言与我国海外华侨操说语言的种类，我国的自然外语资源也并不贫乏。我国与14

① Holt, R. D. Introduction of National Security Language Act(《国家安全语言法案》的提案)，2012年2月1日，http://www.fas.org/irp/congress/2003_cr/hr3676.html.

② O'Connell, M. E. & Norwood, J. L. (Eds.) *International education and foreign languages: Keys to securing Americans future*. Washington, D.C.: The National Academes Press, 2007.

③ 陈雨露《深化研究 培养人才 加强非通用语专业建设》，《人民日报》2011年9月19日第2版。

个国家接壤，居住在边境地区的我国居民使用的跨境语言达到30余种，我国的华侨遍布全世界，其中美洲侨民3 570 750，亚洲28 175 752，欧洲1 618 640，大洋洲570 625，非洲136 865。[①] 此外，长期居住我国的外国侨民也为数不少，有的早已加入中国国籍。可以推测，他们能够运用的语言应该有几百种。

相比之下，我国的人造外语资源在种类上就非常贫乏，尤其是非通用语种。北京外国语大学是全国开设语种最多的学校，目前还没有超过50种。虽然自改革开放以来，我国全民的外语水平有了显著提高，但外语语种数量不足的问题没有得到很好的解决。目前我国大约有3亿人在学习英语，而学习其他语种的人数不到英语学习者的1%。在这不到1%的外语学习者中，绝大部分都集中于日语、俄语、德语、法语、韩语/朝鲜语、西班牙语与阿拉伯语等比较常见的语种。此外，掌握行业知识、了解国外语言文化知识的高水平的外语人才也极度欠缺，远远不能满足我国外交和国际交往的需要。比如我国掌握阿富汗众多不同方言的外交人才就非常稀缺，掌握普什图语的人才比美国少许多。[②]

如果从多语的角度来考察中美两国的外语资源种类，我们缺乏准确数据，但就逻辑推理来看，美国的多语资源应该比我国更丰富。美国是移民国家，父母有可能操说两种不同的语言（非英语），为后代自然习得外语创造了条件。同时美国人在国际间的工作流动性比中国人大得多。比如一个美国人在法国工作5年后，又去德国工作4年，这种工作经历完全有可能使他熟练掌握法语和德语。

三　外语资源质量

就外语资源质量而言，我们缺乏具体数据来比较中美两国的情况。目前拥有的一些零散数据可以表明，美国人造外语资源质量的深度应该好于我国。美国外语教学早在上个世纪60年代开始，就强调外语学习要结合文化与区域知识。1999年颁布的《21世纪外语学习标准》特别突出语言交流、文化沟通、相关知识、比较能力、社区活动5个方面。[③] 美国跨机构语言圆桌6级量表

---

① 《世界华侨华人人口分布数据》，中国战略网2012年2月1日，http://www.chinaiiss.com/info/html/huaren1.htm。

② 鲁子问《美国外语政策的国家安全目标对我国的启示》，《社会主义研究》，2006年第3期。

③ *Standards for Foreign Language Learning in the 21st Century*, Lawrence, Kansas, USA: Allen Press Inc., 1999.

(0—5级)中的3级就要求外语人才能够阅读高难度的文章;除了听懂正式口语体外,还要听懂俗语与方言;能够运用正确的语言有效参与各种场合的会谈,会谈的题目可能覆盖日常生活、社会、专业话题。① 无论是学习标准,还是对中高级水平人才的要求,都充分体现了美国对国家外语能力的需求和重视。但从外语资源质量的广度来看,美国的情况与中国差不多。不少文章指出,美国军方、情报机关、跨国企业等奇缺既会外语又具备区域专业知识与跨文化意识的高端专业人才。②

我国的外语专业教学长期以来与语言学和文学联系在一起,忽视文化意识的培养及区域专业知识的拓展。这一现象在非通用语种的教学中尤为严重。目前我国所有外语专业都囊括在外国语言文学一级学科点下。区域研究时常被边缘化,有时甚至被视为"异端"或"不伦不类"的学科研究。我国现有外语资源的应用领域也有很大的局限性。例如2010年7月8日《中国青年报》发表的"人才短板阻碍中国企业走出去" ③写道:"全国范围内,能熟练运用外语和法律知识与国外客户洽谈业务、签订合同的人才仅有2 000名左右;熟知国际法、国际贸易法和WTO规则的律师更是稀缺,即便在最前端的上海,5 000多名律师中只有约50名具备这样的素质和能力。"中国新闻网2010年5月27日刊登的"人才缺乏制约了中国旅游业走出去" ④指出中国有5万家旅游企业,由于缺乏懂外语的高级旅游管理人才,目前只有15家踏出国门。凤凰卫视曾报道中俄2005年联合军演时,两国指挥员之间的交流只能依靠翻译进行,而翻译的水平又达不到流畅交际,从而影响作战的顺利进行。目前中国在联合国任职的人数少、级别低,身居要职的中国雇员人数少之又少,原因就在于我国缺乏掌握多语种的高质量的外语人才随着我国上交联合国会费比例的增加,中国在国际组织中任职人数也会随之增加,我国在国际组织中精通外语的富有竞争力的高端人才极其匮乏的问题将日渐凸显。

---

① Spellings, M. & Oldham, C. A. Enhancing foreign language proficiency in the United States: Preliminary results of the National Security Language Initiative. 2008年8月, http://www.ed.gov/about/inits/ed/competitiveness/nsli/about.html .

② Committee for Economic Development. 2006年, http://ced.issuelab.org/research/0/program/Annual%20Reports/filter/title.

③ 董伟《人才短板阻碍中国企业走出去》,《中国青年报》2010年7月8日经济·生活版。

④ 周音《人才缺乏制约了中国旅游业走出去》,中国新闻网2010年5月27日, http://www.chinanews.com/life/news/2010/05-27/2308902.shtml。

四 外语资源的掌控

如果拥有丰富的外语资源却不能掌控它,这对于国家外语能力来说显然没有任何意义。美国政府在这方面采取了一系列措施。美国教育部从1958年开始委托民间学术组织——现代语言协会(MLA)定期开展外语资源调查,至2010年已经组织了22次高校外语学习情况的调查。2010年12月8日该组织向社会发布了2009年高等学校学习外语情况数据,该调查涉及美国2 514所大学,覆盖99%的高校。美国高校在2006—2009年间,选学非英语语种的人数增加了6.6%。该组织还报告了2009年15个语种中每个语种的学习者人数以及与2006年相比增加的比例。[①]

受政府委托,现代语言协会还利用美国国家人口普查的数据建立了美国语言资源数据库,称为美国语言地图。这类普查有两种,一种是每10年进行一次的全国人口普查,另一种是每年进行的美国社区问卷调查(抽样)。该语言数据库能够提供4 700万讲非英语人士的背景信息。在该语言地图数据库中,可以查到每个州、地区、城市、镇、甚至邮政区使用某种语言的人数;可以比较两个州、两个地区使用同一种语言人数比例的不同;可以比较不同年龄段语言分布情况;还可以比较不同年份语言分布的情况。从2010年起,美国语言地图又添加了美国各高等院校外语专业招生的信息,可以显示某种语言在各大院校的开设情况,以及在各州的分布情况。详细信息请见网站 http://arcgis. mla. org/mla/default. aspx。

另外美国军方近年来建设了语言备战指数系统。这是一个接近实时、基于网络的数据系统,可以进行供需分析,发现全军在外语资源上的差距,高层领导可以通过此系统进行风险评估、检查减低风险的措施,对未来做出更好的决策。2010年海地、智利、土耳其地震时,军方领导不仅用此系统了解部队的外语资源,还用它列出了会说这些语言的人员名单、语言水平与所在单位。

从国家对外语资源的掌控程度来看,中国远远落后于美国,我们既没有定期的外语资源普查,又没有每年的跟踪抽查。很显然,要把我国潜在的国家外

① MLA. Enrollments in Languages Other Than English in United States Institutions of Higher Education, Fall 2009. http://www. mla. org/2009_enrollmentsurvey, 2010.

语能力转化成现实能力，还面临重重困难。我国的语言调查主要是针对国家通用语言、少数民族语言文字、简化汉字、汉语方言、繁体字和汉语拼音方案的使用情况进行的。自新中国成立以来，我国政府分别在上个世纪50年代与90年代末组织过大型语言调查，但外语信息均未包括在其中。对于外语资源的分布、每年各外语语种的招生人数、现有的外语教师人数等，目前我国均没有官方公布的统计数据，更谈不上动态数据。唯一能够查到相关数据的地方是每年教育部出版的《中国教育年鉴》。该年鉴只有现任高校的外语教师总数、外语专业招生人数与毕业生总数，没有各个语种的细致分类。2008年上海外语教育出版社出版的《改革开放30年中国外语教育发展丛书》中列出的各语种数据都是来源于各语种教学研究会提供的估计数字。[①] 前面我们提到作为我国自然外语资源很大一部分的跨境语言与海外侨民语言资源，更是不在我们的掌控之中。

五　外语资源规划

目前美国对外语资源的规划工作分两个层次进行，各有不同的目标侧重。第一个在国家层面，以维护国家安全为主导目标，颁布多种法律条文或政府文件。第二个在州、大城市层面，以增强全球经济竞争力为主导目标，规划各自的语言路线图。

在国家层面上，美国联邦政府颁布的相关的法律条文达10个左右。有了这些法定文件，政府每年的财政拨款就有了依据，为法律条文的实施提供了物质保障。以《高等教育法》第六条中有关“外语与国际问题研究”项目为例，[②]2007年联邦政府下拨款项9 300多万美元，其中用于资助国家语言与区域研究中心的经费超过2 800万美元，资助全国语言资源中心的经费达480万美元。除了法律条款外，美国联邦政府也出台过一些相关的正式文件。这些文件的出台与执行，通常由白宫牵头，协调政府各相关部门。例如，在白宫领导下，教育部、国务院、国防部与国家情报局局长办公室协同努力，制定并执行2006年美国总统提

① 戴炜栋《改革开放30年中国外语教育发展丛书》，上海外语教育出版社2008年版。

② Kuenzi, J. J. CRS Report for Congress Foreign Language and International Studies: Federal Aid Under Title VI of the Higher Education Act. 2008年1月9日，http://www.hsdl.org/?view&doc=89469&coll=limited.

出的《国家安全语言计划》。虽然各个部门实施不同的项目，但这些项目形成了“一条龙”，使受益对象覆盖社会各个层次，从K—12，本科生、研究生、在职工作人员，一直到外语教师，各个项目之间有着很好的衔接。[①]

特别值得强调的是美国国防部进入21世纪后，已经颁布了两个与外语相关的战略规划。一个是2005年2月美国国防部颁布的《国防语言变革路线图》（简称《路线图》），[②]另一个是新颁布的《国防部语言技能、区域知识、文化能力的战略规划：2011—2016》（简称《战略规划》）。[③] 前者对改进美国国防部外语能力以应对防恐、反恐等非常规战争提出了较为详细的规划；后者为国防部未来5年的发展描写了一幅更加宏伟的蓝图。美国国防部声称这两个文件是其外语战略的重要里程碑。

在州、大城市层面上，有些州成立了“语言路线图”工作委员会。此类工作委员会一方面负责在州内全面了解本州对语言的需求及满足需求的可行方案；另一方面组织语言峰会，让人才需求方与人才供应方有机会坐在一起沟通、交流。工作委员根据调查研究与峰会讨论的结果，再起草语言路线图。以得克萨斯州为例，[④]该州成立了27人的语言路线图工作委员会，其中大约一半来自教育机构，一半来自公司或其他单位。2007年6月在首府奥斯丁召开了为期1天的语言峰会，与会代表约60人，由两部分组成：一部分来自大、中、小公司以及州、地方政府机构，代表人才需求方，一部分来自教育部门、语言培训单位与联邦政府，代表人才供应方，双方就州和地方层面的外语规划进行了探讨。得州的语言路线图涵盖15年（2007—2022）。

我国有关外语资源的规划通常以政府颁发文件的形式出现。从上个世纪50年代至今，由政府颁发的正式文件达10多个。从1952年政务院和军委联合颁发的《关于全国俄文专科学校的决定》到上个世纪60年代国务院外事办公室

---

① Spellings, M. & Oldham, C. A. Enhancing foreign language proficiency in the United States: Preliminary results of the National Security Language Initiative. 2008年8月, http://www.ed.gov/about/inits/ed/competitiveness/nsli/about.html.

② DoD. 2005. Defense language transformation roadmap. 2005年1月, http://www.defense.gov/news/Mar2005/d20050330roadmap.pdf.

③ DoD. 2011a. DoD Strategic plan for language skills, regional expertise, and cultural capabilities. 2011年6月18日, http://prhome.defense.gov/READINESS/DLO/STRATPLAN.ASPX.

④ Abraham, I. & Phillips, E. Language roadmap for the 21st century Texas. 2007年, http://texaslanguagesummit.org/downloads/summit_notes.pdf.

起草的《关于外语教育七年规划问题的报告》和《外语教育七年规划纲要》，从上个世纪70年代教育部颁布国务院批准的《加强外语教育的几点意见》到上个世纪80年代颁布的《关于加强中学外语教育的意见》，从2001年1月教育部颁布的《关于积极推进小学开设英语课程的指导意见》[①]到2007年教育部颁布的修订版《大学英语课程教学要求》，[②]每个文件都体现了我国政府对人造外语资源开发与创造的宏观调控。

我国的外语资源规划有时也通过国家领导人的讲话来阐述。例如1961年9月，陈毅副总理曾对北京外国语学院的学生做了一场报告，全面系统地阐述了我国的外语教育方针政策与学习方法。1970年周恩来总理花了5个夜晚与北京外国语学院、北京大学等外语院系师生代表讨论外语教育问题。[③]

无论是政府文件，还是国家领导人讲话，都有一个共同的总体目标。这一目标是提高我国全体公民的外语能力，更好地学习国外先进科学技术，赶上世界发达国家的水平。新中国成立60多年来，国家发生了翻天覆地的变化，已从“本土型”转向“国际型”。[④] 与之相应的是，我国在外语资源规划上也应该具有国际视野，体现大国风范，从提升国家外语能力与全民外语能力两个层次上思考问题。遗憾的是，《国家中长期人才发展规划纲要》[⑤]中通篇没有出现“外语”两个字。《国家中长期教育改革与发展规划纲要》[⑥]有两处提到外语，一处在第十六章，与来华留学生的语言教育相关：“实施来华留学预备教育，增加高等学校外语授课的学科专业，不断提高来华留学教育质量”。这里外语授课仅仅与来华留学生的学习有关。另一处在第二十一章重大项目和改革试点的“教育国际交流合作”中提到“实施留学中国计划，扩大来华留学生规模；培养各种外语人才；支持孔子学院建设”。显然，其中的“培养各种外语人才”放在一个很不显眼的位置上，从上下文来看，这里的各种外语人才似乎更多的是指海外留学生。

---

① 《教育部关于积极推进小学开设英语课程的指导意见》，教育部网站，http://www.moe.gov.cn/publicfiles/business/htmlfiles/moe/moe_711/200407/665.html。

② 教育部高等教育司《大学英语课程教学要求》，外语教学与研究出版社2007年版。

③ 付克《中国外语教育史》，上海外语教育出版社1986年版。

④ 李宇明《中国外语规划的若干思考》，《外国语》2010年第1期。

⑤ 中共中央、国务院《国家中长期人才发展规划纲要(2010—2020年)》，中央人民政府网站2010年6月6日，http://www.gov.cn/jrzg/2010-06/06/content_1621777.htm。

⑥ 中共中央、国务院《国家中长期教育改革和发展规划纲要(2010—2020年)》，中央人民政府网站2010年7月29日，http://www.gov.cn/jrzg/2010-07/29/content_1667143.htm。

六 建议

基于上述比较，本报告的结论是：中国国家外语能力存在的问题明显，与国家的快速发展脱节严重。其主要表现可以归纳为以下四点：(1)外语语种数量不够，尤其是非通用语种；(2)外语资源质量不高，特别缺乏高端外语人才；(3)对外语资源的掌控程度极其低下，缺少政府对外语资源的统一管理；(4)对外语资源的开发和利用缺少长期规划。笔者建议国家相关部门能够迅速采取措施，应对国家外语能力中存在的种种问题，否则国家外语能力的不足将会成为我国国家政治、经济、文化、军事发展的短板，制约诸多部门和领域的发展。

（文秋芳）

语言服务理念与语言服务产业现状

近年来，随着信息技术和知识经济的蓬勃发展，语言的服务属性和经济属性越发凸显，引起学术界和商业界的很大关注。如今，“语言服务”已经成为我国语言生活中不可忽视的重要概念和语言实践，形成了一系列语言服务产业，正在催生新的语言服务行业，在构建和谐语言生活的进程中发挥着越来越重要的作用。

一　语言服务理念

“语言服务”，是指以语言为内容或以语言为主要依托手段，为服务对象提供有偿或无偿服务的行为。在我国民众的社会生活中，语言服务作为一种事实，由来已久，比如语言培训服务、语言翻译服务、广告语言服务、导游语言服务和法律语言服务等，各行各业，只要涉及用语言做事，都会存在语言服务的事实。近年来，语言服务在我国语言生活中的地位快速提升，国民语言服务意识也在逐年增强，尤其是2008年北京奥林匹克运动会（以下简称“奥运会”）和2010年上海世界博览会（简称“世博会”）的成功举办，更是催生了巨大的语言服务市场，进一步推动了我国语言服务事业的蓬勃发展。

国家语委早在上世纪80年代就已经提出有关语言服务的理念。1986年全国语言文字工作会议的主题报告指出：“更多做一些有利于语文建设和提高群众语文水平的工作。要同文化、教育、科学、技术各界紧密配合，并为他们服务。”①这是我国政府较早从语言服务的角度对语言文字工作提出的要求。

“语言服务”作为一个术语概念，最早大概见于2005年9月在上海举行的

① 刘导生《新时期的语言文字工作》，载《新时期的语言文字工作——全国语言文字工作会议文件汇编》，全国语言文字工作会议秘书处编，语文出版社1987年版。

“世博会语言环境建设国际论坛”，期间有关专家建议将“语言服务”作为语言学的一个独立分支予以研究，同时也对“语言服务”的内涵作了初步探讨。①

近年来，国家语委对语言服务更是高度重视，并将其提升到国家语言战略的高度。国家语委主任李卫红(2010)在访谈中指出：“语言文字工作要围绕国家发展大局，服务于经济社会发展，服务于优先发展教育，建设人力资源强国的战略……我们要通过服务把语言文字工作渗透到相关行业中去。”②李宇明(2011)在教育部新闻发布会上也指出：“我们发布中国语言生活状况的主要目标就是信息公开，提倡语言服务的理念，构建和谐的语言生活。”③

近年来，语言学界也开始广泛关注语言服务问题，举办了多场专题研讨会，提出了诸多重要的学术理念。

由教育部语言文字信息管理司和南京大学中国语言战略研究中心主办的“语言经济及语言服务学术讨论会”，2011 年 5 月在北京语言大学召开，屈哨兵在会上提出了语言服务资源、业态、领域、层次和效能五个概念系统，并以此来描述语言服务研究与实践可能涉及的范围和界面。2012 年 1 月，由教育部语言文字应用研究所、南京大学中国语言战略研究中心和广州大学主办的“语言服务研究高级论坛”在广州大学召开，邵敬敏在大会主旨报告中指出，语言学应在深入研究和积极实践的基础上开创一个新兴的产业——语言服务业，并建立一门新兴的学科——语言服务学，同时还提出成立“语言服务有限公司”的构想。

二 语言服务产业现状

目前，我国形成规模的语言服务产业总体上可以划分为 3 个领域，即语言翻译产业、语言培训产业和语言成品产业。

① “中国语言生活状况报告”课题组编《中国语言生活状况报告(2007)》(上编)第 141—142 页，商务印书馆 2008 年版。

② 《融入教育大局，坚持改革创新，做大做强语言文字工作——访教育部副部长、国家语委主任李卫红》，中国语言文字网 2010 年 8 月 19 日，http://www.china-language.gov.cn/14/2010_8_19/1_14_4634_0_1282186127628.html。

③ 教育部 2011 年第 1 次新闻发布会，教育部网站 2011 年 5 月 12 日，http://www.moe.edu.cn/sofprogecslive/webcontroller.do?titleSeq=2486&gecsmessage=1。

2.1 语言翻译产业

语言翻译产业是指为社会公众提供语言翻译产品或语言翻译服务的一系列经济活动的集合。翻译产业可以分为核心、边缘及相关 3 个层面，其中核心层是指传统的人工翻译服务，包括笔译、口译和手语翻译；边缘层是指以“人机结合”方式实现的翻译服务，主要包括计算机辅助翻译和机器翻译；相关层则是指以研发、生产或销售翻译产品为主导的一系列活动，包括翻译软件与翻译机器的研发与销售、图书翻译、影视剧翻译和翻译培训等。[①] 语言翻译在全球范围内的产业化，是上世纪后期伴随全球经济一体化和信息技术的发展而实现的。据 2010 年“中国国际语言服务行业大会暨大型国际活动语言服务研讨会”报道，截至 2009 年 12 月，我国处于营业状态的语言翻译服务企业为 15 039 家，所消化的翻译和本地化业务年产值约 120 亿元人民币。但此产值只占全球外包语言服务市场产值的 7%，[②]尚未达到应有的市场比重。

2.2 语言培训产业

语言培训产业是指以赢利性语言培训为核心的一系列经济活动。语言培训服务以语言作为商品，出售给学习者（消费者），满足其掌握一门或多门新语言（方言）的需求，主要包括留学类外语培训、考试类语言培训、少年儿童外语培训、对外汉语培训和职业外语培训等。随着世界地球村的逐步形成，不同民族间的交往更加频繁便利，人们对外语能力的需求日益增强，这使得语言培训产业在全球范围内呈现出一片蓬勃发展的大好景象。近年来，随着北京奥运会和上海世博会的成功举办，再次激发了国人学习外语的热潮，加上我国庞大的人口基数和不断增长的语言消费能力，我国的语言培训服务市场日益火爆。根据中国社会调查所和汉鼎咨询统计预测，中国的语言培训市场规模 2005 年已达到 160 亿元人民币，而到 2013 年则将高达 400 多亿元，并在未来的 3 至 5 年内保持每年 15%以上的强劲增长速度。[③]

---

① 朱宪超、韩子满《译员基础教程——如何组建翻译公司》第 9—10 页，中国对外翻译出版公司 2006 年版。

② 应妮《中国语言服务行业进入快速发展期 2009 年产值 120 亿》，中国新闻网 2010 年 09 月 27 日，http://www.chinanews.com/cul/2010/09-27/2558954.shtml。

③ 汉鼎咨询《2008 年—2013 年中国日语培训细分市场研究及新界教育投资价值分析报告》，2011 年 1 月。

2.3 语言成品产业

语言成品产业是指将语言加工成各种消费者所需要的成品，并进行营销所形成的产业。在当下全媒体信息时代，我国的语言成品产业主要包括语言信息产业、辞书产业和命名产业等。在当代信息社会中，最为突出的当属语言信息产业和辞书产业。

2.3.1 语言信息产业

我国的语言信息产业由汉字输入法、文字速录、汉字激光照排、汉字字库、机器翻译和搜索引擎 6 个分支构成，[①]目前还未完全实现商业化，很多方面还处于理论建设阶段，只有个别领域可以为消费者提供不同类型的语言成品服务。且我国汉字信息处理潜藏着巨大的语言服务市场，其间所蕴含的经济效益一时难以估算，且其前景十分乐观。由中国科技大学和安徽科大讯飞信息科技股份有限公司共建的"语音及语言信息处理国家工程实验室"于 2011 年 9 月成立，该实验室具有研究支撑和产业主导的综合优势，旨在引导语音及语言技术成果向相关行业推广，这必然会大力促进中国语音信息产业的健康快速发展。

2.3.2 辞书产业

辞书是语言成品产业的一种非常重要的组成部分。在当下全媒体信息时代，字典、词典等辞书，已经从单纯的工具书演变为"带有各种检索方式的人类全部知识的集合"，[②]并呈现出纸质辞书、电子辞书和网络辞书 3 种成品形式。它们不但可以为人民大众语言文字使用的规范化和标准化提供良好的服务，同时也是社会生活日新月异的真实映照。

我国拥有历史悠久的纸质辞书编纂传统，单从辞书品种和发行数量来看，已迈入"辞书大国"的行列。商务印书馆推出的《新华字典》，已在海内外累计印行 4 亿余册，可称之为"世界发行量最大的辞书"。但在纸质辞书编纂技术的现代化、大规模语料库和知识库建设、辞书品牌的创立和辞书出版的产业化方面，离欧美真正的"辞书强国"还有不小的差距。

---

① 国家语言资源监测与研究中心编《中国语言生活状况报告(2009)》(上编)第 143 页，商务印书馆 2010 年版。

② 李宇明《努力发展我国的辞书事业——在"汉语辞书研究中心"揭牌仪式上的讲话》，中国语言文字网 2007 年 12 月 18 日，http://www.china-language.gov.cn/11/2008_2_2/1_11_3284_0_1201932769166.html。

我国电子辞书和网络辞书虽然起步较晚，但目前已初具产业规模，由内容供应商、技术服务商、硬件生产商、电信运营商和渠道开发商所构成的新型辞书产业链已经形成。[①] 2011 年 10 月 13 日汉王科技推出了拥有自主知识产权的全球首款扫描式电子辞典——汉王 e 典笔。该电子词典以极速扫描识别查词的方式，取代了传统电子词典按键输入查词的方式，使消费者的查词效率和使用体验获得了极大的提升，为我国电子辞书产业的健康发展注入了新的活力。

社会生活的诸多领域和行业，比如交通、餐饮、电信、工商、导游、销售、医疗、体育、法律等，都有语言服务的问题，实际上也都会构成相应的语言服务产业。但从目前情况来看，一些领域的语言服务尚处于一种自发自在的状态，难以形成规模并进行有效地扩展，很难说已具备独立的语言服务产业形态。这跟目前对语言服务事实缺乏理论性思考有关，一方面我们还较难提取不同领域之间语言服务的产业共性，另一方面我们也没有将语言服务从其所依附的行业中有效地剥离出来。为了改变这种语言服务的不规范或无意识状态，我们应从三个方面做出改革：一是要增强从业人员的语言服务意识，使其认识到良好的语言交际在其工作中的重要性；二是制定与本行业相对应的语言服务标准和规范；三是对从业人员定期开展语言培训服务，推动语言服务行业的发展，从而完成语言服务产业的规模聚集。

三　发展语言服务的思考

3.1　引导催生新的语言服务职业

语言服务产业的发展必然会催生语言服务职业的形成。就语言服务职业层面而言，语言教师、翻译、语言广告文案策划等传统职业已经趋于成熟。近年来随着社会市场分工的不断细化，以语言及其所包含的各种要素作为服务手段的新兴语言职业开始逐渐增多。比如研究和解决人与计算机之间用自然语言进行有效通信的“语言工程师”，针对特定行业或人群对个人语言能力进行培训的“语言培训师”，对各类言语障碍者进行语言康复训练的“语言矫治师”，运用速录机设备从事语音信息实时采集并生成电子文本的“文字速录师”，以及运用语言文

① “中国语言生活状况报告”课题组编《中国语言生活状况报告(2006)》(上编)第 271 页，商务印书馆 2007 年版。

字能力和网络技术能力从事互联网内容建设的“网络文字编辑”等，这些语言服务职业在我国经济生活中已经显现，目前正在接受市场的检验。

但目前仍有很多潜藏的语言服务职业，还有赖市场的进一步细分和定型。比如针对特定领域、区域、群体或个体进行语言生活规划和引导的“语言规划师”，在各类公共关系处理及市场营销中，进行语言设计或语言活动策划的“语言策划师”，对涉及各类语言文字真伪属性进行识别辨认的“语言鉴定师”，对国民语言能力依据特定标准进行查核验证的“语言认证师”，对国家语言生活及国民语言生活中出现的语言文字错误进行鉴别、纠正与引导的“语言纠错师”，巧妙地运用语言服务促使顾客完成某种商业行为的“导购师”，以及运用发帖、回帖等方式为雇主及时制造、传播特定话题事件的“网络水军”和通过网络在线形式为他人提供各类知识、信息的“网络志愿者”等等。这些语言服务职业，有的实际上在现实生活中已经存在，只是它们在某种程度上仍夹杂在其他的社会分工之中，还没有获得一种完全独立的职业身份。但我们有充分理由相信，随着现代社会分工的日益精细化，这些尚未完全定型的语言服务职业会逐渐脱离其上位行业，最终形成稳定的职业类型。

3.2 加强语言服务的分层研究

目前学界对语言服务的研究刚刚起步，我们对语言服务的总体状况还很难说已经把握得比较全面和准确。在这种形势下，政府在国家语言规划层面，对语言服务做出专门研究和引导，就显得尤为重要。为更好地发挥政府在语言服务方面的规划和引导作用，我们建议对语言服务进行分层研究与分层建设。政府在语言服务工作中的作用，可以从以下 4 个层面进行考察。

3.2.1 国家层面

主要涉及语言文字规范标准的制定、信息化建设、语言工程的实施、语言资源的保护以及语言服务业态中的基业建设等问题。国家层面的语言服务具有基础性、时代性和公益性等特征，是构建我国和谐语言服务环境的基础和保障。国家语委主任李卫红 2011 年强调，我们的语言文字事业要“服务于党和国家事业发展大局”，[①]就是从国家层面点明了语言文字工作的服务特性。

① 柴葳《2011 年度语言文字工作会议召开》，《中国教育报》，转引自教育部网站 2011 年 1 月 22 日，http://www.moe.edu.cn/publicfiles/business/htmlfiles/moe/moe_1485/201101/114663.html。

3.2.2 族际层面

主要解决国家通用语言与各少数民族语言之间的关系，解决少数民族语言文字的保护和开发，解决双语教育服务等问题。比如2010年玉树地震之后的救灾工作，急需在族际之间提供切实可行的语言服务。李宇明指出："在语言障碍和语言援助方面问题凸显，在发生自然灾害和国际人道主义救援当中，如何能够得到合适的语言救援，已经成为中国应该思考的问题。"①

3.2.3 方言/社群层面

主要涉及国家通用语言与汉语方言之间的关系问题。国家在推行通用语言服务的同时，必须充分考虑到特定地区方言服务的需求。

3.2.4 家庭/个体层面

主要解决家庭成员的语言使用规划和特殊个体的语言协助等问题。比如多语、多方言家庭中子女的语言学习规划指导，法律诉讼中针对当事人的法庭语言翻译服务，以及针对听力障碍者和视力障碍者的各种语言支持等，这些都需要相关部门或机构的服务指引。家庭/个体语言服务是其他三个层面语言服务的落脚点，个体针对性较强，是语言服务的最终目标，同时又是语言服务的起点。

这4个层面的语言服务都需要政府提出相应的对策，并加以合理的规划和引导，从而为国家和谐语言生活的建设打下良好的基础，最终为全体国民提供优质的语言服务，并使其语言权利得到充分的保障。

（屈哨兵、郭　杰）

① 《教育部2011年第1次新闻发布会》，教育部网站2011年5月12日，http://www.moe.edu.cn/sofprogecslive/webcontroller.do? titleSeq=2486&gecsmessage=1。

服务行业的语言经济价值调查

服务行业经济是衡量现代社会经济发展水平的重要指标之一。服务业的快速发展离不开语言服务，优质服务必然包含语言服务。在一些服务行业中，语言服务不是核心服务，但是却能够提升和促进核心服务的实施。本报告从服务提供者和接受者两个角度，分析南京服务行业中的语言经济价值问题。

一　基本情况

本调查的样本主要分布在南京的鼓楼、玄武、白下、建邺、下关、秦淮六个主城区，部分调查涉及栖霞、雨花台、江宁三个城区。调查分为服务提供者调查（问卷一）和服务接受者调查（问卷二）。问卷一的调查对象主要是南京市上述九城区的餐饮、住宿、零售、金融、旅游、电信等服务行业的服务人员；问卷二的主要调查对象为上述六城区的南京市民。

调查问卷一共发放572份，回收550份，其中有效问卷491份；问卷二共发放问卷337份，回收333份，其中有效问卷315份。服务单位的行业分布是：餐饮业93家，占样本行业总数的18.9%；住宿业74家，占15.1%；零售业86家，占17.5%；旅游业69家，占14.1%；金融业98家，占20.0%；电信业56家，占11.4%；其他15家，占3.0%。样本所在单位的规模分布是[①]：大型216家（44.0%）；中型136家（27.7%）；小型131家（26.7%），其他8家（1.6%）。[②]

---

① 确定被调查单位的规模时，本研究参考了国家统计局设管司制定的《统计上大中小型企业划分标准》，国家统计局网2003年5月22日/2011年5月9日，http://www.stats.gov.cn/tjbz/t20061018402369829.htm，同时结合调查中对实际调查单位的了解和观察。

② “其他”为没有必要进行规模划分的服务单位，如政府服务部门。因样本量过少，未进行数据统计分析。下同。

二　服务行业语言使用状况

2.1　语言培训和语言投入

服务单位对服务人员的语言培训，主要是服务行业语言方面的培训。调查显示，被调查者认为本单位“经常有”或“有时有”语言培训的占样本总数的48.1%；“偶尔有”语言培训的占9.6%；“很少有”语言培训的占13.4%；认为“完全没有”语言培训的占28.9%。从单位规模来看，不同规模的服务单位举办语言培训的频率有一定的差距（表2—1）。其中，大型服务单位“经常有”和“有时有”语言培训的比例之和为53.3%；中型服务单位“经常有”和“有时有”语言培训的比例之和为55.1%；小型服务单位“经常有”和“有时有”语言培训的比例之和为31.3%。调查结果表明，大、中型服务单位语言培训频率与小型服务单位存在显著差异，大、中型之间不存在显著差异，即在语言培训方面，大、中型服务单位明显好于小型服务单位。

表2—1　语言培训频率的单位规模分布

单位规模	语言培训频率(%)					合计(%)
	经常有	有时有	偶尔有	很少有	完全没有	
大型	22.7	30.6	10.2	13.9	22.7	100.0
中型	30.1	25.0	8.8	16.2	19.9	100.0
小型	15.3	16.0	9.2	10.7	48.9	100.0
其他	0	62.5	12.5	0	25.0	100.0
合计	22.4	25.7	9.6	13.4	28.9	100.0

语言培训的语种分布情况见表2—2。调查显示，在有语言培训的服务单位中，自报本单位进行普通话培训的占样本总数的57.2%；本单位进行外语培训的占10.4%；有普通话加外语培训的占1.6%；此外，有方言（南京话）培训的占0.4%。从培训语种的单位规模分布来看，普通话培训主要集中在中型服务单位；外语培训主要集中在大型服务单位；普通话加外语的培训也是大型单位比例稍高、中型其次；小型服务单位在普通话、外语以及普通话加外语的培训方面都与大、中型服务单位有一定的差距。

表 2—2　语言培训语种的单位规模分布

单位规模	培训语种(%)					合计(%)
	普通话	外语	南京话	普通话加外语	没有培训	
大型	55.1	17.6	0	2.8	24.5	100.0
中型	71.3	6.6	0	1.5	20.6	100.0
小型	45.0	3.1	1.5	0	50.4	100.0
其他	75.0	0	0	0	25.0	100.0
合计	57.2	10.4	0.4	1.6	30.3	100.0

服务单位的语言投入的另一方面，是对服务人员招聘时的语言能力要求以及工作考核中的语言能力评价。调查结果如表 2—3 所示。有 50.9%的被调查者认为，在应聘工作时服务单位有语言能力方面的要求；而只有 25.1%的被调查者认为，服务单位在评估员工绩效时有语言能力方面的评价。对比两项调查结果可以发现，尽管不少服务单位注意到了服务人员应该具有一定的语言能力(因而在员工招聘时有语言方面的要求)，但是实际工作中却未能把语言能力(进一步地说语言服务能力)作为工作考核的指标之一来考查，因而未能真正重视员工的语言服务能力。这也与上文调查所显示的语言培训频率总体不高的状况相互印证。

表 2—3　服务单位招聘时的语言要求及工作中的语言评价

	招聘时的语言要求	百分比	工作中的语言评价	百分比
有	250	50.9	123	25.1
没有	172	35.0	232	47.3
不清楚	69	14.1	136	27.7
合计	491	100.0	491	100.0

从服务人员在语言方面的投入角度看，除了语言习得之外，参加语言培训是增强自身语言服务能力的重要途径。调查结果显示，“经常参加”和“有时参加”单位组织的语言培训分别占调查总量的 13.2%和 18.7%；而自费参加语言培训的占 13.7%。可见，在提高语言服务能力方面，服务人员的语言培训投入不是很高。这也可能与上述调查所显示的服务单位对员工工作考核中的语言能力评价不够有关。

2.2　消费者的语言消费意愿

消费者愿意为服务人员或服务单位所提供的良好语言服务，支付一定的费用或价格。[①]语言消费者的消费意愿直接体现了语言的经济价值。本调查对此设计的问题是："假设有甲乙两家条件同样的消费场所，其中甲比乙的语言服务好，甲的收费（价格）也略高一点儿，您会在以下几种情况中做出怎样的选择？"调查结果如表 2—4 所示。

表 2—4　对语言的消费意愿（%）

	单项甲好			三项甲都好
	普通话标准	文字材料规范	语言温馨有特色	
选甲	45.4	53.0	65.4	77.5
选乙	13.7	14.6	10.8	7.3
两家都可以	31.1	24.8	19.0	7.6
不好说	9.8	7.6	4.8	7.6
合计	100.0	100.0	100.0	100.0

从表 2—4 可见，总体上，消费者因服务单位或服务人员在语言方面的服务做得好而愿意选择甲的比例，明显高于选择乙的比例；其中因"语言温馨有特色"而选择甲的比例高于因"文字材料规范"而选择甲的比例，两者都高于因"普通话标准"而选择甲的比例；因"三项都好"而选择甲的比例最高。

进一步看，对于因语言服务好而选择价格略高的消费场所，"略高"的程度是消费者愿意支付的语言服务价格，直接反映了语言服务的货币化价值。鉴于语言服务研究中货币化计量的困难，我们尝试采用比较的方法（百分比的方式）调查消费者能够接受的"略高一点儿"的度，即语言服务的价格。问卷问题是："如果上题中您有选择甲的想法，那么您能接受的'略高一点儿'的收费是甲比乙高多少（如果超过这个比例，您就会选择乙）？"

调查结果显示（参见表 2—5 或表 2—6、表 2—7 中的最后一行数据），经过百分比的逐级累积之后，[②] 91.1%的消费者能够接受的"略高一点儿"的度是"5%以下"，即语言服务的价格占核心服务或商品价格的"5%以下"；54.0%的消费者能够接受"6%—10%"的语言服务价格；24.0%的消费者能够接受"11%—20%"的语言服务价格；2.9%的消费者能够接受"21%—30%"的语言服务价格。

① "消费意愿"的概念借自经济学概念"支付意愿"，参见曼昆的《经济学原理》（第 1 卷），梁小民译，生活·读书·新知三联书店、北京大学出版社 2001 年第 2 版，第 144—146 页。

② 能够接受较高级别的服务价格（例如"6%—10%"）的消费群体自然更能接受较低级别的服务价格（如"5%以下"）。因此，低级别的服务价格的统计百分比是由高级别服务价格的统计百分比累积而成的。

本调查从消费者的年龄、收入以及对语言服务的关注度等几方面，进一步分析了消费者的语言消费意愿。

消费者的年龄与语言消费意愿有一定的关联。从表2—5可见，在比例分布最为集中的“5%以下”和“6%—10%”两个段，总体分布特点是：“5%以下”这一段的比例随年龄的增加而有所上升；“6%—10%”这一段的比例随年龄的增加而有所下降。此外，50岁以下的消费者选择“11%—20%”的比例也明显高于50岁以上的消费者。同时，从不选择甲的情况(跳过不答的选项，即不愿意为好的语言服务付费的情况)来看，40岁以上的消费者不选择甲的比例明显高于40岁以下的消费者。可见，年龄因素影响语言的消费意愿，年轻人更愿意接受价格较高的语言服务消费。

表2—5 年龄与语言服务“略高一点儿”价格的度

年龄	语言服务“略高一点儿”价格的度(%)					合计(%)
	5%以下	6%—10%	11%—20%	21%—30%	(跳过不答)	
20以下	20.6	55.9	17.6	2.9	2.9	100.0
21—30	41.4	40.5	12.6	3.6	1.8	100.0
31—40	32.7	46.2	13.5	3.8	3.8	100.0
41—50	33.3	40.5	14.3	0	11.9	100.0
51—60	33.3	31.0	2.4	2.4	31.0	100.0
61—70	52.4	28.6	4.8	0	14.3	100.0
71以上	61.5	15.4	0	7.7	15.4	100.0
合计	37.1	40.0	11.1	2.9	8.9	100.0

从消费者的收入来看(见表2—6)，相比较而言，中低收入(3 000元以下)的消费者倾向于选择5%以下的语言服务价格；中高收入(3 000元以上)的消费者倾向于能够接受6%—10%的语言服务价格；而选择11%—20%的3 000元以上的消费者所占比例(12.5%、13.9%和24.3%)也明显高于3 000元以下的消费者所占比例(8.3%和7.5%)。①可见，消费者的经济状况影响到对语言服务的消费意愿。收入较高的消费者更能接受价格较高的语言服务消费。

表2—6 消费者月收入与语言服务“略高一点儿”价格的度

月收入	语言服务“略高一点儿”价格的度(%)					合计(%)
	5%以下	6%—10%	11%—20%	21%—30%	(跳过不答)	
2 000元以下	39.1	39.1	8.3	1.5	12.0	100.0
2 000—2 999元	41.8	38.8	7.5	6.0	6.0	100.0

① 由于月收入为10 000元以上的样本数量过少，不作统计分析。

（续表）

3 000—3 999 元	32.5	47.5	12.5	2.5	5.0	100.0
4 000—4 999 元	38.9	41.7	13.9	0	5.6	100.0
5 000—10 000 元	24.3	35.1	24.3	5.4	10.8	100.0
10 000 元以上	50.0	50.0	0	0	0	100.0
合计	37.1	40.0	11.1	2.9	8.9	100.0

从消费者的问候语关注度与语言消费意愿的关系来看（见表 2—7），在“5%以下”阶段，“很在意”和“比较在意”问候语的消费者比例（27.5%和 29.9%）明显低于“无所谓”和“几乎不在意”问候语的消费者比例（40.8%和 59.1%）；在“6%—10%”阶段，“很在意”和“比较在意”问候语的消费者比例（45.0%和 48.6%）明显高于“无所谓”和“几乎不在意”问候语的消费者比例（35.2%和 27.3%）；而在“11%—20%”和“21%—30%”阶段，“很在意”和“比较在意”的消费者所占比例也明显高于“几乎不在意”的消费者比例。①可见，总体趋势是，越是关注语言服务的消费者，越是能够接受价格较高的语言服务消费。

表 2—7 消费者问候语关注度与语言服务“略高一点儿”价格的度

问候语关注度	语言服务“略高一点儿”价格的度（%）					合计（%）
	5%以下	6%—10%	11%—20%	21%—30%	（跳过不答）	
很在意	27.5	45.0	10.0	5.0	12.5	100.0
比较在意	29.9	48.6	11.2	5.6	4.7	100.0
无所谓	40.8	35.2	12.0	0.7	11.3	100.0
几乎不在意	59.1	27.3	4.5	0	9.1	100.0
很不在意	75.0	0	25.0	0	0	100.0
合计	37.1	40.0	11.1	2.9	8.9	100.0

三 问题与分析

3.1 不同语言和方言的经济价值问题

近些年来，外语的经济价值得到了较多的关注，语言教育（培训）和翻译服务行业的发展证明了这一点。但是普通话的经济价值并未得到社会的普遍关注。本次调查表明，在服务行业中，不但外语具有重要的经济价值，普通话也同样具

① “很不在意”的样本数量过少，不作统计分析。

有重要的经济价值，这从消费者的语言消费意愿可以看出。

此外，本次调查还提出了一个值得关注的方言服务问题，部分消费者反映，老年人需要南京话服务，尽管这一部分群体所占比重较小，但是如何满足那些不懂普通话、只说方言的老年人在日常消费过程中的语言消费需求，也将是服务单位及服务行业需要面对的问题。方言服务也具有一定的经济价值，一些地方电视台的部分频道用方言播音，一些餐馆以用方言服务为特色等，也说明了这一点。

3.2 语言投入问题

语言具有重要的经济价值，需要相关服务单位和服务人员做必要的投入，开发语言的经济价值。本调查显示，与语言相关的语言培训方面，不同规模的服务单位的投入存在较明显的差异，其中大、中型服务单位语言培训频率明显高于小型服务单位。另一方面，服务单位在招聘时，要求员工具有一定的语言能力；但是在具体服务工作中，员工的语言能力并没有与员工的成绩评价和考核相联系，这表明服务单位对语言服务重视不够，没有充分意识到语言及语言服务的经济价值。

3.3 语言消费群体的多样性问题

上述调查显示，消费者愿意选择语言服务好而价格略高的消费场所，体现了语言服务具有较为明显的经济价值，也表明了开发语言经济价值的可能性和必要性。调查显示，消费意愿与消费者的年龄、收入及对语言服务关注程度等因素有相关性，不同语言消费群体具有不同的消费特点。开发语言的经济价值，做好语言服务工作，需要关注消费群体的多样性。

四 建议

4.1 区别对待，加强对不同类型服务单位的监管

上述调查显示，大、中、小型服务单位在语言服务的投入方面存在较大差距。因此，关注不同类型的服务单位的语言服务状况，尤其是关注中小型服务单位，对于提高整个服务行业语言服务质量是必不可少的。

大中型服务单位需要在已有服务规范的基础上逐渐完善相关的语言服务规范和制度，中小型服务单位在提高语言服务意识的基础上，应逐步增加对员工的

语言培训，提升员工的语言服务能力。相关职能部门需要将语言服务纳入服务行业管理体系中，使语言服务逐步由隐性服务行为变为显性服务行为，加强对不同类型、规模的服务单位的语言服务能力和行为的监管，使得不同类型的服务单位在语言经济价值开发过程中发挥出各自应有的作用。

4.2 完善语言服务能力标准和评价体系，开发不同语种的经济价值

调查表明，服务单位对服务人员的语言服务能力重视不够，尽管部分服务单位有一定的语言能力行业准入标准（招聘员工时有一定的语言能力水平的要求），个别服务单位有评价服务人员语言能力的标准，但是就整个服务业来说，尚未形成系统的、可操作的语言服务能力标准或评价体系。

因此，相关语言研究和管理部门需要结合各服务行业的特点，加强语言服务能力标准和评价体系的研究与实施，规范语言服务行为和语言服务能力的评价标准。在语言服务能力标准和评价体系的制定中，可以综合考量不同语种及其变体（方言）在语言服务中的不同作用，逐渐形成不同语种的语言服务能力标准和评价体系，以此开发不同语种的语言经济价值。

4.3 关注多样的语言消费群体，多渠道开发语言经济价值

消费者的年龄、收入等个人因素影响到语言消费意愿，间接影响到语言消费行为。同时，不同语言背景的消费者也有不同的语言消费方式和消费需求。因此，作为语言服务的提供者，服务行业的各类服务单位要结合自身所经营、提供的核心服务内容，关注多样的语言消费群体，分析其语言消费的需求特点和方式，有针对性地开发适当的语言服务消费产品。

例如，不同语种的语言服务消费，包括普通话服务、外语服务、方言服务、少数民族语言服务等，不同消费档次的语言服务产品，不同形式的语言服务产品，依附于其他服务项目的语言服务和独立的语言服务，等等。相关的语言研究和管理部门也可为服务行业、服务单位提供除了服务行为管理、服务能力标准制定之外的语言服务产品的开发设计方面的支持，从而多渠道地开发语言经济价值，发展语言经济，促进社会发展和文明进步。

（李现乐）

北京语言培训业状况

上世纪80年代以来，中国经济飞速发展，对外交流不断深入，语言培训行业也随之兴起。上世纪90年代末期，北京地区开始出现语言培训机构，这些机构只是零零散散地遍布北京城，尚未形成规模。21世纪初，随着留学热潮的到来，新东方、新航道等一些本土培训机构迅速崛起，华尔街、英孚等外来培训机构也进入中国市场。该行业的巨额利润吸引着无数有梦想的创业人，成百上千家小型培训企业也随之而生。

据2006年的一项调查显示，我国知名度最高的4个培训机构依次为：李阳疯狂英语(68.1%)、新东方(67.4%)、EF英孚教育(52.5%)、环球雅思(42.7%)。被访者认为品牌、声誉最好的4个培训机构依次为：新东方(65.9%)、EF英孚教育(57.5%)、李阳疯狂英语(57.2%)、剑桥(45.8%)。[①] 在语言培训机构中，新东方以67.6%的被关注度排名第一，其他机构的被关注度都不超过4%。[②] 见图2—3。

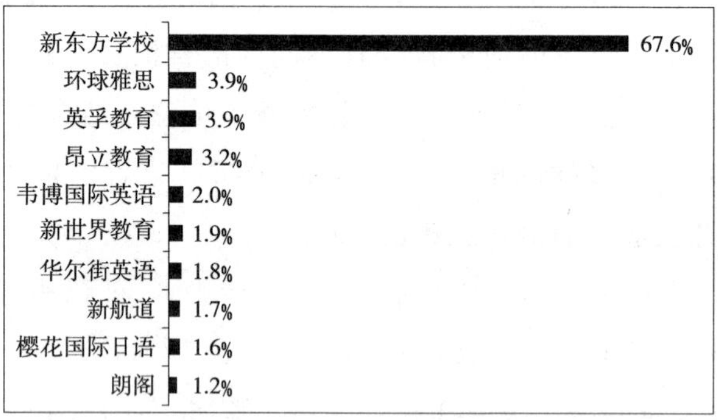

资料来源：百度数据研究中心，2010年5月。

图2—3 2010年Q1语言培训品牌关注度排行

① 《语言培训业分析》，中国投资咨询网 http://www.ocn.com.cn/focus/201102/kewaipeixun211442.shtml#3

② 《2010年一季度语言培训行业报告》，"百度文库"，http://wenku.baidu.com/view/0f04a024ccbff121dd3683a7.html。

2010年9月至2011年12月，北京市语言产业研究中心调查了当前北京语言培训产业的状况，现描述如下：

一　企业数量与规模

为了获得北京语言培训企业数量和规模的状况，我们调查统计了在招聘网站上注册的语言培训企业。我们发现，在“58同城网”登记的培训机构有2 450家，在“智联招聘网”登记的有2 400家，在“中华英才网”登记的1 815家，在“前程无忧网”登记的有2 147家。各网站的数量统计结果如下[①]：

1.1　58同城网站

在58同城网站(http://www.58.com)上搜索“北京＋外语培训”，共得结果70页，每页显示35条，共计35×70＝2 450(家)企业。

1.2　智联招聘网站

在智联招聘网站(http://www.zhaopin.com)上搜索“北京＋教育/培训＋语”，共得结果160页，每页显示职位25条，共计25×160＝4 000(条)职位。此外，平均每15家企业提供25条职位信息。因此，共有企业(4 000/25)×15＝2 400(家)。

1.3　中华英才网站

在中华英才网站(http://www.chinahr.com)上搜索“北京市＋教育培训类”，共得结果5 499条，只显示前100页(每页20条招聘信息)，通过计算获得平均6.6家企业提供20个职位。所以，企业数量约为(5 499/20)×6.6＝1 815(家)。

1.4　前程无忧网站

在前程无忧网站(http://www.51job.com)上搜索“北京＋教育/培训/院校＋语”，共得结果8 052条，每页显示30条，共计269页。通过计算获得平均

① 数据更新日期为2011年10月3日。

每8家企业提供30个职位。所以,企业数量约为(8 052/30)×8=2 147(家)。

根据这一统计,目前,北京的英语培训机构在2 000家以上。其中,大部分企业的员工数量在100—499人之间。具体统计结果如下:

在智联招聘网站上搜索“北京+教育/培训+语”结果显示,公司规模为10 000人以上的有28页,1 000—9 999人的有54页,500—999人的有70页,100—499人的有160页,20—99人的有60页,20人以下的有29页,总共401页。

在中华英才网站上搜索“北京市+教育培训类”结果显示,公司规模1000人以上的有38页,500—999人的有27页,100—499人的有96页,50—99人的有61页,1—49人的有56页,总共278页。

通过对“智联招聘网站”和“中华英才网站”上所注册的语言培训类企业进行统计,可以发现员工数量在100—499人之间的企业占35%至40%,500人—999人之间的在10%至17%之间,1 000人以上的在14%至20%之间,而99人以下的小微型企业,两家网站的比例分别为22%和42%。

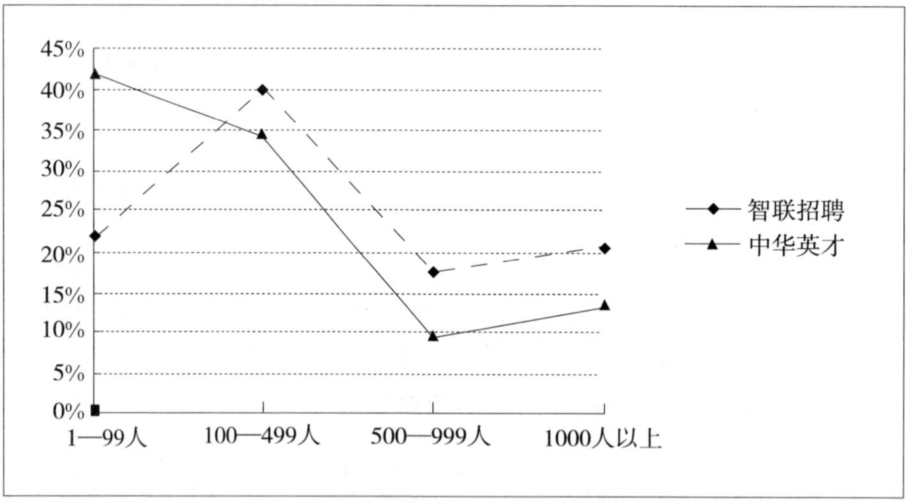

图2—4 两家网站语言培训类企业员工人数比例构成

由图2—4可以看出,在语言培训类企业由100—499人发展到500—999人规模时,企业数量急剧下降,可能是因为一些企业在此阶段退出语言培训市场,或者是出现诸企业的兼并。

二　消费状况

从类型上看，语言培训大致分为少儿英语培训、成人英语培训、实用技能培训、考试类培训。据搜狐网2010年发布的《教育白皮书》，少儿英语培训占了语言培训市场22.13%的份额，名列首位，之后排位依次为成人英语、实用技能英语、考试类英语等。

根据搜狐网的调查，目前，外语培训的主流消费人群月薪在3 000元至4 999元的占21.76%；月薪1 500元至2 999元的，占20.86%；月薪5 000元至10 000元的，占20.86%；1 500元以下和万元以上的分别占18.63%和17.88%。中小学生的课外辅导项目首推英语，64%的家长都为孩子报了英语班。[①]

百度网语言培训报告中的第一手数据，来自2010年第一季度网民在百度网页的检索记录，将随机抽样获得的"搜索日志"中检索过语言培训相关信息的作为"有效样本"。搜狐网中教育白皮书的数据也是来源于网络调查。

为了进一步了解人们对于语言培训的消费状况及态度，2011年9月至11月，本课题组在北京高等院校的校园中进行了采访调查，受访者100人，其中女性65名，男性35名；高中生3名，本科生86名，硕士博士研究生8名，在职人员3名。

调查结果显示，参加过语言考试类培训的受访者占样本总数的86%；参加听说读写等语言能力类培训的占14%。在与语言类考试相关的辅导培训中，参加过英语四六级考试辅导的受访者，占样本总数的41%；参加过中等学校入学考试或高等学校入学考试英语辅导的，占26%；参加过研究生英语考试辅导的，占15%；参加过出国类英语考试辅导的，占10%；其他类占8%。调查还发现，在参加语言培训之前，语言培训机构的品牌是多数受访者首先考虑的因素，占到总比例的70%，其次是收费价格、培训地点的地理位置以及师资水平等。

我们调查小组还在新东方等语言培训机构进行了体验式调查。新东方教育科技集团成立于1993年，目前已占据全国培训市场的50%，北京培训市场的80%，旗下拥有新东方亲子中心、泡泡少儿教育、优能中学教育、基础英语培训、大学英语及考研培训、出国考试培训、多语种培训等多个体系。截至2011年5

① 《搜狐教育行业调查报告 教育培训进入黄金十年》，搜狐教育2011年1月12日，http://learning.sohu.com/20110112/n278823360.shtml。

月31日，新东方已经在全国48个城市设立了54所学校、6家产业机构、47家书店以及500家学习中心，每年销售图书近1 000万册。自成立以来，新东方累计面授学员超过1 200万人次。[①]

从上述调查体验来看，新东方在教师管理方面仍坚持由学生评价老师的传统。每一位学生在培训后，都会对任课老师做出评价，评价高的老师将得到额外奖金，评价较低或被较多学生投诉的老师，将要接受再培训，或是被迫离职。新东方以“追求卓越，挑战极限，从绝望中寻找希望，人生终将辉煌！”的校训，向学员传达一种新东方的文化精神和激励力量。

在一些少儿英语培训地点，我们对部分家长进行了采访。在采访中，不少家长表示一定要让孩子上各种补习班。其他孩子都报了班，不能让自己的孩子输在起跑线上。而对于培训费用，这些家长表示，宁可自己少吃一些、少穿一些，也要供孩子去最好的学校。针对是否打算让孩子出国读书的问题，接受采访的家长表示希望能够通过在国外的学习，使孩子开阔眼界。而出国留学首先要过的就是语言关，这也催热了托福、雅思、SAT、GRE、GMAT等语言考试辅导。

调查发现，即使像新东方这种几乎垄断了整个行业的企业，市场竞争仍然非常激烈。许多中小型语言培训机构没有资金和力量与新东方争夺市场，于是选择抢占新东方目前还做得相对薄弱、刚刚起步的一些市场，例如少儿英语市场、职业培训市场等。目前在北京的语言培训行业中，有的企业派自己的老师去其他企业“偷师”，或让推销人员先引诱学生和家长交钱，许诺能达到某种效果，但在培训过程中，如果家长和学生不满意，培训机构就找借口推辞，不愿退给学费。在整体市场尚不规范的情况下，单个企业想要迅速发展，是非常困难的。

三 问题与对策

通过上述的问卷调查、体验式调查及深入访谈，我们发现北京的语言培训行业在迅速发展的同时，也存在一些亟待解决的问题。

3.1 现存问题

3.1.1 机构信誉

目前有些机构以免费听课、送教材、能力测评等方式，吸引学生和家长，但其

① 《新东方教育科技集团》，百度百科网，http://baike.baidu.com/view/1080447.htm。

主要目的还是尽力兜售课程。在调查中，有的学生表示，当时为了脱身，交了押金，后来再想要回押金时，对方找出百般理由，不愿退费，大有上当受骗之感。有的家长表示，机构先以“学习时间越长，学费越便宜”为噱头，提前收取一年的课时费，但是在孩子上课半年后，家长想要退费时，机构则会找理由不给退款，或者少退款。机构信誉有待提高。

3.1.2　教师水平

在此次调查的100位学员中，有52%的学员表示培训行业的最大问题是教师水平良莠不齐，培训效果不明显。某一培训机构的管理层也表示，目前语言培训行业迅速扩张，教师缺口很大，现在几乎是招一个老师就开一个班。有的培训机构老师透露，排课的随机性较强，有时甚至是上课前一天才找到老师，第二天就授课。有相当一部分学生表示，培训机构的一些师资水平不高，如果遇上不合格的老师，自己很难学到东西。

3.1.3　收费偏高

下为3家大型培训机构官网上雅思考试培训收费标准：

表2—8　雅思培训收费统计(统计时间2011—08—29)

培训机构	课程名	课时	费用
新东方	雅思6.5分强化	60小时	1 780元
新航道	雅思7分直达班	50小时	1 880元
环球雅思	雅思6.5分班	90小时	2 980元

表2—9　雅思贵宾(VIP)课程收费统计(统计时间2011—08—29)

培训机构	课程名	课时	费用
新东方	雅思25人班	90小时	5 680元
新航道	雅思10人班	96小时	11 800元
环球雅思	雅思3人班	125小时	29 800元

由表2—8和表2—9可见，雅思考试培训的基本费用在1 700—3 000元不等。如果学员需要上小班课、精品课，学费则在5 000—20 000元左右。在调查中，48%的学员认为现在辅导班费用适中，30%的学员则表示价格偏高。而在采访中，家长表示，只要能让孩子有所进步，学得好，自己还是愿意多交一些学费。

3.1.4　效果难以评测

目前，多数培训机构只负责培训，不考虑学生的受训效果。调查显示，在上培训课之前，希望提高自己能力的学员占70%，但是在课程结束后，只有35%

的学员表示自己的能力确实有所提高，还有部分学员表示自己的能力没有得到提高，培训后考试成绩依旧不很理想。培训机构的培训效果很难评估。

3.2 若干对策

3.2.1 语言培训教师实行职业资格准入制度

教育部于2004年颁布了《汉语作为外语教学能力认定办法》，设立了初、中、高三个等级的《汉语作为外语教学能力证书》，通过对外汉语教师职业资格考试的方式来选拔对外汉语教学人员。针对目前各类语言培训机构的培训师资，也应采取持证上岗的方式，由国家教育部门组织统一考试，以确保语言培训教师队伍整体水平和培训质量。

3.2.2 建立完善语言培训行业自我管理机制

如今，语言培训企业间的竞争已经进入白热化阶段。较大的几家龙头机构，主要争夺高端市场，例如出国留学培训、商务语言培训等。小型培训机构的师资较为薄弱，主要集中在中小学学生的英语培训市场。建议成立行业协会等社团，建立良好的内部、外部沟通渠道，解决行业内部在竞争与发展中所暴露出来的无序竞争、信用缺失等问题。以现有的优质品牌带动行业整体质量的升级。

（李　艳、陈　鹏、郭双双、赵凡伊）

面向社会的语言测试状况

语言测试是对考查对象所具有或达到的语言水平或语言能力进行测量与评价的工具。我国面向社会的语言测试主要有：外语测试、汉语作为第一语言的测试、汉语作为第二语言的测试和少数民族语言测试。

一　外语测试

外语类社会语言测试主要是指由国外考试机构开发、在中国境内针对中国公民举办的外语类社会语言测试。由于受各国语言推广战略和教育政策的影响，截至2011年年底，由国外机构开发、在中国境内举办的各种外语类社会语言测试已经多达10种以上，主要涉及英语、法语、德语、西班牙语、意大利语、日语、朝鲜语、俄语、葡萄牙语等。由于这类考试的种类太多，这里只描述几种考试规模和社会影响较大的考试。

1.1　"托福"考试

"托福"(TOEFL，英文全称是"Test of English as a Foreign Language")是英语作为外语的考试的汉语俗称。"托福"考试最初是外国学生留学美国、加拿大等国家所必备的一项英语语言水平考试。它是一种标准化考试，由成立于1947年的美国英语测试局(Educational Testing Service)考试服务中心1964年开发设计，旨在测试母语非英语者是否具备在北美地区大学学习所要求的英语水平。"托福"考试也是第一个引入中国的英语考试。为了适应国际语言测试的最新发展趋势，现行"托福"考试已经先后进行过多次改版，由过去的侧重对接受性(receptive)语言技能的测量，逐渐完善为一个以听、说、读、写为主要考试内容，全面考查考生英语水平的大规模国际性外语考试。

截至2011年，美国和加拿大等国家已有超过2 400所大学和学院承认该项考试成绩。由于考试质量和权威性日益获得社会认可，在经过若干年的发展和推广后，“托福”考试已经由过去的单纯教育测试逐渐向社会语言测试扩展，不少企业和商务机构也将其作为员工录用时英语水平考核的标准。

“托福”考试于1981年正式引入中国，由中国教育部考试中心全面负责在中国推广实施。根据“托福”的官方统计，中国是“托福”考生人数最多的国家之一，从2006年9月新“托福”考试正式在全球开考以来，“托福”考试在中国的考生人数以每年20%至30%的速度递增。2010年在中国88个考点的考生人数超过20万人次，而2011年“托福”在中国的考点数增加到96个，考生人数则达到30万人次。①

1.2 “雅思”考试

“雅思”是“国际英语测试系统”（International English Language Testing System，缩写为IELTS）的汉语俗称。“雅思”考试是由英国剑桥大学测试中心、澳大利亚高校国际开发署以及英国文化委员会联合开发和举办的国际英语水平测试。“雅思”考试也是比较典型的面向社会的外语类语言测试。“雅思”考试是专门为测试准备进入以英语为教学媒介和工作语言的大学和学院学习的学生或申请向英语国家（主要指英联邦国家）移民的有关人士的英语水平而设计的综合性语言测试。“雅思”考试包括普通类测试和学术类测试两个版本，前者主要适用于以移民英联邦国家为主要目的的考生，而后者则属于留学选拔性考试。学术类测试分别开发了针对理工科类留学生的入学资格考试（简称EEIS Ⅰ，即Entrance Examination for International Students Ⅰ的英文缩写）和针对文科类留学生的入学资格考试（简称EEIS Ⅱ，即Entrance Examination for International Students Ⅱ的英文缩写）。

由于“雅思”考试更注重对考生实际英语应用能力的考查，比传统的以多项选择题为主要测试形式的考试具有更高的效度，因此，部分北美地区的大学也开始承认“雅思”考试的成绩。部分中国大学已经将“雅思”考试的成绩作为中国硕士研究生入学后免修相应英语课程的依据，同时，越来越多的跨国公司也将其作为录用和考核员工英语水平的标准。尽管“雅思”考试引入中国的时间不长，但参加该考试的人数却持续攀升，2010年在中国参加“雅思”考试的各类考生人数

① ETS中国办公室。

达到20多万人次，而2011年则超过了35万人次。“雅思”考试是目前由国外机构开发的、面向中国公民的考试人数最多的外语类社会语言测试。[①]

1.3 “托业”考试

“托业”考试是“国际交流英语考试”的汉语俗称，英文全称是“Test of English for International Communication”，英文缩写是TOEIC。“托业”考试是最典型的外语类社会语言测试，由美国英语测试局开发和设计，专门测试母语为非英语的外籍人士在国际环境下的社会生活及日常工作中的英语交际能力，旨在考查应试者在商务、贸易、文化、教育等国际环境中使用英语的熟练程度。因为“托业”考试主要测量考生的工作英语水平，北美洲的大学和学院一般不用“托业”考试成绩作为招生录取的依据。

目前，已有1万多家国际跨国公司正式承认并使用“托业”考试成绩作为聘用、考核员工英语交际能力的标准。2002年中国劳动部正式将“托业”考试引入中国，并由ATA公司全面负责在中国推广实施。2011年，全球120多个国家600多万人次的考生参加了“托业”考试，其中中国考生达到22万人次。[②]

除了上述考试规模和影响较大的三种英语类社会语言测试以外，2011年还有德国(TestDaF考试)、法国(TCF考试)、西班牙(DELE考试)、巴西(Celpe-Bras考试)、意大利(PLIDA考试)、日本(J. TEST考试)、韩国(TOPIK考试)、俄罗斯(ТПРЯ考试)等国家开发的专门针对外国公民的社会语言测试先后引入中国。

二　汉语作为第一语言的测试

语言文字应用能力是一个人综合素质的重要组成部分，也是个人素养的直观表现，它对人的成长、成才、成功及全面发展具有基础性作用，是推进素质教育的重要内容。世界各国的研究也表明，母语能力的培养在增强国家和民族认同感方面，发挥着独特的、不可替代的作用。欧美发达国家都对母语能力提出了具体的要求，并设置了相应考试。面向母语者的测试不仅可以引导公民的语言文

① 北京语言大学海外考试中心，http://exam.bluc.edu.cn。

② ETS中国办公室。

字意识，还可以为各类社会机构的人员录用、培训、晋升以及各级各类教育培训机构提供参考，有助于提升全民对语言学习和语言应用的重视程度。

近年来，教育部、国家语委等有关部门已充分意识到加强社会语言测试、端正语言观念、营造良好的汉语生态环境的重要性。2008年，国家语委提出，必须尽快建立综合、全面的汉语能力测试体系，提供客观评价汉语水平和能力的科学方法，作为不同层次母语学习和能力提升的参照，作为社会相关行业从业人员职业语言能力要求的参照，以推动全社会的汉语学习，提高汉语应用能力。

为了贯彻国家的语言文字政策，充分挖掘和利用汉语资源的社会价值，由不少学术机构、研究机构和高等院校开发和设计的各种语言测试系统相继问世，其中面向中国公民、影响较大的综合性汉语类社会语言测试，主要有国家职业汉语能力测试、国家汉语能力测试；专项汉语测试则主要包括国家汉字应用水平测试、国家普通话水平测试等。

2.1 国家职业汉语能力测试

国家职业汉语能力测试（ZHIYE HANYU CESHI，缩写为ZHC）是由人力资源和社会保障部职业技能鉴定中心组织研制和实施的，旨在测量中国公民（主要是汉语母语者）在职业活动中的汉语应用能力的国家级语言测试。该测试包含专业版和职业版两个版本，其中“国家职业汉语能力测试”（专业版）的主要测试对象是各类高等院校中文系的大学生、研究生、从事汉语母语教学的各类汉语教师等；“国家职业汉语能力测试”（职业版）考试则是在专业版的基础上专门为测试我国各类中等职业学校和高等职业学校学生的汉语应用能力而开发的汉语考试，同时，职业版考试也兼顾了港澳台同胞以及国内少数民族考生的汉语言能力的测量需要。职业版重点考查应试者在工作场所和职业情境中汉语的实际应用能力，引导中职、高职教学朝着提高职业胜任力的方向发展，从而满足企业招聘的需求，提高学生就业率。

2011年，国家职业汉语能力测试在中国17个省市的82个考点共计举办22次考试，考生报名总人数达到16 289人次，[①]各省市具体报考人数请参见表2—10。

① 国家职业汉语测试中心，http://www.zhc.cn/。

表 2—10　2011 年“职汉测”报考情况

省份	北京	福建	黑龙江	湖北	吉林	江苏	辽宁	内蒙古
人数	96	109	1 917	319	7 898	1 596	2 787	100
省份	山东	山西	陕西	上海	浙江	河南	河北	四川与重庆
人数	3 475	1 890	561	2 480	1 265	120	171	1 474

资料来源：国家职业汉语测试中心，http://www.zhc.cn/。

2.2　国家汉语能力测试

国家汉语能力测试(HANYU NENGLI CESHI，缩写为 HNC)是由教育部、国家语委推出，教育部考试中心组织实施的国家级汉语综合应用能力测试。该测试旨在评估以汉语作为生活、学习、工作基本用语人群的汉语应用能力，以考促学，以评促学，推进汉语学习和应用。“汉能测”测试涵盖听、说、读、写四方面的综合能力。测试采用音频、视频等多媒体技术，通过在计算机上再现语言文化活动的具体情境，有效评估考生的语言应用能力。除写作考试外，该测试均在计算机上进行。该考试于 2008 年启动，经过多次试测后，于 2011 年 7 月正式推出并在我国部分地区进行试点。

国家汉语能力测试是一项公益类社会性考试，坚持非强制性、非选拔性和非营利性的原则，立足于为社会提供权威的专业化的汉语综合应用能力测试与评价服务平台。该测试可以为个人和单位提供汉语综合应用能力的证明；帮助应试人员有针对性地提高自己的汉语水平；引导学校语文教育从知识体系向能力体系转化，推进学校教育由知识学习向能力培养转化。

2.3　国家汉字应用水平测试

国家汉字应用水平测试(HANZI YINGYONG SHUIPING CESHI，缩写为 HZC)，是由教育部、国家语委组织实施的一项语言类标准化测试。该测试属于面向汉语母语者的专项语言测试，适用于公务员，编辑、记者、校对和文字录入人员，各级各类学校教师和学生，文秘及办公室工作人员，广告从业人员，中文字幕机操作人员，以及日常工作与汉字应用紧密相关的其他人员。同时也适用于想要了解自己汉字应用水平和能力的其他人员。衡量他们在阅读、书面表达及其他相关活动中，是否掌握了汉字应用水平测试范围内汉字的规范字形、正确读音，并能在实践中正确运用；是否掌握了这些汉字在权威工具书中所载的普通话读音、现代汉语义项及用法，并能在实践中准确运用，评定他们掌握和使用汉字的水平及能力。

2011 年参加国家汉字应用水平测试的社会考生已达到 17 122 人次。[①]

2.4 普通话水平测试

国家普通话水平测试(PUTONGHUA SHUIPING CESHI),是由国家语委为加快我国共同语普及进程、提高全社会普通话水平而组织、实施和设置的一项语言口语测试。普通话水平测试不是对口才的评定,而是对应试人掌握和运用普通话所达到的规范程度的测查和评定,是对应试人的汉语标准语的测试。

三 汉语作为第二语言的测试

面向非母语者的汉语类社会语言测试主要是指针对外籍人士的各类汉语测试和针对中国少数民族的汉语考试。其中,针对外国人和华侨考生的综合类汉语测试包括:中国汉语水平考试、新汉语水平考试、汉语口语水平测试、实用汉语水平认定考试等,针对少数民族考生的汉语测试主要是中国少数民族汉语水平等级考试等。

3.1 中国少数民族汉语水平等级考试

中国少数民族汉语水平等级考试(MINZU HANYU KAOSHI,缩写为 MHK)是由教育部民族司组织实施,由中国少数民族汉语水平等级考试课题组负责研制;主办单位是中国少数民族汉语水平等级考试委员会,具体事务由中国少数民族汉语水平等级考试委员会办公室和有关省市区的相应教育机构负责。主要考查各少数民族考生实际运用汉语进行交际的能力和运用汉语工具完成生活、学习、工作和社会交往任务的能力。2011 年在青海、吉林、新疆和内蒙古等省、自治区参加各级“民汉考”的少数民族考生已经达到 111 972 人次。[②]

3.2 中国汉语水平考试

中国汉语水平考试(HANYU SHUIPING KAOSHI,缩写为 HSK)是为测

---

① 国家汉字应用水平测试委员会。

② 中国少数民族汉语水平等级考试委员会办公室。

试母语非汉语者(包括外国人、华侨)的汉语水平而设立的国家级标准化考试。"中国汉语水平考试"的主办单位是国家汉语水平考试委员会,具体研发工作由北京语言大学汉语水平考试中心负责。"中国汉语水平考试"属于证书考试,凡考试成绩达到规定标准者,可获得相应等级的《汉语水平证书》。

中国汉语水平考试包括基础汉语水平考试,初、中等汉语水平考试和高等汉语水平考试。截至2011年底,已经有130多个国家的近200万考生参加了各类"中国汉语水平考试"。其中,在中国国内的48个考点共举行5次考试,考生达到20 787人次。[①] 各级别考生人数,请参见表2—11。

表2—11　2011年中国国内汉语水平考试考生人数统计

	汉语水平考试(**基础**)	汉语水平考试(**初中等**)	汉语水平考试(**高等**)	合计
人数	428	17 216	3 143	20 787

资料来源:北京语言大学汉语水平考试中心。

3.3　新汉语水平考试

新汉语水平考试,是由国家汉办/孔子学院总部组织中外汉语教学、语言学、心理学和教育测量学等领域的专家,在充分调查、了解海外实际汉语教学情况的基础上,借鉴原汉语水平考试和近年来国际语言测试研究的最新成果而推出的。该考试是一项国际汉语能力标准化考试,重点考查汉语非第一语言的考生在生活、学习和工作中运用汉语进行交际的能力。

该考试分为笔试和口试两部分,笔试和口试是相互独立的。2011年在国内和海外各考点参加"新汉考"的总人数超过17万人次[②],各级别考试人数请参见表2—12。

表2—12　2011年新汉语水平考试国内外考生人数统计

	一级	二级	三级	四级	五级	六级	合计
国内	274	755	2 504	11 635	18 018	12 975	46 161
海外	8657	13 979	16 609	27 561	36 514	23 520	126 840
合计	8 931	14 734	19 113	39 196	54 532	36 495	173 001

资料来源:国家汉语国际推广领导小组办公室/孔子学院总部考试处。

① 北京语言大学汉语水平考试中心。

② 国家汉语国际推广领导小组办公室/孔子学院总部考试处。

3.4 汉语口语水平测试

汉语口语水平测试(HANYU KOUYU SHUIPING CESHI,缩写为 HKC)是由教育部、国家语委为构建中国全方位立体化的语言文字测试体系,顺应国际汉语学习交流的需要,为测试母语非汉语人群及华人华裔考生汉语口语水平而设计的专项汉语标准化考试。国家语委委托天津市语言文字培训测试中心研发并负责实施。该测试从形式到内容充分体现了生活化和中国化,贴近生活实际,实现考、用统一。从最基本、较广泛、更广泛三类生活领域入手,解决生存、生活问题并满足人生发展的精神文化需求,同时将中国文化的精髓融入其中,构成三维测试体系,最终达到通向中国、通行中国、通晓中国的三个能力层级。

3.5 实用汉语水平认定考试

实用汉语水平认定考试(Test of Practical Chinese,缩写为 C. TEST),是用来测试母语非汉语的外籍人士在国际环境下社会生活以及日常工作中实际运用汉语的能力,考查应试者在商务、贸易、文化、教育等国际交流环境中使用汉语的熟练程度,对应试者的汉语实际应用能力给予权威的认定。

该考试是由语言测试的专业研发机构北京语言大学汉语水平考试中心开发和设计的,特别适合那些想凭借汉语水平的权威认定来得到企业或其他用人机构的认可,而获得工作岗位、职位提升或业务培训等职业机会的母语非汉语的外籍人士。2011 年,在国内外参加实用汉语水平认定考试的总人数为 412 人。①

四 少数民族语言测试

除了上述外语测试、汉语作为第一语言和作为第二语言的测试以外,为了深入挖掘民族文化遗产,充分利用民族语言资源,促进民族语言在新时期的推广和应用,我国部分少数民族省市和自治区还相继实施了针对少数民族考生的民族语言测试。这类考试的开发和实施是我国少数民族语文标准化考试的首次探索和尝试。其中比较有代表性的民族语言测试主要包括“壮语文水平考试”和“蒙古语标准音水平测试”。

① 北京语言大学汉语水平考试中心。

4.1 蒙古语标准音水平测试

为了加强蒙古语言文字的规范化、标准化、信息化工作，由内蒙古民族事务委员会、广播电影电视局、教育厅和文化厅于2004年联合组织、实施了蒙古语标准音水平测试，对以蒙古语为职业语言的在岗人员进行蒙古语标准音的培训和测试。蒙古语标准音水平测试的实施是我国蒙古语标准音推广工作的重要组成部分，也是我国蒙古语标准音推广工作逐步科学化、标准化和规范化的重要措施。它不是蒙古语标准音知识的考试，不是文化水平的考核，也不是口才的评估，而是对应试人员运用蒙古语标准音知识所达到的标准程度的检测和评定。所以考试中以音为主，并考察适当比例的词汇量和语法。

蒙古语标准音水平测试完全采用口试方式进行，测试内容包括五项，读元音和辅音，读单词，读短语和接附加成分的词，朗读短文和说话等。前四项都提供书面材料，说话只提供说话题目。凡是考试成绩达到相应标准者，均可以获得《蒙古语标准音等级证书》。

蒙古语标准音水平测试是一种标准参照测试(criterion-referenced test)，它是以蒙古语标准音为参照标准，通过测试来评定应试者的蒙古语标准音水平等级，为蒙古语播音员，节目主持人，蒙古语授课的幼儿园、中小学教师以及师范学校毕业的学生，以及有关高校老师，蒙古语电影电视演员，乌兰牧骑演员等行业人员逐步实行持证上岗制度服务。从这个意义上说，蒙古语标准音水平测试也是一种资格证书的考试。2011年，在内蒙古自治区的14个考点举行了11次考试，全年考生总人数达到2 500人次。[①]

4.2 壮语文水平考试

壮语文水平考试是由广西壮族自治区少数民族语言文字工作委员会，依托中央民族大学、广西民族大学、广西壮文学校等联合开发、设计和实施的一项针对壮族考生的水平考试，即壮语文水平考试。壮语文水平考试定位为一项省部级语言类标准化水平测试，旨在鉴定应试者的壮语文综合应用能力，帮助应试者了解和提高自己的壮语文应用水平。该考试于2010年开始启动，2011年已经在广西部分考点完成了模拟考试和题目分析。考试设计的初衷是希望借壮语文

① 内蒙古民族事务委员会，内蒙古蒙古语文工作委员会办公室。

水平考试促进壮语文教学的改善、提高，为学校相关专业录取学生、为国家机关和企事业部门录用人员提供参考，同时也使壮语文工作更具现实意义、更加贴近群众。

根据考试推广规划，2012—2014 年为壮语文水平考试的试点工作期，2012 年试点工作将率先在南宁市进行，从 2015 年开始考试将正规化、常态化。试点工作期间，暂进行笔试，适时开设口试。

（柴省三）

江苏跨国公司外籍员工汉语技能调查

随着经济全球化进程的加快，跨国公司在世界经济舞台中扮演越来越重要的角色。跨国公司往往由来自不同国家、不同文化背景的人们组合在一起，形成了与东道国官方语言不同的“语言特区”。本调查旨在揭示江苏省跨国公司中外籍员工使用汉语的状况。

一　跨国公司概况

按照联合国的定义，跨国公司是指在两个或两个以上国家拥有并管理若干经济单位的企业。一般以一国总公司为基地，通过输出资本在其他国家设立分公司或控制当地企业使之成为其子公司，从事跨国界的生产、销售和其他业务活动。根据这一定义，我们把在华外国投资企业称作跨国公司。另外，本研究中港澳台企业除了内地投资外，在国外还有投资，所以把内地的港澳台企业也视作跨国公司进行统计分析。

据商务部统计，2011 年全国新批设立外商投资企业 27 712 家，实际使用外资金额 1 160 亿美元，外商投资企业的出口总值占全国的比重为 49.6%，进口总值占全国的 52.4%，总产值约占全国的 1/3，外资企业在中国经济和社会中起到举足轻重的作用。

在华投资的跨国公司主要来自日本、美国、韩国、法国、德国等 100 多个国家和地区，以制造业为中心，涉及商业、金融、建筑等多个行业。在华投资总额排在前列的地区是江苏、广东、上海、浙江、辽宁、福建、山东、北京、天津等省市。

这些企业内部在语言运用上呈现出了多样性，尤其是来自非英语国家（德、法、日、韩等）的企业，出现了汉语、英语及母公司语言并存的现象。

二　样本构成及其分布

本研究在外资企业最集中的江苏省展开抽样调查。被调查企业分布在苏州、无锡、扬州、南京等市。调查对象是在跨国公司中担任中层以上职位的在职工商管理硕士学员。共发放问卷 300 份，回收问卷 191 份，其中有效问卷 132 份，有效回收率为 44%。

样本企业大多是在上世纪 90 年代至本世纪前 10 年成立的，以美国、德国、日本等公司为代表的大中型制造企业。它们在生产营运、企业管理包括语言管理上更趋成熟和稳定。公司内部语言使用更丰富多样，能真实地反映出现阶段江苏跨国公司外籍员工汉语使用状况。

从母公司的地区分布看，美国占 31.1%、德国 14.4%，日本占 14.4%，此外还包括韩国、法国、瑞典、英国、新加坡、荷兰、意大利、丹麦、比利时、瑞士、挪威、芬兰、西班牙、马来西亚、以色列、加拿大和澳大利亚以及台湾、香港地区；按母语来分，以英语为母语的国家占 35.7%，以非英语为母语的欧洲国家占 37.9%，以非英语为母语的亚洲国家占 26.5%；从产业分布看，制造业共计 105 家，占样本总量的 79.5%，主要包括通用机械(41.7%)和电子(30.3%)这两大行业，另外还涉及化工、批零贸易、医药、建材、物流、汽车、金融、房地产等。

从企业规模看，人数最多的 16 000 人，最少的 10 人，平均 1 796 人；从外籍员工规模看，外派规模在 10 人及 10 人以下的占 70.1%，50 人以下 10 人以上的占 22%，两者相加占样本总量的 92.1%，外派规模在 50 人以上的占 7.9%；从外籍员工外派年限分布看，短期(1—2 年)的占 26.2%，中期(3—4 年)的占 41.3%，中长期(5—9 年)28.5%，10 年以上的占 4%，外派年限最集中的是 3—4 年这个区间。

从工作语言分布看，共有 100 家跨国公司把英语作为工作语言，占总量的 75.8%。这 100 家跨国公司来自英语国家的有 83 家，来自非英语国家的有 17 家。以日本、韩国为代表的非英语国家的亚洲公司，将工作语言限定为母国语言的占 56.5%，其余或未明确规定工作语言，或把英语作为工作语言。

三　数据分析

在访谈调查的基础上，根据国内外相关文献，我们设计了针对跨国公司语言运用情况的调查问卷。问卷包括企业概况、中外籍员工语言技能、企业交流使用语言、对公司语言运用和沟通效果的评价等几部分。本报告重点考查的是跨国公司外籍员工语言技能的基本情况。此外，我们也考查了与跨国公司员工语言技能相关的两个问题，即：对员工语言技能的分层次要求和对员工语言技能的激励政策。

3.1 外籍员工汉语水平考试证书获得情况

调查数据显示，从母公司派来的外籍员工中获得各级各类汉语水平考试证书的外籍员工总计 36 人，分布在 9 家跨国公司中。26 个样本的该变量数据无效，就其余 106 个有效样本来看，其中 97 个样本在该变量上取值为零。91.5％的江苏跨国公司中，外籍职员均未持有汉语水平考试证书。仅 8.5％的公司外籍职员取得过汉语水平考试证书。有效样本中外籍员工规模总计 2 017 人，获得证书者总计 36 人，汉语证书获得率为 1.8％。具体情况见表 2—13。

表 2—13　外籍员工获汉语证书人数的国别分布表

母公司所在国	日本	美国	韩国	德国
获证人数小计（人）	18	11	5	2
获证人数（人）	5　10　1　2	1　10	2　3	2

从表 2—13 我们看到，以日本、韩国为代表的亚洲公司其在江苏外籍职员的汉语水平考试证书的获得率是最高的，6 家公司有 23 人获得汉语证书。美国公司中获得汉语证书的外籍员工也达到了 11 人。第 1 号样本是一家韩国在江苏的市场销售机构，共有韩籍员工 3 人，3 人均有汉语证书。第 124 号样本是一家美国在江苏的研发机构，外籍员工规模为 50 人，其中 10 人有汉语证书。除此以外，其他 7 家在江苏的跨国公司均为制造工厂。

3.2 外籍员工的口头汉语水平和书面汉语水平

在跨国公司内部，外籍员工的汉语能力可以细分为两类：口头汉语水平和书面汉语水平，也即所谓汉语听说能力和读写能力。我们在问卷中设计了一个 5 分量表，1 至 5 分别代表相应的汉语水平属于“完全不懂”“差”“中”“好”“较好”。

我们从两个角度进行考查：第一，请答卷者对本公司外籍员工的汉语听说水平和读写水平进行总体评估，考查单个样本的总体语言水平；第二，请答卷者对本公司外籍职员的语言程度进行了规模评估，考查样本在各个语言程度上的人数分布。

在对每个企业外籍员工总体汉语水平评价方面，描述性统计结果显示，各跨国公司外籍员工的总体口头汉语水平和书面汉语水平在语言水平的各个层面上都有体现。总体来看，各跨国公司外籍员工的口头汉语水平均值为 2.30，表明听说水平介于“差”和“中”之间。各跨国公司外籍员工的书面汉语水平均值为 1.91，表明汉语读写水平基本上属于“差”。由此可见，江苏跨国公司外籍员工汉语总体听说读写都处于中下水平，汉语听说水平略高于读写水平。

表 2—14　跨国公司外籍员工汉语水平等级分布表

技能 / 程度	口头汉语水平			书面汉语水平		
	样本数量(例)	比例%	累计比例%	样本数量(例)	比例%	累计比例%
完全不懂	20	15.2	15.2	50	37.9	37.9
差	74	56.0	71.2	57	43.2	81.1
中	18	13.6	84.8	13	9.8	90.9
好	11	8.3	93.2	8	6.1	97.0
较好	9	6.9	100.0	4	3.1	100.0
总计	132	100.0		132	100.1	

表 2—14 是相关的频数统计结果。各跨国公司外籍员工的汉语听说水平和读写水平基本上集中在“差”这一层级上，分别占了 56%和 43.2%。以“差”为中心向两极分化，听说水平在“完全不懂”和“中”及“中”以上这两极上的比例分别是 15.2%和 28.8%；读写水平在这两极上的比例是 37.9%和 18.9%。据此可知，各跨国公司内部听说水平的“重心”较读写水平靠前，即更靠近“好”这一极。外籍员工的口头汉语水平和书面汉语水平呈现出“听说领先，整体偏弱”的总体格局。从企业负责人对本公司外籍职员汉语能力的整体自评来看，跨国公司内部汉语听说水平和读写水平都在中等偏下，听说水平略高于读写水平，具体来说，外籍员工进行书面交际的频率偏低，书面交际的效果也不好。用汉语进行口头交际的外籍员工人数较书面交际多，口头交际频率也较高，且口头交际的效果也较书面交际好。

表 2—15　外籍员工汉语水平各等级人数分布表

技能 / 程度	口头汉语水平			书面汉语水平		
	职工数量(个)	比例%	累计比例%	职工数量(个)	比例%	累计比例%
完全不懂	522	27.5	27.5	439	52.1	52.1
差	751	39.5	67.0	127	15.1	67.2
中	341	17.9	84.9	101	12.0	79.2
好	148	7.8	92.7	113	13.4	92.6
较好	138	7.3	100.0	63	7.5	100.0
总计：	1 900	100.0		843	100.0	

在不同汉语水平程度的外籍员工数量分布方面,口头交际明显多于书面交际。具体而言,外籍员工完全不会书面交际的人数占书面交际者总量的一半强,其余各层次的书面交际者数量基本相当,都在10%左右。因此,在使用汉语时,外籍员工进行书面交际的频率偏低,书面交际的效果也不好。

相对而言,用汉语进行口头交际的外籍员工人数较书面交际多,口头交际频率也较高,且口头交际的效果也较书面交际好。27.5%的外籍员工完全不懂汉语,其余72.5%的口头交际者能用汉语进行不同程度的有效交际,而这个数字在书面交际中仅为47.9%。

换个直观的表达就是,每10个外籍员工中有两三个完全不懂汉语,其余七八个人多少会说点汉语。其中四个人能用汉语进行简单的日常交际,两个能进行普通的日常交流,还有一到两个人会说一口流利的汉语。

3.3 跨国公司对外籍员工汉语水平的要求与职位、部门的关系

对外籍员工来说,公司对他们的汉语水平的要求随着职位的上升而不断提高。总体来说,对外籍职员汉语水平要求较高的职位是中高层管理者,对一线管理层的外籍员工和普通岗位上外籍员工的语言要求较低。

有29.5%的跨国公司认为外籍员工所任职的相关部门并没有相应的汉语能力要求。此外,有10%上下的跨国公司认为市场部、销售部、总经理办公室、生产管理部应该具备相应的汉语水平。

在跨国公司内部,汉语沟通能力强或获得相应等级汉语证书的员工是否会得到公司的奖励呢?公司在多大程度上激励其员工进行汉语沟通能力的提升?

调查数据显示,对于达到一定汉语交际水平的外籍员工,48.5%的跨国公司(计64家)有相应的激励措施。

对外籍员工来说,汉语达到一定水平就能获得外派中国职位的机会,其次是获得升职和提高工资等级或提供海外培训的机会,有的公司则直接给予一次性奖励。

四 结语

随着中国经济的快速发展,江苏跨国公司的规模不断扩大,外派来华工作的外籍员工的规模也随之壮大,他们每天都身处在多语环境中进行着跨文化交际。

迄今为止，我们对这群规模庞大的外籍员工的汉语技能、汉语使用等相关问题关注甚少。通过大量的数据分析，我们发现江苏跨国公司外籍员工汉语技能存在以下特点：

江苏跨国公司完全不懂汉语的外籍员工比重较小，以日本、美国和韩国为代表的江苏跨国公司更重视公司外籍员工的汉语能力。汉语在跨国公司外籍员工的语言生活中起着非常重要的作用。外籍员工这一群体的总体汉语水平不高。从语言能力来看，汉语听说能力强于读写能力。从使用人数来看，汉语听说也多于读写。外籍员工汉语水平考试证书的获得率仅为1.8%。

有近半数的跨国公司鼓励员工学习汉语，对不同部门、不同职位的外籍员工的汉语水平有不同的语言要求。职位高，跟本地人工作接触多，则语言要求就高。此外，很多跨国公司制定了切实可行的语言激励机制。外籍员工的汉语水平直接跟升职、加薪等切身利益相联系。汉语在跨国公司中的推广动力强劲，前景广阔。

（朱晋伟、王利峰）

广州小北路外国居民语言生活状况

自从中国改革开放、社会转型和加入世界贸易组织以来，越来越多的外国人来华居留。据统计，截至 2010 年 11 月，广东省居住时间 3 个月以上或能够确定将居住 3 个月以上的港澳台居民和外籍人员人口就有不少于 31 万。[①] 广州、深圳、东莞等经济发达城市已形成一定规模的外国人聚居区，其中以广州市情况最为复杂。重视并解决在华外国人居民区的语言问题，成了新形势下城市管理工作中一个不可忽视的新课题。

一 基本情况

1.1 广州的外国居民

据广州边检总站的相关数据[②]，2010 年从广州各口岸出境入境的外国人为 408 万人次，其中常住广州的外国人为 28 296 人。从来源地看，来自欧洲、美国、日本、韩国等发达国家的占 54.5%，来自中东国家的占 6.1%，非洲国家占7.8%，其他国家占 31.6%。从国别看，前 5 位分别是日本、韩国、美国、印度、加拿大，共占总人数的 45.9%。从身份看，各类家属（含寄养儿童）比例最大，占 38.1%；三资企业人员次之，占 23.6%；其次是留学人员，占 18.2%，常驻代表人员占 12.5%，外籍教师和专家占 4.8%，其他人员占 2.8%。

在广州居住的外国人，自上个世纪 90 年代以来，逐渐形成了“三元里片”“环市东——环市中片”“天河北片”“二沙岛片”“番禺片”五个聚居区域。[③] 此外，散

① 《2010 年第六次全国人口普查接受普查登记的港澳台居民和外籍人员主要数据》，国家统计局网站 2011 年 4 月 29 日，http://www.stats.gov.cn/tjfx/jdfx/t20110429_402722585.htm。

② 于雁群《改革开放思潮中的外国人管理的探索和思考》，《广东公安研究》2010 年第 3 期。

③ 李志刚、薛德升、Brown A《广州小北路黑人聚居区社会空间分析》，《地理学报》2008 年第 2 期。

居在广州市内的外国人，数量不多。

据一项抽样调查显示[①]，广州外籍居民整体的汉语语言能力较弱。在550个调查样本(外国人)中，"一点都不懂汉语"的占调查样本总数的37.4%；掌握汉语日常生活个别词语的占50.7%，"稍微懂一点汉语"、对汉语"懂得大部分"或"非常熟练"的共占11.7%。超过半数的被调查者认为语言不通是在本地生活的最大障碍。

在汉语学习方式的选择上，不同地域的外籍居民有不同的倾向。欧洲、日本、韩国、印度等地的外籍居民多选择正规学校、培训机构学习汉语，非洲、北亚等地的外籍居民则较少选择正规培训机构学习汉语，更倾向于在与中国人的实际交际中学习汉语。

1.2 小北路和广州的非洲裔外国人

小北路位于广州市越秀区，其周边是广州外国人聚集密度最高的区域之一，以非洲外国人及北亚的非洲裔外国人居多。在广州一提到小北路，广州人就会联想到居住在那里的非洲裔外国人。

1.2.1 群体的形成

上世纪90年代，广交会和广州批发经济不断吸引阿拉伯商人入住广州。2000年前后，非洲、北亚非洲裔外国人开始跟随阿拉伯人的步伐来到广州，在2003—2005年形成非洲裔外国人来穗经商的高峰，在广州逐渐建立起亚洲最大的非洲裔外国人社区。[②]目前在广州合法居留的非洲裔外国人约有2 000多人，外加非法居留者，长期居留[③]的非洲裔外国人在数千人以上。

1.2.2 非洲裔外国人的分布

非洲裔外国人群体在广州主要形成广州"火车站—三元里""环市东—环市中沿线""石室教堂""番禺"和"东圃"这五大聚集地。此外，散居在广州市内的不同区域的非洲裔外国人，数量不多。[④]

在上述五大聚居地中，"环市东—环市中沿线"位于外贸商业区附近，是最

---

① 黄石鼎、宁超乔《在穗外国人生活状况调查报告》，载汤应武、蒋年云主编《中国广州社会发展报告(2008)》，社会科学文献出版社2008年版。

② 甄静慧《非洲人在广州》，《南风窗》2009年第9期。

③ 长期系指连续居留6个月以上。

④ 洪鹄《广州黑人分布图》，《南都周刊》2009年8月。

早形成的非洲裔外国人聚居区域，目前常住的非洲裔外国人人数最多，被称为广州的“布鲁克林”。其中又以小北路周边社区的非洲裔外国人群体活动最为活跃。

小北路地区临近火车站、广交会原会场和诸多批发市场，开展外贸活动时间早，最早迁来广州的香港客商即选在小北天秀大厦开店，1997 年左右非洲裔外国客商开始由东南亚迁来广州，随即在小北一带聚居[①]，吸引了大量的非洲裔外国客商。目前，在小北一公里半径内，分布着诸多聚居非洲裔外国人客商的中高层商务楼，如天秀大厦、秀山楼、陶瓷大厦、国龙大厦等，见图 2—5 和图 2—6。所以小北路及其周边社区非洲裔外国人的语言生活状况更具代表性。

在小北附近社区中，“环市东路”南北两边的外国人社区呈现出不同的景象。环市东路南边的天秀大厦、秀山楼、中非贸易城、小北路等是进行中非贸易的外贸商城，其中商住小区，如天秀小区居住环境较好，档次较高，此地的非洲裔外国人较为富裕。而环市东路北边的宝汉直街，则是贫民生活区，此地人口密度极高，居住环境较差，非洲裔外国人的收入水平较低。

图 2—5　小北阿拉伯餐厅：沙巴餐厅

图 2—6　小北市面招牌

二　非洲裔外国人的语言使用

2.1　语言背景

在广州长期居留的外籍居民中，非洲裔外国人的语言生活状况最为复杂。

① 李志刚、薛德升、杜枫、朱颖《全球化下“跨国移民社会空间”的地方响应——以广州小北黑人区为例》，《地理研究》2009 年第 4 期。

他们的来源地遍及整个非洲，包括西非的几内亚、贝宁、马里、塞内加尔、科特迪瓦、尼日利亚和加纳，中非的刚果和安哥拉，东非的坦桑尼亚和肯尼亚等国，使用的有斯瓦希里语、法语、英语、阿拉伯语、葡萄牙语、非洲其他语言等。① 他们多从事商贸行业，流动性较大，其中相当一部分属于非法入境、非法居住、非法经商的所谓“三非”人员。

2.2 “问路”调查及其结果

鉴于小北外国人居住情况的复杂性，本文课题组于 2011 年 9 月采用“问路调查”的方法，调查了小北外国人的基本语言状况。具体做法是，调查员以问路人的形象出现，两人一组，用汉语普通话向随机遇到的非洲裔外国人问路，一人问路一人观察，问路结束后快速隐匿，将所问情况准确填在调查表中。同时，还采用观察和走访方式，调查了解他们汉语使用范围、汉语能力和汉语学习需求方面的情况。

调查结果表明，被调查者的汉语使用范围极其有限，汉语能力也非常低，学习汉语的需要并不是很迫切。30 个被调查者对我们当面问路的反应，大多是躲避或敷衍，热情回答的并不多。调查中，问路成功的只有 4 例，占调查人总数的 15.3%；问路失败的有 26 例，占 86.7%。在回答调查语言的选择时，选用汉语作答的只有 4 个人，占 13.3%，选用英语的有 26 人，占 86.7%。

小北非洲裔外国人主要来源于非洲国家，母语背景为法语、英语、阿拉伯语、葡萄牙语等，而且以英语为母语者的比例不高，而他们旅居中国的时候，面对中国人的交际对话，大比例范围选择的是英语。

2.3 不同场合下语言交际障碍的解决途径

经过对小北周边的商贸城、医院、餐厅、菜市场等在广州的外国人的日常生活场景的调查，我们发现，小北周边非洲裔外国人在不同的生活领域中的语言生活状况存在着不同的情况和特点。

2.3.1 商贸活动

小北非洲裔外国人的来华目的大多是进行商贸活动。对外商业贸易已经成

---

① 李志刚、薛德升、杜枫、朱颖《全球化下“跨国移民社会空间”的地方响应——以广州小北黑人区为例》，《地理研究》2009 年第 4 期。

为小北路天秀大厦、国龙大厦、中非贸易城、秀山楼、小北路服装街的主要商业方向，贸易对象则以外籍商人为主。调查发现，英语是外国商人在小北商贸活动中的主要语言。贸易双方主要使用简单英语来做交易，中国商人主动使用英语招徕外国商人、介绍商品、商量价格等。部分商人还会带中文翻译进行商贸洽谈。带中文翻译的商人多为初次来华者，他们希望通过翻译来解决语言障碍，来了解、熟悉中国的商贸及其他情况。

2.3.2 就餐

区域内众多的穆斯林餐厅是吸引穆斯林非洲裔外国人在小北聚居的一个重要原因。一项调查①披露，长期居住在广州的非洲裔外国人里，起码有一半是穆斯林，小北社区穆斯林餐厅是穆斯林非洲裔外国人的重要社交场所。本文课题组的调查发现，光顾小北社区穆斯林餐厅和阿拉伯餐厅的大多是外国人，餐厅内的装潢以阿拉伯风格为主，菜单用阿拉伯文书写，服务员多以阿拉伯礼仪待客。服务用语则以英语和阿拉伯语为主。

我们还观察了小北社区周边的菜市场、超市、小餐馆、流动小摊、保安亭、洗衣店、长途电话档口等日常生活场合的中国人和外国人的交际情况，走访了这些店铺的店主，发现在日常生活中，小北非洲裔外国人与中国人打交道还是以英语为主。与之进行交易往来的中国人会主动用简单的英语来表达价格，能用汉语进行交流的外国人为数很少。在菜市场，中国商人用简单的英语(诸如数词等)与前来买菜的外国人讨价还价，少数外国人主妇也会使用简单汉语词讨价还价。

2.3.3 就诊

医患交流是日常生活中的重要内容。我们观察并调查了小北泰安医院(一家社区医院)的医患会话，发现医务人员和外国病人的医患对话以英语—汉语夹杂为主。患者如果不会英语或汉语，一般会带英语或汉语翻译同来，通过翻译与医生交流。外籍居民大多不去医院看病，一般疾病会自我诊断，去医院看病的也会对处方进行取舍。

2.4 汉语学习方式的选择

在汉语学习倾向方面，多数非洲裔外国人认为，没有必要到专门的学习机构

---

① 甄静慧《非洲人在广州》,《南风窗》2009年第9期。

系统学习汉语，他们倾向于在与中国人的日常交流中学习汉语。调查得知，非洲商人大多聘请具有工作经历或外贸经历、经过英语培训的人员做翻译。这些翻译不仅仅为非洲裔商人提供语言服务，更重要的是还要带领雇主熟悉广州的商贸市场，帮助雇主尽快找到货源。他们是非洲商人跟中国人交流的纽带和桥梁。

三　问题及建议

3.1　问题

3.1.1　外籍社区中外国人的语言状况不明

现行法律法规对入境人员、申请在华居留的外国人没有语言方面的要求和规定，对入境人员的语言情况没有相关的登记检查，导致对入境外国人的语言状况不明。现行世界上移民体制完备、成熟的国家在接收移民和外国人入境时，多把语言能力评估作为其中的一项重要标准，而我国对入境、移民的外国人则没有相关方面的要求。

3.1.2　缺少针对在华外国人的语言服务

随着入境外国人的增多，外国人群体逐渐成为我国中心城市人口的重要组成部分，有针对性地提供相应的语言服务，使其能适应在中国生活和工作，是管理部门的责任和义务。调查发现，目前广州市以及我国其他城市都还没有出现相关的举措和服务，在涉外管理方面，只是以储备小语种人才为应对之计，将来随着外国人的不断增多，其语言情况也日趋复杂，仅仅依靠储备小语种人才远远不够。目前，在广州的非洲裔外国人群体中的大多数人在生活、工作中通过聘请翻译来达到和中国人交流的目的，但提供翻译服务的机构和个人的行业规范的建设和管理还远未完善。还应该看到，除了尽可能提供相关语种的语言服务外，更重要的是提供汉语学习服务，因为来华的外国人的语言种类复杂，外语储备无法保证提供所有语种的语言服务。

3.2　建议

第一，重视了解入境外国人的语言情况，特别是申请长期在华居留或移民的外国人的汉语使用情况 。

第二，系统调查在华外国人的语言状况，尽快制定相关语言政策和法律法规。在制定相关的语言政策和法律法规时应该把在华外国人群体纳入到考虑范围之内。

第三,增加我国小语种人才的储备。

第四,有针对性地提供汉语学习服务。就目前的情况看,语言服务以提供汉语学习的服务为重点,使其能通过对汉语的学习和掌握,适应在中国的工作、学习和生活。

(张秀彦、陈　芳、郭　熙)

军营生活用词调查

军人在日常生活中使用的语言具有鲜明的领域特征。本文调查的是浙江省宁波地区在役战士、少部分退伍老兵及军转干部的军旅语词使用情况，调查内容包括军营称谓和军营词汇两个方面。

一　军营称谓

1.1　制式称谓

军营中大到军事行动的基本程序、营房、营区的设置，小到着装方式、内务整理都有系统的规范和要求。这种统一制定的标准、规格和样式可以称为“制式”。由于长期处在标准化、模式化的环境中，军人们的日常生活也带上了“制式”的烙印。最新的《中国人民解放军内务条令》(2010 年 6 月 3 日由中央军委主席胡锦涛签署颁行)第七十四条对军人间的称谓做了明确的规定：军人之间通常称职务，或者姓加职务，或者职务加同志。首长和上级对部属和下级以及同级间的称呼，可以称姓名或者姓名加同志；下级对上级，可以称首长或者首长加同志。在公共场所和不知道对方职务时，可以称军衔加同志或者同志。[1] 军人间的称呼语大体可以分成下列九种：

表 2—16　军人之间的称呼语

使用模式		称呼语构成	例词
通用模式		职务	连长
		姓＋职务	高连长
		职务＋同志	连长同志
限定模式	上级对下级或同级间	姓名	许三多
		姓名＋同志	许三多同志

① 《中国人民解放军内务条例》，内部发行，2008 年 8 月。

（续表）

	下级对上级	首长 首长＋同志	首长 首长＋同志
情境模式		军衔＋同志 同志	少校同志 同志

军人在非正式场合会用一些戏谑、幽默、亲切的称呼语，但在正式场合，则会使用制式称谓。

1.2 非制式称谓

非制式称谓指军人之间比较随意的称呼方式，其选择往往根据语境、对象的不同而不同。

1.2.1 士兵称呼

表 2—17 军营士兵称呼

士兵称呼	词义	士兵称呼	词义
新兵蛋子	特指男性战士	新兵片子	特指女性战士
老兵油子	指做事随意，不服从命令的老兵	刺头儿兵	指表现不好的战士，多指思想上
熊兵	指表现不好的战士，侧重军事技能上	孬兵	指军事技能落后，性格懦弱的士兵
后门兵	指家境不错，并因此提干、入党的士兵	老乡	在部队老乡的地域概念比较宽泛
小鬼	多见于军官称呼年龄小的士兵	老炮子	多称呼士官

1.2.2 军官称呼

表 2—18 军营军官称呼

军官称呼	词义	军官称呼	词义
X 毛 X	根据肩章上的杠、星数量表述，如一毛一、一毛二，多见于士兵对基层干部的称呼	红牌儿	专指学员兵。学员从军事院校分配到部队时，会有一段实习期，这时候他们的肩章是一块红牌儿
N 号、N 把手	多指称部队里的主要负责人，常见的有一把手、二把手，罕见七把手之类	职位＋座	多用于称呼团级以上干部，如军座、团座
头儿、老板	借鉴了社会上对上级的称呼方式，多用于对关系亲密的高层领导或顶头上司的称呼	姓＋职位简称	一般多见于同级之间，或战士对基层干部的称呼，如杨排、张连等

（续表）

职位简称＋副	这是对基层干部比较常见的称法，如班副、连副等	老＋职务	由于升职、转业等原因，军营中的人员流动比较频繁，该称谓多用于旧部属对长官的称呼，如老师长、老政委等
部别＋首长	多用于团级以上干部，如师首长	老首长	多用于对老领导的称呼

1.2.3 通用型

表 2—19 军营通用型称呼

称呼结构	例词	使用说明	称呼结构	例词	使用说明
姓/名	海鹏、三多、张	单独使用姓或名，显得亲昵而简洁，军人之间比较常见	老＋姓	老张、老李	多用于同级之间，也用于上级称呼老兵，表示对其尊重
小＋姓	小张、小宋	多用于上级对下级的称呼	姓/名＋兄/老弟	赵兄、三多老弟	常在关系较好的同级之间使用

1.2.4 军属称呼

表 2—20 军营军属称呼

称呼词	使用说明	称呼词	使用说明
阿姨	战士对军嫂的称呼，与年龄无关	嫂子	军官对其上级妻子的称呼
军姐夫	用来称呼女军人的丈夫	家属	上级军官对下级军官爱人的称呼
僚机	空军部队对军嫂的称呼	小僚机	空军部队对飞行员孩子的称呼

1.2.5 称呼特点

上文所说的非制式称谓形成了一系列特点：

第一，等级明确。非制式称谓相较于制式称谓的确要自由、轻松很多，但是依然不可避免地带上"等级差异"的烙印。比如说，相对戏谑的"X 毛 X"模式就仅限于对基层干部的称呼，而对高级长官的称呼则多用"N 把手""职位＋座"。甚至对军属的称呼也是"官""兵"有别，士兵们称呼军官的妻子为"阿姨"，而下级军官称上级军官的妻子为"嫂子"。

第二，戏谑"性"与避讳。国人在表面上是避讳使用"性"的，这在军营中表现得也特别明显。军营中许多青年男性，通过"哑语"、"隐语"、戏谑"性"来表达对婚姻、性爱的情感，甚至在称谓中也有所流露，例如，称男性新兵为"新兵蛋子"，称女性新兵为"新兵片子"。

第三，语言“粗俗”现象。军营中粗话比较流行，这或许是军人们对力量的一种诠释。“孬兵”“熊兵”等称呼语的产生，迎合了长官对权威的倚重与对力量的诉求。当然，随着近几年军官素质的提升，以及“以人为本”思想的深入，类似于“刺头儿兵”这样有损战士人格、尊严的称呼语已呈消失趋势。

此外，军人之间的称呼语还体现了军人重视老乡、尊重老首长等特点。

二 军营词汇

机密性、封闭性、专业性等特点使军人社群的语言较其他领域语言有着更为鲜明的个性。也正是这种颇具密码性的“军营方言”承载了军人们共同的记忆。

军事术语移用、通用语言的军营变异以及军营生活特有词汇是构成军营方言的主要内容。

2.1 军事术语移用

军事术语在军人日常生活中的移用，即将规范的军语移用到军人日常生活中的口语交际场合，赋予规范的军事术语以新的含义，是军队语言的一大特征，也是军营文化的重要组成部分。下文就队列语言的移用、专用术语移用及通用军语移用三个方面做简单介绍：

2.1.1 队列术语移用

表 2—21 军营队列术语移用情况

军语	原义	新义
踏步	身体站直，两脚交替抬起又着地而不迈步前进的队列动作①	工作或训练上没有新的进展
稍息	队列口令，命令从立正姿势变为休息姿势②	不要插手某件事或不要着急
向后转	口令为“向后—转”，是队列动作中停止间转法的一种口令③	表示离开军队（转业或退伍）
齐步走	军事口令，令队伍保持整齐的行列，以整齐的步伐前进④	一起进步或不分优劣

① 参考中国社会科学院语言研究所词典编辑室编《现代汉语词典》（第 5 版）第 1315 页，商务印书馆 2011 年版。

② 参考中国社会科学院语言研究所词典编辑室编《现代汉语词典》（第 5 版）第 1201 页，商务印书馆 2011 年版。

③ 李苏鸣《军事语言研究》第 215 页，人民武警出版社 2006 年版。

④ 参考中国社会科学院语言研究所词典编辑室编《现代汉语词典》（第 5 版）第 1069 页，商务印书馆 2011 年版。

2.1.2 专业术语移用

表 2—22 军营专业术语移用情况

专业术语	原义	移用义
两进三	舰艇速度术语，指两个发动机同时进三个挡[①]	两个人变成三个人，指生孩子
抛锚	投锚水中使船或其他水上浮动工具泊定[②]	因某种原因使事情发展停滞
把定	航海术语，表示航向暂时稳定	控制、把握事情发展态势
靠码头	舰艇结束海上航行后入港[③]	船员与亲人团聚
放单飞	指达到训练大纲要求后，飞行人员独立执行飞行任务[④]	特指飞行人员能够享受自由活动时间
转场飞行	飞机从一个机场起飞，到另一机场降落[⑤]	通常指一拨人外出吃饭，席间遇上另一拨熟人，于是派几名代表到邻桌向另一拨熟人敬酒
全天候	指在昼间的简单、复杂气象和夜间的简单、复杂气象 4 种条件下均能执行飞行任务的飞行员[⑥]	对各种情况都能适应
油封	用来封油的机械元件，将传动部件中需要润滑的部件与出力部件隔离，不至于让润滑油渗漏[⑦]	表示配偶离开部队，中止性生活
挂挡	汽车驾驶术语，指加挡[⑧]	指恋爱对象的确定
缺少制动器	缺少刹车[⑨]	形容一意孤行的人
雷达	利用电磁波探测目标的电子设备[⑩]	比喻善于打听小道消息的人
无线故障	无线信息收发故障[⑪]	指失恋

① 陈允传《中国军营记忆》第 357 页，黄河出版社 2007 年版。

② 李苏鸣《军事语言研究》第 215 页，人民武警出版社 2006 年版。

③ 同注①。

④ 夏娟《军营方言词典·空军系列》，《解放军生活》2006 年 07 期。

⑤ 同注④。

⑥ 李苏鸣《军事语言研究》第 216 页，人民武警出版社 2006 年版。

⑦ 周刚《军语生活化与文化心态》，《汉语学习》1990 年总第 56 期。

⑧ 同注⑦。

⑨ 同注⑦。

⑩ 参考中国社会科学院语言研究所词典编辑室编《现代汉语词典》(第 5 版)第 825 页，商务印书馆 2011 年版。

⑪ 同注①。

2.1.3 通用军语移用

表 2—23 军营通用军语移用情况

通用军语	原义	移用义
单个教练	以单个人员为对象进行教学和练习①	个别谈心
轻装	部队为提高机动能力而临时减少其携行量和减轻人员的负荷量②	放下思想包袱
基本维护	对兵器进行基本的维护检查	搞个人卫生、打扮
进入一等	指战斗进入一等准备③	引申为工作呈现紧张状态

① 向音《我国当代军事语言研究》,武汉大学出版社 2005 年版。

② 李苏鸣《军事语言研究》第 215 页,人民武警出版社 2006 年版。

③ 周刚《军语生活化与文化心态》,《汉语学习》1990 年总第 56 期。

通过对上述军语移用现象的观察,我们不难发现,比喻是实现军语口语移用的重要手段。比如说用“靠码头”来表示船员与亲人的团聚;用“制高点”来表示分析、思考问题的较高着眼点,用“机关枪”来表示说话人语速快,以及“齐步走”、“向后转”等队列词语的移用不无例外地抓住了具体事物或行为的显著特点,并以之为基点,实现语义的延伸。此外,“望文生义”也不失为实现军语移用的又一手段,比如“二进三”就着眼于从二到三的数量转变,意为生小孩,又比如“稍息”偏义于“息”,意为“不要插手或着急做某事”。可以说,军语移用现象的广泛存在,强化了军人社群言语交际的神秘感和个性化。

2.2 通用语军营变异

通用语军营异化即全民熟悉、使用的通用语言在军人社群的使用过程中被赋予新的,与军营特有生活模式紧密相关的意义。如果说,军语移用会让普通百姓听起来不知所云,那么通用语移用则容易让人“似懂非懂”。比如人们熟悉不过的“豆腐块”在军营中就专指叠放规范的被子,“回娘家”指的是已经调离、转业或退伍的军人回到原来的部队,“基层”在女兵的口中就特指“男兵班”,“有情况”指紧急集合,又比如“剃光头”指打靶没中,“压床板”指赖床、逃避训练,“上榜”特指在内务评比中出类拔萃或拖后腿等等。可见,语言义项的确定不是一成不变的,它会随着语境的转移得到补充。战士们总是能够为他们的生活找到足够契合的“暗语”,在丰富全民通用词汇语义的同时,也为他们的生活带来了乐趣。

2.3 军营生活专有词汇

在“军营方言”中，除了军语移用与通用词语的军营变异外，还有一批在军人口语使用中产生的，表示军营特有生活的词汇。如与战士一日生活相关的有：晚点名、夜训、体训、起床号、查铺、查哨、自卫哨等；与节日、会餐有关的有：共同课题、节前教育、帮厨、收假、拉歌等；与战士平日训练相关的有：冒泡、掉链子、顺拐、溜号、挂花、交公粮等。无论以何种方式形成的“军营方言”，其所实现的表达效果和所反映的文化心态都是殊途同归。

2.4 军营中的网络语言

军队的封闭特性，并没有对战士们了解、掌握网络语言产生太大的影响。有超过83%的人表示会使用网络语言，其中对网络语言表示“很了解”的军人中，有37%的人表示会经常使用，可见，在军营中网络语言也是颇具有生命力的。

三 结语

军队的制式性、秘密性、尚武性等特点决定了军人社群的日常交际语言较其他领域具有更为鲜明的特性，尤其体现在军营称谓和军营特有词汇的使用等方面，是值得我们关注的一个研究领域。一方面，在开放、多元的时代背景下，军人日常用语吸收时尚元素，在不断的自我丰富中最直接最敏感地反映了军人日常生活中的点滴变化。相较于相对固定的军事术语，体现出明显的灵活性和随意性，也正是这种开放与包容，使得军人日常用语缤彩纷呈。另一方面，随着现代军营文化建设的持续发展，粗话脏话现象逐渐得到遏制，军语使用趋于规范并更加彰显人文关怀。

（毛力群、应 玲）

《语法修辞讲话》60周年纪念

吕叔湘、朱德熙先生的《语法修辞讲话》自1951年6月在《人民日报》连载，逐渐在全国掀起学习语法修辞的热潮，大大推动了祖国语言文字应用的规范化进程，值得大书特书、缅怀和纪念。在当前亟须加强现代汉语规范化、亟须提高全民语言能力的背景下，纪念《语法修辞讲话》发表60年，具有重要的现实意义。

2011年10月15日至16日，中国语文现代化学会和天津外国语大学主办，北京大学中文系、商务印书馆等协办的“纪念《语法修辞讲话》发表60周年学术研讨会”在天津外国语大学召开，来自国内外83所高等院校和科研院所的170余名专家学者参会。国家语委副主任、教育部语信司司长李宇明，天津外国语大学党委书记李虹，中国语文现代化学会会长马庆株出席开幕式并致辞。会前，北京大学陆俭明教授、华中师范大学邢福义教授、中国社会科学院学部委员沈家煊研究员分别发来贺信、题词和贺文。中央民族大学戴庆厦、暨南大学邵敬敏、北京大学沈阳、中国社科院语言研究所张伯江、天津外国语大学王铭玉、商务印书馆周洪波等做了主旨报告。

李宇明司长在开幕式致辞中指出，作为人民语言学家，吕叔湘、朱德熙先生致力于语言文字应用研究，面向大众普及语法修辞知识，关注社会语言生活和文化建设，对推动语言的规范化、提高公民语文素质、提升国家的软实力，做出了重大贡献。

一　社会背景

上个世纪50年代初，新中国成立不久，国内开展了一个以学好用好祖国语言文字为目的的学习运动。这个运动从纠正文电（电报、报告、指示、决定等）的文字缺点入手，逐步掀起了普及语法修辞和汉语规范化知识、学好用好祖国语言文字的学习运动高潮，成为我国新语文建设史上轰动一时的大事。

1.1　中共中央关于纠正文电等文字缺点的指示

1950年11月22日，毛泽东给时任中央文化教育委员会秘书长的胡乔木同志写信，请他负责“用中央名义起草一个指示”，以便“纠正写电报的缺点”。这是在全国开展的学好用好祖国语言的群众性学习运动的起因。

由毛泽东主持，胡乔木负责起草的《中共中央关于纠正电报、报告、指示、决定等文字缺点的指示》(以下简称《中央指示》)，于1951年2月1日正式下达。它既是正确使用祖国语言文字的标准，也是学好用好祖国语言文字，促进祖国语言文字的纯洁、健康和规范的重要依据；既适用于党政军的文电，也完全适用于各种图书报刊等一切出版物。

1.2　《人民日报》社论

为了切实贯彻《中央指示》精神，1951年6月6日，《人民日报》在第一版发表《正确地使用祖国的语言，为语言的纯洁和健康而斗争》的社论(以下简称《社论》)，同时在第三版开始连载吕叔湘、朱德熙的《语法修辞讲话》(以下简称《讲话》)。社论指出：“这种语言混乱现象的继续存在，在政治上是对于人民利益的损害，对于祖国的语言也是一种不可容忍的破坏。”这是新中国成立后第一次开展的卓有成效的现代汉语书面语规范化工作。

据吕叔湘先生回忆，《人民日报》的这篇社论，当时是先让他写的，“可我不会写社论式的文章，我只写过学术性文章，写这种政论性的文章是第一回，不知道怎么写，写了也未用。发表的那篇是由中宣部工作，后来又调到社会科学院编《历史研究》的黎澍同志写的，乔木同志审订的”。

1.3　《语法修辞讲话》连载

尽管这次规范化工作属于政府行为，但具体工作则是通过两位先生撰写《讲话》进行的。1950年12月9日，中央文化教育委员会秘书长胡乔木同志，在一次座谈会上指出了汉语语法研究的重要性，希望语文工作者能够指导社会大众克服语言运用中的缺点错误。吕叔湘、朱德熙先生的《语法修辞讲话》就是本着这个宗旨来写的。

《讲话》分“语法基本知识”“词汇”“虚字”“结构”“表达”“标点”六讲。开头的“语法基本知识”，给出一个简要的语法框架，类似于绪论。“第二讲到第六讲是主体，第一讲完全是为以后五讲服务的”。

《讲话》从 1951 年 6 月 6 日开始在《人民日报》刊登，分 45 次，每次刊出 5 000 字左右，直到 12 月 15 日全稿刊登完毕，历时半年多时间。1951 年 10 月至 1952 年 12 月，《讲话》的习题解答在《语文学习》上分期刊载，后来出版了《语法修辞正误练习》单行本。1952 年开明书店陆续按讲次出版《语法修辞讲话》单行本，年底中国青年出版社推出全书。1979 年，作者请北京大学陆俭明、胡双宝两位先生修订后再版。

吕叔湘先生在《〈语法修辞讲话〉的前前后后》访谈录中，当回答“出版单行本后，当时的反响如何”的提问时说：“可不得了！单行本出了后，类似的书讲语法的，你一本，我一本；东一本，西一本，在两年之内就出了 20 多本。我和朱先生也到处被人请去做报告。我从来没有在像剧场那么大的范围内做过报告或讲演，过去没这个经验。”

二　主要贡献

《讲话》“在初学写作者中间普及语法修辞常识，减少遣词造句方面的毛病”，发挥了重要的作用。但是，《讲话》的意义远非如此，吕叔湘、朱德熙先生的学术思想和学术理念，对语言知识的普及、社会语言生活的规范和汉语语法的研究，都有重要的启迪和指引意义。

2.1　开语法修辞普及之先河

《语法修辞讲话》发表后，逐渐在全国掀起了语法修辞学习热潮，出现了汉语语法学空前蓬勃发展的局面。短短几年内，出版了上百种语法著作；中学在语文课里教语法修辞，大学普遍开设现代汉语课程；社会各方面，包括若干机关行政干部、部队政治和文化教育干部、编辑出版工作者、青年作家等，纷纷举办各种不同类型的语法修辞学习班。探讨语法问题，不再是极端狭小的语法学界的事情，而是广大群众所关心的事情了。

事实上，60 年来汉语语法研究论著不下千种，有的侧重理论探讨，有的侧重实际应用，无论广度还是深度，都有了很大的发展。而侧重于应用的论著，基本上都是从《讲话》中派生或发展出来的。众多的以纠正病句为主的语法书，以及其他语法论著中联系应用的部分，所列的类型，基本上没有超出《讲话》的范围。

2.2 规范社会语言生活

《讲话》发表时，还没有使用“语言生活”这个术语。吕叔湘、朱德熙两位先生说，他们的工作“比较倾向于‘匡谬正俗’”。实际上，《讲话》涉及了与语言相关的各种活动，处处体现了“语言生活”的影子。

建国初年，百废待举，由于种种原因，语言文字应用中出现了十分混乱的现象。毛泽东在《致胡乔木》的信中，指出了当时写电报的四种缺点：用地支和韵目表示月、日；署名一般只写姓不写名；地名、机关名一般不写全；文字结构不合文法。《中央指示》也指出当时电报、报告、指示、决定中常见的五种缺点：滥用省略、句法不全、交代不明、眉目不清、篇幅冗长。《人民日报》社论还具体分析了当时语言文字方面的三种混乱状况：一是滥用文言、土语和外来语，故意生造词语，滥用省略；二是文理不通，违背文法；三是空话连篇，缺乏条理。

为了“匡谬正俗”，《讲话》通过对大量的语言错误的分析和纠正，来告诉人们应该怎样避免犯类似的错误，“帮助学习写文章的人解决一些实际问题”。与此同时，《讲话》还对当时出现的新用法、新形式提出了引导意见，或者说是干预意见。

50多年后，国家语委设立国家语言资源监测与研究中心，对平面媒体、有声媒体、网络媒体、教育教材以及海外华语等的语言状况进行动态的采样分析，每年发布中国语言生活绿皮书，分年度搜集、报告中国语言生活的基本状况及热点问题，以了解语言国情，构建和谐的语言生活，这种理念和做法，从某种意义上讲，正是《讲话》精神的延续和发展。

2.3 推动汉语语法研究

《讲话》融语法、修辞、逻辑于一炉，有针对性地结合修辞表达来讲语法，从理论和实际的结合中可以隐约看出句法、语义、语用三个平面相结合思想的雏形。

实际上，对于词语和句子，不能只从语法一个视角去思考，还得考虑意义、用法和表达。《语法修辞讲话》在“匡谬正俗”时，就是从多视角考虑的；也正是因为这样，所以最终取名为“语法修辞讲话”，而“修辞”就是讲意义、讲用法、讲表达的学问。这里需要注意吕先生、朱先生的一段话：“这本书的缺点有‘过’与‘不及’两方面。”关于“‘不及’又有两点：一，只讲用词和造句，篇章段落完全没有触及；二，只从消极方面讲，如何如何不好，没有从积极方面讲，如何如何才好”。这说明，到上个世纪 70 年代，吕先生和朱先生已进一步明确意识到，研究用词造句还得注意篇章。

特别值得注意的是，上个世纪 80 年代起，南方和北方语法学家几乎同时提出“三个平面”的思想，之后又逐步认识到“形式和意义得相互结合，相互渗透”，得“结合思考句法语义问题”，甚至认为“语法研究说到底，在很大程度上都是语义问题”，强调“研究语言要从形式、功能、认知等多视角、多层面、多方位思考”。应该说汉语学界的这些想法，并不只是受到国外当代语言学前沿理论观点影响所致，其中有《讲话》的影响与作用。（陆俭明给研讨会的贺信）

三　若干启示

今天我们纪念《讲话》发表 60 周年，除了阐述、宣传《讲话》的学术贡献外，更要学习《讲话》作者吕叔湘、朱德熙先生的学术道路、学术理念、学术精神和学术风范，为提高公民语文素质，推动汉语言文化的国际传播，提升国家的软实力贡献力量。

3.1　热爱祖国的语言

上世纪 50 年代，无论是报纸社论，还是语言文字工作者的口头和笔下，对现代汉语总是以“祖国的语言”相称。把语言与祖国联系在一起，使人对语言产生一种责任感、神圣感和高度热爱之情。遗憾的是这种饱含感情的提法后来不大听得到了。轻视语言、轻视语言教育的思想开始蔓延。1994 年 8 月中共中央发布的《爱国主义教育实施纲要》，把“要正确使用祖国的语言文字，大力推广普通话”作为爱国主义教育的主要内容之一。正确使用祖国的语言文字，是一种爱国主义的表现，必须引起全社会的重视。

《讲话》的初衷是“为语言的纯洁和健康而斗争”，这在当时的特定形势下是完全能理解的。

当前，在一些党政机关文件、领导干部讲话和理论文章中，文风上存在的问题仍然很突出，主要表现为长、空、假。习近平副主席最近指出，改进文风，需在三个方面下功夫：一是短。力求简短精炼、直截了当，要言不烦、意尽言止，观点鲜明、重点突出。二是实。讲符合实际的话，不讲脱离实际的话；讲管用的话，不讲虚话；讲反映自己判断的话，不讲照本宣科的话。三是新。在研究新情况、解决新问题上有新思路、新举措、新语言，力求思想深刻、富有新意。可见，注意正确使用祖国的语言文字事关重大，千万不要把这件事看作不值一提的小事。

3.2 关注语言运用

吕叔湘和朱德熙在初版《序》里边说："这个讲话的性质比较倾向于'匡谬正俗'。"因此，尽管《讲话》也引用了一部分典范的例句，但更多的是讲解错误的例子，以使人们逐渐养成正确运用语言的习惯。由于这些错误例子大多引自现代一般书籍、期刊、文件、学生习作等，读者大多似曾相识，有一种熟悉亲切的感觉，但对于其中的毛病往往习焉不察，"一经作者说破，才觉得确然有些毛病"。

大家知道，吕叔湘、朱德熙先生都是学界公认的汉语本体研究的大家，但他们二位都一直重视汉语的应用研究，《讲话》本身就是汉语应用研究的一大成果。此后，在吕先生和朱先生发表的论著中，有相当一部分是属于语言应用方面的研究成果，如辞书编纂、作文评讲、语法修辞、教材编写、对外汉语教学以及中文信息处理等。我们继承吕叔湘、朱德熙等老一辈学者的学术思想，就要把语言本体研究与应用研究密切结合起来，切实关注中国语文的规范化、信息化和国际化建设，切实关注大众语言生活。

如果说，60年前社会语言生活相对单纯，只要把文件和出版物管起来，语言规范问题就解决了一大半。但如今，图书、报纸、杂志比60年前多出了好多倍，单管这一项就不容易，何况还有社会辐射面更广的广播、电视和网络。尤其是网络这一虚拟语言生活的载体，传出的不规范语言现象似乎更多些，当然，并非所有的网络语言都要规范。无论如何，今后的语言规范化工作任重而道远。

3.3 研究工作贴近广大群众

《讲话》注重联系语言实际，不局限于从现实语言中选取例证，而是收集大量正反面的例子，帮助学习者解决实际问题：哪些格式正确，哪些格式不正确；某一格式，怎样用好，怎样用不好。这种立足于实用，解决实际问题的研究，今天仍然值得提倡。

《讲话》的实践告诉我们，只有使语言理论和广大群众的语言运用实践密切结合，语文规范化才能卓有成效。正如叶圣陶说的："《讲话》跟其他语法书不同。它不仅说明一些名目和格式，……还指出一些实际使用上的缺陷，拿那些缺陷来讨论。""这个办法是好的，它使《讲话》具有现实的意义。"

吕叔湘、朱德熙两位先生指出，对语病“有所批评就得有个标准”，可是这个标准“很不容易定出”，“希望语法学者们集中力量研究汉语的语法体系，使我们能早日获得一个切合实际并便于运用的纲领”。应该说，这个愿望今天还没有完全实现。词汇规范和语法规范的当务之急，是要加强研究，明确规范标准。

3.4 语言学者的社会责任

《讲话》开创了政府行为和专家行为相结合的规范工作模式，我们从中能够感受到吕叔湘、朱德熙先生的那种家国情怀，那种强烈的社会责任感和时代使命感。曾经担任吕叔湘先生学术秘书的张伯江研究员回忆道：“在纪念《语法修辞讲话》60周年这样一个重要日子里，我也经常反思，想想吕先生他们这一代学者究竟留给我们的是什么样的学术遗产，尤其是2004年纪念吕先生的百年诞辰的时候，媒体采访到我，问我对吕先生感触最深的是什么？我说感触最深的就是他的社会责任感。”

有一次，吕叔湘先生在谈到《讲话》时曾说，乔木同志对当时报刊和文件上使用的文字混乱现象有意见，希望有人出来系统地讲一讲。他“先找到语言研究所的罗常培所长。罗常培征求了所里同志们的意见，认为承担不了，就回绝了。于是又找到叶圣陶，叶老又找我。当时我因母亲病故去上海了，大约耽搁了十几天。当我回到北京，叶老又来和我详细谈：说是乔木同志的意思，问我能否承担。我觉得这事不太好办，问叶老是不是可以约乔木同志当面谈谈。后来叶老和我去中南海和乔木同志谈了一次，谈完后我把这件事答应下来。”正是受社会责任感的驱动，吕先生明白，新中国刚成立的时候，《讲话》对国家的文化建设有多么重要的作用！

从吕叔湘、朱德熙两位先生身上，我们看到了学者应有的国家意识和社会责任感。作为一名语言学者，把自己闷在书斋里面，固然可以做出高深的学问，但是，如果语言学者既能做高深的书斋学问，又愿意承担一定的社会责任，愿意用学者的学问来影响一般民众，这就进入到一种更高的境界了。我们今天纪念《讲话》发表60周年，还应学习吕叔湘、朱德熙先生的大家风范，一定要有国家意识，应当关注并研究当今社会发展中影响重大的语言问题，不能只是独善其身、明哲保身，更不能闭门造车、固步自封。

（周洪波、赵春燕）

《新华字典》第11版出版

《新华字典》是新中国第一部以白话释义、用白话举例的字典，也是我国的一项重要文化建设工程。自1953年出版以来，已走过近60年辉煌历程，共修订11次，发行4.5亿多册。它一直与时代同步，凝聚着几代学人的心血和智慧，伴随着几代人的成长，影响了亿万民众的语言生活，为中华民族的文化普及和教育事业的发展做出了巨大贡献，先后获得"国家图书奖荣誉奖"等奖项，蜚声海内外，被誉为"国典"之一。

2011年7月5日，《新华字典》第11版出版座谈会在北京人民大会堂举行。全国人民代表大会常务委员会副委员长严隽琪，中共中央宣传部副部长蔡名照，教育部副部长、国家语言文字工作委员会主任李卫红，新闻出版总署副署长邬书林，中国出版集团公司党组书记、副总裁王涛，中国社会科学院原副院长、中国辞书学会会长江蓝生等出席并讲话。中宣部、教育部、中国社会科学院、中国宋庆龄基金会、中国曲艺家协会、民进中央出版委员会、中国出版集团、北京大学、北京史家小学等共一百余人参加了会议。

一　小字典，大学问

1.1　大学问家编的小字典

《新华字典》原由我国汉语言文字学大家魏建功先生领衔编写，它收字适当，以字统词，释义简明，举例精当，老少咸宜，雅俗共赏。而在编写以及后来的修订过程中，众多大学问家，如叶圣陶、吕叔湘、王力、丁声树、李荣、游国恩、岑麒祥、袁家骅、陈原、吕叔湘、金克木、邵荃麟、周祖谟、曹先擢等，都贡献过自己的意见和智慧。他们不仅把自己深厚的学识灌注在字典里，还言传身教，把严谨的治学态度和科学的研究方法传给了编写队伍。因此，《新华字典》体现了汉语言文字学专家学者们严把学术质量关的高度自觉的社会责任感。

这次《新华字典》第 11 版的修订，由中国社会科学院原副院长、文学和哲学学部主任、中国辞书学会会长江蓝生研究员主持，著名学者胡明扬、曹先擢、陆俭明、王宁、苏培成、符淮青、韩敬体、晁继周、程荣、谭景春等参与论证和修订，确定了“保持特色，贯彻规范，跟进时代，系统稳妥”的十六字修订原则，对全书的内容和体例进行了审慎而系统的修订，主要体现在增收正字，改进释义，增补新字新音，更换例词例句，完善体例，更新附录等六大方面。中国社会科学院语言研究所专家们的学术水准、严谨的学风以及精益求精的治学态度，成为《新华字典》第 11 版优良品质的根本保证。

1.2 科研引航，跟进时代

《新华字典》自 1953 年出版以来不断修订，特别是中国社会科学院语言研究所和商务印书馆的同仁们，一直坚持科研领航，以严谨细致的治学态度，求真务实的科研作风，十年磨一剑的坚韧意志，每次都在继承和保持《新华字典》原有长处与特点的基础上有所完善，有所创新，有所进步，使字典具有鲜明的时代性，同时进一步体现了规范性和科学性。

为了准确地给一些生僻的地名用字确定读音，第 11 版修订组不仅翻阅了各种古代字书、韵书等资料，而且还千里迢迢跑到边疆基层，向当地干部群众多方求证。譬如，他们审慎地为近些年已稳定下来的少数新字、新音设立字头，如“打的”的“的(dī)”、“拜拜”的“拜”(bái)；适当增补了一些新义项，如“门(负面的事件)、奴(为了支付贷款等而不得不拼命工作的人)、晒(展示，公开透露)、秀(表演，展示)、族(有共同特点的某类人)”等；酌情删去了个别方言音，如“拆烂污”的“拆(cā)”、“六安”的“六(lù)”。细心的读者会发现，本次修订的幅度比较大，使“老字典”展露出“新面貌”。

1.3 贯彻国家语文规范标准

《新华字典》规模虽小，但却一直重视国家有关语言文字的读音规范、字形规范和词汇规范。早年曾为普通话异读词的审音，为汉字的部首、笔顺、字序等重要语言文字规范的制定做出过重要贡献，以后及时跟进国家发布的语言文字规范标准，维护了国家语言文字规范标准的严肃性，也保持了《新华字典》的规范性。譬如：国家 1956 年公布了《汉字简化方案》，《新华字典》1957 年就采用了简化字；国家1958年正式公布了《汉语拼音方案》，《新华字典》的字头排序立即改用汉语拼音的字母顺序；国家1985年发布了《普通话异读词审音表》，《新华字典》就对字头后面加注的汉语拼音进行了修改；国家1988年发布了《现代汉语通用字表》，《新华字典》就据此改订了部分字形和字序。

这次《新华字典》第11版的修订，也十分关注国家语委《通用规范汉字表》的进展，并通过落实到字典中发现问题，解决问题，很好地发挥了辞书引导社会正确使用国家通用语言文字的积极作用，为《通用规范汉字表》征求意见之后的完善工作做出了特殊的贡献。

为了满足社会用字的需要，第11版增收正字800多个，以姓氏、人名、地名用字和科技术语用字为主；根据专家学者和广大读者的意见，第11版对某些异体字、繁体字做了相应处理，如把"喆""淼""堃""犇""甦"等人名常用的异体字，增设为正字字头；在体例方面，以往版次的小圆点(.)用于例证中的间隔和例证的结尾，常常被读者误认为标点符号方面存在差错，第11版改用两种符号，用于例证间隔的小圆点改用竖线(|)，用于例证结尾的小圆点改用句号，避免了读者的许多质疑。

二　小字典，大文化

"文化是民族的血脉，是人民的精神家园。"《新华字典》是新中国第一部现代汉语字典，是小型汉语语文辞书的典范，也是大国文化的代表。可以毫不夸张地说，《新华字典》是中国文化史上"一部具有划时代意义的辞书"。

2.1　适时修订，服务社会大众

《新华字典》最初由新华辞书社和人民教育出版社于1953年、1954年出版了两个版次。1957年改由商务印书馆出版，称新1版。在此后的50多年中，商务印书馆又先后于1959年、1962年、1966年、1971年、1979年、1987年、1990年、1992年、1998年、2004年、2011年推出了《新华字典》上10个修订本和重排本。至于重印时相对比较小的内容挖改，更是不计其数。

正因为《新华字典》以在较小的篇幅内提供了最有用的字、词形音义信息，所以一直深受广大读者的喜爱，成为亿万群众读书识字、学习文化的良师益友，为我国的全民教育、文化普及起到了十分重大的作用。特别是从上世纪50年代初到改革开放之前的 30 年间,《新华字典》几乎是社会上仅有的一部现代汉语字典,从初学识字的儿童到高级知识分子,工、农、兵、学、商各界大众都借助这部字典学习语文知识。一部小小的字典,承担了我国文化教育事业普及的光荣历史重任,由此也形成了它在同类字典中的权威地位,在我国文化教育史上实属罕见。

2.2 审慎编校,品质至上

《新华字典》的编辑校对工作,同样凝聚了众多学术权威、学者的心血。据魏建功之子魏至回忆:1971 年 4 月,《新华字典》开始校清样,前四校是修订小组校,后两校是商务印书馆校对科校。北京大学参加修订工作的人员中,魏建功、游国恩、岑麒祥、袁家骅、周祖谟、周一良、阴法鲁等先生都是我国著名的"学术权威",曹先擢、陆俭明、孙锡信、安平秋等先生当时虽然年纪较轻,但也都是学科带头人,现已成为资深专家教授。一次集中了这么多的专家、学者来做一本小字典的校对,真可谓空前绝后。

这次《新华字典》第 11 版的编校环节,商务印书馆一如既往地把质量当作一项庄严而崇高的使命来抓,充分发挥了学者型编校团队的重要作用。三位责任编辑本着精益求精的态度,对每处疑问都深入细致地研究,或相互讨论或向别人请教。编辑辅助人员负责索引和互见页码的填写与核对,为统一体例做了许多专项检查。在审读校样过程中,该字典经过了 15 个校次,2 次核红,校对字数超过 1 000 余万字。在印装环节,采用了与人民币同样等级的防伪技术,各承印单位与商务印书馆签订了严格的保密协议,为《新华字典》设立专门的生产车间,制定专门的印装流程和管理措施,执行严密的储运计划,保证在印装过程中形成的废页、废件及时销毁,不让一个废纸片流出车间。一本七八十万字的字典,质量环节如此之多,在国内外出版界极其少见。

2.3 开门修典,传承品牌

《新华字典》既注意吸收学界最新研究成果,也很重视来自一般读者的意见,对历年来的读者来信加以梳理斟酌,择善而从,其中包含着许多专家学者的卓见和广大读者的智慧。从这种意义上说,《新华字典》是集社会之力编写的,倾社会之力打造的。如"鹅"这个条目,1966 版和 1971 版字典均注释为:"一种家禽,比鸭子大,颈长,脚有蹼,雄的头部有黄色突起。"后来一位读者来信说,由于不知道怎么区分鹅的雌雄差别，在杀鹅前，特意查了《新华字典》，就把“头部有黄色突起”的鹅杀了。出乎意料的是，事后他发现那只鹅的腹中有卵。这位读者特意写信给商务印书馆反映此事。为此编辑们查阅了相关资料，才得知鹅不分雌雄，头部都有突起，只是雄鹅突起大一些。于是 1979 版修改为“一种家禽，比鸭子大，颈长，脚有蹼，头部有黄色或黑褐色的肉质突起，雄的突起较大。”由于全国各地读者的无私关心和爱护，《新华字典》的注释才变得更加准确、更加科学。

也许是这个原因，《新华字典》每每作为国礼赠送给国外元首和著名大学。如上个世纪 70 年代，周恩来总理曾经将《新华字典》作为国礼送给国外政要，于是“大国家，小字典”的说法一时广为流传。在新时期，胡锦涛总书记访问美国时，又把《新华字典》等精品工具书赠送给耶鲁大学，并在介绍《新华字典》时称之为世界上发行量最大的工具书。

这次《新华字典》第 11 版，已首次实现全球同步上市，从全国的中心城市到多数乡镇，从大洋洲到北美洲，读者都可以在当地书店买到新版的《新华字典》。随着我国综合国力的增长，在世界各地逐渐形成了学习汉语的热潮，“孔子学院”如雨后春笋，遍及全球。《新华字典》是各国人民学习汉语、学习中华文化的好帮手，它篇幅小，便携带；它内容丰富，语言平易；可谓老少咸宜，雅俗共赏，一册在手，疑惑得解。我们期待它在中华文化和我国通用语言文字的国际传播中发挥更大的作用。

三　小字典，大民生

《新华字典》是为“文化教育普及”而生的，它推动了普通民众的识字和扫盲，对推广普通话和促进使用规范汉字起到了无可替代的作用，甚至在 1971 年版的修订中，周恩来总理曾亲自过问定价和条目修订事宜，可见这部小字典与“文化民生”的密切关联。

3.1　字典匮乏，引发民生大话题

2010 年 12 月 8 日，中央电视台播发报道《广西山村孩子的字典：盗版字典泛滥错误百出令人忧》，披露了广西一些农村学生字典匮乏、所用字典存在盗版的问题，特别是字典内封上几行歪歪扭扭的的“警句”牵动了无数人的心：“此书值千金，破了伤人心。朋友借去看，千万要小心。”节目播出后，引起社会各界广泛关注。

2011 年 1 月 26 日，中共中央政治局委员、书记处书记、中央宣传部部长刘云山同志主持“迎新春走基层、送欢乐下基层”座谈会，听取了央视记者关于广西等中西部贫困地区的很多中小学生中缺乏字典的情况介绍，要求全国宣传文化系统多做顺民意、解民忧、惠民生工作，多提供群众生产生活用得上的文化产品和服务，办实事、办好事，送温暖、献爱心。新闻出版总署随后专门召开有关负责人会议，共同探讨解决农村工具书匮乏的长效机制，并下发了《关于倡议开展向中西部贫困地区农村中小学生捐赠〈新华字典〉活动的通知》。新闻出版总署副署长蒋建国在接受中央电视台《新闻联播》采访时说：“一本学生小字典，事关民生大问题！”

3.2 各界给力，催生《新华》平装本出版

2011 年 2 月，新闻出版总署做出决定：第一，要求商务印书馆抓紧推出供农村中小学生使用的《新华字典》（平装本）；第二，要求总署有关司局把《新华字典》列入“农家书屋”必备图书；第三，倡议全国新闻出版企业开展《新华字典》捐赠活动。第四，组织开展打击盗版工具书专项行动。

2011 年两会期间，李瑞英、海霞、姜昆、聂震宁、巩汉林、谢军、杨澜等数十位政协委员和人大代表递交专门提案，建议将《新华字典》和《现代汉语词典》纳入教育部“两免一补”的名单中，从国家政策层面根本解决农村学生工具书缺乏问题。

在新闻出版总署领导的关心指导下，2011 年 7 月 5 日，商务印书馆正式推出《新华字典》第 11 版平装本，专供农村中小学生使用，在保证品质前提下，最大限度地在内文用纸、封面用纸、装帧设计以及印制等方面降低成本，降低版税费用，以最低折扣价销往农村。这是中国出版集团公司、商务印书馆和中国社会科学院语言研究所为贯彻落实中宣部、新闻出版总署为“解决农村贫困地区工具书匮乏”问题而承担和完成的一项出版任务，也使得《新华字典》在文化教育和文化普及外，具有了“文化民生”的色彩。

3.3 字典捐赠，或许改变孩子一生

各级新闻媒体对广西农村中小学生缺少《新华字典》情况的报道，引起了广西壮族自治区党委、政府的高度重视。2010 年 12 月底，自治区政府专项安排 2000 万元经费，为农村中小学的困难学生购买、赠送一批“爱心字典”，并要求自治区教育厅切实做好字典的采购、分发和配送等工作。与此同时，中国宋庆龄基金会启动了“爱心字典行动”，为支持社会各界捐赠《新华字典》提供捐款账户作

为公益捐赠平台。中国贵州茅台酒厂有限责任公司向中国教育发展基金会捐赠巨额资金，专项用于为西部贫困地区小学生配备《新华字典》190万册。据媒体的公开报道，社会各界的爱心活动在广西、甘肃、北京、河南、重庆、安徽、广东、山东、宁夏、浙江等地区陆续开展，有效缓解了中西部贫困地区农村中小学生字典短缺状况，得到社会各界的赞许。

此外，商务印书馆和中国社会科学院语言研究所与中国文学艺术基金会合作，开展题为“小乡村，大课堂”的文化下乡活动，在捐赠《新华字典》的同时，请专家和文化名人走进乡村，给孩子们上一堂课。还组织了部分贫困地区教师来北京参加教学培训活动等，以实际行动，践行党和国家“文化民生”和“新闻出版惠民”的政策理念。

一本小字典，一桩大事业。《新华字典》承载着几代人的成长记忆，凝聚了几代专家学者的心血，或许还将改变中西部贫困地区孩子们的一生，改变中国的未来。相信商务印书馆和中国社会科学院语言研究所会再接再厉，把《新华字典》的品牌维护好，让它永葆青春，嘉惠国人。

（周洪波、李　峰）

第三部分

热　点　篇

网络聚焦语言热点

2011年的语言热点，在某些表现上，似乎有些让人“脸红”，这当然也是一种“热”。

最大的“脸红”事件，发生在故宫，网民们称之为故宫“冏系列”。先后有展品遭窃、建福宫成私人会所、“错撼卫”事件等。其动静最大的是后者，毕竟故宫里送出的锦旗出了错别字，而且还一度“死不认账”，坚持错误。网民的“围观”甚至“围殴”让故宫很失颜面，终至于道歉收兵。

当然还有如“林阴道”还是“林荫道”的纠结，还有国人要不要汉语“四六级考试”的话题等等。2011年的语言热点，表明了网民对语言使用的关注，而在网民的追问中，也包含了对权威的质询与挑战。

一　“撼”与“捍”

1.1　事件回顾

2011年的5月，于北京故宫，不是一个好月份。被网民调侃为“故宫冏系列”事件都发生在这个月。5月8日，香港两依藏博物馆在北京故宫博物院临时展出的部分展品遭遇偷窃后，故宫的“专业精神”受到网民的强烈质疑。好在北京市公安局立即组成强力班子，几天之内即侦破了此案，将“故宫大盗”抓获在案。失窃的9件展品中有6件追回，使故宫多少从全国性的关注与重压下得以解脱。于是，故宫方面立即制作了一面锦旗，上书“撼祖国强盛 卫京都泰安”十个大字。5月13日，故宫博物院副院长纪天斌等相关负责人来到北京市公安局赠送锦旗，对市公安局迅速破获展品窃案表示衷心感谢。

网络社会对于故宫文物被盗及部分展品侦获回归本就十分关注，多有愤词，又因为这一锦旗的赠送，惹出更大话题。“新浪收藏”图文并用，调侃有加：《网曝故宫送锦旗出错别字 网友称丢物又丢人》，并附照片于文中：

资料来源:《北晚新视觉》网站2011年5月14日,http://www.takefoto.cn/viewnews－6229.

图3—1 故宫博物院给北京市公安局送锦旗

这本是一件"例行公事",谁料仅10字的感谢语锦旗上居然还出现了个错别字,导致意思完全相反。这张锦旗照发上网后,立即引来网络"围观"。很多网友第一反应是吃惊,有的表示"难以理解",称"被撼到了"。更有质疑之声不绝于耳:"作为故宫这样的文化单位,犯这样低级的错误,显得太没有文化了。"大多网友抱着看热闹的心态,表示对此事非常的"憾"。有网友则调侃说:"预测一下,今年流行撼字。"还有人设想故宫明日这样回应:"这两个字在古文中是通用的。"

事情的发展不幸被网友言中。第二天,果然故宫出来解释,说了与网民预测的同样的话,谓两字古代通用。故宫相关负责人还表示,"撼"字没错,显得厚重。这一说法,显然很难让人接受。中国艺术研究院研究员张晓风说:"从来没见过有这么通假的。""这两个字之间怎么说也不会通,它们的意思截然相反啊。"中国社会科学院语言研究所研究员韩敬体老先生得知故宫锦旗事件后,颇为诧异,他说,"撼"与"捍"实际上是两个"写对了容易,写错了难"的字,这样的常用字,既非古字,也非生僻字,甚至连小学生都不应该犯错。

后来,故宫有些扛不住了,终于出来认错,因为这样硬挺,实在有些说不过去。网民立即揶揄道,"微博道歉:故宫不再撼卫自己。"[①]这样一轮下来,故宫的"冏"况才稍有缓解,但颜面无存。

1.2 热点透视

按《辞源》解释,撼,摇动。韩愈《调张籍》诗:"蚍蜉撼大树,可笑不自量。"捍:

① 吴泳《微博道歉,故宫不再撼卫自己》,《郑州晚报》2011年5月17日。

保卫。《晋书·孝怀帝纪论》:“扞其大患,御其大灾。”(《辞源》696 页)在《现代汉语词典》中,“捍”的解释是保卫、防御;而“撼”则是摇,摇动。这些意思都是很明白的,真的是要写错都很难的一个字。

一般而言,一种语言现象成为争议热点,都有正反两方。而故宫“撼祖国强盛 卫京都泰安”这种对仗句式出来后,人们惊奇地发现,“这个可以有”的现象,还“真没有”,——全是一边倒的批评。

问题是,面对质疑,接受媒体采访的故宫相关负责人却在坚持自己没错,解释说,“‘撼’显得厚重。跟‘撼山易,撼解放军难’中‘撼’字使用是一样的。”此举引爆质疑声浪,网民由“围观”发展至“围殴”,嬉笑怒骂,成为网络“节日”。从“字错”到态度之错,故宫声誉更深地受到影响,且强辞说理进行推脱,给人一种没有担当的感觉。因而有网民认为,把祖宗留下来的遗产让他们看管,不靠谱。

可以看出,大多数网友表现出对“撼”字乱用的气愤,其实是冲故宫的文化守卫者位置而来的,认为他们的作为让人失望。新浪网有位博客作者还化写了一首颇有些意思的诗:

小时候,故宫是枚小小的邮票。我在这头,庄严在那头。

长大后,故宫是一集集的电视剧。我在外头,皇阿玛在里头。

而现在,故宫是个不锁门的保险柜。我在外头,文物在里头。

再后来,故宫是个错别字。我“捍”这头,你“撼”那头。

其实一直,故宫是个会所,我在外头,领导在里头。[①]

故宫之“撼”,为何大“热”? 原因很简单,故宫实在是不能出这样低级的错误的,因为故宫在国人的心中地位太崇高了,它几乎就是传统文化的象征,是人们心中一个神圣的地方。

二 “林荫道”与“林阴道”

2.1 事件回顾

《扬子晚报》2011 年 5 月 22 日报道:有网友在博客上发文称,苏州教育出版社出版的小学一年级语文“识字”中,出现“林阴道”一词,令其吓了一跳。“因为明显与我们老师教的区别大啊。”对此,教材编写者解释说,“林荫道”是异读词,

---

① 小勇《雷人雷语》,中国知网 2011 年 1 月 2 日,http://mall.cnki.net/magazine/Ariticle/ZWYU201110020.htm,源于《杂文月刊(原创版)》2011 年第 10 期。

为防出现混淆，国家语委进行了统一修改。《扬子晚报》觉得这事有些费解，经过联系找到了该发帖网友。原来这位网友的女儿就读于苏州新区狮山实验小学一年级。开学后，女儿兴冲冲地把教科书背回了家。这位网友无意间翻到了语文书第 104 页，看到了那个“林阴道”，认为非常不妥，是个错别字。该网友表示，对于教科书上出现这样的错误，作为家长感觉很无奈，也很无语，便将其发现的“错误”发到了博客上，事件很快引起社会的关注，并成为热点。

资料来源：华商网 2011 年 5 月 24 日，http://news.hsm.cn/system/2011/05/24/050956792.shtml。

图 3—2 受质疑的“林阴道”

资料来源：同图 3—2。

图 3—3 动漫图：课本与小学生的对话

网上的质疑进入实际调查阶段。对于赶到该小学的记者与网友，校方提供了苏教版的小学一年级上学期教科书，在第 104 页上，确有“林阴道”一词。该小学语文教师陆菊敏说，他从事小学语文教学多年，自从语文教材由“人教版”换成“苏教版”后，这些年里一直都是“林阴道”，已有十多年的历史了，一直是这样教的。不过，陆也说，当年接触到教材看到“林阴道”时，第一反应也是这个字印错了，因为在此前的学习与施教中都是“林荫道”。在与学校同事讨论后，一致认为这个词是印错了，便向出版方提出了异议，却被告知并没有错误，“林荫道”已经统一改为“林阴道”了。“虽然我们一直对‘林阴道’有想法，但教科书就是权威，授课必须以它为准。”①

2.2 热点透视

“荫”“阴”之变，成网上狂欢话题

汉字很多字都有着或通假或互用替代的情况，从这个角度看，阴“可以是”荫的原字。

① 王璟《强！江苏课本“林荫道”写成“林阴道”》，《扬子晚报》2011 年 5 月 22 日文化版。

但文字又有一个习惯使用过程，这个过程不但受“约定”的束缚，还受社会习惯的影响。在互联网时代，恐怕还得接受更苛刻的“草民”解读的影响。这里所说的草民解读“影响”是一种存在的事实，虽尚未为语言学家所关注，但网络气候形成已非一日。人们惊异于“林荫道”变成了“林阴道”，且在网上放大成狂欢式的大众话题，与平民社会的闲资话题以及网络抓人眼球的流量战略不无关系，全在于“阴道”一词可能引起的网民的关注元素。因之，上述这个并非名人的博客人最先发在网上的“荫”“阴”之辨便引出了口水之争。

“林阴道”有溢义之嫌

把这一件完全归结于上述平民社会的闲资话题似乎并不准确，或其本身确有可争的东西在内。查上海辞书出版社 1980 年版《辞海》可知，“荫”有平声与去声两读。读平声的“荫”有如下几个义项：1. 树阴。举例是《荀子·劝学》中的“树成荫而众鸟息焉”，引申为遮蔽。2. 日影。引《左传·昭公元年》例“赵孟视荫”。“林荫道”取“树阴”之义，树把上阳遮蔽了，成了树下之荫，故树下的道路成了“林荫道”。至于去声之读的“荫”有“阴凉”意，如“这个房间很荫”。又引申为“庇护”，如“荫庇”。

同书，“阴”的释义也有平声与去声两项。读平声的“阴”一是与“阳”相对，我国古代哲学家认为贯通于一切事物的两个对立面之一；二是表示“凹进去的，不显露的”，如阴文、阴沟；三是指“山的北面或水的南面”。而读去声的“阴”通“荫”，表覆蔽、庇护。由此可以看出，“荫”与“阴”，“林荫道”与“林阴道”在义理上是相通的。

但这个词义上的合理性必须受到社会使用习惯的检验，毕竟语言不只是语言学家的，也是大众的。在语言使用中，有很多不见得有多合理的现象都更广泛地为公众和社会习俗所接受，“习非成是”的例子比比皆是；有很多似乎很合理、很合逻辑的现象却未必行得通。从这个角度来看，民众不接受“林荫道”为“林阴道”，就在于后者有引起溢义的东西。华商网就这个话题展开讨论时，一位名为“华商网友”的留言就证明这种“溢义”的存在，“对林阴道质疑的人们，先问问自己是不是内心邪恶低俗了？我不信终日错别字满天飞，笔画顺序都不对的国人，一夜之间开始重视汉字了！如果不是这个(阴道)词，你们还会这么重视、这么关注吗？”[①]

教材编委对“荫”“阴”互用也纠结

“关于林阴大道的‘阴’，用‘荫’或是‘阴’谁更准确？这有些让人纠结。”苏教

① 王璟《强！江苏课本“林荫道”写成“林阴道”》，《扬子晚报》2011 年 5 月 22 日文化版。

版小学语文教科书编委杨新富就此问题说,“小学教材中使用‘林阴道’是根据语文出版社1998年出版的《现代汉语规范字典》修改的。”他说,“之前的‘林阴大道’都是写作‘林荫大道’,但这个词中的‘荫’有第一声和第四声两个读音,是个异读词。”为了进行语言的规范和统一,1985年12月国家语委推出《普通话异读词审音表》作了规范。将“荫”只保留“荫庇”“封妻荫子”的用法,统读为第四声。这样一来,“林荫道”“树荫”就写为“林阴道”“树阴”了。规范的目的是为了不混淆。“很多家长都对现在的教材用字产生疑问,主要是有了先入为主的概念,所以觉得是教材错了。但对于孩子来说,如果直接学习的就是‘林阴大道’,就不易再出现混淆。”这位教材编委说。“根据汉字教学、汉字信息处理、出版印刷、辞书编纂等需要,文字需要规范。生活在变化、汉字使用在变化,这种变化应该可以理解。”语文教材是根据国家语委出台的语言标准规范来编写的,符合国家标准。[①]

“林荫道”成“林阴道” 民间批评激烈

上述解释当然具有一定的权威性,但民间似乎不认同的声音也有很多。《华商报》转引《北京晨报》的文章对教材中改“林荫道”为“林阴道”提出了强烈的批评:“林荫道”与“林阴道”,两种写法原本都有,孰正孰误,本应在社会博弈中自行选择,既然已有约定俗成,就应尽可能尊重。

华商论坛网友的文章也有些激烈,《到底是“林荫道”,还是“林阴道”?给个痛快》这个标题就表明了文章作者的焦虑:“专家如此说,如果林荫道没有错,哥还认可,如果林阴道是指背着太阳的路,那么向阳的路又叫什么?照专家的逻辑,是否能叫‘林阳路’?”这位作者还就此提出,“林荫道没有了,‘榆柳荫后檐’的境界将晦涩难解。只是我们的孩子又有何辜,将来他们会不会指着这句诗问老师:古人是不是写了错别字啊?”[②]在华商网专题讨论中,对“荫”改“阴”持反对看法的要占绝对多数。

其他网站的专题讨论,也是反对声成为最大的声音。《华西都市报》署名张敬伟的文章认为:“林荫道”变“林阴道”最大的问题不是“错”而是“乱”。……首先是父母辅导孩子时会误认为教材出错;其次是教师们难纾心结困惑,虽然他们

① 腾讯教育2011年5月22日,http://edu.qq.com/a/20110522/000036.htm。

② 《从“林荫道”到“林阴道”,谁动了中国文字》专题,华商网2011年5月24日,http://news.hsw.cn/system/2011/05/24/050956792.shtml。

会按教材去教，但其学生时代所学并非如此，教起来也不那么有底气；其三是孩子们会困惑不已，他们可能会把20年前教材和文学作品中的“林荫道”当成错别字。困惑多了，弥漫到社会层面，也就形成了语言认知和解读的错乱。这种文化错乱，将造成更大范围的语言乱解和文字滥用，譬如“精彩”“精采”不分；“装潢”误写为“装璜”，“唏嘘”和“欷歔”让人扼腕，“叠加”和“迭加”重叠……如果加上信息时代的娱乐热词，网络中的时髦新词，汉语读音、修辞，俨然成为娱乐化恶搞的大酱缸。[①]

当然，教材的编写是按照教育部的相关规范来实施的，目的也是为了减少歧义，但却产生了网友所抨击的“吃饱了撑的”这样的结果，这是“规范”者所未能想到的。《信息时报》所发教师张兰军的文章说：“为求一字稳，拈断数根须”，讲的是古人“推敲”之功，“锤炼”之力。那么，作为新时代肩负规范汉字使用，保证汉语言文字纯洁、纯正的专家学者们，在对汉字进行“除草”加工时，是否也该如此？

三　“汉语能力测试”

3.1　事件回顾

2011年7月26日，教育部举行的新闻发布会上，国家语委副主任王登峰表示，“汉语能力测试”将于10月率先在上海、江苏等地试点实施。“能力测试”将涵盖听、说、读、写四个方面的内容，除写作外，其他的答题都是通过电脑完成。测试按照难度分为六个等级，分别为入门级、基础级、普及级、通用级、提高级、专业级。这一消息发布后，因为江苏是“率先试点实施”的地方，3天后的29日，扬州晚报网发表了这样的一篇文章，题为《“汉语四六级” 考的是中国人》。文章对汉语能力测试提出了质疑。随后，这个质疑的观点被网络放大，成为公共话题。

3.2　热点透视

针对这个话题，一些媒体展开了讨论。讨伐者有之，叫好者也不少。

有很多网友对“汉语能力测试”不理解。有网友调侃说：“起初看到‘汉语四

---

① 张敬伟《“林荫道”变“林阴道”不是错而是乱》，人民网2011年5月23日，http://he.people.com.cn/GB/14705310.html。

六级'这五个字的时候，俺大笑一下，感觉可以'报仇'了，因为大学里面考没有多大意义的英语四六级。如今，让外国人感受一下中国语言的博大精深。不过，仔细看是针对中国人的。这下子，俺的心就凉了，因为又多了一个没有多大意义的考试。"①一些反对者认为，母语不用考试，母语的水平不是考出来的。网友"顺路看看"称，汉语博大精深，中国方言极多，普通话能听能讲，应该不用考级。网友"饮水私语"也认为，母语是牙牙学语时学的，不是考出来的！② 这个话题也延及海外华人圈。旅居加拿大的中国专栏作家陶短房在《新京报》上撰文称，"汉语四六级"拿来考考老外也罢，用来给本已被考试折腾得疲于奔命的中国学生，实在没太多必要。③ 网友"赵勇"也说：上学要考，找工作前要考，工作中还要考。中国人，似乎总在无穷无尽的考试之中。都说很多人高分低能，那是因为在他们眼里，考试和证书就是目的，你要说这是应试教育造就的"盛景"，完全可以成立。甚至还有人提出了这样的疑虑：这个所谓的"汉语能力测试"会不会成为相关部门创收和赚钱的新工具？④

不过也有另外的声音表示支持。"吴颖超 ivana"在该则新闻网络版上留言："这无疑是一个进步，当我们在为英语四六级焦头烂额的时候，殊不知，我们的汉语水平也是亟待提高的！"也有学者认为这样的考试是应该的。南京师范大学文学院副教授孙道功认为，国人通过这个考试有纠正的意义。"很多学生，特别是有一些理工科的学生，说话可以表达清楚，但是落实在字面上就很困难，比如，一些语法、用词不准确。"中国教育部考试中心主任戴家干表示，近年来，社会上普遍存在"外语热，母语冷"的现象。希望能够"以考促学，以评促学，推进汉语学习和应用"。⑤ 一些网友不仅支持，而且愿意身体力行，期待参加这个测试。网友"腊月红梅开"说："我要看看自己的汉语水平究竟在哪个阶段，再努力把未知的部分补起来。"长沙市作协委员陶沙说，"汉语能力测试"值得期待，至少在促进国

① 王赟《汉语四六级，考的不是老外，是中国人》，网易新闻 2011 年 7 月 29 日，http://news.163.com/11/0729/03/7A3N550500014AED.html。

② 同注①。

③ 陶短房《"汉语四六级"有点缘木求鱼》，腾讯评论 2011 年 7 月 28 日，http://view.news.qq.com/a/20110728/000030.htm。

④ 同注①。

⑤ 同注①。

人学习汉语、用好汉语、让汉语发扬光大等方面能够起到良好的作用，公众不妨理性对待。就让“汉语能力测试”来得更猛烈些吧！[①]

“汉语能力测试”的提出，与我国目前语言使用的状况有关。据教育部语言文字应用管理司副司长张世平介绍，目前全国能够用普通话进行正常交流的人群比例仅有70%左右。学生人群中存在汉字书写能力退化、母语教育弱化、语言应用能力下降等问题。一项对北京部分大学生汉语应用能力的测试显示，不及格的学生占30%，得分在70分以下的占68%。此外，近年来，社会上普遍存在“外语热，母语冷”的不正常现象。为了改变这种现状，教育部和国家语委共同推出汉语能力测试，将其定位于一项公益类社会性考试，坚持非强制性、非选拔性和非营利性的原则，立足于为社会提供权威的专业化的汉语综合应用能力测试与评价服务平台。此举一方面希望在全社会端正语言观念，增强语言意识，营造良好的语言文字生态环境；另一方面，希望以此弘扬传承数千年的母语文化，推动全社会的汉语学习，提高汉语应用能力。[②]

会说汉语，不等于能说好汉语。母语学习，应该是一件持续终生的事情。语言应用能力，关系到一个人、一个民族的认知、思维能力，也关系到一个人、一个民族处理内外事务的能力，应该引起我们的高度重视。

四　思考与启示

上面三个问题，或者都可算是由语言文字引起的舆论热点。网络民众对于语言话题的关切，一方面表现了网络审视眼光的无所不在，另一方面也足以表现网民参与的深度与广度。这无疑对语言工作提出了更高的要求。语言文字的使用，语言文字规范标准的确定，时时有数万双眼睛在盯着。在这里，“姐不是那个人见人爱的蒙娜丽莎，不会对任何人微笑”——即使是故宫、教材这样的权威文化机构和载体，网络民意都会板着严肃的脸孔。这似乎不应该看成是坏事。反思这些事件的始末及人们的反映，或许会给我们以下几点启示。

① 王赟《汉语四六级，考的不是老外，是中国人》，网易新闻2011年7月29日，http://news.163.com/11/0729/03/7A3N550500014AED.html。

② 张晨《教育部副司长张世平：为什么要进行汉语能力测试》，《中国教育报》2011年12月27日。

4.1 网络的加力与全覆盖

三个热点事件比较起来，除了“汉语能力测试”稍有些“动众”的规模外，两个字一错一改，真算不了什么。但是，恰恰就是这些似乎不足挂齿的小事，却成为了万众关注的公共事件。为什么？这里只有一种说法可获最靠谱的解释：只因为我们生活在网络社会，只因为有了网络的全覆盖。

网络像一个泵站，有着巨大的加力。当一件事具有了一些“公众”元素后，便会立即放大，成为社会关注的热点。“撼卫”与“捍卫”，放大的元素在于故宫不该出这样的错；“林荫道”与“林阴道”的纠结，在于后者具有网络炒作的基础元素，即它有“溢出”的意义，这样的“溢义”经常成为网络热炒某个事件的诱因，当然为的是吸引眼球。至于“汉语能力测试”所引发的人们观点的冲撞，也在于网络的加力作用。当代的人们对于公共产品缺乏所引起的不满，以及青年学生对于社会上升空间的逼仄、就业的艰难而产生的对教育投入与产出关系的反思，让“考试”成为一种诅咒的对象。且中国各项考试制度所强化的英语教育负担，让民众不堪考试重负，在这个时候推出类似于“英语四六级考试”的汉语能力测试，势必成为以青年和学生为主要成员的网民攻击的目标。

4.2 制定标准必须审慎

对于“撼卫”与“捍卫”的批评，不必再说。“林荫道”与“林阴道”的纠结，却是不可放下的话题。就文化传承而言，“林荫道”自秦汉就出现了，而“林阴道”在唐宋时才出现。从构词理据来看，“林荫道”有形象的“遮盖”的意思，而“林阴道”却过多地倾向“背阳”。林荫道被《现代汉语词典》列为推荐词条，而林阴道列为非推荐词条，这说明林荫道的使用频率高于林阴道，中国社科院语言研究所在选择混淆词汇作为推荐词条时，词汇的使用频率是第一参考标准。推荐意味着引导，但这又跟《审音表》不一致了，因此引起了社会上的争议。这里给我们的启示有两个方面：一方面，做标准必须慎重，“林阴道”确实制造了产生“溢义”的土壤；另一方面，各种权威出版物与标准应该一致。

4.3 好事不要让它走味

“汉语能力测试”本是一件利国、利民的好事，却引发了人们观点的碰撞，引起了一些人的不满。细究起来，网络的加力固然是一个原因，但也还有更深层次的社会原因。第一，对语言能力的认识不足，认为母语是天生就会的，不需要再学习；第二，对政府的公信力缺乏信心，因为有很多事情都是从好事出发，最后却变了味儿。因此，如何实施好“汉语能力测试”这样一项带有国家战略意义的举措，好事不让它走味儿，关键在于两点：第一，真正从国家、民众利益出发，扎扎实实做好测试中的各项工作，包括科学研制试题、科学评价测试结果、合理组织测试工作，真正使“汉语能力测试”成为一项有益于提高个人能力，因而提升全民素质的公益性事业；第二，不断引导民众加强语言意识，正确认识语言能力对个人、民族发展的重要。其中，第一点是最重要的。

（一　清）

热字·热词·热体

本文汇总了我国26家机构、媒体和搜索引擎发起的17种盘点活动[①]的数据，上榜的2011年流行文体有19种，[②]流行词语有59个，[③]其中包括了短语、英文缩略语以及专业术语。我们从中筛选出频次最高、影响力最广的三个热字、三个热词和三个热门文体，分别描述它们的产生和发展状况，探究其广泛流行的深层次原因。

一　热字

1.1　控

商务印书馆联合国家语言资源监测与研究中心、新浪网、中国青年报，主办了“汉语盘点”年度字词的评选活动，评选结果堪称权威发布。评选经过网民推荐、专家评审和网络票选三个阶段，最终，“控”字成为2011年度国内汉字。

“控”，一方面承接2010年国内字“涨”而来，有涨就有控，有涨就需控。经济过热要控；债务危机要控；物价上涨要控。政府是唯一能构建良性社会发展模式、树立公民道德信心的决定性力量。它所要做的，是从宏观上的“可控”，来保证微观上的“可控”。

另一方面，一系列的“××控”，更折射出“控”已成为一部分普通老百姓的一种生活状态。这里的“控”是“情结”的意思，出自日语“コン(con)”，取英文complex的词首发音，后来被借用到汉语中。“××控”是指有某种情结的人，或极其喜欢某人或某物的人，例如“哥哥控、微博控、零食控”等。“控”的对象大都是微观、具体的，许多人迷恋这些人或物，借此获取宽慰和愉悦。

---

① 详见附录表1后面的“资料来源”。

② 详见附录表2。

③ 详见附录表1。

1.2 限

由互动百科网联合人民网舆情监测室、语文出版社以及腾讯微博主办的“2011 十大热词、年度汉字”评选活动，发布的年度汉字是“限”。[①]

2011 年国内楼市“限”价“限”购，汽车“限”号、“限”行，电视“限”低俗娱乐、“限”插播广告；在国外，“限”制政府预算，“限”制温室气体排放等。多种限制使得“限”字脱颖而出，成为本年度的热字。它提醒人们，地球资源永远是有限的，人类应该重新认识这个“限”字，才能更好地满足自然、环境、社会的和谐发展需要。

1.3 撼

2011 年 5 月 9 日，故宫发生一起文物失窃案。案件破获之后，5 月 13 日，故宫博物院相关负责人来到北京市公安局赠送锦旗，上面写道：“撼祖国强盛 卫京都泰安。”此处的“撼”应是“捍”，一字之差导致所要表达的意思完全相反。此事迅速在媒体曝光，故宫博物院相关负责人首次回应该事件时，辩称“撼”字没错，这样显得厚重。跟“撼山易，撼解放军难”中“撼”字使用是一样的。这一回应引起了公众更大的质疑、嘲笑和失望。

二 热词

2.1 伤不起

“伤不起”是 2011 年出现的新词语，使用频率极高，雄居各大评选活动榜单，这充分反映了网民和媒体对这个词的高度认同。

关于“伤不起”的源起，有两种版本。一说，“伤不起”最初在校内网上以文章标题的形式出现，如“这样的×××你伤害不起”，[②]被称为“校内体”。二说，源于豆瓣网友对演员马景涛表演的热议，网友在讨论中多次出现“伤不起”一词。真正催发“伤不起”迅速走红的，是网络上一篇题为“学法语的人你伤不起啊”的帖子。[③]

---

① “限”字同时也入围了国家语言资源监测与研究中心、商务印书馆、新浪网、中国青年报联合发布的“2011 年度汉语盘点”的汉字榜单。

② 《伤不起》，百度百科 2012 年 2 月 3 日，http://baike.baidu.com/view/5337137.htm。

③ 《学法语的人你伤不起啊》，豆瓣网 2012 年 2 月 1 日，网友“牵着蜗牛散步”转发，http://www.douban.com/group/topin/18094973/。

这个帖子历数学习法语所遇到的种种困难与无奈。随着该帖大热，“伤不起”也变成了热词，不计其数的网友大呼各式各类的“伤不起”。

“伤不起”一词既体现了全民娱乐时代无厘头的情绪化表达，又展示了国人因各种不如意而变得日益敏感的情绪，代表了人们对心灵健康自我守护的追求。

2.2 Hold住

在英语中，Hold是动词，有“拿、握住、控制”等意思。“Hold＋住”泛指面对复杂状况能控制住、把握好，充满自信、从容应对；另外，也有给力、加油的意思。

2011年8月，台湾女大学生Miss Lin（谢依霖）在电视综艺节目《大学生了没》中，以其夸张另类的造型、英汉混杂的台词、扭捏荒诞的举止，诠释了何为“时尚”，期间不断重复“Hold住”一词来展示她的处变不惊。随着该节目的播出，“Hold住”这个词迅速在网络上疯传，成为海峡两岸的流行语。而谢依霖也就此成名，人称“Hold住姐”。

事实上，“Hold住”这个英汉混搭词，多年前就在香港、澳门等地使用。只是2011年，经“Hold住姐”传播，这个词才迅速引爆网络，在多种社会场合使用。2012年春节来临之际，国务院前总理朱镕基在上海春节京剧晚会上讲话，两次使用“Hold住”，网友盛赞朱镕基可亲可敬。①

2.3 坑爹

“坑爹”的意思和用法并不固定，来源也众说纷纭。基本意思是指与本人意愿有很大出入，有被欺骗的一种感觉，也包含“不给力”的意思。类似的词还有“坑人”“坑我”“无语”等，多由男性使用。

关于“坑爹”的来源，有两种说法比较流行。一种说法认为，这个词来自方言，苏北一带的方言中有“坑得”（音 lia）是“糟糕了”“坏事了”“捅娄子了”等意思。河南和山东方言中也有类似词语，当地老百姓在互发短信时多用“坑跌”。另有一种说法认为，“坑爹”出自中文配音版动画《搞笑漫画日和》。②

“坑爹”一词的使用范围不断扩大，除有贬义用法外，还可指代喜爱开玩笑，意为“挖坑之父”，根据不同的语境，也有“有创意、让人意想不到”和“有才”的意

① 蔡律《网友盛赞可亲可敬的朱镕基》，2012年2月1日，http://www.jlspr.com/Item/20413.aspx。

② 《坑爹》，百度百科2012年2月1日，http://baike.baidu.com/view/4018171.htm。

思。"坑爹"的语义和用法越来越趋繁复，不在一定的语境下，很难明白所表达的真实含义。也许这个词很快就会被其他表义更为明确的词语所代替。但无论如何，"坑爹"还是体现了2011年网络语言的一些特点：方言化、草根化，表达一种无厘头的情绪。

三　热体

3.1　淘宝体

中国互联网络信息中心发布的《第29次中国互联网络发展状况统计报告》显示，我国2011年网络购物用户规模达到1.94亿。[①] 提到网络购物，淘宝网可以说是普通网民最为熟悉的购物网站之一。淘宝网站卖家与买家联系时，无法准确了解对方的性别、年龄等情况，用"亲"来称呼，无形之中拉近了与顾客的距离。

"亲"是"亲爱的"的简称，但给人的亲切感却比"亲爱的"更自然、更从容。这种称呼方式很快被社会所接受，并在日常交流中使用。而"亲，包邮哦，记得好评哦！"这种淘宝网站卖家拉拢顾客的句式，甚至在一些单位的招聘启事、学校的录取通知书、公共宣传标语中派上了用场。

2011年7月南京理工大学向录取学生发送"淘宝体"录取短信："亲，祝贺你哦！你被南理工录取了哦！不错的哦！211院校哦！……"这种文体的录取短信，一下子拉近了学生与学校之间的距离，让思想紧绷的学子们放松了心情，让人感到亲切生动，心情愉悦。紧接着，不少政府部门也开始尝试使用"淘宝体"。2011年7月15日四川崇州市济协派出所发出了劝犯人自首的"淘宝体"微博。2011年8月外交部微博"外交小灵通"发布了一则"淘宝体"招聘信息。几乎在同时，郑州市交通警察首次将"淘宝体"用于交通安全宣传。质疑者认为，"淘宝体"的语言亲切、可爱，特别受年轻人的欢迎，但用来发新生录取短信，则显得不够严肃；用于司法界，则使庄重的执法带上娱乐化色彩；用于外交部门，则显得过于随意。

---

① 《统计报告显示2011年我国网络购物用户规模近2亿》，中央人民政府网站2012年1月16日，http://www.gov.cn/jrzg/2012-01/16/content_2045603.htm。

3.2 高铁体

2011年7月24日晚,"甬温线动车追尾事故"官方新闻发布会在温州举行。有人询问铁道部新闻发言人王勇平:"为何救援宣告结束后仍发现一名生还儿童?"王答:"这只能说是生命的奇迹。"又问为何要掩埋车头时,王勇平说完理由之后,补充一句:"至于你信不信,我反正信了。"

新闻发言人是政府部门的形象代言人,其一言一行、一举一动都会引起社会的高度关注,特别是在突发事件中。发言人王勇平的言行成为民众宣泄对事故处理不满情绪的一种口实。

"××是奇迹,至于你们信不信,我反正信了!"迅速成为网络流行语,人们将该句式称为"高铁体"。在流传过程中,"我反正信了"这句话具有不同的含义:其一,真信;其二,说反话,真不信;其三,无奈调侃,指自己说的压根就是一个笑话,带有反讽之意。

3.3 咆哮体

网络热帖"办公室上班族你伤不起!聊个QQ还得小心被抓到有木有!上下班挤成饼干有木有!"是一种典型的"咆哮体"。

"咆哮体"出自豆瓣网,网友曾热烈讨论过演员马景涛,他在影视作品中经常以表情夸张、激情澎湃、声嘶力竭地咆哮姿态出现,被誉为"咆哮教主"。之后,在网上出现一篇热帖"学法语的人你伤不起",彻底引发了"咆哮体"热浪。此帖之后,相继出现了学习德语、西班牙语、微积分等的"咆哮"帖。

"咆哮体"并没有特别固定的格式或内容,但多含有"伤不起""有木有"这两个关键词。"有木有"是由普通话夹杂着地方方言演化而来的,即"有没有"的意思,是咆哮体中的重要组成部分。"咆哮体"的一大特点是每句话必须以感叹词结尾,使用者激动时,常觉得一个感叹号不能表达自己的情感,而打出多个。多个感叹号具有强烈的视觉效果,会使人产生身临其境、喷薄而出的感觉。很多"咆哮体"的使用者很注意感叹号的排序,恰当的排序更显美观,看上去带有强烈的感情色彩。"咆哮体"的流行是因为它带有些许自嘲、调侃或愤怒的个人情感,可以集中宣泄网民们的非主流情绪。

附录

表1　2011年度热词排名情况统计

排名	流行语	出现频次	盘点机构
1	伤不起	8	国家语言资源监测与研究中心、商务印书馆、新浪网、中国青年报；搜狐；新浪微博；豆瓣网；天涯论坛；《咬文嚼字》；互动百科联合人民网舆情监测室、语文出版社、腾讯微博；国家语言资源监测与研究中心、中国传媒大学、北京语言大学、商务印书馆
	Hold住		新浪微博；豆瓣网；天涯论坛；维基百科；搜狐；新华网；《咬文嚼字》；互动百科联合人民网舆情监测室、语文出版社、腾讯微博
2	坑爹	6	搜狐；豆瓣网；新浪微博；国家语言资源监测与研究中心、商务印书馆、新浪网、中国青年报；新华网；《咬文嚼字》
3	卖萌	4	豆瓣网；搜狐；新浪微博；《咬文嚼字》
4	穿越	3	天涯论坛；国家语言资源监测与研究中心、商务印书馆、新浪网、中国青年报；新华网
	普通青年、文艺青年、2B青年		搜狐；新浪微博；豆瓣网
	肿么了		搜狐；新浪微博；腾讯微博
	五道杠		天涯论坛；搜狐；腾讯微博
5	高铁	2	国家语言资源监测与研究中心、商务印书馆、新浪网、中国青年报；互动百科联合人民网舆情监测室、语文出版社、腾讯微博
	悲催		猫扑；豆瓣网
	乔布斯		互动百科联合人民网舆情监测室、语文出版社、腾讯微博；国家语言资源监测与研究中心、商务印书馆、新浪网、中国青年报
	谣盐		互动百科联合人民网舆情监测室、语文出版社、腾讯微博；天涯论坛
	（中国共产党）建党90周年		国家语言资源监测与研究中心、商务印书馆、新浪网、中国青年报；新华网
	你妹		豆瓣网；腾讯微博
出现一次的词*	微博打拐、百年不遇、下跪、新闻联播、蛋定、矮油、拼爹、文化、跑路、临时工、文化强国、欧债危机、日本大地震、交会对接、神天对接、猪肉价、CPI、起云剂、虎妈、政务微博、微电影、云电视、走转改、北京精神、加名税、扫地老太太、食品安全、“十二五”开局、限购令、利比亚局势、德班气候大会、地沟油、围观、啥都有、校车、PM2.5、占领华尔街、气场、吐槽、忐忑、最美××、最牛×长、×体、我勒个去、有爱		

*由于篇幅有限，只出现一次的词语出处不一一罗列。

资料来源：26 家机构、媒体和搜索引擎发起的 17 种盘点活动，分别为：

1. 国家语言资源监测与研究中心、商务印书馆、新浪网、中国青年报联合发布的“2011 年度汉语盘点”活动，新浪网：http://book.sina.com.cn/z/hypd2011/；

2. 国家语言资源监测与研究中心、北京语言大学、中国传媒大学、华中师范大学、中国新闻技术工作者联合会、中国中文信息学会、商务印书馆联合发布的“2011 年度中国媒体十大流行语”，新浪网 2011 年 12 月 14 日，http://book.sina.com.cn/news/c/2011-12-14/1726293679.shtml；

3. 国家语言资源监测与研究中心、中国传媒大学、北京语言大学、商务印书馆联合发布的“2011 年度中国媒体十大新词语”，新浪网 2011 年 12 月 14 日，http://book.sina.com.cn/news/c/2011-12-14/1708293677.shtml；

4. 互动百科联合人民网舆情监测室、语文出版社、腾讯微博“2011 十大热词、年度汉字”，人民网 2011 年 12 月 21 日，http://sz.people.com.cn/n/2011/1221/c202846-16618861.html；

5. 台湾《旺报》、《厦门商报》与新浪网联合主办的“2011 海峡两岸年度汉字评选”活动，新浪网 2011 年 12 月 8 日，http://fj.sina.com.cn/xm/news/ms/2011-12-08/104727869.html；

6. 新华社“2011 年网络热词”，中国日报网 2011 年 2 月 24 日，http://www.chinadaily.com.cn/micro-reading/tech/2011-12-24/content_4777058.html；

7. 新华网“盘点 2011 网络流行语”，计世网 2012 年 1 月 3 日，http://internet.ccw.com.cn/news/online_media/htm2012/20120103_957867.shtml；

8.《咬文嚼字》“2011 十大流行语”，搜狐网 2011 年 12 月 23 日，http://roll.sohu.com/20111223/n330018121.shtml；

9. 维基百科“2011 年中国网络流行语”，维基百科网，http://zh.wikipedia.org/wiki/%E4%B8%AD%E5%9B%BD%E7%BD%91%E7%BB%9C%E6%B5%81%E8%A1%8C%E8%AF%AD%E5%88%97%E8%A1%A8；

10. 猫扑“2011 年风靡网络流行语颁奖”，猫扑网 2011 年 12 月 27 日，http://dzh.mop.com/whbm/20111227/0/FS833SI28803f0Fz.shtml?only=1；

11. 搜狐“2011 十大网络流行语盘点”，搜狐网 2011 年 12 月 29 日，http://roll.sohu.com/20111229/n330692510.shtml；

12. 豆瓣网“2011 中国十大网络流行语”，豆瓣网 http://www.douban.com/group/topic/26003562/；

13. 新浪微博“2011 年度微博盘点之年度网络语”，中新网 2011 年 12 月 14 日，http://www.chinanews.com/sh/2011/12-14/3529870.shtml；

14. 新浪微博“年度微博体”，人民网 2011 年 12 月 15 日，http://yuqing.people.com.cn/GB/16612294.html；

15. 天涯论坛“2011 年度风靡中国的十大网络热词”，天涯社区网 2011 年 12 月 16 日，http://www.tianya.cn/publicforum/content/free/1/2342005.shtml；

16. 北京晚报“2011 年度流行文体测试题”，腾讯网 2011 年 11 月 22 日，http://tech.qq.com/a/20111122/000371.htm；

17. 腾讯微博“2011 年度十大网络热词”，新浪乐居论坛 2011 年 12 月 5 日，http://sh.bbs.house.sina.com.cn/thread-10043736-1.html。

表2　2011年热门文体排名情况统计

排名	流行体	出现频次	盘点机构
1	淘宝体	8	搜狐;维基百科;新浪微博;新华社;国家语言资源监测与研究中心、中国传媒大学、北京语言大学、商务印书馆;《咬文嚼字》;猫扑;新华网
2	高铁体	6	豆瓣网;维基百科;新浪微博;《咬文嚼字》;猫扑;腾讯微博
3	咆哮体	5	新浪微博;维基百科;豆瓣网;搜狐;腾讯微博
4	(校长)撑腰体	3	《中国日报》;《北京晚报》;新浪微博
5	TVB体	2	《中国日报》;新浪微博
出现一次	总结体、蓝精灵体、方阵体、丹丹体、私奔体、本山体、听说体、陆川体、海底捞体、扫地老太太体、见与不见体、小明体、文艺青年体、不相信爱情体		

说明:统计本表时,文体名称和文体内容都算在内。“亲”由“淘宝体”衍生而来,故统计在内;由于“伤不起”已在“表1”中统计过,因此在统计“咆哮体”时没有将该词列入,但“有木有”列入统计范畴;“高铁体”的统计未包括前表已有统计的词语“高铁”,包括句子“我反正信了”。另外,还有一些句式尚不是“文体”或“文体”的一部分,也不算词语。罗列如下,仅供参考:反对活熊取胆就等于反对国家;戴套不算强奸;无洞不算高尔夫。

资料来源:同表1。

(姚　敏)

地名更名热

地名承载和传递着丰富的文化信息，涉及政治、经济、历史、地理、语言，也涉及人民生活和社会交往；从资源的视角来看，地名也是一种语言资源。因此，地名涉及方方面面，不宜轻易更改。但是，近几年地名更名又“热”了起来：2010年1月，张家界“南天一柱”更名为《阿凡达》电影中的“哈利路亚山”；2010年9月28日，云南省潞西市正式更名为芒市；2010年12月，湖北“襄樊”市改称“襄阳”市。2011年5月，清华大学第四教学楼冠名“真维斯”。[①] 另外，还有一些酝酿更名的事件也成为新闻讨论热点，比如2011年9月28日，湖北商人的简称由“鄂商”改为“楚商”，此后关于湖北简称是否由“鄂”改“楚”，引起争议。

以上更名或酝酿更名事件，可谓“你方唱罢我登场”，在社会上引起了不小的讨论。尤其是“襄樊”改“襄阳”、清华大学第四教学楼冠名“真维斯”、湖北简称是否可以由“鄂”改“楚”成为当时的新闻焦点，甚至引发网民激烈争论。本报告将从上述3个典型事例出发，回顾中华人民共和国建国以来的地名更名情况，对地名更名的热点问题，提出一些思考，以期对构建和谐语言生活有所裨益。

一 “襄樊”更名“襄阳”

湖北省襄樊市2010年12月9日召开市更名工作会议，宣布从即日起，襄樊市正式更名为襄阳市。从“襄樊”到“襄阳”仅一字之改，却立即在网络上引发争议。赞成者“叹这一字之易，因其力挽狂澜之勇气，拯救历史之决心！”反对者则质疑“到底有什么必要？搞过什么科学论证？”[②]

先看看几大网络媒体就此更名事件所做的网络调查：

---

① 按照《地名管理条例》实施细则(民政部〔1996〕17号)，楼名属于地名管理的范畴。另外，清华的教学楼原来有名称“第四教学楼”，后被冠名为“真维斯”楼，涉及更名问题。所以，本文将其一并纳入“地名更名”来讨论。

② 张宏伟《襄樊更名襄阳 一“字”之改成本过亿》，《华商报》2011年1月8日第A11版。

凤凰网的调查结果显示，共有 42 844 人次参与了投票。支持“襄樊”更名“襄阳”的有 21 342 票(49.8%)，持保留意见的有 15 306 票(35.7%)，持中立意见的有 6 189 票(14.4%)。[①]

腾讯·大楚网调查结果显示：支持更名的有 28 207 票(42.22%)，反对的有 3 0274 票(45.32%)，认为无所谓的有 8 323 票(12.46%)。[②]

新华网也进行了网络调查，结果如下：同意更名的有 4 426 票(43.4%)，持不同意的有 5 685 票(55.8%)，认为不好说的有 75 票(0.74%)。[③]

以上三家网络媒体的调查结果显示：对于湖北“襄樊”改“襄阳”事件，凤凰网的支持者比反对者多 14.1%；大楚网的反对者比支持者仅多 3.12%，几乎持平；新华网反对者比支持者多 12.4%。由以上调查结果可知，对“襄樊”改“襄阳”事件的评价确实存在两种不同的意见，并且比例相差不多。下面我们从具体的评论着手，介绍、分析针对这一更名事件的正反两方主要观点。

1.1　正方观点

《人民日报》记者李辉 2001 年就曾呼吁“襄樊何不称襄阳”。[④]武汉大学冻国栋教授认为，将襄樊市更名为襄阳市，是对历史文化传统的尊重。在历史上，襄阳的地位就高于樊城，此次改名更凸显了襄阳市的历史文化底蕴，扩大了城市的影响力。[⑤] 文化学者裴钰认为，襄樊是历史文化名城，恢复其“本名”对于文化价值观的塑造，对于城市精神的铭记，有非常好的塑造作用。返璞归真、认祖归宗，从城市来讲是非常好的。因此，对于“襄樊”更名为“襄阳”不能盲目批判。[⑥]

1.2　反方观点

中国社会科学院近代史研究所刘德鸿认为，襄阳之所以改称襄樊，是因为它

① 调查结果见凤凰网(截至 2012 年 4 月 25 日)，http://survey.news.ifeng.com/result.php?surveyId=9492。

② 调查结果见腾讯·大楚网(截至 2012 年 4 月 25 日)，http://hb.qq.com/a/20101202/002235.htm。

③ 调查结果见新华网发展论坛(截至 2012 年 4 月 25 日)，http://forum.home.news.cn/detail/80479682/3.html。

④ 李辉《襄樊何不称襄阳》，《人民日报》2001 年 10 月 9 日第 12 版。

⑤ 高道飞、张勇军《襄樊更名为襄阳 凸显历史文化底蕴》，新华网 2010 年 12 月 3 日，http://news.xinhuanet.com/2010-12/03/c_12843231.htm。

⑥ 同注⑤。

与隔汉水相望的樊城两镇合并为一个城市，襄阳只是这个新城市的一部分，如果仍用襄阳旧名，则使樊城平白地被消泯了。他认为樊城的历史也非常悠久，文化底蕴非常深远。包括历代正史和《三国演义》在内的古代文献和文化作品，凡是提到襄阳的，大多忘不了樊城。[①]陈礼荣反问：在全国现行行政区划的名称中，是不是但凡老地名够得上这个边的，如会稽之于绍兴、芝罘之于烟台、汴梁之于开封、彝陵之于宜昌等，都须下功夫努力来"挖掘历史文化价值"呢？[②]

2010 年襄樊宣布更名之后受到了网民的调侃，猫扑网上的经典语录 15 条，截至 2011 年 12 月 14 日点击率高达 164 418 次，比如"乔峰、郭靖、黄蓉均表示满意……建议把湖北也改名楚国，把项羽找回来领导！""听闻国务院批复同意襄樊改名襄阳，以此类推，干脆西安改长安、北京改北平、南京改金陵、开封改东京、河北改……"[③]。

另外，张宏伟《襄樊更名襄阳一"字"之改成本过亿》认为，襄樊更名襄阳"修改各种地图、公章、证件、招牌等都会产生成本，整个行政成本将至少达 1 亿元"。[④]这篇文章在《华商报》发表之后，新华网、人民网、北青网、搜狐网、南方网、新浪网、腾讯网等都进行了转载，成为许多网民质疑襄樊更名的重要原因。

二 "真维斯楼"挂牌与摘牌

2011 年 5 月 23 日，"真维斯楼"的中英文标志挂到清华大学第四教学楼的外墙上，墙上另悬挂了一块铭牌介绍真维斯品牌。"更名风波"迅速引发争议。清华大学称，为校园建筑物命名是国内外学校筹集资金的通行做法。而部分清华学生和网友认为，捐资建楼是很正常的事情，但用服装品牌给教学楼命名，有违校园内的学术气氛。5 月 27 日，仅仅悬挂了几天的真维斯品牌简介铭牌，因被人用油漆涂抹而被迫摘掉。清华校方表示，以后将不再安装这个铭牌，但"真维斯楼"几个字则不会摘掉。"真维斯楼"挂牌与摘牌之战，使得"企业冠名是否

---

① 刘德鸿《也说襄樊与徽州》，北青网 2010 年 12 月 2 日，http://bjyouth.ynet.com/article.jsp?oid=74804355&pageno=4。

② 陈礼荣《何劳新声唱老调》，北青网 2010 年 12 月 2 日，http://bjyouth.ynet.com/article.jsp?oid=74804355&pageno=2。

③ 一页知秋《襄樊改名襄阳之网友经典语录》，猫扑网 2010 年 12 月 3 日，http://tt.mop.com/read_5295176_1_0.html。

④ 张宏伟《襄樊更名襄阳 一"字"之改成本过亿》，《华商报》2011 年 1 月 8 日第 A11 版。

伤害了大学精神"成为了热点话题。

资料来源：新浪网 2011 年 5 月 24 日，http://news.sina.com.cn/c/2011-05-24/030322516711.shtml。

图 3—4　清华"真维斯楼"

我们先看一下网络媒体就此事件所做的网络调查情况：

凤凰网对"你如何看待清华教学楼命名'真维斯楼'?"这个问题共设 4 个选项，共有 76 524 人次参与网络投票。选项(1)"理解，清华需要更多的发展资金"有 10 830票(14.2%)；选项(2)"反对，教学楼商业冠名是对清华的损害"有 55 529 票(72.6%)；选项(3)"无所谓，但该品牌配不上清华身份"有 8 384 票(11%)；选项(4)"说不清"有 1776 票(2.3%)。[①]

新华网发展论坛对清华教学楼冠名"真维斯楼"的投票结果显示："不应该，商业味过浓"的有 8 670 票(70.4%)，认为"无所谓，为学校发展"的有 3 638 票(29.6%)。[②]

以上结果表明，大多数网民对于清华大学第四教学楼冠名"真维斯"是持反对意见的。人民网强国社区强国论坛关于"您是否认同清华一教学楼被改名'真维斯楼'，企业赞助走进校园?"的帖子，跟帖总数 140，阅读数 17 229[③]。天涯社区关于此话题的讨论，有 837 个回帖，阅读数达 94 353。[④]（以上数据截止日期为 2012 年 3 月 10 日）由此可见此话题在网络上引发的关注度之高。网民的观点

① 投票结果见凤凰网(截至 2012 年 4 月 25 日)，http://survey.news.ifeng.com/result.php?surveyId=12274。

② 投票结果见新华网(截至 2012 年 4 月 25 日)，http://forum.home.news.cn/detail/84925982/8.html。

③ 跟帖情况见人民网(截至 2012 年 4 月 25 日)，http://bbs1.people.com.cn/postDetail.do?view=2&treeView=2&id=109636579&boardId=1&pageNo=2。

④ 回帖情况见天涯社区(截至 2012 年 4 月 25 日)，http://www.tianya.cn/publicforum/content/free/1/2171772.shtml。

几乎是一边倒，大部分不支持清华教学楼冠名“真维斯”。下面我们从具体的评论着手，介绍、分析针对这一更名事件的正反两方主要观点。

2.1 正方观点

《南方都市报》的文章认为，“何必苛求企业捐赠‘门当户对’?”清华“真维斯楼”的争议，主要是这家企业够不够“档次”，与清华大学“般配不般配”，这种讨论，本就涉嫌企业歧视，把企业分为三六九等。这种价值观，与大学攀附高官、明星何异?《经济观察报》的观点认为，“不必以彻底的利他要求衡量企业的捐赠”。只要是守法经营的公司，就都具有捐赠大学的资质。至于是国际大公司还是本国小公司，不应该成为标准。相反，此次冠名风波中，许多人反对真维斯冠名的原因是二线品牌的真维斯配不上顶级品牌的清华，倒显示了势利心态与轻商心理。说清华不缺钱因而不能接受这笔捐赠，也构不成反对清华此举的理由。

有些大学生也支持清华教学楼冠名“真维斯”，他们反问“教学楼冠名，惹谁了?”认为只要真维斯捐助的款项没有用到不该用之处，踏踏实实落在高校教育上，有何不对?[①]

2.2 反方观点

《人民日报》的文章认为，大学应该保持对高尚的追求，否则我们这个民族的精气神或将无所归依。《京华时报》认为，“应建立学校接受捐赠的标准”。像清华这样的百年名校，在校园内做商业化命名时，自当慎重其事，应该认真研究自身文化与商业品牌形象的契合度，建立学校接受捐赠的法度标准。新民网的文章认为，我国大学现在的捐赠冠名问题，主要在于缺乏与这一行为配套的大学管理制度。只有大学能独立自主办学，才能抵御功利化、世俗化的侵蚀。不然，捐赠冠名就会一直被争议。[②]

有的大学生认为，作为一所具有极高声望的百年老校，清华大学的这一行为无疑会带来一定的社会效仿效应。真维斯是一个服装品牌，是一家时尚服饰企业，以这样一家企业来命名某栋教学楼必然无法完全逃脱商业因素之嫌。[③]

---

① 李思颖、王冬梅《大学生怎么看真维斯楼》，《法制晚报》2011 年 5 月 26 日 A23 版。

② 《南方都市报》《经济观察报》《人民日报》《京华时报》、新民网几家新闻媒体的观点参见《中国教育报》2011 年 5 月 29 日第 2 版《媒体视线》。

③ 李思颖、王冬梅《大学生怎么看真维斯楼》，《法制晚报》2011 年 5 月 26 日 A23 版。

三　湖北简称“鄂”还是“楚”

2011年9月28日，湖北省工商联主席赵晓勇在新闻发布会上宣布，即日起湖北商人统一简称为“楚商”。之后不久，2011年10月8日，湖北省委省政府系列新闻发布会上，湖北省荆楚文化研究会透露，将组织专家学者对“湖北简称鄂，还是楚?”进行研究。[①] 湖北简称由“鄂”改“楚”的传言甚嚣尘上，民间争议也是不绝于耳。

我们先看一下网络媒体就此事件所做的网络调查情况：

凤凰网就“你是否支持湖北简称由‘鄂’改成‘楚’?”这一问题进行调查，共有151 954人参与投票。选择“支持”，认为“鄂”与“恶”谐音，确实不太好听的共有58 533票(38.5%)；选择反对，认为这是认认真真瞎折腾，劳民伤财的共有93 420票(61.5%)。[②]

人民网就“湖北将研究省名简称改为‘楚’，您咋看?”这一问题进行辩论，共有18 729人参加。支持改名的共有8 655票(47%)，反对改名的共有10 074票(53%)。[③]

以上结果说明，网友的意见倾向于不赞成湖北简称由“鄂”改“楚”。下面我们从具体的评论着手，介绍、分析针对这一更名事件的正反两方主要观点。

3.1　正方观点

湖北省社会科学院副院长、楚文化研究所所长、湖北荆楚文化研究会学术委员会主任刘玉堂表示：“在古代‘鄂’通‘噩’，现代‘鄂’与‘恶’谐音，确实不太好听。”刘玉堂是最早提出将“鄂”改“楚”的学者之一。[④]

大多数支持“鄂”改“楚”的意见，几乎都是从文化、品牌的视角进行论证，认为湖北文化源远流长，“楚”相对于“鄂”影响更深，将简称改为“楚”，更能增添城

① 杨文平《湖北简称“鄂”“楚”?》，《长江日报》2011年10月9日第9版。

② 调查结果见凤凰网(截至2012年4月25日)，http://survey.news.ifeng.com/result.php?surveyId=14591。

③ 调查结果见人民网(截至2012年4月25日)，http://bianlun.people.com.cn/public/index.php?channelid=1&did=994。

④ 李正豪《鄂商已成楚商 湖北简称鄂或改楚引发民间争议》，凤凰网2011年10月30日，http://finance.ifeng.com/news/region/20111030/4956194.shtml。

市魅力，给整个湖北带来更好的品牌效应。比如，人民网网友认为“我支持，湖北省本来就是楚国的核心。湖北几千年传承下来，不能断了线”“打造和宣传自己的品牌是第一要务，不能再等了，支持改名！”“楚是湖北的文化底蕴，惟楚有才！楚比鄂更有意义”。新浪网网民“东方松海”说：“如果从历时角度看湖北简称，只有‘楚’最有代表性、传承性、说服力。”新浪网网民“芳草艾艾”认为，“还是简称楚比较好，湖北是楚文化的发祥地。山东称‘齐鲁大地’，湖北为‘荆楚大地’，湖北改为‘楚’更能体现其厚重的文化底蕴。”

3.2 反方观点

在学术上，反对意见认为，古代楚国不仅包括湖北、湖南，全盛时期甚至包括河南、江西、安徽、浙江、江苏等省的部分地区，湖北不能代表“楚”。如果湖北简称改成“楚”，可能与其他省份引起纷争。

许多网友认为“名字只是个符号，真正的文化底蕴不是靠改名字就能发生变化的”。比如，人民网网友认为“要增添城市魅力，给整个湖北带来更好的品牌效应，不是只靠改简称来实现的；而是靠政府官员以及市民们的努力。”“真正的文化底蕴不是靠改名字就能发生变化的”“叫什么真的那么重要吗？”凤凰网网友也认为“改地名成风，凸显了我国文化发展的迷茫”。

部分网友认为湖北改“楚”是“瞎折腾”“劳民伤财”。因为湖北改了简称以后，涉及“鄂”字号车牌的更换问题，以及教科书上与“鄂”相关的称谓的改动问题等。有人在网上算了一笔账，湖北已上牌车辆将近 1 000 万辆，假设换一个车牌要花费 100 元，费用就将近 10 亿元。①

四 地名更名回潮

4.1 简况

新中国成立之后，地名更名一直未间断，根据更名特点，大致可分为以下四个阶段。

① 李正豪《鄂商已成楚商 湖北简称鄂或改楚引发民间争议》，凤凰网 2011 年 10 月 30 日，http://finance.ifeng.com/news/region/20111030/4956194.shtml。

第一个阶段是建国之初，清理带有歧视或侮辱少数民族性质的地名。1951年5月16日政务院下发《关于处理带有歧视或侮辱少数民族性质的称谓、地名、碑碣、匾联的指示》和《关于更改地名的指示》，体现了党的民族政策，促进了全国各族人民的大团结。如将归绥改为呼和浩特，迪化改为乌鲁木齐，靖化改为金川等。

第二个阶段是1956年至1959年汉字简化、标准化改革后，一些地名根据改字不改发音的原则做了调整。例如重庆的“鬼城”酆都县改为丰都县，新疆和阗县改为和田县，陕西盩厔县改为周至县等等。

第三个阶段是“大跃进”和“文革”时期。在这个时期，以所谓横扫“四旧”、突出政治为借口，处处标新立异、信口开河，胡修妄改地名，地名出现“一片红”，“革命”“战斗”“灭资”等重名同音地名随处可见，甚至造成信件无法投递的情况。① 仅甘肃省天水市秦州区在“文革”期间就被改了70条街路巷，像“箭场里”被改为“前进巷”，“砚房背后”被改为“文革巷”，“十方堂”被改“反修巷”，“玩月楼巷”被改为“解放路”，大部分被更名的街道都赋予了政治色彩。② 又如，南京的玄武区被更名“要武区”，下关区被更名“东方红区”等等。

第四个阶段是上世纪80年代以来，以发展经济为目的的城市更名。为了更好地招商引资，扩大知名度，各地纷纷更名。其中影响较大的有：安徽省1987年撤销徽州地区，设立地级黄山市；1998年湖北省蒲圻市更名赤壁市；四川省南坪县更名为九寨沟县；2001年云南省中甸县更名为香格里拉县。凡此种种，目的只有一个，那就是要吸引世界的眼球，促进经济发展。③

4.2 80年代以来地名更名热点分析

现以时间为序，将上世纪80年代以来有影响的地名更名情况整理如表3—1：

上世纪80年代以来地名更名的不少，真正成功的并不多，湖南省大庸市更名为张家界市，被誉为城市改名的成功典范。大庸市原是湖南湘西武陵山区一个不知名的封锁闭塞的小县城，著名的张家界风景区就在其辖区，1994年4月更名张家界市之后，知名度迅速飙升。媒体报道称：1993年大庸还是座连条像

---

① 石超艺《上海市地名文化保护与地名管理研究》，华东师范大学博士后研究工作报告，2007年。

② 张华《中国城市老地名正在惊人消失 而却在世人的美好记忆中挥之不去》，《中国地名》2011年第5期。

③ 汪虹波《地名是把双刃剑，应谨慎更改》，《中国地名》2010年第2期。

样的公路都没有的落后县城，而现在的张家界市是全国炙手可热的一线旅游城市。更名后，旅游者数量与旅游收入呈现逐年增长趋势。1995 年至 2009 年，张家界的游客量从 160 万人次增加到 1 847.74 万人次，旅游收入从 25 680 万元增长到 10 020 000 万元。[①]

表 3—1　80 年代以来部分地名更名情况

原名	现名	更名时间	原名	现名	更名时间
宁冈县	井冈山市	1984 年	路南彝族自治县	石林彝族自治县	1998 年
屯溪市、徽州地区	黄山市	1987 年	通什市	五指山市	2001 年
崖县	三亚市	1987 年	中甸县	香格里拉县	2001 年
峨眉县	峨眉山市	1988 年	淮阴市	淮安市	2001 年
灌县	都江堰市	1988 年	铁法市	调兵山市	2002 年
崇安县	武夷山市	1989 年	安西县	瓜州县	2006 年
大庸市	张家界市	1994 年	思茅市	普洱市	2007 年
锦西市	葫芦岛市	1994 年	苏州市西山镇	金庭镇	2007 年
完县	顺平县	1993 年	湖北高阳镇	昭君镇	2009 年
荆沙市	荆州市	1996 年	襄樊市	襄阳市	2010 年
蒲圻市	赤壁市	1998 年	潞西市	芒市	2010 年
南坪县	九寨沟县	1998 年			

资料来源：柴海燕(2000)[②]，王旭科、赵黎明(2007)[③]，吕连琴、张东月(2010)[④]等。

地名更名失败的案例也可见到：1994 年 10 月，湖北省荆州地区、沙市和江陵县被撤销，设立荆沙市。沿用千年的荆州之名一朝被废，引发众多争议。两年后，国家恢复了被改掉两年的“荆州”之名。

许多地名更名，更多的是存在着争议，比如：

(1)1987 年徽州地区更名为黄山市，太平县更名为黄山区。“黄山”这一资源名称在同一大行政区内两次重复使用。造成地名的混乱，给游客带来诸多不便。另外，黄山市原来的市名“屯溪”，是徽州文化的代表。更名之后，也抹杀了徽州这一名称丰富的文化内涵。“黄山的奇峰怪石，焉比得上古徽州千年文化底蕴?”[⑤]

(2)都江堰市是由原来的四川灌县于 1988 年改设的，辖域内有两个知名景

① 吕连琴、张东月《旅游地更名现象及原则探讨》，《郑州航空工业管理学院学报》2010 年第 6 期。
② 柴海燕《风景旅游城市地名变更现象透析》，《地域研究与开发》2000 年第 2 期。
③ 王旭科、赵黎明《服务于城市旅游的城市更名及方法》，《城市问题》2007 年第 10 期。
④ 同注①。
⑤ 高延晶《改名考》，《广州日报》2010 年 12 月 4 日第 A5 版。

点“都江堰”和“青城山”，两者的知名度都很高，前者是著名水利工程，后者是著名道教圣地。改“灌县”为“都江堰市”，在很多人看来，这对青城山的旅游开发反而不利。

(3)辽宁省铁法市为了发展旅游而更名为“调兵山市”，其理由据说是金代名将金兀术曾经在该市境内的一座山上调兵遣将，一时成为笑谈。

(4)江苏省的淮阴市改淮安市，当地人为了说明是大淮安还是小淮安，煞费周折。淮安本是地级淮阴市下属一个县级市的专名，位于淮阴市东南，原县级淮安市是淮阴市历史文化名城核心区，有周恩来故居、“下草湾文化”和“青莲岗文化”遗址等。县级市的专名取代地级市专名后，因两地不同城，引出的直接矛盾是，外地人到了淮安市却找不到周恩来故居，出现了名不副实的情形。①

(5)2007年，苏州市吴中区西山镇被更名为“金庭镇”。更名原因之一是“西山”有“日落西山”的含义，不吉利；之二是因为“西”在苏州方言中又与“死”发音类似。为防止“西山”的地名影响招商引资和旅游业发展，决定更名。有人认为这一更名是不折不扣的现代迷信。②也有人认为，苏州古镇西山镇因“迷信”而更改地名，与其说当地政府迷信，不如说他们在以发展经济的名义“打劫”文化。③

(6)中甸县，藏语称“结塘”，纳西语取“酋长住地”之意，称为“主地”，汉语音译为“中甸”。这是中甸一名的由来。而香格里拉是个舶来品，它既没有汉语的涵义，也没有纳西语和藏语的含义。它是英文SHANGRI-LA的汉语音译。从香格里拉的名称和内容看，它不是中国文化的东西。它是西方人讲述的一个故事，这个故事还隐含着西方的宗教背景。而在被称为香格里拉的土地上，生活着藏、汉、纳西、彝、白族等十几个民族，用香格里拉作为中国一个县级行政区的名称，让人觉得有点酸溜溜的。④虽然如此，中甸更名为香格里拉之后，知名度飙升，游客络绎不绝，确实为当地的经济发展带来了好处。

(7)河北省完县原为金代所置完州，以“山川完美、坚固”之意而得名，但在1993年因有外商认为“完”是“完蛋”之意，而更名顺平县。

---

① 刘丽丽、徐蕊《改革开放以来中国县级以上政区名称变更及其问题探讨》，《人文地理》2010年第4期。

② 慎海雄《改地名讨吉利的现代迷信必须制止》，《中国社会报》2007年7月3日第1版。

③ 东海《更改地名：经济“打劫”文化?》，《中国商报》2007年7月10日第6版。

④ 汪虹波《地名是把双刃剑，应谨慎更改》，《中国地名》2010年第2期。

五 若干思考

地名更名涉及面很广，尤其涉及普通百姓的切身利益和心理感受。对于地名更名的争论说明从上到下的行政决策一定要广泛听取民意，科学论证。图谋城市发展，仍要以人为本，从现实出发，万万不可孤立地想当然地高举文化或者经济大旗，说改就改。事实告诉人们，一座城市的经济发展，与地名的更改并无必然联系；城市历史文化的发扬光大，与地名的复归也无直接联系；市民群众的幸福指数提高，更是与城市地名的更改毫无瓜葛。[①] 复旦大学教授周振鹤指出，地名要保持严肃性、延续性，除非是影响到民族尊严，有损政治文化的名字才需要改。[②] 因此地名更名应该慎之又慎。我们认为，今后地名更名要重视以下几个方面。

5.1 创设政府、专家与普通百姓都能积极参与的机制

地名管理工作是一项复杂的系统工程，涉及政治、经济、文化、地理、民族、语言、历史等多门学科。因此，应该建立符合现代地名管理需要的新体制，恢复由多部门协调的中国地名委员会和地名专家咨询组，[③]应该让包括语言文字学专家在内的多学科专家参与。比如，澳大利亚维多利亚州的地名专家组就规定，专家组应尽可能由具有制图、地理、规划、地方政府行政管理、土著文化和语言、遗产、历史事件、正字学、语言学领域的知识背景或有经验的人员组成。[④]

地名本是一个约定俗成的社会符号。地名的使用，应当具有相对的稳定性，轻易更名，必将带来识别的紊乱，徒增不菲的成本和麻烦。改名往往涉及一地重大公共利益，所以合法的程序、公开的操作、民主的决策不可或缺。城市改名牵一发而动全身，涉及社会民生方方面面，必须大范围征询公众意见。[⑤]《无锡市地名管理条例》将于 2010 年 6 月 1 日起正式施行，今后，命名更名地名都要进行

① 蒋琦《湖北襄樊更名为襄阳 传将耗费上亿行政成本》，腾讯网 2011 年 1 月 9 日，http://news.qq.com/a/20110109/000720.htm。

② 张宏伟《襄樊更名襄阳 一“字”之改成本过亿》，《华商报》2011 年 1 月 8 日第 A11 版。

③ 王建富《新中国地名事业的回顾与展望》，《中国地名》2010 年第 2 期。

④ 张卫星《澳大利亚维多利亚州的地名工作——地名标准化管理原则、政策与程序》，《中国地名》2006 年第 11 期。

⑤ 梁昌杰《改地名切莫急功近利》，《人民日报》2011 年 1 月 24 日第 11 版。

听证会,听取当地人民政府、有关部门、专家和公众的意见。

当然,在听取公众意见时,也要明确民意调查结果的参照标准。从其他国家的经验来看,更名与否需要根据实际情况设定相应的比例指标。比如在韩国,民意调查的结果要达到80%,城市更名方案才会被批准通过。[①]

5.2 加强地名非物质文化遗产保护

回顾半个世纪以来地名更名的情况,我们可以发现新中国成立时期,地名更名的动因多为政治因素;改革开放以来,地名更名的动因多为经济因素或经济取向。今后地名更名的动因有可能是文化取向或文化保护动因。[②]果真如此,这将是一种非常好的发展趋向。

联合国第五届地名标准化会议第六号决议指出:“地名是民族文化遗产。”第六届会议第九号决议进一步指出:“地名有重要的文化和历史意义,随意改变地名将造成继承文化和历史传统方面的损失。”[③]地名一旦更改后,地名中蕴含的历史发展、人文沿革、精神图腾、民俗风情等非物质文化遗产,也会荡然无存。

地名是社会发展的一面镜子。我国由于缺乏传统地名文化的保护意识,乱更名、乱起名现象屡屡发生。这些改动,当时看来都有各自的理由,但将其放到历史长河中看,有很多都不甚合理,对地名文化资源造成了严重破坏。[④]老地名是城市文化传承的“活化石”,是城市的“根”,一座城市,唯有发展才能承接美好的未来,也唯有在“根”的托举下才能走得更远。已强烈意识到这一点的无锡,近年来成立了专家组,对700多个老地名进行梳理,并将在年内选出100个最具无锡特色的老地名,纳入历史地名保护名录,这些老地名中已使用的将不得更名,未使用的则将适时重新启用。[⑤]北京、南京、杭州、上海、成都、郑州等多个城市,都已经启动了老地名保护工程。《河北省地名管理规定》也于2011年1月1日起施行。其中规定要保持地名的相对稳定,并对历史悠久、具有纪念意义的地名予以保护。

---

① 付深红《现阶段我国城市更名的若干思考》,吉林大学硕士论文,2007年。

② 此处观点得益于《中国语言生活状况报告》主编及审稿专家,在此深表谢意。

③ 刘保全《加强地名文化遗产研究与保护势在必行》,《中国地名》2006年第4期。

④ 陈丽平《城市更名改姓期待机制把关》,《法制日报》2007年4月9日第8版。

⑤ 未雪《被“复活”的无锡老地名》,《无锡日报》2011年5月15日第W01版。

5.3 进一步实现地名标准化和信息化

我国政府非常重视地名工作，先后制定和颁发了一系列有关地名的法规和文件，其目标是要实现地名国家标准化，即“一个地名的读音和书写要符合正字正音的规定，含义健康，命名、更名要履行法定的批准手续”。[①]为了这个目标，我国地名工作者和语言文字工作者进行了长期的合作和艰苦的努力，在地名普查、编纂、建档、管理、设标、科研等方面都取得了重大成果，奠定了我国地名标准化的坚实基础。[②]未来，还需要各部门加强合作，进一步实现中国的地名标准化(在实现国家标准的基础上，与世界标准接轨)，并且要利用最新的信息技术，比如云计算技术等，实现地名的信息化，为社会提供各种服务。

5.4 完善地名更名的法律、法规

1986 年 1 月 23 日，国务院颁布并实施了《中华人民共和国地名条例》，这是新中国第一部专门规制地名的行政法规。该条例的颁布实施使我国地名管理走上了法律化轨道，为规范我国地名命名、变更及使用发挥了巨大作用。但是由于这部法规出台时间较久，需要根据新的社会情况进行完善。有学者就呼吁尽快制定地名法，规范地名命名、更名的程序，建立和完善科学的地名法规体系。通过对地名管理力度的加强，使地名的国际标准化得以实现和维护，使地名管理工作适应我国现阶段经济建设与社会发展的需要，为与世界各国全方位的交往奠定基础。[③]

近些年来，全国各地都开始施行新的地名管理办法，为国家制定统一的地名法奠定了基础。比如，《新疆维吾尔自治区地名管理办法》自 2011 年 10 月 1 日起施行。其中规定“公安、住房和城乡建设、交通运输、工商、语言文字、文化、新闻出版等有关部门在各自职责范围内，负责地名管理的相关工作。”[④]书写少数民族文字地名，应当使用自治区规定的少数民族语言正字正音法。

（汲传波）

---

① 王际桐《中国地名汉字书写及读音》，《语文建设》2000 年第 11 期。

② 李运富《试论地名标准化“语文标准”的原则问题》，《语言文字应用》2002 年第 2 期。

③ 刘丽丽、徐蕊《改革开放以来中国县级以上政区名称变更及其问题探讨》，《人文地理》2010 年第 4 期。

④ 新疆维吾尔自治区人民政府《新疆维吾尔自治区地名管理办法》，《新疆日报》(汉)2011 年 9 月 7 日第 3 版。

微博和微博语言

2009 年 12 月 30 日，国家语言资源监测与研究中心与多家机构联合发布“2009 年度中国主流媒体十大流行语”，“微博”一词首次出现在其中，当时列入“文化教育类”。

时隔一年，“微博”一词列入“2010 年度中国主流媒体十大流行语”的综合类；同时还入选互动百科评出的“2010 年度互联网十大热词”。网友对微博的昵称——“围脖”，成为 2010 年十大网络流行语之一，被一些媒体称为 2010 年最时尚、最流行的问候语，诸如，“今天你微博了吗?”“今天你织围脖了吗?”等等。

一　微博

微博是一个基于用户关系的信息分享、传播以及获取平台，用户可以通过 WEB、WAP 以及各种客户端组建个人社区，以 140 字左右的文字更新信息，并实现即时分享。最早也是最著名的微博是美国的推特(twitter)，根据相关公开数据，截至 2010 年 1 月份，该产品在全球已经拥有 7 500 万注册用户。

2006 年 3 月，博客技术先驱 blogger 创始人埃文・威廉姆斯(Evan Williams)创建的新兴公司 Obvious 推出了推特服务。在最初阶段，这项服务只是用于向好友的手机发送文本信息。Twitter 英文原意为小鸟的叽叽喳喳声，用户能用如发手机短信的数百种工具更新信息。Twitter 的出现把世人的眼光引入了一个叫微博的小小世界里。它利用无线网络、有线网络、通信技术进行即时通信，允许用户将自己的最新动态和想法以短信形式发送给手机和个性化网站群，而不仅仅是发送给个人。[①]

---

① Twitter，百度百科，http://baike.baidu.com/view/843376.htm。

2007年5月，校内网创始人王兴在国内推出第一个提供微型博客服务的类网站——饭否网，用户可以通过网页、无线应用协议（WAP）页面、手机短信、即时通信软件（包括QQ、MSN等）和各种应用程序编程接口（API）应用，在自己的饭否页面上发布消息（限定140字以内）或上传图片，用户间通过互相关注、私信、或@对话等方式互动。[①]随后，叽歪网、做啥网、腾讯滔滔、嘀咕网、9911微博客、Follow5、大围脖、叨叨网、随心微博等国内的微博网站纷纷上线。

2009年8月14日，作为中国四大门户网站之一的新浪网，进行微博内测；8月28日，进行对外公测，成为国内最早推出微博服务的门户网站，借助其惯用的名人效应迅速拥有了大量用户，公测后66天，新浪微博迎来了第100万个用户；公测后244天，注册用户达到1 000万。[②]短短半年时间内，即将微博的昵称"围脖"带入最热互联网词汇，成为当年中国互联网行业的一道风景。接着便有搜狐微博、网易微博、腾讯微博等，微博以迅猛之势进入中文上网主流人群的视野。

截至2010年12月30日，国内微博用户规模约6 311万人，网民中的使用率为13.8%，手机微博的使用率达15.5%，[③]2010年被冠之以"中国微博元年"；到2011年底，国内网民数量达到5.13亿，而微博用户数已达到2.5亿，较上一年增长了296%，网民使用率为48.7%，[④]2011年也被称为中国的"微博应用元年"。的确，微博已经成为国内最重要的网络应用，正在深刻影响当代人的生活方式、信息的传递方式以及社会舆论的走向，中国社会步入由微博引领的"微时代"。

既然微博称为微型博客，就说明它与传统的博客有着某种联系，用户都需要注册来完成登录，并在特定的网络空间内拥有一块属于网民个人的领地，通过个人发布、更新信息来维护，这种信息可以是文字、图片、视频、音乐等多种形式；所不同的是，博客更多时候是个人表达和出版的空间，而微博则是通过即时发布、关注与被关注等形式进行信息传播的公共平台。

---

① 《饭否》，百度百科，http://baike.baidu.com/view/952978.htm。

② 彭少彬《新浪微博叩开了中国微博元年大门》，新浪网，http://tech.sina.com.cn/i/2010-11-16/10464870829.shtml。

③ 中国互联网络信息中心《中国互联网络发展状况统计报告》，http://www.cnnic.cn/research/bgxz/tjbg/201101/P020110221534255749405.pdf

④ 中国互联网络信息中心《中国互联网络发展状况统计报告》，http://www.cnnic.net.cn/dtygg/dtgg/201201/W020120116337628870651.pdf。

1.1 平民化、低门槛

与博客相比，微博不需要太多的时间和精力来经营，只要拥有可上网的终端设备，用户就可以通过电脑网络、手机上网或手机短信等方式，随时随地“织围脖”。字数大都限定在140个左右，新浪、腾讯微博为140字，网易是163个字，随心微博将140字改为333字，搜狐微博则无字数限制。

一定的字数规定看起来是一种限制，但另一方面又使微博的撰写更加容易、简单，无须设计标题和谋篇布局。无论你是作家、学者、写手还是普通网民，都只能用短信的容量记录自己某一时刻的心情、某一瞬间的感悟，这也在很大程度上与网络时代的生活节奏相协调。

1.2 信息的即时发布与分享

微博的发布形式简单、多样（参见下图3—5），特别是手机上网或手机短信，用户可以随时随地发微博，即时更新信息，“短、灵、快”的传播特点使每个微博用户自然地成为一个信息源。同时，微博网站上，还专门设置了信息传播与分享的功能，如新浪微博（参见下图3—6）、搜狐微博的“关注”与“粉丝”，网易微博的“关注”与“被关注”，腾讯微博的“听众”“他收听”与“收录他”等，你关注别人，别人也会关注你；你有多少个粉丝，就有多少个关注你的人，这样你所发布的任何一条微博信息，都将为你所关注和关注你的人以及你的粉丝所分享，进而呈裂变式的传播，产生以往的传播平台所难以企及的传播效应。

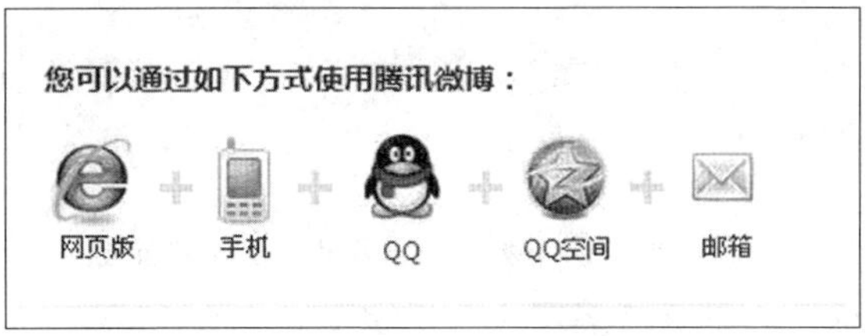

资料来源：腾讯微博，http://t.qq.com。

图3—5　腾讯微博主页面截图

资料来源：新浪微博：http://weibo.com/renzhiqiang。

图3—6　新浪微博个人主页截图

二　微博语言

微博在为用户提供自由的言论空间的同时，也使微博语言的使用有了更大的自由度。毋庸置疑，微博在改变社会生活方式的同时，也在影响着我们的语言生活。

2.1 微博语言基本状况

2.1.1 微博文本的语言特点

微博文本的生成方式，与其他网络传播平台，如电子布告栏系统(BBS)、网络聊天、博客，并无本质的差别，都是需要电脑、手机以及其他的电子终端设备，经过键盘(或手写)输入、屏幕阅读来完成，因此，除图片、视频、链接等特殊形式外，最终的语言成品通常体现为书写文本，可以由各种文字符号和非文字符号构成，如汉字(包括繁简体)、汉语拼音字母、西文字母、日韩文等，以及阿拉伯数字、各种表现符号等。

因此，微博文本的语言使用情况，整体上表现为广义的语码混合，即广泛地使用了各种电脑、网络可以提供的书写符号资源，进行表情达意(参见下图3—7)。

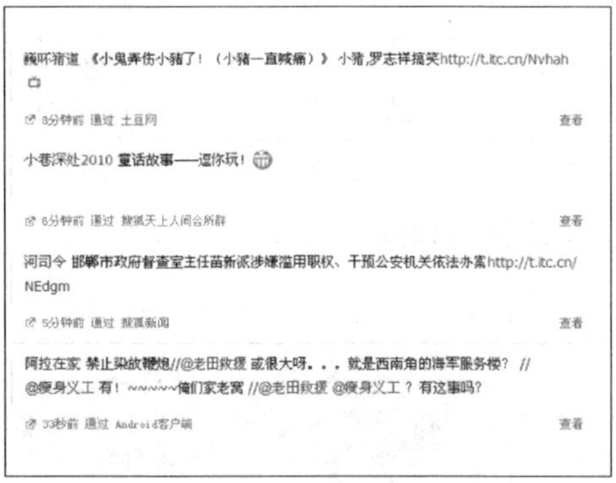

资料来源：搜狐微博，http://t.sohu.com/new-index 首页截图。

图3—7 搜狐微博截图

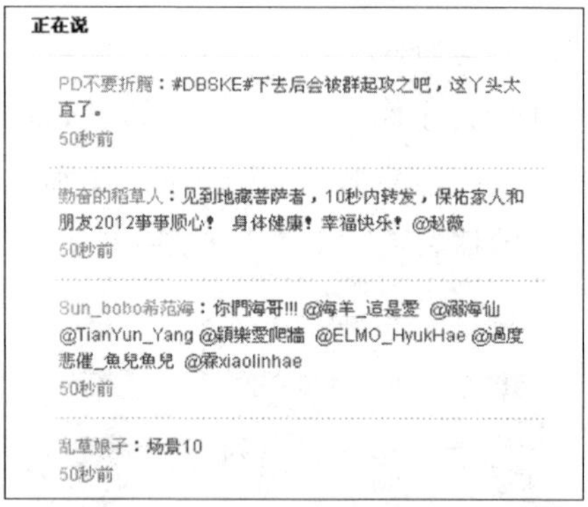

资料来源："正在说"滚动页面截图，新浪微博，http://weibo.com。

图3—8 新浪微博截图

同时由于文本容量较小，信息冗余的空间十分有限，因此，相对于博客、电子布告栏系统等传播平台，微博的信息传递更加直接、直白，语言陌生化的现象较少，即便是不具备上下文条件，网友们也可大致读懂(参见上图3—8)。微博上所流行的词语和表情符号，对于一般网民来说都会认为是习以为常的，关于这一点，我们可以从连续两年的"新浪微博年度盘点"中，略见一斑。(参见下图3—9、3—10)

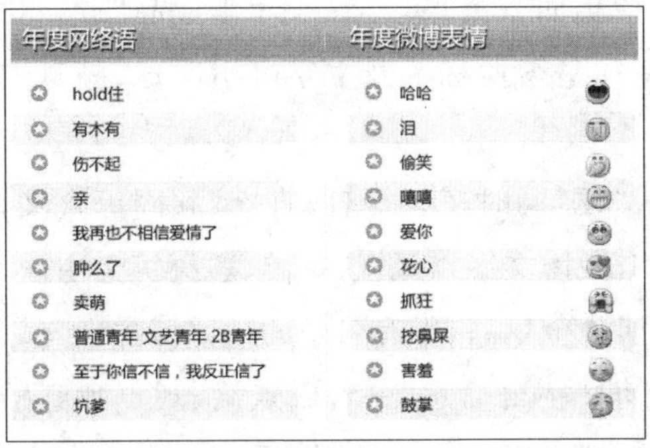

资料来源：《2011 新浪微博年度盘点》，新浪网，http://tech.sina.com.cn/z/2011pandian。

图 3—9　2011 新浪微博年度盘点截图

资料来源：《2010 新浪微博年度盘点》，新浪网，http://weibo.com/pub/i/zt/2010pandian。

图 3—10　2010 新浪微博年度盘点截图

这些网络流行词语都曾在新浪微博上广泛传播，经仔细追踪，我们发现，它们大多都不是首先在微博上使用的，如“伤不起”“亲”来自网络的流行文化；“Hold 住”来自电视媒体的综艺节目，“至于你信不信，我反正信了”来自社会热点事件；“有木有”“肿么了”是方言的音变形式，但它们都是借助微博这个平台传播开来的，并对网络传播、现实生活产生了较大的影响。

2.1.2　与微博有关的仿词[①]

下面这组词语曾被看作是微博十大新潮用语，通过对“微博”“围脖”中的构词成分的同音、谐音戏仿而生成。

其生成图式为：

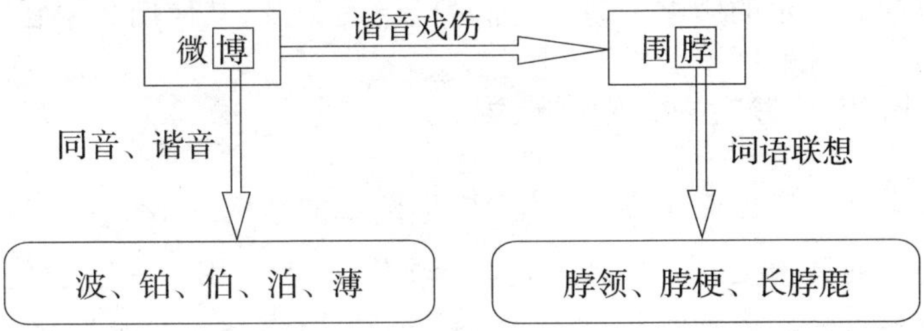

图 3—11　微博仿词生成图式

(1)脖领儿：方言词语，衣服领子。用来指称微博中的“领袖人物”，即微博关注率、点击率双高，粉丝众多的博主。

① 《大围脖》，百度百科，http://baike.baidu.com/view/3053435.htm。

(2)微波炉:“微博”与“微波”谐音,指犹如微波炉般把一些“半成品”放在炉里“加热”一番,便有“翻新猛料”爆出,往往是微博标题及文字吸引眼球、颇具煽动力,大有语不“雷”人死不休的意味。

(3)脖梗儿:方言词语,脖子的后面,“梗”同时还有挺直、直爽、顽固等含义,因此“脖梗儿”往往指微博中的“刺儿头”,微博文字以讥讽、拍砖、恶搞等为主。

(4)铂金:与“博金”同音,指所发微博含金量高、很有名望的微博博主。

(5)长脖鹿:“长颈鹿”的俗称,指微博文字言简意赅、着眼点高、观点独到的博主;也指自命清高、俯视其他人的博主。同时具有“脖子伸得很长,专窥探别人隐私”的意思。

(6)伯爵:与“博爵”同音,指微博中的“贵族”,多为知名人士以及各行业里的“专家”等。

(7)老伯:与“老博”同音,指微博的先行者。

(8)漂泊:与“漂博”同音,指微博一族中的“散户”,三天打鱼两天晒网,飘忽不定;也指以“转载”他人文章为主的微博,内容多为“舶来品”;有时也指外观漂亮的微博。

(9)泊位:与“博位”同音,指在微博中虽够不上“老伯”“伯爵”“脖领儿”式的人物,但也算有一定名气,占有独特的一席之“位”。

(10)薄荷糖:薄荷本身有一种清凉之气,用来指微博里无论是发文语言还是内容、形式都很具有个性的微博。

由于可供戏仿的词语有限,这类词语在微博新词语中所占的分量较小,在微博应用的早期有一定的影响力,反而随着微博的普及,其使用频率在逐渐下降。

2.2 层出不穷的“微XX”族词

伴随着微博的广泛应用,以“微”为构词语素的新词层出不穷,一些微博网站为了营造独特的微博文化,以“微”为构词语素,或者习用含有“微”的成语,设置了一些微博栏目或微博“应用”(参见表3—2),形成一道独特的网络风景线。

表3—2 微博网站栏目设置简表

微博网站	栏目及应用
新浪	微音乐、微活动、微电台、微数据、微女郎、微心情、微建议、微盘
搜狐	微访谈、微言大义、无微不至
网易	微生活、微达人、微争议、微专题、微专栏
腾讯	微语录、微电台、微空间

同样包含“微”这个语素的新词语，有些构词模式是“微博X”，如：微博体、微博通、微博控、微博游、微博门、微博问政、微博议政、微博元年、微博招聘、微博110，等等，数量并不大。

2.2.1 微XX中的“微”

在“微XX”族词中，“微”作为一个定位语素出现。“微”原本具有“细小、轻微”等含义，因此，一些微族词继续延用“微”的常用义构成新词，如：微旅行、微公益、微消费、微支付、微生产、微电影，等等。

而在当今由微博引领的微时代，“微”则更多作为“微博”的缩略指称“微博”，以及依托微博传播平台所产生的各种新生事物，如：微革命、微时代、微营销、微简历，等等。

2.2.2 微XX中的“XX”

“微XX”是这一族词的基本词模，“XX”多为双音节，也有少量单音节，如“微客”“微购”，因此“微XX”的基本节律是“1+2”；“XX”并不适用于所有词类，在词性上有一定的限制，一般为名、动、形三类词或语素，并以名词或名语素为最多：

(1)微+名词(语素)

微时代、微生活、微革命、微世界、微平台、微门户、微动力、微信息

微文化、微频道、微专题、微新闻、微电影、微小说、微喜剧、微观点、微漫画

微资讯、微人物、微心愿、微联盟、微祝福、微活动、微简历、微内容、微话题

微力量、微创新、微域名、微公益、微环保、微介质、微动作、微表情、微受众

微校网、微情商、微爱情、微情书、微情绪、微谣言、微趣处[①]、微影、微客、微民、微群、微管[②]

(2)微+动词(语素)

微传播、微直播、微访谈、微交流、微关怀、微表达、微娱乐、微评论、微创作

微阅读、微营销、微加工、微投诉、微整形、微整容、微交易、微支付、微消费

微玩乐、微评、微播、微购、微旅

---

① 一个基于微博的第三方应用平台，提供各种好玩、有趣的微博应用、心理测试应用，并可以将测试结果等发送到微博与他人分享、互动。参考自中关村在线的博客，http://blog.zol.com.cn/5045/article_5044943.html。

② 即“微博管理员”的缩略。

(3)微+形容词(语素)

微时尚、微酷

“微XX”是一个开放性的词族,它将随着微博传播的发展,不断增加新的成员。从大量的微族词,我们也能感受到“微博”造词的巨大能量。从理论上讲,每个微博博主和他发布的每一条微博都有可能成为新词语的创造者和发源地,因此,微博作为一个自媒体的传播平台,自然会在一定程度上改变词语的生成方式和传播路径。

(汪　磊)

微博体与网络时代语言生活

2011年12月14日，新浪发布“2011新浪微博年度盘点”，与2010年有所不同的是，增加了一个新的板块：“年度微博体”，见图3—12。

资料来源：《2011年我最喜欢的微博体》，新浪微博，http://weibo.com/z/weiboti/。

图3—12　2011新浪微博年度微博体民选截图

一　微博体

所谓“微博体”，是适应微博简短的发布形式并通过微博而广泛传播的一种特殊书写体式，它因微博而得名。例如，社会上出现了一系列助人为乐却反遭诬陷及“冷血路人”的事件，2011年10月18日，北京师范大学教授、经济学家董藩转发了这样一条微博，见图3—13。

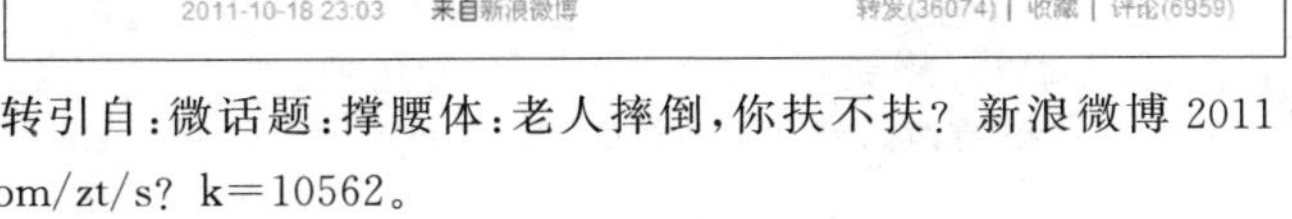

资料来源：转引自：微话题：撑腰体：老人摔倒，你扶不扶？新浪微博2011年10月18日，http://weibo.com/zt/s?k=10562。

图3—13　董藩教授转发微博截图

由于上述转发的微博内容，蕴涵着“北大为你撑腰”的意思，因此网友将其命名为“校长撑腰体”，简称“撑腰体”，一种新的微博文体就此产生，并在网络特别是微博上，迅速仿成了“大学校长版”“微博版”“政府版”等形形色色的“撑腰体”。

实际上，在微博广泛应用之前，所谓的“微博体”就已经大行其道，只不过被统称为“网络文体”而已。

1.1 网络文体众生相

广义的网络文体，是以互联网为传播平台、以网络信息技术实现其传播功能的文章风格和体裁。其中，既有传统文体移步于网络，如包括网络小说、网络散文、网络诗歌、网络戏剧等在内的网络文学；也有以互联网为载体，原生的“电子语篇”，[①]如电子邮件、网帖、手机短信、博客、微博，等等。

狭义的网络文体，是指借助某一流行元素，起源并流行于网络的一种新的书写体式。这种流行元素，可以是一个突发奇想的网帖及其发布者、一个艺术作品或其创作者、一次集体无意识的恶搞，也可以是全民关注的某个热点事件，等等。它们大都来自各大论坛，通过网友的跟帖而传播流行开来。

譬如，“梨花体”中的“梨花”谐音“丽华”，所指为诗人赵丽华和她的诗作，网上称其为“口水诗”：毫无疑问/我做的馅饼/是全天下/最好吃的。[②] 自2006年秋季后，众多网友以嘲笑的心态，仿写了大量的口语诗歌，更有好事者以“赵丽华”名字谐音，成立“梨花教”，封其为“教主”。[③]

“私奔体”源于2011年5月16日深夜的一条名人微博，见图3—14：

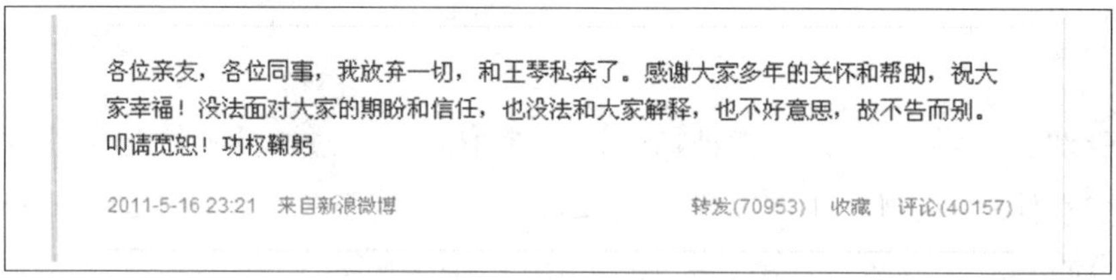
各位亲友，各位同事，我放弃一切，和王琴私奔了。感谢大家多年的关怀和帮助，祝大家幸福！没法面对大家的期盼和信任，也没法和大家解释，也不好意思，故不告而别。叩请宽恕！功权鞠躬

2011-5-16 23:21 来自新浪微博 转发(70953) | 收藏 | 评论(40157)

资料来源：新浪微博，http://weibo.com/wanggqvc007#!/wanggqvc007?page=23&pre_page=22&end_id=3430229072762716。

图3—14 新浪微博页面截图

① 黄国文《电子语篇的特点》，《外语与外语教学》2005年第12期。

② 赵丽华《一个人来到田纳西》，转引自《梨花体》，百度百科，http://baike.baidu.com/view/549209.htm。

③ 《梨花体》，百度百科 http://baike.baidu.com/view/549209.htm。

微博中的关键性词语“私奔”夺人眼球，加之极易产生名人私奔的轰动效应，使该微博具备了网络文体流行的因素。网友就从上面的微博中，提取出基本的造句模式：

各位亲友，各位同事，我放弃一切，和XX私奔了。感谢大家多年的关怀和帮助，祝大家幸福！没法面对大家的期盼和信任，也没法和大家解释，也不好意思，故不告而别。叩请宽恕！XX鞠躬。[①]

同时仿拟出“和睡眠私奔”“和假日私奔”“和人民币私奔”等，一种新的网络文体就此诞生。

就整体而言，网络文体的体式和语言特色并无严格的规定，从网络文体的命名就能感受其本身的多元性，我们粗略地将网络文体归为以下几类：

1.1.1 创作者

从创作者角度划分的类别包括：梨花体（谐原创者赵丽华）、剪刀体（原创者网名：双股剪刀）、蜜糖体（原创者网名“爱步小蜜糖”）、琼瑶体（又名奶奶体，原创者琼瑶的作品）、赳赳体（胡赳赳的作品）、安妮宝贝体（网络作家名）、羊羔体（谐诗作者车延高的名字）、亮叔体（自称“亮叔”的人的惊人之语）、后宫体（又称后宫优雅体，博主的网名）。

1.1.2 艺术作品

从艺术作品角度划分的类别包括：知音体（杂志名）、红楼体（模仿红楼人物语言）、银镯体（安妮宝贝作品）、走进科学体（电视栏目）、子弹体（影片名）、七夕体（因湖南卫视2010年“七夕晚会”而得名）、LOLI体（LOLI是小说《洛丽塔》中女主人公的名字）、葛优体（葛优所扮演的人物）、蓝精灵体（动画片《蓝精灵》的主题曲）、谋杀体（蒋峰的小说《为他准备的谋杀》）、剑雨体（模仿电影《剑雨》的台词）、省略体（2011年春晚赵本山小品《同桌的你》中经典的台词：此处省略xx个字）。

1.1.3 表现形式

从表现形式角度划分的类别包括：纺纱体（模仿莎士比亚）、排比体（排比句式）、回音体（影视作品的回音效果）、咆哮体（咆哮的表达方式）、校内体（校内网常用标题形式）、脑残体（因其混合了多种语码的书写形式而得名）、亲密体（2010年末网店卖家的贺卡形式）。

---

① 《各位，各位，私奔体来了》，凤凰网2011年5月18日，http://news.ifeng.com/gundong/detail_2011_05/18/6461495_0.shtml。

1.1.4 帖子内容或关键性词语

从帖子内容或关键性词语的角度划分的类别包括：孩子体（帖子用词）、装13体（帖子内容）、大概体（帖子关键性词语）、膝盖中箭体（网络游戏人物中的台词）、埋汰体（天涯社区蓉荣的帖子）、投身体（网上工作总结的用词）、随手体（源自“随手拍照解救乞讨儿童”活动）、幸福体（网帖中的关键性词语）。

1.1.5 公共事件

从公共事件角度划分的类别包括：3Q体、QQ体（事件：360与腾讯QQ之战）。

1.1.6 网站名称

从网站名称角度划分的类别包括：淘宝体（淘宝网）。

网络文体的总体特征表现为草根性、流行性、娱乐性、速生性和衍生性，本质上属于网络流行文化范畴。对于网络文体所表现的内容高雅与通俗、文本长与短，网民并不在意，更在乎网络文体流行的可能性、雷人指数、可模仿的能力，一些网络造句大赛多与某一时段流行的网络文体有关，如梨花体、凡客体、子弹体造句大赛等。

1.2 微博体：全民造句的网络狂欢

随着微博的兴起、微博信息的快速传播，网络文体产生的主阵地发生了转移，微博成为更多的网络文体的策源地和传播平台，网友更愿意将其称为“微博体”。

“2011新浪微博年度盘点”中，入选的“年度微博体”有：淘宝体、TVB体、咆哮体、海底捞体、扫地老太太体、见与不见体、小明体、撑腰体、文艺青年体、不相信爱情体等。

这一年里，各种微博体达二三十种，你方唱罢我登场，几乎每个月都会新出现一两种甚至更多种微博体，网民们乐此不疲地进行模仿和传播。

年初出现的有：扫地老太太体、见与不见体、丹丹体、咆哮体等。

年中有：遇见体、私奔体、警察淘宝体、录取通知淘宝体、外交部淘宝体、TVB体、海底捞体、Hold住体、高铁体、轻度体、怨妇体、本山体、小明体、撑腰体、文艺青年体、不相信爱情体、秋裤体等。

年末有：唤醒体、陆川体、方阵体、如果体、厕所体等。

2011年9月27日下午，上海地铁十号线两车相撞，造成271人受伤，中央电视台新闻频道以“地铁十号线列车发生轻度追尾”为题，迅速报道，见下图 3—15。李光斗将此上传到微博，同时评论道：“一个新名词的诞生：轻度追尾。”①

姚晨的微博做出响应：“轻度转发。”②

潘石屹的微博则自嘲道：“我轻度弱智了。”③

冯远征在微博中频用“轻度”，写道：“今天天气轻度不好！俺的心情也轻度郁闷！轻度的！嘘。”④

旋即，“轻度”一词在微博上被广泛仿用，“轻度体”开始走红。

资料来源：《轻度体》，百度百科，http://baike.baidu.com/view/6563806.htm。

图 3—15　央视新闻频道报道截图

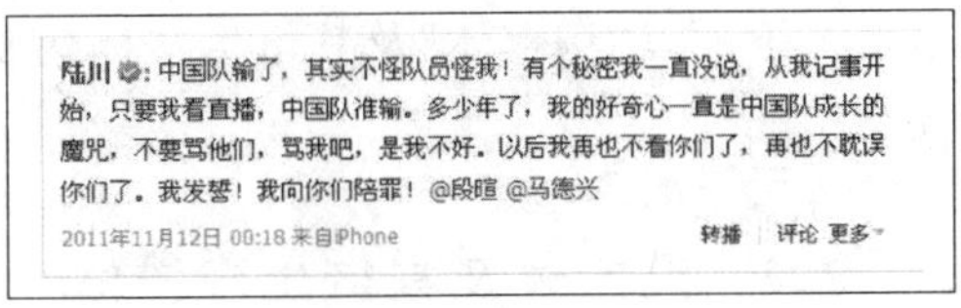

陆川：中国队输了，其实不怪队员怪我！有个秘密我一直没说，从我记事开始，只要我看直播，中国队准输。多少年了，我的好奇心一直是中国队成长的魔咒，不要骂他们，骂我吧，是我不好。以后我再也不看你们了，再也不耽误你们了。我发誓！我向你们陪罪！ @段暄 @马德兴

2011年11月12日 00:18 来自iPhone　转播 | 评论 更多

资料来源：陆川的微博，腾讯微博 2011 年 11 月 12 日，http://t.qq.com/p/t/72045041928810。

图 3—16　陆川腾讯微博截图

2011 年 11 月 11 日，中国足球队兵败多哈，世界杯之梦再次濒临破碎。赛后，著名导演陆川在微博上求骂：“中国队输了，其实不怪队员怪我！有个秘密我一直没说，从我记事开始，只要我看直播，中国队准输。多少年了，我的好奇心一直是中国队成长的魔咒，不要骂他们，骂我吧，是我不好。以后我再也不看你们了，再也不耽误你们了。我发誓！我向你们陪(赔)罪！”见图 3—16。

不言而喻，陆川的微博表达了对国足战绩的讽刺和不满，这种话语模式立刻得到网民的呼应，一时间“陆川体”蔚然成风。例如：

> 北京公交车人太多了，其实不怪中国人多怪我！有个秘密我一直没说，从我来北京开始，只要是我坐的公交车，人都 TM 贼多，恨不得金鸡独立。以后我再也不坐公交车了，我跑步上班，再也不影响其他人了，我发誓！我

① 《轻度体》，百度全科，http://baike.baidu.com/view/6563806.htm。

② 同注①。

③ 同注①。

④ 同注①。

向你们赔罪！[①]

这些微博体，大多采用正话反说或反话正说的方式，用反讽、调侃和夸张的语言，评论当今社会中的事件或人物，借一种貌似玩世不恭的表现方式，巧妙表达一些不能直接言说的见解和主张，达到批判或嘲讽的目的。这种语言轻松活泼又不失尖锐，形式上表现出强烈的娱乐化特征，内容上也颇具思想性和批判精神。这种仿式的语言传播，以鲜活的网络语言和灵活多变的句式结构，为网民的情感宣泄提供了最佳载体，也为社会语言生活注入了新的活力。

二 网络文体的流行与影响

2011 年出现的各种微博体，当以“淘宝体”流行范围最广、影响最大，争议也最多。下面以“淘宝体”及其衍生文体为例，探讨微博体的流行和对社会语言生活的影响。

2.1 淘宝体及其衍生微博体

对中国的百姓而言，“淘宝”这两个字并不陌生，北方民间经常会说“淘到什么宝贝”，《现代汉语词典》释“淘”的一个义项是“到旧货市场寻觅购买”，并注明是方言。[②] “淘宝网”的命名，正来自于此。

淘宝网 2003 年 5 月由阿里巴巴集团创立，到 2006 年就已成为亚洲最大的购物网站，一些网络词语也随之诞生并流行，如“团”“秒杀”“亲”等。随着淘宝网网购影响力的扩大以及网购人数的激增，淘宝网上买卖双方看货、询价的言语交流，慢慢形成了一定的模式，开始流行于网络，常用的词语和话语形式有“亲，XXX”“XXX 亲”“包邮哦”“好评哦”等，网民将其亲切地命名为“淘宝体”，并渐次在社会上流行开来，网上网下“亲”声不绝于耳，还衍生出多种淘宝体，而真正让淘宝体蹿红的，则是“警察淘宝体”的出现。

2011 年 6 月 12 日，一位网名为“police 先生”的北京年轻警官写下一条微博，该微博以幽默的方式，传递了对警察工作的感慨（参见图 3—17）。因该微博仿拟淘宝体而成，语言庄谐相济，极具“笑果”，而得到网友的喜爱，被广为转发和评论。

---

① 腾讯微博，http://t.qq.com/HWJ19940127。

② 中国社会科学院语言研究所词典编辑室编《现代汉语词典》（第 5 版）第 1332 页，商务印书馆 2011 年版。

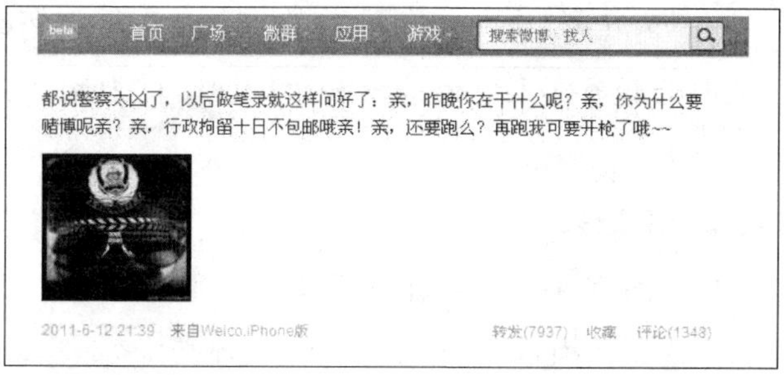

资料来源：police 先生的微博，新浪微博 2011 年 6 月 12 日，http://weibo.com/shawn65? from=otherprofile&wvr=3.6&loc=infweihao。

图 3—17　police 先生的新浪微博截图

7 月 8 日，一位网名为“MTJJ”的职业动漫画家，以此为素材，以“警察淘宝体～加强版～依旧来自大家的吐槽”为题，发表一组多幅漫画，每幅十分简洁，一名警察、一个罪犯和一句话。见图 3—18 和图 3—19。

警察：親，爲什麼要犯罪呢親？/還要跑麼親，再跑就開槍咯～/你這罪給十年已經是最優惠了哦親～/自首打八折噢親～/帶伙伴團購自首的話六折優惠～/現在入獄包吃包住還送雙手連體銀鐲哦親～/現在淡季入住可以享受一室一衛單人間哦親～/全國入獄免費包郵哦～/刑滿了哦親～歡迎下次光臨哦～/出去後要給五星好評哦親～

犯人：老子再也不犯罪了！/尼瑪的傷不起啊！

资料来源：MTJJ 的微博，新浪微博 2011 年 7 月 8 日，http://weibo.com/mtjj? page=22&pre_page=21&end_id=3424686665007323#！/mtjj? page=23&pre_page=22&end_id=3424686665007323。

图 3—18　警察淘宝体漫画截图之一

资料来源：同图 3—18。

图 3—19　警察淘宝体漫画截图之二

这则漫画微博，图文并茂，让人忍俊不禁，在很短的时间内转发数千次，评论数百条。如果说此时的警察淘宝体还停留在个体网络行为层面上，接下来则更多为官方所用。

2.1.1 淘宝体录取通知

2011年7月中旬，南京理工大学在发送正式录取通知书前，发出录取通知短信。见图3—20。这是国内首创的"淘宝体录取通知"。

资料来源：淘宝体录取通知书，百度图片。

图3—20 淘宝体录取通知截图

资料来源：淘宝体通缉令，百度图片。

图3—21 淘宝体通缉令截图

2.1.2 淘宝体通缉令

多地警方在自己加V认证的官方微博中，运用淘宝体发布治安信息、警示，其中最出名的是上海徐汇警方的"淘宝体通缉令"，见图3—21。

> 亲，被通缉的逃犯们，徐汇公安"清网行动"大优惠开始啦！亲，现在拨打24小时客服热线021—64860697或110，就可预订"包运输、包食宿、包就医"优惠套餐，在徐汇自首可获赠夏季冰饮、清真伙食、编号制服……亲，告别日日逃，分分慌，秒秒惊的痛苦吧，赶紧预订喔！亲～记得粉我，转发哦！

2.1.3 外交部淘宝体

2011年8月1日新浪微博"外交小灵通"发布"中日韩三国合作秘书处"的招聘公告，网友称之为史上最牛的"外交部淘宝体"，见图3—22。

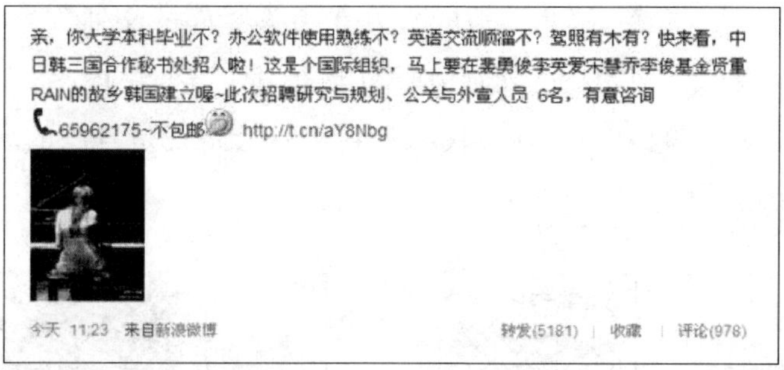

资料来源：外交部小灵通，新浪微博2011年8月11日，http://weibo.com/wjxlt。

图3—22 外交部淘宝体截图

2.2 官方淘宝体的利与弊

从以上由淘宝体衍生出来的三种淘宝体，我们很容易感受到网络文体、微博体对现实社会语言生活的影响，如何正确看待和评价这种影响，如何恰如其分地使用，而不至于滥用？

无论是口语还是书面语，任何一个语言交际过程都受限于特定的交际场合、对象、信息内容和形式、目的以及效果等。综观以上各种淘宝体，最早的两则，虽被称为“警察淘宝体”，但发表在个人的微博，话语主体为个体，无固定的交际对象和指向明确的交际目的，应视其为个人言语行为，具有自娱和他娱的特点。

南京理工大学的录取通知短信，发布主体虽为官方，而接受对象为个体，且为90后高中毕业生，在寄发正式录取通知书之前，以手机短信形式提前告知录取结果并表示祝贺，本身就是一种人性化的体现，采用年轻人较为喜闻乐见的网络表达方式，是一种尝试，自然也无可厚非。

通缉令通常是某级公安机关为缉捕在逃人员而发布的命令，文本类别和形式应属于公文，必然有其特定的体式。而淘宝体通缉令，以“亲”来称呼在逃人员，用“优惠”“客服热线”“预订”“套餐”等商家常用的词语来串接通缉令，并多次使用“啦、喔、哦”等语气词，以及网络上常用的“粉我”。这些表达形式无疑模糊了警察与罪犯的界限，消解了司法的严肃性，使庄重的执法带上娱乐化色彩，这也是此类淘宝体很快就从微博上删除的直接原因，人性化的执法不等于执法的娱乐化。

与此不同的是，成都、郑州等地的警方在街头竖起的交通安全提示牌："亲，注意避让行人哦！"、"亲，请按交通信号灯通行哦！"等，见图 3—23、图 3—24、图 3—25，却拉近了警民关系，让市民感觉到文明上路就是自己的事，宣传、警示的效果自然大不一样。

资料来源：淘宝体交通提示牌，百度图片。

图 3—23 淘宝体交通安全提示牌截图之一

资料来源：同图 3—23。

图 3—24 淘宝体交通安全提示牌截图之二

资料来源：百度图片，http://image.baidu.com/i?ct=503316480。

图 3—25 峨边交警的淘宝体提示截图

如果是某个人或某家公司利用现代的传播手段，采用微博体形式，通过微博发布招聘信息，多数网民都会欣然接受。而作为外交部官方微博平台的"外交小灵通"，采用淘宝体式，用"亲"的称呼开头，用"不包邮"结束，中间还使用了咆哮体的特征词语"有木有"，以及网络表情符号等，这就使信息发布主体大众化、语言网络化，看似走亲民路线，实则将外事信息娱乐化。所谓"外交无小事"，外交语言信息同样关乎一个国家的尊严，应反映出对国家语言的敬重。

"在微博和 BBS 上，一些新字新词的使用是没有问题的，但用在现实生活中，有些适合，有些值得商榷。比如以'亲'字开头的淘宝体，用在公安局对罪犯的通缉令和大学生录取通知书上就显得不太合适。尽管他们的动机是好的，希望拉近和服务对象的距离，但却缺乏庄重感，失去了公文应有的严肃性，让人产生信不过的感觉，甚至会让人觉得有点流里流气。另外，不是所有人都懂淘宝体，也不是所有人民群众都能够接受这种表述。"①

① 《教育部语用司司长：不是所有人都能接受"淘宝体"》，光明网 2011 年 11 月 11 日，http://culture.gmw.cn/2011-11/20/content_3002567_2.htm。

网络语言源于网络，但又不可能囿于网络，它与现实语言生活互动与影响是多层面的，不管是哪一种类型的语言，都有着很强的自我调节功能，用到当用处，用回到自己，网络语言才能正常、健康发展，网络文体、微博体自然也不例外。

（汪　磊、牟　岩）

第四部分

数　据　篇

2011年度媒体用字用语调查

本报告是2011年度报纸、广播电视、网络(新闻)等媒体语言用字、用语情况的调查结果。主要内容包括:调查使用的语料情况,汉字、词语使用的总体面貌、年度特色。从这些字词语的使用状况,可以看到年度的社会生活、时事面貌。社会生活对语言生活的影响,也通过字、词语的调查记录下来。

2011年度的用字用语调查,是在国家语言资源监测语料库2011年度的语料上进行的。调查时,对语料中由乱码、网络符号等产生的汉字、汉字部件进行了剔除。由于在大规模语料中还无法自动识别别字,因此调查统计没有甄别文本中的别字。词语是计算机自动分词产生的分词单位,既包括语文词,也包括专名(人名、地名、组织机构名、其他专名)、结合紧密、使用稳定的短语(如"国民生产总值、上市公司、近水楼台先得月"),以及缩略语(如"京港澳高速")。调查项目主要有频次、频率、覆盖率、出现文本数、使用率、累加使用率[①]等。

一　语料

本年度的调查语料涵盖平面媒体(报纸)、有声媒体(广播电视)、网络媒体(新闻网站)三种,共计1 167 751个文本文件,1 292 983 007字符次(包括标点、符号及西文字母、数字等出现的次数),其中汉字出现1 054 313 804字次。

2011年度语料采集的依据及选择过程与往年一致,采集时剔除了网络页面上的标签、广告、转版等信息。语料的总字符次保持在12亿左右,总汉字次保持在10亿左右。平面、有声、网络媒体的语料量仍按5∶1∶4的比例进行选取。

① 这些术语见国家语言资源监测与研究中心编《中国语言生活状况报告(2009)》(下编)第525—534页,商务印书馆2010年版。

1.1 报纸①

平面媒体选择了2011年度15种报纸作为调查语料，选择时综合考虑了“发行量、发行地域、发行周期、媒体价值”等因素，同时考虑了语料的可获得性因素。发行量参考了2010年10月由“世界报业与新闻工作者协会”发布的“2010年世界日报发行量前100名排行榜”；媒体价值参考了2010年6月在北京召开的世界品牌大会发布的“传媒行业品牌”的排行榜。

选定的15种报纸是(按音序排列)：《北京青年报》《北京日报》《北京晚报》《法制日报》《光明日报》《广州日报》《华西都市报》《今晚报》《南方周末》《钱江晚报》《人民日报》《深圳特区报》《新民晚报》《羊城晚报》《中国青年报》。

报纸语料共计731 334个文本，667 149 079字符次，其中汉字出现539 008 798字次。

1.2 广播电视②

广播电视语料是根据播出的录音或录像转写的文本，选取的主要依据是节目收视率，并且综合考虑了传播媒介(广播、电视)、媒体级别(中央、地方)、传播广度(是否上星)、播出时间(是否黄金时段)、节目样态(独白、对话、综合)、是否有转写好的文本等因素。

2011年度选取的广播电视语料，包括中央电视台、中央人民广播电台、北京电视台、北京人民广播电台、上海广播电视台、天津人民广播电台、重庆广播电视集团、山西广播电视台、山东电视台、山东人民广播电台、河南电视台、河南人民广播电台、安徽电视台、合肥电视台、江苏人民广播电台、黑龙江电视台、哈尔滨电视台、吉林电视台、新疆电视台、东南卫视、福建电视台、广州电视台、深圳电视台、深圳人民广播电台、成都广播电视台、大连电视台、石家庄电视台等34家媒体160个栏目的节目播出文本转写。共计20 006个文本，123 714 817字符次，101 677 073汉字次。

1.3 网络(新闻)

根据年度调查所确定的三种媒体语料量的比例，网络媒体语料只选取新浪、

① 报纸语料是从相应报纸网站上采集的，是报纸的网络版。

② 广播电视语料是由广播电视节目转写的文本，与原始有声语料之间存在某些差异。

腾讯两个网站的部分新闻语料。选取的方式是在每一天的语料中按既定比例随机抽取文本。获得的语料共计 416 411 个文本,502 119 111 字符次,413 627 933 汉字次。

二 汉字使用情况

2.1 基本数据

本次调查中,全部语料共计 1 054 313 804 字次(不包括标点、西文、数字、字母等字符),字种数计 10 590 个。报纸、广播电视、网络(新闻)3 种媒体中都出现的汉字——媒体共用字,计 6 534 个,媒体共用字在全部语料中出现 1 054 272 806 字次,覆盖整个语料的 99.996%。仅出现在任意两个媒体中的字种数计 1 365 个,只出现在一个媒体中的独用字计 2 691 个。部分共用和独用字在语料中的分布仅占全部语料的 0.004%。具体数据见表 4—1。

表 4—1 汉字使用情况

媒体		报纸	广播电视	网络(新闻)	全部语料
字种数		9 782	7 016	8 225	10 590
字次		539 008 798	101 677 073	413 627 933	1054 313 804
媒体间共用	字种数	6 534			
	占全部字种数比例(%)	66.796	93.130	79.441	61.700
	字次	538 979 541	101 675 677	413 617 588	1 054 272 806
	占总字次比例(%)	99.995	99.999	99.998	99.996
媒体间部分共用	字种数	1 286	293	1 151	1 365
	占全部字种数比例(%)	13.147	4.176	13.994	12.890
	字次	21 304	867	8 891	31 062
	占总字次比例(%)	0.004	0.001	0.002	0.003
媒体独用	字种数	1 962	189	540	2 691
	占全部字种数比例(%)	20.057	2.694	6.565	25.411
	字次	7 953	529	1 454	9 936
	占总字次比例(%)	0.001	0.000	0.000	0.001

本次调查的全部语料用字(共计 10 590 个汉字)形成《2011 年度媒体用字总表》(见本书所附光盘),表中包括汉字在语料中出现的频次和文本数、覆盖率等

统计数据。

2.2 覆盖率

汉字的覆盖率反映了汉字在整个语料中使用的分布情况，统计结果见表4—2。从中可以看出不同频率覆盖范围的汉字数量分布。

表4—2 汉字对语料的覆盖率情况

覆盖率＼语料	达到80%		达到90%		达到99%		达到100%
	字种数	字种比例(%)	字种数	字种比例(%)	字种数	字种比例(%)	字种数
报纸	605	6.18	978	10.00	2 475	25.30	9 782
广播电视	546	7.78	883	12.59	2 243	31.97	7 016
网络(新闻)	569	6.92	918	11.16	2 269	27.59	8 225
全部语料	593	5.60	957	9.04	2 396	22.63	10 590

其中覆盖率达到80%、90%、99%的汉字统称为高频汉字。从表中可以看出，覆盖全部语料达到99%的高频汉字，共计2 396个，占年度用字总数的22.63%；覆盖其余语料1%的字种数高达8 194个，占年度用字总数的77.37%。

2.3 高频字与低频字

年度高频字使用相对稳定。将2011年与2010年覆盖率达到80%、90%、99%对应部分的高频汉字进行对比，对应覆盖率的用字数量和使用的字种略有不同。从表4—3可以看出，随着覆盖率的增加，用字的共性减小，差别变大。高频用字数量随语料规模、内容发生微小的变化。

表4—3 2011年度用字与2010年度用字覆盖率对应字种比较

时间＼覆盖率		2011年	2010年
80%	字种数	593	601
	独用	8	16
	共用	585	
90%	字种数	957	972
	独用	18	33
	共用	939	
99%	字种数	2 396	2 431
	独用	28	63
	共用	2 368	

（续表）

99.99%	字种数	5 369	5 455
	独用	101	187
	共用	5 268	
100%	字种数	10 590	10 613
	独用	1 381	1 404
	共用	9 209	

从表 4—3 可以看出，覆盖率从 99.99%到 100%这个范围内，年度独用字的数量增加了 10 余倍。年度独用字都是低频字，低频汉字出现具有一定的偶然性，多用在专名、术语、方言中。2011 年的独用字中，按频次排序，前 10 个汉字使用频次及分布的文本数见表 4—4。

表 4—4　频次排在前 10 的独用字

汉字	棽	琋	閿	鹟	慭	鑅	垳	琜	憓	啣
频次	82	73	67	56	53	51	49	42	40	40
文本数	25	46	14	13	13	5	1	7	14	11

这些低频汉字的使用情况如下："啣"字仅出现在专名"啣凤岩村"中，是汶川县的一个村名；"慭、琋、琜、鑅、閿、垳、棽"等字都仅出现在人名中，其中"琋"出现在韩国人名中，"琜"出现在越南人名中；"憓"字分别用于一个长颈鹿的名字和一家饭店的名字中；"鹟"字出现在一种鸟类中，包括"白喉林鹟、褐胸鹟、栗头鹟莺、红喉姬鹟、红胸姬鹟、白眉姬鹟"等。

2.4　年度特色字

高频字的使用频率发生变化，一定程度上反映了年度媒体用字特点，使用频率增高，表明它记录了媒体关注的热点。将 2011 年用字总表的前 600 字、前 1 000 字、前 2 500 字的使用频率，分别与 2010 年度对应汉字的使用频率进行比较，计算对应汉字的频率比值，可以得到这三个范围内使用频率变化最大的汉字。表 4—5 列出对应上述范围、2011 年度使用频率增大的前 20 个汉字。

表 4—5　不同范围使用频率增大的前 20 个汉字

前 600 字	微　党　欧　卡　义　食　亿　福　博　标　社　利　共　停　财　限　监　购　企　评
前 1 000 字	微　债　菲　党　核　跌　革　欧　射　税　卡　障　义　锦　盟　食　亿　诺　津　福
前 2 500 字	亥　叙　微　辐　兔　泸　漳　苹　侈　啸　债　醋　鄂　扎　乔　盎　页　拐　缅　玮

从表中可以看出，频率变化最大的汉字反映了当年的社会热点。“微”字的使用频率增加，与2011年“微博、小微企业”大量报道有关，同时也与“微”字构造的大量词语产生有关，如“微采访、微反映、微代表、微话题”等；“党、共”使用频率的增加，与“中国共产党建党90周年”报道密切相关；“食”字使用频率的增加，与“食品安全”相关报道的大量增加有关；“限、购、障”使用频率的增加，与楼市“限购令、保障房建设”相关；“税”字使用频率的增加，与“个人所得税改革、离岛免税、车船税法草案”等热点事件报道增加有关。由于对热点事件大量报道而导致相关汉字频率增高的，还有“标”（提高最低工资标准）、“射”（天宫一号成功发射）、“亥”（辛亥革命90周年）、“醋”（勾兑醋）等。国际方面，“债”字使用频率的增加，与“欧债危机、美债危机、主权债务危机”有关；“卡、菲、扎、利”使用频率的增加，与“卡扎菲、利比亚局势”有关；“福、核、啸”记录了媒体对日本大地震引发的“福岛核泄漏、日本海啸”等事件的报道；而“叙、缅、跌、评、乔”等频率的增加与“叙利亚局势、缅甸地震、全球股市大跌、多国信用评级下调、乔布斯去世”等当年媒体视野中的国际热点事件密切相关。

从表中还可以看出，不同的频率范围，汉字所关涉的话题和事件不完全相同，这里既有汉字本身构词能力存在差异的因素，又有不同事件媒体报道强度存在差异的因素。

三　词语使用情况

本次调查使用的分词标注系统，是中国传媒大学有声媒体语言分中心开发的分词标注系统CUCBst2.0。经分词系统切分得到的切分单位（包含各种标点、符号、英文词语等）共计704 443 013词符次。

3.1　基本数据

媒体全部语料经过分词，滤除标点、符号、纯西文、纯阿拉伯数字、数字与西文混合式、网址等分词单位之后，计619 752 369词次，2 369 349个词种。其中231 272个词种在三个媒体中都出现，占全部词种数的9.76%。这些共用词种在语料中出现共计610 624 328次，覆盖全部语料的98.53%。任意两个媒体使用的词种有400 471个，媒体独用的词种计1 737 606个，占全部词种数的73.34%。这些独用词语在语料中共计出现3 891 986次，仅覆盖全部语料的0.63%。词语调查的基本数据见表 4—6。

表 4—6　年度词语使用情况

媒体		报纸	广播电视	网络(新闻)	全部语料
总词次		316 101 767	59 253 660	244 396 942	619 752 369
词种数		1 630 772	480 476	1 121 116	2 369 349
媒体间共用	词种数	231 272			
	占全部词种数比例(%)	14.18	48.13	20.63	9.76
	词次	311 118 966	58 641 617	240 863 745	610 624 328
	占总词次比例(%)	98.42	98.97	98.55	98.53
媒体间部分共用	词种数	372 887	86 626	341 429	400 471
	占全部词种数比例(%)	22.87	18.03	30.45	16.90
	词次	2 674 606	261 332	2 300 117	5 236 055
	占总词次比例(%)	0.85	0.44	0.94	0.84
媒体独用	词种数	1 026 613	162 578	548 415	1 737 606
	占全部词种数比例(%)	62.95	33.84	48.92	73.34
	词次	2 308 195	350 711	1 233 080	3 891 986
	占总词次比例(%)	0.73	0.59	0.50	0.63

总体来看,媒体间共用词语只占全部词种数的 9.76%,词种的相同性较小,这与广播电视报纸语料量较小有部分关系。从对语料的覆盖情况来看,这些共用词语覆盖了三个媒体语料的 98.42%、98.97%、98.55%,这三个数字非常接近,说明三个媒体的语料在语言面貌、话题内容方面,相似性比较高,具有较大共性。也说明,在语料达到一定规模(最少的广播电视语料量已过 1 亿字次)后,语料量的差异对反映同质语料的语言面貌的影响很弱。

各媒体上大量出现的不同词种,是以极低的频率分布的,主要表现为专名、术语,或时间、数字表达式。

3.2　覆盖率与词种分布

表 4—7 列出了各段覆盖率对应的词种情况。不同覆盖率下对应的词种个数,反映了词语使用频率的分布。总体来看,词语使用频率的分布情况和往年一致,使用频率较高的少数词语覆盖了较大的语料范围。具体来说,覆盖整个语料 90%的词语有 13 656 个,占全部词语种数的 0.58%;覆盖率达到 95%的词语有 31 546 个,占全部词语种数的 1.33%;覆盖率达到 99%的词语有 208 821 个,占

全部词语种数的8.81%;其余的2 160 528个低频使用词语,占全部词语种数的91.19%,其使用频率仅覆盖整个语料的1%。

表4—7　不同覆盖率的词种数

覆盖率(%)	词种数	比例(%)	覆盖率(%)	词种数	比例(%)
10	5	0.00	91	15 683	0.66
20	30	0.00	92	18 209	0.77
30	94	0.00	93	21 422	0.90
40	242	0.01	94	25 653	1.08
50	536	0.02	95	31 547	1.33
60	1 081	0.05	96	40 388	1.70
70	2 187	0.09	97	55 301	2.33
80	4 800	0.20	98	87 232	3.68
90	13 656	0.58	99	208 822	8.81
			100	2 369 349	100

表4—8给出了不同频次段对应的词种分布情况。在10亿多字次的语料中,使用次数小于和等于100次的词语,占全部词种的95.96%,超过100次的词种占全部词种的4.04%。

表4—8　不同频次段的词种数

频次段	词种数	占词种数比例(%)	累计(%)
1	1 173 188	49.52	49.52
2	365 471	15.42	64.94
3	167 689	7.08	72.02
4	104 644	4.42	76.43
5	67 495	2.85	79.28
6—10	164 574	6.95	86.23
11—20	106 219	4.48	90.71
21—100	124 426	5.25	95.96
>100	95 643	4.04	100.00

3.3　高频词语

语料覆盖率达到90%时所用的词语称为高频词语。高频词语的词种数情况见表4—9。全部语料的高频词共计13 656条,比2010年度略少。从表中可以看出,广播电视语料的全部词种数大约只是报纸语料词种数的1/3、网络语料词种数的1/2,但三个媒体的高频词语数量却相差不多,均在1万条以上。因此无论从共时的媒体角度看,还是从历时的年度使用角度看,高频词语的数量相对稳定。

表 4—9　高频词语的词种数

媒体	全部词种数	高频词语词种数	占全部词种数比例(%)
报纸	1 630 772	14 564	0.89
广播电视	480 476	10 470	2.18
网络(新闻)	1 121 116	11 430	1.02
全部语料	2 369 349	13 656	0.58

表 4—10 列出了报纸、广播电视、网络(新闻)三个媒体高频词语的使用情况。从表中可以看出,媒体间共用和部分共用的高频词语占了绝大多数。说明高频词语使用稳定。

表 4—10　各媒体高频词语

<table>
<tr><td colspan="2">媒体</td><td>报纸</td><td>广播电视</td><td>网络(新闻)</td></tr>
<tr><td colspan="2">高频词语词种数</td><td>14 564</td><td>10 470</td><td>11 430</td></tr>
<tr><td rowspan="2">媒体间共用</td><td>词种数</td><td colspan="3">8 211</td></tr>
<tr><td>占高频词语比例(%)</td><td>56.38</td><td>78.42</td><td>71.84</td></tr>
<tr><td rowspan="2">媒体间部分共用</td><td>词种数</td><td>3 429</td><td>1 608</td><td>607</td></tr>
<tr><td>占高频词语比例(%)</td><td>23.54</td><td>15.36</td><td>5.31</td></tr>
<tr><td rowspan="2">媒体间独用</td><td>词种数</td><td>2 924</td><td>651</td><td>2 612</td></tr>
<tr><td>占高频词语比例(%)</td><td>20.08</td><td>6.22</td><td>22.85</td></tr>
</table>

媒体间高频词语的差别表现在各媒体的高频独用词语部分。广播电视语料规模最小,其高频词语数量最少,高频独用词语的数量也最少,计 651 个;报纸语料量最多,其高频词语的数量最多,独用的高频词语数量也最多,计 2 924 个;网络(新闻)的高频独用字个数居中,计 2 612 个。这些独用词语包括专名、时间、数字表达式、一般的语文词语。这些专名一部分和媒体有关(如广播电视语料独用的"中广网、中央人民广播电台"等),一部分和媒体关注的内容有关:广播电视语料较多的是涉及港澳台方面,网络语料则较多涉及体育比赛和金融证券,报纸语料没有明显的特点,多是一般性的语文词语,如"大专、影城、普通话、专员"等。

3.3.1　高频词语用字统计

在全部语料的 13 656 个高频词语中,共使用汉字 27 438 字次,2 732 个字种,占当年全部字种数的 25.80%,这些汉字出现在 2011 年度用字总表前 3 000 位的汉字有 2 658 个。高频词语中的用字情况见表 4—11。

表 4—11 高频词语用字分布

构词数	≥100	99—80	79—50	49—20	19—10	9—3	2	1	总计
字种数	11	13	65	303	405	947	320	668	2 732
比例(%)	0.40	0.48	2.38	11.09	14.82	34.66	11.71	24.45	100.00

在高频词语中出现最多的 50 个汉字及其构词数量列于表 4—12 中。

表 4—12 构成高频词语词数最多的前 50 个汉字

汉字	构词数量	汉字	构词数量	汉字	构词数量	汉字	构词数量	汉字	构词数量
人	187	日	109	家	83	长	74	部	68
大	177	发	97	子	82	民	73	事	67
年	166	行	96	力	80	时	72	主	66
中	163	生	95	动	80	新	71	用	66
国	141	公	92	分	79	小	70	入	66
不	141	车	88	月	78	化	69	心	65
一	138	有	87	性	78	电	69	万	65
会	112	下	87	面	77	场	69	成	64
上	111	地	87	业	76	学	68	市	64
出	110	高	86	开	76	外	68	实	63

与 2010 年的高频词语构词用字相比较,①这 50 个汉字中,“化、入、万、成、市”等 5 个汉字,在 2010 年的高频词语构词用字的前 50 个中没有出现,其余汉字的构词数量也略有变化。

3.3.2 高频词语的词长分布

表 4—13 高频词语的词长分布

词长(字)	词种数	比例(%)	累计(%)
1	2 048	15.00	15.00
2	9 630	70.52	85.52
3	1 420	10.40	95.91
4	412	3.02	98.93
5	107	0.78	99.71
6	19	0.14	99.85
7	13	0.10	99.95
8	7	0.05	100.00
总计	13 656		

与 2010 年高频词语的词长分布对比,②一字与二字词的数量略有减少,三字

① 教育部语言文字信息管理司组编《中国语言生活状况报告(2011)》第 219 页,商务印书馆 2011 年版。
② 教育部语言文字信息管理司组编《中国语言生活状况报告(2011)》第 220 页,商务印书馆 2011 年版。

词至八字词的比例略有增加。其中长词是专名、时间表达式，如“福岛第一核电站”“国际货币基金组织”“全国过渡委员会”“中国红十字会”“2011 年 1 月”等。

3.4 年度特色词

高频词语中使用频率变化较大的词语，体现了年度的社会生活。将 2011 年度的 13 656 个高频词语与 2010 年度的 13 672 个高频词语比较，2011 年度的高频词语中有 966 个词语没有在 2010 年的高频词语中出现。这些词语分为两部分：一部分是使用频率发生了较大的变化，进入高频使用范围，如“利比亚、放射性、个税”等；一部分是 2010 年度没有收录的词语，如“限购、瘦肉精、摇号”等。这些词语在一定程度上反映了年度媒体关注的热点，使人们可以联想起 2011 年的社会生活，这些词语也成了描述 2011 年社会生活特点最简洁的一种方式。以下列出使用频率明显增加的高频词语以及年度独用的高频词语：

利比亚、卡扎菲、保障房、限购、建党、校车、破发、放射性、房产税、辛亥革命、叙利亚、欧债危机、瘦肉精、标普、京沪高铁、天宫一号、反应堆、反对派、塑化剂、大运会、窃听、微博、摇号、拉登、停摆、政府军、达芬奇、兔年、乔布斯、双汇、空袭、个税、影城、中国共产党、核电站、换届、万达、红歌、《世界新闻报》、亚锦赛、《建党伟业》、福岛、核辐射、开罗、起征点、募资、铬、税法、黄瓜、小悦悦、司法解释、大肠杆菌、过渡委、东京电力公司、湄公河。

3.5 成语

成语的调查以商务印书馆 2002 年出版的《新华成语词典》为参照，将分词单位与该词典中相同的视为成语。基本情况如表 4—14。将在语料中所有出现的成语，形成《2011 年度媒体成语表》，附于光盘中。

表 4—14 成语基本情况

词种数	占全部词种比例(%)	词次	对语料的覆盖(%)
6 631	0.28	1 964 794	0.32

使用频率最高的 50 个成语如下：

前所未有、见义勇为、坚定不移、全力以赴、脱颖而出、众所周知、无论如何、丰富多彩、一如既往、不可思议、愈演愈烈、引人注目、实事求是、层出不穷、与时俱进、不可或缺、与众不同、独一无二、供不应求、千方百计、名副其实、深入人心、显而易见、出人意料、可想而知、当务之急、淋漓尽致、截然不同、不约而同、息息相关、雪上加霜、如火如荼、不得而知、小心翼翼、不知不觉、迫不及待、一应俱全、意想不到、源源不断、水涨船高、突如其来、毋庸置疑、想方设法、莫名其妙、沸沸扬扬、拭目以待、全心全意、耳熟能详、风口浪尖、成千上万。

与2010年度的前50个成语[①]相比,“雪上加霜”“意想不到”“拭目以待”“全心全意”“耳熟能详”“风口浪尖”等6个成语,没有出现在2010年度前50个成语当中。

3.6 姓氏

本次对媒体中姓氏的使用情况进行了调查。在全部语料中共提出了704 835个不同的名字(包括带姓的称谓,如“欧阳女士”之类),这些名字或称谓共出现13 364 915次。从中共提出785个姓氏,其中单姓497个,复姓278个,三字姓10个。其中有些复姓、三字姓是外来的。

排在前100位的单姓是:

李、王、张、陈、刘、杨、周、黄、吴、赵、孙、马、胡、徐、郭、林、朱、金、郑、高、何、宋、罗、梁、谢、姚、韩、冯、许、邓、曹、丁、蔡、蒋、于、杜、叶、唐、温、沈、彭、袁、姜、余、潘、万、苏、曾、董、汪、鲁、范、田、陆、白、方、贾、肖、谭、崔、雷、吕、石、钟、任、韦、康、卢、江、牛、魏、程、孟、安、廖、夏、戴、邵、龙、钱、齐、秦、毛、汤、邱、洪、乔、俞、华、莫、梅、熊、薛、穆、易、侯、尹、顾、段、傅。

出现的复姓如:

欧阳、司马、诸葛、上官、司徒、慕容、闾丘、皇甫、西门、尉迟、公孙、东方、令狐、申屠、端木、夏侯、东郭、呼延、拓跋、万俟、长孙、澹台、鲜于。

附录1

2011年度媒体用字总表(示例)

【说明】

2011年度媒体语料用字共计10 590个,所有用字按照使用频次由高到低排

① 教育部语言文字信息管理司组编《中国语言生活状况报告(2011)》第220页,商务印书馆2011年版。

列，形成2011年度媒体用字总表。其中覆盖整个语料80%的高频汉字共计593个，占全部用字种数的5.6%；覆盖整个语料90%的高频汉字共计957个，占全部用字种数的9.04%；覆盖整个语料99%的高频汉字共计2 396个，占全部用字种数的22.63%。

用字总表中频次低于10(包含10次)的汉字共计3 431个。这些低频汉字多是罕用字，其出现情况大致可以分为以下几种：古书中的字句引用，或古文物介绍时用字；人名、网名中用字；方言字等。

用字总表见光盘。在此，选取频次最高的100个汉字，作为字表示例。表中给出了汉字在语料中出现的频次、文本数、对语料的覆盖率，以及出现的媒体。其中A代表报纸，B代表广播电视，C代表网络(新闻)。

序号	汉字	频次	文本数	累加频率	出现媒体
1	的	33 645 539	1 126 470	3.191 226 262	ABC
2	一	11 578 123	1 052 785	4.289 392 952	ABC
3	在	9 846 479	1 062 588	5.223 315 942	ABC
4	是	9 640 479	936 087	6.137 700 157	ABC
5	了	8 215 682	959 082	6.916 944 625	ABC
6	有	7 942 842	983 495	7.670 310 651	ABC
7	人	7 845 720	941 168	8.414 464 808	ABC
8	中	7 754 523	995 748	9.149 969 073	ABC
9	不	7 519 822	907 455	9.863 212 319	ABC
10	国	6 940 350	785 557	10.521 493 56	ABC
11	大	6 731 741	961 643	11.159 988 57	ABC
12	年	6 196 331	861 105	11.747 700 78	ABC
13	上	5 974 262	955 828	12.314 350 1	ABC
14	为	5 856 872	970 210	12.869 865 17	ABC
15	这	5 149 019	809 506	13.358 241 49	ABC
16	和	5 013 843	909 789	13.833 796 58	ABC
17	个	4 995 820	835 007	14.307 642 22	ABC
18	会	4 865 004	812 347	14.769 080 17	ABC
19	到	4 566 482	865 531	15.202 203 78	ABC
20	时	4 481 326	899 378	15.627 250 48	ABC
21	出	4 430 450	902 222	16.047 471 67	ABC
22	发	4 304 050	832 189	16.455 704 02	ABC
23	来	4 152 208	835 663	16.849 534 39	ABC
24	以	4 111 111	873 701	17.239 466 78	ABC
25	市	4 067 420	624 653	17.625 255 15	ABC
26	我	4 027 387	554 461	18.007 246 45	ABC
27	对	4 018 796	832 104	18.388 422 9	ABC

序号	汉字	频次	文本数	累加频率	出现媒体
28	行	4 004 957	798 479	18.768 286 75	ABC
29	日	3 783 471	922 967	19.127 143	ABC
30	公	3 779 723	636 355	19.485 643 76	ABC
31	业	3 753 956	551 041	19.841 700 56	ABC
32	要	3 719 436	752 719	20.194 483 2	ABC
33	家	3 692 652	743 543	20.544 725 41	ABC
34	地	3 665 026	732 172	20.892 347 34	ABC
35	生	3 644 820	700 654	21.238 052 76	ABC
36	成	3 542 615	805 916	21.574 064 21	ABC
37	他	3 537 776	621 734	21.909 616 67	ABC
38	后	3 412 096	795 587	22.233 248 59	ABC
39	能	3 342 055	732 124	22.550 237 23	ABC
40	多	3 270 160	777 982	22.860 406 75	ABC
41	新	3 266 852	795 979	23.170 262 5	ABC
42	者	3 156 724	839 509	23.469 672 79	ABC
43	现	3 149 607	785 318	23.768 408 04	ABC
44	经	3 140 207	750 363	24.066 251 72	ABC
45	们	3 108 511	584 831	24.361 089 08	ABC
46	场	3 107 464	645 608	24.655 827 14	ABC
47	于	3 100 869	810 100	24.949 939 67	ABC
48	也	3 096 951	737 743	25.243 680 58	ABC
49	作	3 046 063	705 071	25.532 594 85	ABC
50	前	3 020 314	829 788	25.819 066 86	ABC
51	下	2 985 733	775 472	26.102 258 92	ABC
52	就	2 969 260	663 232	26.383 888 55	ABC
53	方	2 926 584	720 764	26.661 470 42	ABC
54	月	2 903 634	772 464	26.936 875 52	ABC
55	过	2 900 909	772 692	27.212 022 16	ABC
56	开	2 841 369	757 171	27.481 521 53	ABC
57	本	2 820 912	802 841	27.749 080 58	ABC
58	分	2 807 507	728 136	28.015 368 18	ABC
59	高	2 781 106	675 843	28.279 151 7	ABC
60	工	2 753 746	530 663	28.540 340 16	ABC
61	进	2 679 166	716 372	28.794 454 82	ABC
62	全	2 649 059	693 294	29.045 713 89	ABC
63	学	2 646 396	383 782	29.296 720 37	ABC
64	可	2 636 212	699 802	29.546 760 92	ABC
65	部	2 625 630	659 457	29.795 797 78	ABC
66	将	2 620 499	743 668	30.044 347 97	ABC
67	动	2 609 340	659 624	30.291 839 75	ABC

序号	汉字	频次	文本数	累加频率	出现媒体
68	说	2 586 041	611 478	30.537 121 66	ABC
69	天	2 515 745	672 266	30.775 736 1	ABC
70	自	2 481 641	686 945	31.011 115 83	ABC
71	用	2 458 105	624 144	31.244 263 21	ABC
72	主	2 441 662	677 321	31.475 851	ABC
73	都	2 437 592	645 622	31.707 052 75	ABC
74	得	2 399 694	680 110	31.934 659 94	ABC
75	车	2 345 027	270 061	32.157 082 05	ABC
76	实	2 339 454	648 732	32.378 975 57	ABC
77	民	2 322 092	454 977	32.599 222 33	ABC
78	比	2 310 495	544 920	32.818 369 13	ABC
79	元	2 304 901	446 410	33.036 985 35	ABC
80	产	2 279 603	422 173	33.253 202 1	ABC
81	而	2 274 396	664 606	33.468 924 97	ABC
82	力	2 272 692	621 325	33.684 486 22	ABC
83	理	2 236 875	579 004	33.896 650 28	ABC
84	法	2 225 299	495 154	34.107 716 38	ABC
85	还	2 223 736	677 035	34.318 634 23	ABC
86	最	2 209 674	679 691	34.528 218 32	ABC
87	面	2 207 118	661 896	34.737 559 98	ABC
88	事	2 201 024	565 507	34.946 323 63	ABC
89	机	2 191 657	549 478	35.154 198 83	ABC
90	报	2 189 499	759 630	35.361 869 36	ABC
91	同	2 188 939	676 114	35.569 486 77	ABC
92	长	2 174 542	591 572	35.775 738 64	ABC
93	员	2 163 604	563 915	35.980 953 07	ABC
94	资	215 627 7	403 474	36.185 472 54	ABC
95	之	2 122 334	656 401	36.386 772 57	ABC
96	区	2 121 961	472 974	36.588 037 22	ABC
97	关	2 120 908	617 750	36.789 201 99	ABC
98	小	2 120 413	566 894	36.990 319 82	ABC
99	体	2 115 338	643 040	37.190 956 29	ABC
100	金	2 106 121	444 083	37.390 718 54	ABC

附录 2

2011 年度媒体高频词语表（示例）

【说明】

2011 年度媒体语料经分词系统切分得到的词种数共计 2 369 349 个，这些词种包括普通的语文词语，如“我们、市场、发展、工作”等；也包括人名、地名、组织机构名，以及其他等专名，如“中国、发改委、新华社、央行、人民日报、国安”；还有时间表达式，如“2011 年、下午五点半、11 时左右”；结合紧密、使用稳定的短语，如“国内生产总值”“发展中国家”“一波未平一波又起”“冰冻三尺，非一日之寒”；以及缩略语，如“省部级、存贷款、京沪”；还有部分字母词，如“DNA、GDP、HSK”等。这些词语形成 2011 年度的词语表。词语表中，覆盖率达 90%的词语共计 13 656 个，覆盖率达 95%的词语共计 31 547 个，覆盖率达 99%的词语共计 208 822 个。

对覆盖率达 95%的 31 547 个词语，去除其中的时间表达式、数字表达式、专有名称后，共计 26 023 个，其中纯英文字母词 116 个。由这些词语形成《2011 年度媒体高频词语表》附于光盘中。

在此，选取词语表中频次最高的 100 个作为词表示例。表中给出了词语在语料中出现的频次、文本数。

序号	词	频次	文本数
1	的	33 137 972	1 125 878
2	在	8 250 964	1 043 547
3	是	7 708 665	911 379
4	了	7 332 741	923 596
5	一	6 450 709	943 796
6	和	4 669 190	893 551
7	不	4 277 206	773 618
8	有	3 828 698	797 850
9	个	3 125 076	738 086
10	这	3 069 444	729 280
11	也	2 978 392	731 395
12	就	2 589 158	620 777
13	人	2 522 288	610 138
14	上	2 496 999	732 457

序号	词	频次	文本数
15	中	2 474 278	731 438
16	为	2 444 739	741 078
17	他	2 332 606	430 971
18	将	2 321 829	700 646
19	对	2 257 467	670 236
20	我	2 250 583	333 136
21	都	2 036 985	591 011
22	到	1 913 036	629 629
23	大	1 865 323	618 204
24	多	1 862 244	637 489
25	说	1 780 670	504 877
26	与	1 743 286	612 433
27	等	1 695 666	604 076
28	会	1 686 900	530 552

序号	词	频次	文本数	序号	词	频次	文本数
29	还	1 674 612	613 657	65	已经	843 850	392 278
30	要	1 561 920	470 275	66	本	827 573	461 860
31	元	1 556 120	310 125	67	问题	820 020	305 504
32	而	1 531 200	565 672	68	之	819 026	380 835
33	记者	1 527 398	598 055	69	名	810 719	327 220
34	后	1 432 138	558 647	70	可以	809 212	358 103
35	我们	1 431 740	353 923	71	高	809 111	362 310
36	年	1 424 210	482 767	72	进行	806 987	384 773
37	但	1 415 180	532 034	73	家	805 151	303 479
38	两	1 351 339	516 137	74	种	791 900	322 930
39	最	1 345 494	519 612	75	她	788 659	168 463
40	被	1 335 074	483 809	76	三	782 168	353 936
41	从	1 307 667	550 045	77	前	778 564	391 601
42	能	1 185 579	467 206	78	你	772 280	186 060
43	并	1 142 628	539 786	79	已	750 990	382 246
44	新	1 139 915	415 161	80	企业	745 674	174 423
45	以	1 120 638	480 804	81	目前	744 246	364 093
46	没有	1 094 942	428 885	82	于	735 685	387 624
47	很	1 090 885	409 059	83	每	735 188	323 170
48	来	1 083 500	454 420	84	这个	731 227	281 602
49	更	1 076 698	451 488	85	给	725 175	342 291
50	次	1 067 943	413 247	86	看	722 010	323 070
51	市场	1 008 267	244 819	87	该	699 854	329 180
52	发展	984 736	242 655	88	其	699 552	333 906
53	工作	958 958	308 969	89	把	690 685	304 589
54	下	952 331	460 313	90	过	682 346	330 839
55	让	949 057	405 236	91	向	670 395	338 986
56	自己	948 578	351 181	92	做	647 622	285 104
57	着	940 440	368 563	93	位	638 451	299 364
58	时	939 732	444 615	94	又	628 436	331 503
59	地	923 937	401 648	95	经济	623 023	173 940
60	出	913 022	430 818	96	社会	607 311	186 917
61	好	873 869	371 791	97	时间	606 994	314 729
62	公司	873 253	178 227	98	可能	603 680	284 257
63	表示	853 726	382 433	99	天	602 023	280 820
64	他们	846 689	303 616	100	可	596 224	306 531

附录 3

2011 年度媒体成语表（示例）

【说明】

将《2011 年度媒体词语表》与商务印书馆 2002 年出版的《新华成语词典》进行比较，词语表中凡是出现在《新华成语词典》中的词语提取出来，形成《2011 年度媒体成语表》。《新华成语词典》中的成语共计 8 353 条，在年度词语表中出现的成语共计 6 631 条。

在此，选取成语表中频次最高的 100 个作为示例。表中给出了成语在语料中出现的频次、文本数。

序号	成语	频次	文本数
1	前所未有	11 575	10 218
2	见义勇为	8 745	2 456
3	坚定不移	7 590	5 228
4	全力以赴	7 297	6 390
5	脱颖而出	7 182	6 718
6	众所周知	7 021	6 879
7	东道主	6 936	5 168
8	无论如何	6 748	6 474
9	丰富多彩	6 413	5 937
10	一如既往	6 376	5 948
11	不可思议	6 091	5 535
12	愈演愈烈	5 776	5 230
13	引人注目	5 747	5 566
14	实事求是	5 601	4 253
15	层出不穷	5 452	5 184
16	与时俱进	5 327	4 341
17	不可或缺	5 075	4 860
18	与众不同	5 070	4 698
19	独一无二	4 684	4 196
20	供不应求	4 647	3 969
21	千方百计	4 542	4 005
22	名副其实	4 480	4 313
23	深入人心	4 466	4 207
24	显而易见	4 396	4 256

序号	成语	频次	文本数
25	出人意料	4 308	4 093
26	可想而知	4 230	4 119
27	当务之急	4 184	3 895
28	淋漓尽致	4 144	4 041
29	截然不同	4 092	3 917
30	不约而同	4 057	3 919
31	息息相关	3 928	3 775
32	雪上加霜	3 666	3 436
33	如火如荼	3 617	3 482
34	不得而知	3 591	3 463
35	小心翼翼	3 578	3 405
36	不知不觉	3 541	3 382
37	迫不及待	3 511	3 364
38	一应俱全	3 499	3 353
39	意想不到	3 480	3 330
40	源源不断	3 474	3 313
41	水涨船高	3 454	3 214
42	突如其来	3 421	3 252
43	毋庸置疑	3 401	3 308
44	想方设法	3 365	3 233
45	莫名其妙	3 324	3 041
46	沸沸扬扬	3 252	3 159
47	拭目以待	3 242	3 171
48	全心全意	3 183	2 568

序号	成语	频次	文本数
49	耳熟能详	3 168	3 080
50	风口浪尖	3 157	3 016
51	成千上万	3 143	2 975
52	随时随地	3 140	2 733
53	坚持不懈	3 117	2 749
54	不言而喻	3 115	3 061
55	当之无愧	3 095	2 954
56	五花八门	3 084	2 885
57	此起彼伏	3 080	2 991
58	比比皆是	3 066	2 976
59	来之不易	3 010	2 806
60	络绎不绝	2 976	2 860
61	无独有偶	2 958	2 918
62	史无前例	2 954	2 717
63	不折不扣	2 928	2 832
64	一模一样	2 921	2 669
65	后顾之忧	2 864	2 659
66	挺身而出	2 847	2 617
67	紧锣密鼓	2 828	2 747
68	津津乐道	2 806	2 742
59	卷土重来	2 801	2 491
70	一目了然	2 797	2 704
71	应运而生	2 796	2 696
72	惊心动魄	2 785	2 585
73	因地制宜	2 782	2 458
74	取而代之	2 763	2 691

序号	成语	频次	文本数
75	难以置信	2 750	2 531
76	有目共睹	2 719	2 662
77	大街小巷	2 708	2 538
78	得天独厚	2 701	2 517
79	艰苦奋斗	2 699	2 168
80	不遗余力	2 686	2 568
81	家喻户晓	2 680	2 598
82	长治久安	2 669	1 948
83	屡见不鲜	2 659	2 572
84	耳目一新	2 655	2 583
85	记忆犹新	2 654	2 614
86	何去何从	2 644	2 452
87	无可厚非	2 625	2 508
88	大势所趋	2 588	2 379
89	扑朔迷离	2 558	2 358
90	在所难免	2 552	2 450
91	首当其冲	2 509	2 411
92	脚踏实地	2 500	2 231
93	炙手可热	2 492	2 400
94	轰轰烈烈	2 490	2 336
95	眼花缭乱	2 479	2 408
96	再接再厉	2 449	2 307
97	讨价还价	2 449	2 110
98	举足轻重	2 430	2 346
99	理所当然	2 426	2 330
100	轩然大波	2 420	2 298

（杨尔弘、王文媛、王　磊、刘冬明撰写；刘冬明等提供平面媒体数据；侯　敏等提供有声媒体数据，何婷婷等提供网络媒体数据）

2011年度媒体新词语调查

新词语是语言创新和社会变化的忠实记录者，国家语言资源监测与研究中心在前五年开展年度新词语专项调查的基础上，又对2011年度的新词语进行了调查统计。同时跟踪调查了2008、2009、2010年度新词语在2011年度的使用情况，并对2006—2010五年的新词语做了一个总的调查和分析。

一 调查对象

这里的年度新词语，指的是当年新产生并在大众媒体中出现的词语（或词义）。本次调查的对象是2011年度产生的新词语，包括新产生的词语和已有词形又出现新义的，也包括2010年12月中旬以后产生，而在2010年度新词语调查中没能及时收录的个别词语。

二 调查语料

调查语料源自国家语言资源监测语料库中平面媒体、有声媒体和网络媒体（新闻），共计1 916 316个文本文件，1 445 202 304字次。

本次调查的新词语，限于在主流媒体（报纸、广播电视及网络新闻）中使用的，只出现在人们口头或网络论坛、博客、微博中的没有包括在内。

另外，还利用百度、谷歌等搜索工具，查对了每一个词语最初出现的时间，以核查、确认其新词语的身份。

三 调查方法

本次调查仍采用“机器＋人工”的方法，即先利用计算机对调查语料进行新词语候选集的自动提取，在此基础上再进行人工排查和确认。在机器自动提取候选集时，采用了“全切分对比”“切分组合对比”“特征对比”[①]和“特征过滤对比”[②]四种方法，目的是取长补短，使新词语的搜获更为全面，减少遗漏。

新词语确认的原则与2007年、2008年和2009年保持一致。[③] 2012年2月20日至3月30日将提取出的新词语放在中国语言文字网、中文互动百科网、有声媒体语言资源网等网站上公示，广泛征求意见，网友们对某些词目及释义提出了宝贵意见，也做了一些补充。词表据此做了调整与修改[④]。所以，这份新词语表也凝结着网友们的智慧和心血。

四　调查结果

经过层层筛选和专家审定，从2011年语料中共提取出新词语593条，见本书所附光盘《2011年度媒体新词语表》。下面是对这593条新词语进行统计分析的结果。

4.1　词语长度

词语长度是词汇的一个重要特征。计算时一个汉字、一个字母或一个阿拉伯数字，都算一个字长。统计结果显示，数量排前的依次为三字词、四字词、二字词。三字词语占51.77%，是全部年度新词语的一半多，而且几年来一直停留在这个比例上；四字词语占21.08%；二字词占15.51%，比2010年、2009年回落了近2—3个百分点。三字词语比例持续占优势，与近几年多用热门格式造词有关。2011年持续了2010年的“××门、××族、××哥、××体、微××”格式，其中“××体、微××”特别活跃，另外还出现“云××”的造词格式。2011年度与2010、2009年度词长分布比较的具体数据见表4—15。

① 国家语言资源监测与研究中心编《中国语言生活状况报告(2007)》(下编)第348页，商务印书馆2008年版。国家语言资源监测与研究中心编《中国语言生活状况报告(2008)》(下编)第321页，商务印书馆2009年版。国家语言资源监测与研究中心编《中国语言生活状况报告(2009)》(下编)第323页，商务印书馆2010年版。

② 参见朱波《基于“特征过滤对比”的新词语识别》，渤海大学硕士论文，2012年。

③ 国家语言资源监测与研究中心编《中国语言生活状况报告(2007)》(下编)第349页，商务印书馆2008年版。国家语言资源监测与研究中心编《中国语言生活状况报告(2008)》(下编)第321页，商务印书馆2009年版。

④ 对新词语修改贡献较大的网友的名单，将在《2011汉语新词语》一书中登出。在此谨表示衷心的感谢。

表 4—15 2011 年度与 2010 年度、2009 年度新词语词长分布比较

词长(字数)		1	2	3	4	5	6	7	≥8	总计	平均词长
2011 年度	数量(个)	0	92	307	125	63	5	1	0	593	3.30
	比例(%)	0.00	15.51	51.77	21.08	10.62	0.84	0.17	0.00	100.00	
2010 年度	数量(个)	0	85	265	113	34	1	2	0	500	3.21
	比例(%)	0.00	17.00	53.00	22.60	6.80	0.20	0.40	0.00	100.00	
2009 年度	数量(个)	3	74	202	69	38	5	3	2	396	3.26
	比例(%)	0.76	18.69	51.01	17.42	9.59	1.26	0.76	0.51	100.00	

4.2 词语构成材料

就构成材料看，593 条新词语以汉字为主体，同时兼有多样。完全由汉字构成的新词语有 572 条，占 96.45%，其余 21 条新词语中，有纯字母的，如“CDI(综合发展指数)”，有字母加汉字的，如“U 站、N 婚、V 博、BMW 族、QQ 法庭、Hold 住”，有阿拉伯数字、字母加汉字的，如“4D 报纸、3D 空调”；也有汉字加阿拉伯数字的，如“破 5、360 体”。具体分布见表 4—16。

表 4—16 2011 年度新词语构成材料分布

类 型	纯汉字式	非纯汉字式	总计
数量(个)	572	21	593
比例(%)	96.45	3.55	100.00

4.3 结构方式

结构方式指的是词语内部的组织构成方式。表 4—17 显示了 592 条(排除纯字母词 CDI)汉字新词语结构方式的分布情况。

表 4—17 2011 年度新词语结构方式分布

类 型				数量(个)	比例(%)	样 例
词语	单纯型			0	0.00	
	合成型	复合	偏正式	347	58.61	二群、房闹、官微、虎妈、猫爸、裸烹、微评、微电影
			并列式	11	1.86	浮游、走转改、高富帅、同税同权、单行单停、机男机女
			主谓式	24	4.05	饼坚强、温跑跑、农标对接、楼挤挤、瓜裂裂、猪你贵
			动宾式	27	4.56	降准、坑爹、挑麦、趴街、恐聚、清网、刷脸、炫苦
			补充式	3	0.51	伤不起、伤得起、Hold 住
			连动式	6	1.01	代堵、代抢、代孝、拼播、宅捷修、易粪相食
		附加	前附加式	4	0.68	被贫血、被现房、被姜军、超快递
			后附加式	170	28.72	円族、蜂族、攒友、会所门、咆哮体、街净哥、抹布女
	总 计			592	100.00	——

从表4—17可以看出，2011年度新词语的结构方式仍以合成型占绝对优势。合成型中，偏正式能产性最高，占总词数的58.61%，其次是后附加式合成词，占28.72%。

类后缀构词中，这几年居高不下的“～门、～族、～哥、～帝”等势头不减。2011年度新词语中，以“门”为后缀的有20条，占3.37%；以“族”和“哥”为后缀的分别有30条，各占5.06%；以“帝”为后缀的有5条，占0.84%。2010年就出现的“～体”构词在2011年呈现井喷之势，本文从中选择了42条列入新词语表，如“咆哮体、淘宝体、TVB体、宝黛体、蓝精灵体、撑腰体、高铁体、断电体、丹丹体、hold住体”等。

表4—18显示了2011年度与2010、2009年度新词语结构方式分布的对比。从中可以看出以下几个特点：偏正式一直是最活跃的、占据主流的词语结构方式，已占所有词语总数的近60%；后附加式次之，且成逐年递加的态势；这两种结构方式已占了近90%。其余类型除动宾式比较稳定，每年在4%—5%外，大部分随机性较强，视各年度情况不同或有或无，但不影响大局。具体数据见表4—18。

表4—18　2011年度与2010、2009年度新词语结构方式分布对比

类型				2011年		2010年		2009年	
				数量（个）	比例（%）	数量（个）	比例（%）	数量（个）	比例（%）
词语	单纯型		单音节	0	0.00	0	0.00	4	1.01
			多音节	0	0.00	4	0.80	2	0.50
	合成型	复合	偏正式	347	58.61	297	59.40	212	53.54
			并列式	11	1.86	3	0.60	0	0
			主谓式	24	4.05	12	2.40	25	6.31
			动宾式	27	4.56	28	5.60	20	5.05
			补充式	3	0.51	2	0.40	0	0
			连动式	6	1.01	0	0.00	5	1.26
			兼语式	0	0.00	3	0.60	0	0.00
		附加	前附加式	4	0.68	13	2.60	22	5.56
			后附加式	170	28.72	138	27.60	106	26.77
	总计			592	100.00	500	100.00	396	100.00

4.4　词性分布

593条新词语中有403条是词[①]，其余是短语。这403条词分别属于名词、

① 词与非词的划界见仁见智。本调查采取的方法是：二字单位一般确认为词，三字单位根据具体情况确认为词或短语，四字及四字以上的一般确认为短语。

动词。其中名词最多，有 352 条，占 87.34%，如“虎妈、微电影、房岸线”；动词 49 条，占 12.16%，如“裸辞、拼播、坑爹”；动名兼类词 2 条，为“微评、包年菜”。2011 年度与 2010、2009 年度新词词性对比情况见表 4—19。

表 4—19 2011 年度与 2010、2009 年度新词词性分布对比

词性		名词	动词	形容词	区别词	代词	名兼动	动兼形	总计
2011 年度	数量(个)	352	49	0	0	0	2	0	403
	比例(%)	87.34	12.16	0.00	0.00	0.00	0.50	0.00	100.00
2010 年度	数量(个)	296	42	1	0	1	0	1	341
	比例(%)	86.81	12.32	0.29	0.00	0.29	0.00	0.29	100.00
2009 年度	数量(个)	231	48	1	2	0	2	0	284
	比例(%)	81.35	16.90	0.35	0.70	0.00	0.70	0.00	100.00

4.5 使用频次分布

表 4—20 2011 年度新词语使用频次分布

频次段	数量(个)	比例(%)	例词
≥1 000	30	5.06	清网、伤不起、云电视、微电影、微访谈、虎妈、限娱令、咆哮体
999—300	30	5.06	米聊、云手机、狼爸、轻博客、微小说、限广令、绿评、谣盐、浮游
299—100	107	18.04	神棍节、会所门、降准、潘币、阴滋病、限娱、代堵、税感、染塑
99—30	170	28.67	微卖场、抢投、闪赔、门户剧、瓷器门、听证帝、断电体、僵尸车
29—10	154	25.97	蜂族、超快递、名二代、瓜裂裂、拼播、宝黛体、饼坚强、丰收灾
9—3	82	13.83	楼接接、核灾民、裸映、等号车、影翻剧、穿越控、三养女、菜涨涨
2—1	20	3.37	奶书、翘生活、微愿景、推特控、零走收、硬短板、装装族、媚皮族
总计	593	100.00	——

表 4—21 2011 年度与 2010、2009 年度新词语使用频次分布对比

频次段	2011 年		2010 年		2009 年	
	数量(个)	比例(%)	数量(个)	比例(%)	数量(个)	比例(%)
≥1000	30	5.06	11	2.20	14	3.53
999—300	30	5.06	28	5.60	30	7.58
299—100	107	18.04	88	17.60	58	14.65
99—30	170	28.67	205	41.00	95	23.99
29—10	154	25.97	72	14.40	115	29.04
9—3	82	13.83	85	17.00	74	18.69
2—1	20	3.37	11	2.20	10	2.52
总计	593	100.00	500	100.00	396	100.00

从表 4—20、表 4—21 可以看出,2011 年度新词语出现频次分布状况与 2010、2009 年相似,都是两头小,中间大。但 2011 年度不如 2010 年度那么集中,各频次段相对均衡,与 2009 年相似,只是所含词数最高点前移一个频次段。这在图 4—1 中看得很清楚。

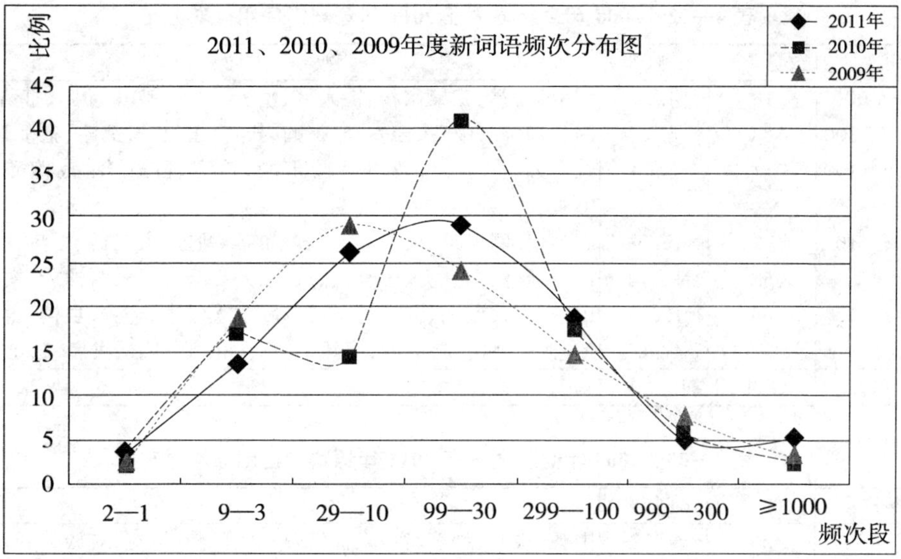

图 4—1　2011、2010、2009 年度新词语频次分布图

图中可见,2009 年新词语出现最多的是在 29—10 频次段,为 29.04%;到 2010 年,异峰突起,最高点前移至 99—30 频次段,为 41.00%;2011 年,最高点仍然在 99—30 频次段,但比例降至 28.62%,与 2009 年 29—10 频次段的比例持平。总体来说,新词语使用频率不是很高,这也体现出年度新词语的特点:在使用上,大多具有小众化的特点,还处在慢慢生长、逐渐发育阶段。其中有的词语一旦有合适的土壤,可能迅速成长,新颖色彩磨损,甚至进入汉语词汇的常用词系统;有的词语在语言生活中很快隐退,成为昙花一现的历史词语。

五　2008—2010 年度新词语在 2011 年度语料中的调查

为了解 2008、2009、2010 年度新词语目前的使用情况,本文做了跟踪调查。方法是将 2008 年度的 444 个新词语、2009 年度的 574 个新词语和 2010 年度的

623个新词语[①]，在国家语言资源监测语料库2011年的语料(包括平面、有声、网络新闻三个媒体)里逐条进行检索统计。

表4—22、表4—23、表4—24分别显示2008、2009、2010年度新词语在2011年国家语言资源监测语料库中使用频次的分布情况。

表4—22　2008年度新词语在2011年语料中使用频次分布

频次段	数量(个)	比例(%)	例　　词
≥1 000	18	4.06	纠结、山寨、三聚氰胺、雷人、限塑、上网本、破6、动卧、打酱油
999—300	23	5.18	囧、堰塞湖、吸费、云安全、街购、裸官、雷语、云战略、猪坚强
299—100	17	3.83	蓝立方、囧事、川震、网政、雷剧、雷点、陈江会、范跑跑、C字头
99—10	69	15.54	农二代、网民节、山寨品、淘客、布客、劲走、大三通、婚活、槑
9—3	52	11.71	山寨经济、肉食男、土食族、班奴、外卖装、炒婚、酱油族、铁漂
2—1	56	12.61	山寨潮、抄底团、糖娃娃、纸枷锁、雷人雷事、宅青、虫橘、雷词
0	209	47.07	E爸妈、卧槽族、奥钞、摆站车、草食女、观奥点、拼雇、恐年族
总计	444	100.00	——

表4—23　2009年度新词语在2011年语料中使用频次分布

频次段	数量(个)	比例(%)	例　　词
≥1 000	26	4.53	围观、快女、秒杀、竞彩、裸婚、蜗居、围脖、甲流、蚁族、动新闻
999—300	24	4.18	躲猫猫、杯具、偷菜、拼爹、诈捐、G字头、拉卡拉、经济适用男
299—100	40	6.97	诈捐门、被捐款、开胸验肺、楼脆脆、被就业、微友、动姐、闪玩
99—10	122	21.25	孩奴、微粉、脖友、蹭网卡、代秒、爱点、剩客、蚁居、稳岗、漂绿
9—3	93	16.20	杠杆女、牛奋男、秒杀族、网秘、铁丁、帕客、展霸、窘照、晒苦
2—1	71	12.37	创伪、寂寞党、院仕、男漫、E两会、戒驾、生日钞、商小说、穷劳
0	198	34.50	个性钞、他衰退、侠贪、单二代、哭帖、学租族、比婚女、裸烟、烎
总计	574	100.00	——

表4—24　2010年度新词语在2011年语料中使用频次分布

频次段	数量(个)	比例(%)	例　　词
≥1 000	20	3.21	给力、微访、果粉、神马、白金汉、蛟龙号、爆仓、翻墙、玻璃门
999—300	31	4.98	微博控、巴比、对表、切客、悲催、犀利哥、凡客体、蒜你狠、慢城
299—100	43	6.90	六普、裸辞、姜你军、微简历、空博、淡定哥、网配、微单、10后

① 本次跟踪调查的新词语词条是根据侯敏、周荐主编，商务印书馆出版的新词语编年本《2008汉语新词语》《2009汉语新词语》《2010汉语新词语》所收词目。

（续表）

99—10	185	29.70	淡定姐、尿点、李刚门、裸账、悦活、医联码、鼠族、菊花文、活粉
9—3	99	15.89	云物流、箱居、顶码、发票奴、菜奴、胸替、洋代工、年清族、秒课
2—1	82	13.16	格子领、漂二代、高薪蓝、乐价比、伪婚族、漏摇、炫父、蜗居蛋
0	163	26.16	上墙哥、低薪白、俗贿、单贵女、啃亲族、富跑跑、撞峰、绿段子
总计	623	100.00	——

从表 4—22 到表 4—24 的数据可以看出，在 2011 年的语料中，三个年度的新词语在各频次段上总体使用状况比较均衡，不同的是，随着时间距离越远，新词语使用度越低，隐退的新词语所占比例越大。具体见图 4—2。

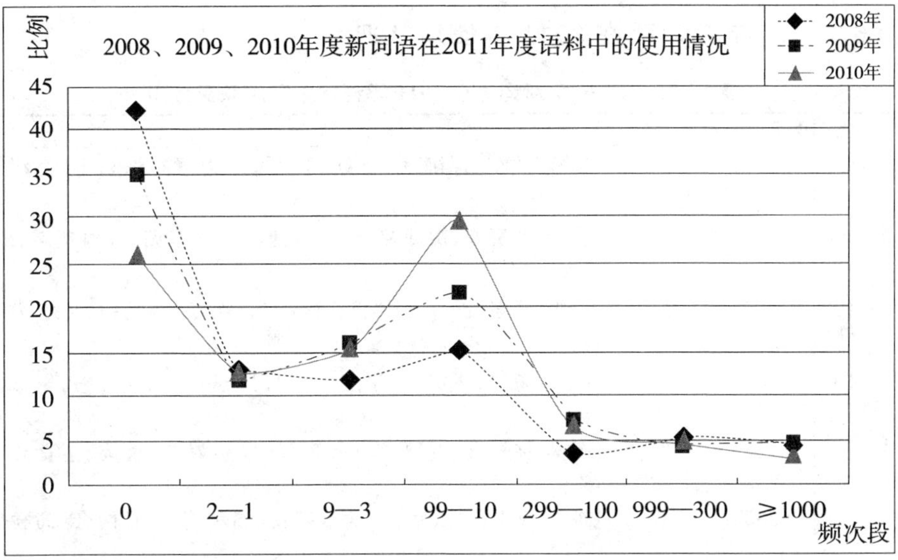

图 4—2　2008、2009、2010 年度新词语在 2011 年语料中的使用状况

分析图 4—2 可以看出，2008、2009、2010 这三个年度的新词语，在 2011 年语料中出现频次在 100 以上的比例分别是 13.07%、15.68%、15.09%，差别不太大；频次在 9—1 之间的比例分别是 24.32%、28.57%、29.05%，差别也不是很大；差别比较大的是 99—10 和 0 这两个频次段。图 4—2 明显表现出：99—10 频次段，从 2008 年的 15.54%，到 2009 年的 21.25%，再到 2010 年的 29.70%，随着年份距离现在越近，所占比例越大；0 频次段则是相反，从 2010 年的 26.16%，到 2009 年的 34.50%，再到 2008 年的 47.07%，年份距离现在越远，所占比例越大。而且，这种递增或递减，比较均匀，表现出一定的规律性。

六 2006—2010 五年新词语综合调查

从 2006 年调查年度新词语开始，至 2010 年已经五年。五年中共搜获年度新词语 2 976 个[①]，下面从 2011 年使用状况和逐年使用状况两个方面对这 2 976 个新词语进行调查。表 4—25 显示了 2006—2010 各年度新词语分布状况。

表 4—25 2006—2010 各年度新词语分布状况

年度	2006 年	2007 年	2008 年	2009 年	2010 年	总计
正文词数	172	420	444	573	623	2 232
附录词数	251	157	72	107	157	744
总计	423	577	516	680	780	2 976

6.1 五年新词语在 2011 年使用状况

表 4—26 2 976 个新词语在 2011 年语料中使用频次分布

频次段	数量(个)	比例(%)	例词
≥1 000	170	5.71	微博、动车、保障房、谷歌、80 后、给力、醉驾、动车组、纠结、90 后
999—300	165	5.54	学区房、房奴、微博控、金融海啸、囧、堰塞湖、人肉搜索、EMBA
299—100	205	6.89	六普、威客、裸辞、月光族、核高基、裸考、诈捐门、巧实力、凤凰男
99—10	686	23.04	孩奴、微粉、淡定姐、尿点、李刚门、咆哮哥、脖友、孔雀女、路怒症
9—3	414	13.90	晒友、杠杆女、港漂、潮丐、顶码、发票奴、秒杀族、土食族、村证房
2—1	335	11.25	创伪、SCI 崇拜、基盲、学术超女、温和腐败、E 两会、高薪蓝、雷词
0	1002	33.43	E 爸妈、愁婚男、拼友团、撞峰、晒黑族、有碗族、楼断断、裸烟、俗贿
总计	2977	100.00	——

2 976 个新词语在 2011 年的总体分布比例，与表 4—23 中 2009 年度新词语在 2011 年语料中使用频次分布比例比较接近。总体来看，年度新词语中有 40%能留存下来，年使用频次在 10 以上(含 10)；有 1/4 低频使用，年频次在 10

① 该数字是根据周荐主编、商务印书馆出版的新词语编年本《2006 汉语新词语》，侯敏、周荐主编，商务印书馆出版的新词语编年本《2007 汉语新词语》《2008 汉语新词语》《2009 汉语新词语》《2010 汉语新词语》正文及附录所收词目计算所得。

以下；还有 1/3 新词语会隐退，从语言生活中消失。

6.2 五年新词语使用变化类型

将 2 976 个新词语在各年度的使用情况[①]作综合考察，可以发现新词语生长、发展、隐退的变化情况。

根据在各年度使用的变化曲线形式，可将新词语分为高稳、低稳、上升、下降、起伏、偶现等六种类型。

高稳型新词语指的是那些一产生，其使用频次就较高，出现几百次、几千次甚至上万次，并一直维持在较高频次上的新词语。这样的新词语往往与社会生活紧密相关，大部分很快消失了新颖色彩。如微博、交强险、博文、甲流、道德模范、次贷、次贷危机、和谐号、快男、雷人、街购、上网本等。

低稳型新词语使用频次不高，每年只出现几次或几十次，但这几年间一直都在使用。这种词往往带有一定的领域性或小众性，在一定人群中使用，往往还带有较强的新颖色彩。如文替、博斗、梨花体、上海社保基金案、去核化、毕婚族、文化环保工程、华漂、晒友、全球和平指数、室内儿童、三胺、雷文化、裸退等。图 4—3 显示了高稳型新词语“交强险”和低稳型新词语“博斗”在 2006—2011 年的使用曲线。

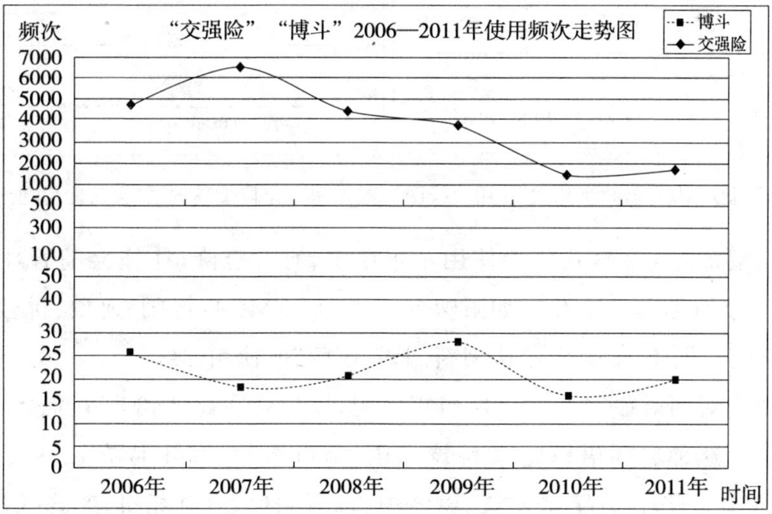

图 4—3 高稳型新词语“交强险”与低稳型新词语“博斗”使用曲线图

① 可参考国家语言资源监测与研究中心编《中国语言生活状况报告(2009)》(下编)第 323 页，商务印书馆 2010 年版。教育部语言文字信息管理司组编《中国语言生活状况报告(2011)》第 234 页，商务印书馆 2011 年版。

上升型新词语在刚出现的当年频次并不是很高，但随着社会的发展或快或慢上升。这种新词语往往与社会发展以及人们认识的变化有关，有较强的生命力。如小长假、保障房、动车、动卧、80后、醉驾、秒杀、打酱油、裸考、裸婚、纠结等。图4—4显示上升型新词语“小长假”的使用曲线。

下降型新词语是刚出现或出现不久时频次很高，达几百次或上千次，然后逐年下降，也有的最后隐退。这种新词语很多是表示突发事件或与特定事件相关的。如微笑北京、微笑圈、祥云小屋、奥衫、倒扁、山寨春晚、山寨文化、去功能化、华南虎事件、黑砖窑事件、流域限批、恶意取款、滤油粉、学术超女、范跑跑等。也有一些是在与其他词语的竞争中逐渐衰落的。如同是描述金融危机，“次级债危机、次级贷、次级房贷”不敌“次贷、次贷危机”，逐渐败落。有些下降型新词语在媒体语言中因失去关注不再使用，但在日常生活中或许还保持使用，如“寒促”。图4—5显示下降型新词语“去功能化”的使用曲线。

图4—4 上升型新词语“小长假”使用曲线图

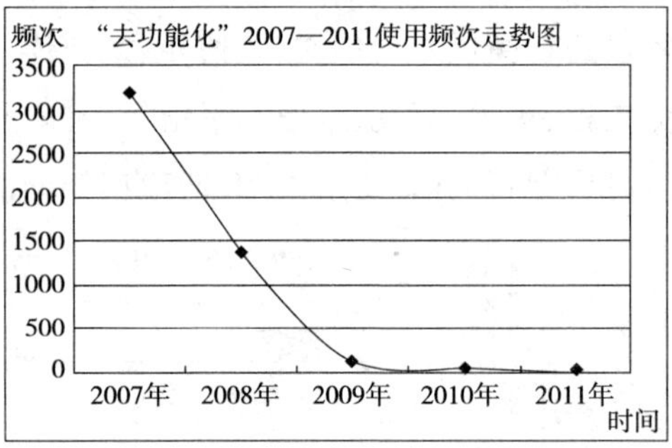

图4—5 下降型新词语“去功能化”使用曲线图

起伏型新词语在这几年中使用不很稳定，有升有降，往往会随着社会的变化、人们的关注程度而变化。如限塑令、D字头、EMBA、医闹、血奴、拼客、换客、捂盘惜售等。图4—6显示起伏型新词语“医闹”的使用曲线。

偶现型新词语往往是在出现当年使用，以后就在媒体语言中完全隐退，不见踪迹了。这种新词语以记录科技术语、新鲜事物、当年特有社会现象的居多。如药监机器人、数字水建筑、声波炉、机器毛虫、直升相机、影像探测器、托猪所、火疗店、定日递、彩银版、纸教室、汽车病历、粉色航空、名片鼠、拒电族、零利肉、黑窑儿童、代排族、炒基团、辐照门、闪玩族、文化斑马线、鸟巢外交、年阶退休制、平江虎事件、死机短信等。图4—7显示偶现型新词语“零利肉”的使用曲线。

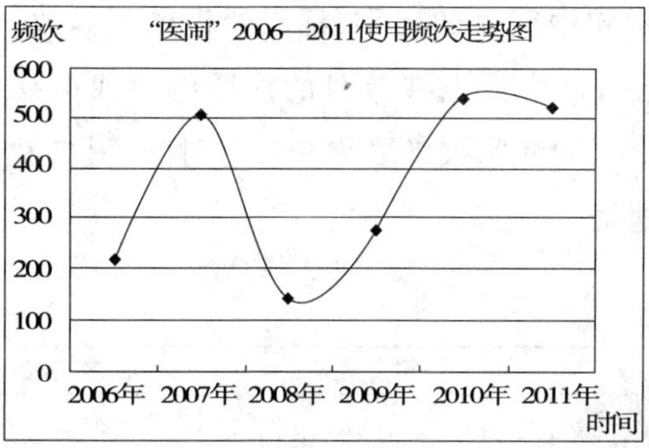

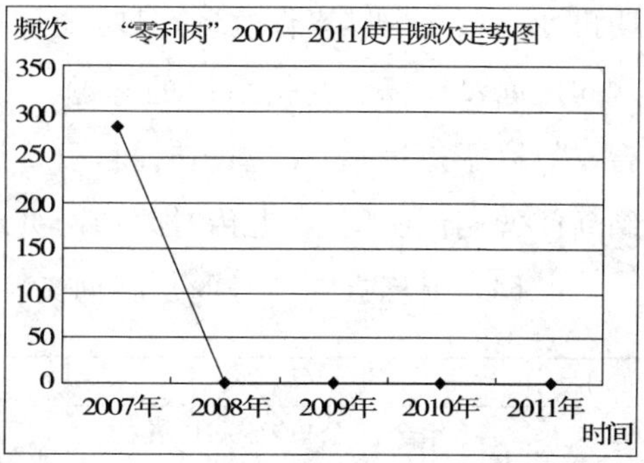

图4—6　起伏型新词语"医闹"使用曲线图　图4—7　偶现型新词语"零利肉"使用曲线图

这六种类型只是根据新词语发展状况做的一个大体分类。新词语本身也是一个系统，内部情况十分复杂，每个新词语都有自己的个性，有待我们去深入研究和探索。高稳型、上升型新词语在语言生活中地位重要，值得我们关注；低稳型、下降型，甚至偶现型新词语也同样值得，或者说更值得我们关注，需要及时记录下来，否则会永远流失。"零利肉"一词，鲜活地展示出2007年猪肉涨价的社会现实，以及政府和相关部门为抑制猪肉价格所做的也许是不那么符合市场规律的努力。记录下这一个词，就记录了一段历史，反映了一段历史，这也是年度新词语调查的价值之一。

附录

2011年度媒体新词语表(示例)

【说明】

1.《2011年度媒体新词语表》共编录593条新词语，按使用频次降序排列，收于本书所附光盘内。这里刊出其中20条作为示例。

2.每条词语都给出提示性释义、一到两个例句以及频次、文本数。

3.在对新词语进行释义时，除了依据国家语言资源监测语料库的语料外，还参考了网络上的相关资料。

4.频次、文本数是这些词条在国家语言资源监测语料库里统计的结果。词频统计中做了排除伪词频的工作。

5.除个别词条外，所引例句都源自国家语言资源监测语料库，所有引例都注明出处。例句内容不作改动，只对少量例句中明显的别字、标点错误做了修改。例句后面没有标点的是引用的标题。凡引自广播电视节目的注明电台或电视台、栏目（子栏目）名称、播出时间，引自报纸的注明报纸名称和发行时间，引自网络新闻的则注明网站、上传时间和网页地址。

6.词目上标有“*”号的是新词义。

词目	提示性释义	例　句	频次	文本数
清网	2011年全国公安机关开展的为期约7个月的网上追逃专项督察活动，以“全国追逃、全警追逃”的力度缉捕在逃的各类犯罪嫌疑人。	自5月26日“清网行动”开展以来，北京警方已抓获各类网上负案在逃犯罪嫌疑人192名，敦促21名自首。（2011年6月10日《新京报》）	6 870	3 018
伤不起*	网络流行语。无法承受伤害。	4月下旬以来一个多月的调整让众多投资者感觉“伤不起”。（2011年5月30日《北京青年报》）	4 071	2 712
政务微博	政府部门建立的旨在与网民互动、进行网络问政的官方微博。	作为开放性的问政方式，政务微博不能仅仅在形式上“回应”民众诉求，更重要的是切实改进作风，积极解决群众困难，把作用真正发挥到最大。（2011年12月6日《光明日报》）	3 995	712
免费午餐	2011年4月2日正式启动的，由邓飞等500多名记者和国内数十家媒体联合中国社会福利教育基金会发起的倡议每天捐赠3元为贫困地区学童提供免费午餐的公益项目。	“免费午餐”所连接的两端人群，“我们”的成员都在扩大，“他们”就在缩小，人们的心灵空间也就迎来了春天，变得丰腴。（2011年4月5日《北京青年报》）	3 817	1 128
云电视	集有线电视、通讯、互联网三大功能于一体、运用了云计算、云存储等技术的智能电视。用户将电视连上网络，就可以随时从外界调取自己需要的资源或信息。	昨天，国内彩电巨头创维集团宣布推出全球首款“云电视”，为彩电行业的发展趋势又增添了一种新的可能。（2011年8月19日《北京青年报》）	3 672	540
微电影	经过专业策划和系统制作，时长一般在300秒内，具有完整故事情节的短片电影。微电影不同于草根拍客作品，它有一定的创作门槛和较高的制作水准，并要求以创意取胜。	电影的“快餐时代”正在加速前行，“微电影”的出现，相当于菜单上的一个新的“套餐组合”。（2011年4月7日《北京青年报》）	3 526	764

（续表）

北京精神	2011年11月2日北京市公布的“爱国、创新、包容、厚德”的城市精神。	北京市委副秘书长、“北京精神”提炼和培育工作领导小组副组长傅华表示，将充分发挥老百姓的智慧和力量，具体哪一种表述语将代表“北京精神”，交由市民投票决定。（2011年9月16日《光明日报》）	3 226	727
微访谈	一种利用微博搜集网友提出的问题，并由访谈嘉宾通过微博直接回答的访谈方式。	在科技周主场展览期间，每天都安排有不同形式的互动活动让市民参与，“微访谈”只是其中之一。（2011年5月16日《北京青年报》）	3 136	1 348
虎妈	称美国耶鲁大学华裔教授蔡美儿，其因写作《虎妈战歌》(Battle Hymn of the Tiger Mother)一书介绍其严厉的教育方式，在美国引起轰动。也泛指采用咒骂、威胁、利诱等高压手段教育子女的母亲。	虎妈教育理念的核心是，孩子将来如果想出人头地，成为社会的精英，就必须从小受到严格的训练，付出120%的努力。（2011年3月29日《中国青年报》）	2 701	592
限娱令	对广电总局2011年10月25日公布的《关于进一步加强电视上星综合频道节目管理的意见》的俗称。因其中对上星综合频道的娱乐性节目做出了播出总量的控制，故称。	“限娱令”原来并非真名，文件原名是《关于加强电视上星综合频道节目管理的意见》，而且只限上星频道“过度娱乐化和低俗倾向”，并非针对全部娱乐节目。（2011年11月17日《光明日报》）	1 997	596
hold住	控制住；把握住；从容应对（困境）。英文单词“hold”表示保持、控制。也写作“Hold住”“HOLD住”“齁住”。	用现在时髦的话说，希望hold住你的大学时光，在大学四年的岁月里获得身体精神、道德学问的全面发展。（2011年9月14日《中国青年报》）	1 955	1 157
走转改	“走基层、转作风、改文风”的简称。为推动新闻工作者切实将群众观点、群众路线体现在新闻宣传实践中，促进新闻单位深入基层、深入群众进一步制度化、常态化，中宣部、中央外宣办、国家广电总局、新闻出版总署、中国记协五部门在全国新闻战线组织开展的一项活动。	新闻战线开展“走转改”，文艺批评、文艺工作也要走基层、转作风、改文风。文风要改，戏风、屏风也应该改。（2011年9月28日《光明日报》）	1 773	588
药家鑫事件	2010年10月20日，西安音乐学院大三学生药家鑫开车撞伤人后又连刺数刀致对方死亡的事件。	从1991年留美博士生卢刚杀人案，到最近发生的药家鑫事件、留日学生刺母事件，这些屡屡发生的极端恶性事件背后，都能找到一个共有的因素：	1 515	726

（续表）

		家庭教育片面强调知识与技能而割裂了其他情感。（2011年4月19日《中国青年报》）		
小悦悦事件	2011年10月13日，佛山两岁女童小悦悦在路上玩耍时相继被两车碾轧，18个路人先后经过却都没有救助，直到一位拾荒阿姨上前将小悦悦救起。9天后，小悦悦因伤势过重，抢救无效，离开了人世。此事引起全社会的强烈关注与深刻反思，被称为“小悦悦事件”。	我们要“扶起摔倒的道德”，以抚平我们因小悦悦事件而产生的心灵颤栗。（2011年10月26日《光明日报》）	1 494	838
最美妈妈	对徒手接住坠楼女童的英雄妈妈吴菊萍的美称。也泛称见义勇为、乐于助人的母亲。	接抱坠楼女童的“最美妈妈”吴菊萍引发了海内外的集体感动。日前，杭州市授予其“见义勇为积极分子”和“三八红旗手”称号，称她的事迹“体现了中华民族的传统美德和人性大爱”。（2011年7月11日《人民日报》）	1 337	654
加名税	为在房产证上追加名字而缴纳的契税。2011年《婚姻法》司法解释三出台后，一些夫妻希望在房产证上共同署名，但根据《契税暂行条例》第一条规定，这种行为应该缴纳契税。此事引起人们热议，最后国家决定，婚姻关系存续期间，夫妻房产加名免征契税。也称“房产加名税”“房产证加名税”“加名契税”“妻税”。	南京的“房产加名税”在8天里改了数次，最后由财政部、国家税务总局明确，婚姻关系存续期间，夫妻房产加名免征契税。（2011年7月4日《羊城晚报》）	1 306	396
咆哮体	一种在网络上流行的语言形式，因有多个感叹号和表达强烈情感的词“有木有、伤不起、尼玛”等，故称。	“咆哮体”源于网上一群年轻人对于演员马景涛的调侃，他在琼瑶剧中表演夸张，常常用咆哮姿态喊出“有没有”“为什么”等反问句，“咆哮体”由此戏仿而来。（2011年4月1日《北京青年报》）	1 215	505
淘宝体	一种在网络上流行的语言形式，格式是“亲，××哦”。因是模仿淘宝网卖家对商品的描述，故称。	“各位在逃的兄弟姐妹，亲！立冬了，天冷了，回家吧，今年过年早，主动投案有政策，私信过来吧。”11月8日，烟台警方一则淘宝体通缉令，引发了众多网友的兴趣。（2011年11月23日《北京晚报》）	1 061	399

（续表）

坑爹	表达与期待有很大出入的不满或被欺骗的愤怒。	在公开的渠道，从来没有人认真告诉过我们，高尔夫宜人的绿色背后，到底有着多少坑爹式丑陋。（2011年8月9日《中国青年报》）	1 022	775
限广令	对国家广电总局下发的关于禁止电视台播出电视剧时插播广告的规定的俗称。	“限广令”会让电视媒体的发展陷入困境，电视媒体的广告额缩水可能会超过一半，拥有电视剧业务的上市公司业绩也将受到影响。（2011年11月30日《新民晚报》）	558	167

（侯　敏、邹　煜、滕永林、何　伟撰稿，杨尔弘、王　磊、于东卿、王文媛、王佳、陈晓丹、李艳娇、陈　雪、邹红建、陈毓麒、李雪燕、马月红、张金玲、程南昌、李伟娜、梁琳琳、何宇茵、侯明午、程　佳、王斐然、郑双美、周红照、崔　乐参与词表研制）

2011年度媒体流行语调查

2011 年 12 月 14 日，国家语言资源监测与研究中心、北京语言大学、中国传媒大学、华中师范大学、中国新闻技术工作者联合会、中国中文信息学会、商务印书馆联合发布“2011 年度中国媒体十大流行语”。

一　基本情况

2011 年度媒体流行语由国家语言资源监测与研究中心平面媒体语言分中心、有声媒体语言分中心、网络媒体语言分中心联合提取，并由平面媒体语言分中心进行整合、汇总。流行语真实记录了 2011 年度中国媒体视野中的世界万象与社会变迁，客观映照了时代发展中的社会热点与世态民心。

流行语是从国家语言资源监测语料库 2011 年 1 月 1 日—12 月 10 日的全部语料中提取的。内容包括平面媒体语言分中心 15 家报纸语料库，有声媒体语言分中心 19 家电视台、7 家广播电台的有声语料库以及网络媒体语言分中心 2 个门户网站的网络新闻，共计 1 161 201 个文本，1 020 047 051 字次语料。[①] 此次流行语共设 10 个常规类目和 5 个特色专题。其中，10 个常规类目分别是综合类、国内时政类、国际政治类、国际时事类、经济类、科技类、社会生活类、文化类、教育类、体育娱乐类；5 个特色专题包括中国共产党建党 90 周年专题、民生专题、楼市专题、社会问题专题、食品安全专题。

2011 年度流行语共分 15 类，其中综合类十大流行语给出了其在年度间及年度内的使用率变化曲线。

---

① 15 家报纸(按音序排列)：《北京青年报》《北京日报》《北京晚报》《法制日报》《光明日报》《广州日报》《华西都市报》《今晚报》《南方周末》《钱江晚报》《人民日报》《深圳特区报》《新民晚报》《羊城晚报》《中国青年报》，共计 723 832 个文本，506 081 074 字次语料。

19 家电视台和 7 家广播电台：北京电视台、东南卫视、中央电视台等 19 家电视台以及北京人民广播电台、中央人民广播电台等 7 家广播电台，129 个栏目的节目转写文本共计 14 698 个文本，95 245 790 字次语料。

2 个门户网站：腾讯、新浪，网站新闻共计 422 671 个文本，418 720 187 字次语料。

二　综合类十大流行语使用率变化曲线

中国共产党建党90周年、“十二五”开局、文化强国、食品安全、交会对接、日本大地震、欧债危机、利比亚局势、乔布斯、德班气候大会

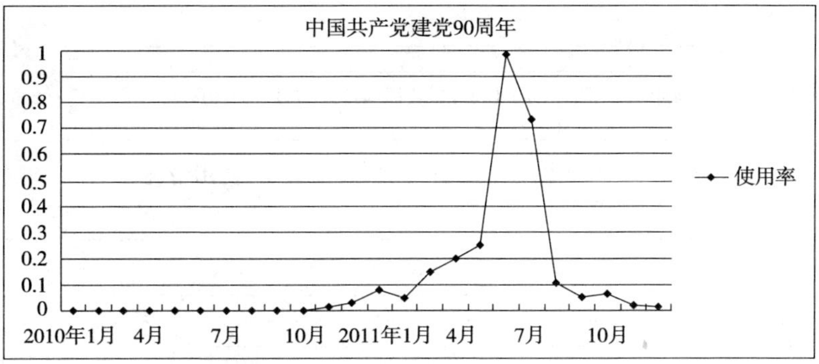

图4—8　2010—2011年度“中国共产党建党90周年”使用情况

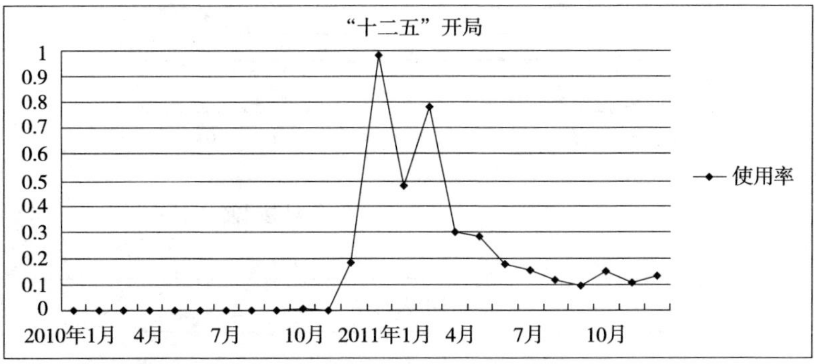

图4—9　2010—2011年度““十二五’开局”使用情况

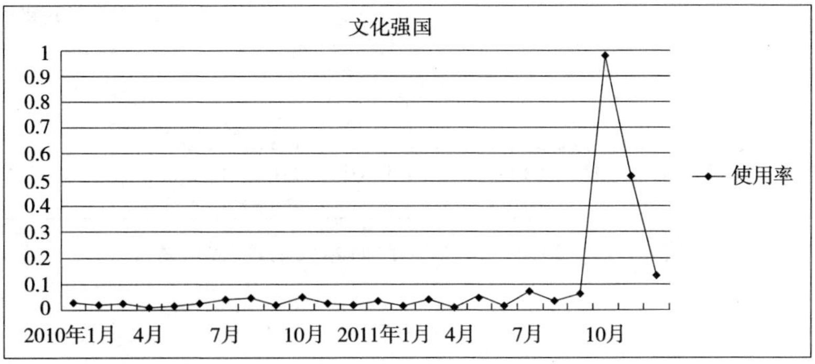

图4—10　2010—2011年度“文化强国”使用情况

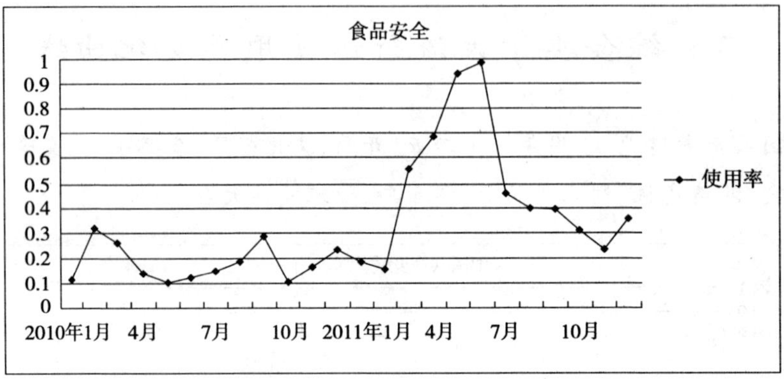

图 4—11 2010—2011 年度"食品安全"使用情况

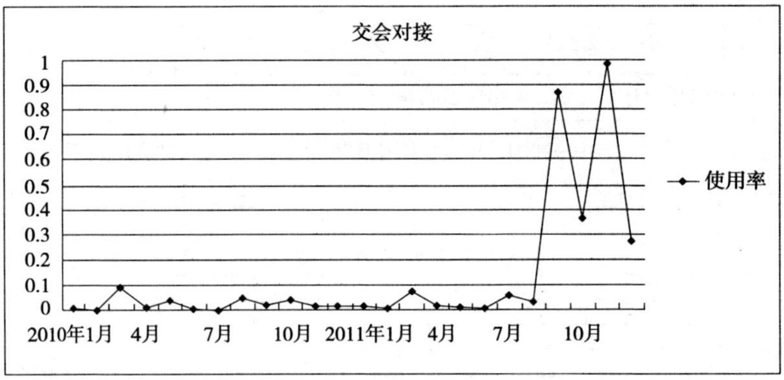

图 4—12 2010—2011 年度"交会对接"使用情况

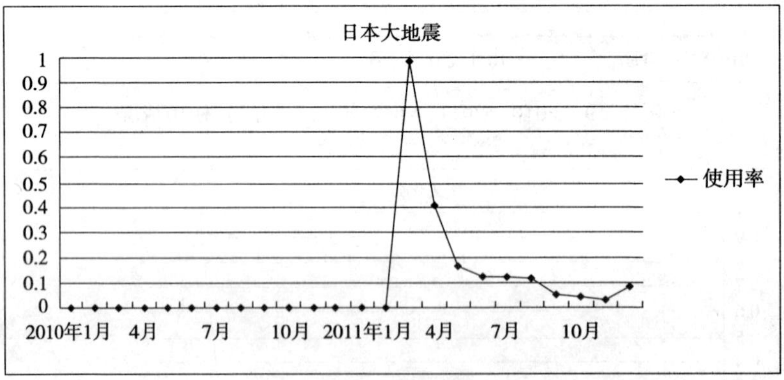

图 4—13 2010—2011 年度"日本大地震"使用情况

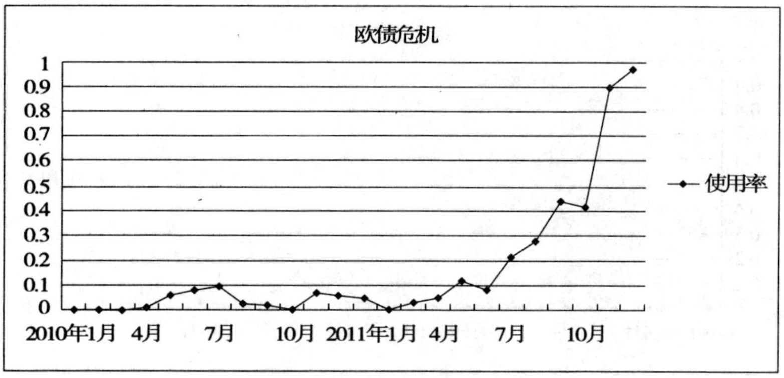

图 4—14　2010—2011 年度“欧债危机”使用情况

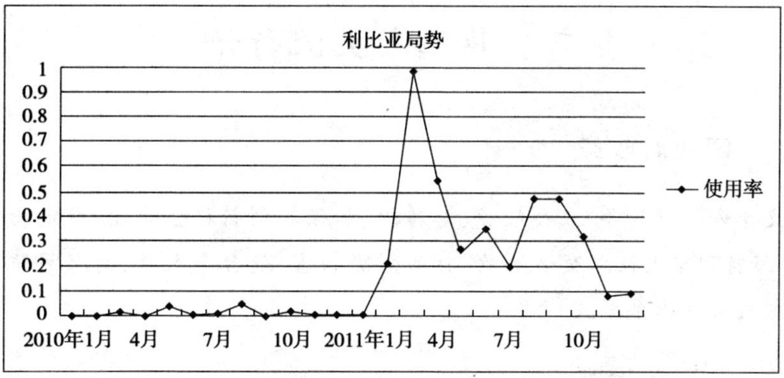

图 4—15　2010—2011 年度“利比亚局势”使用情况

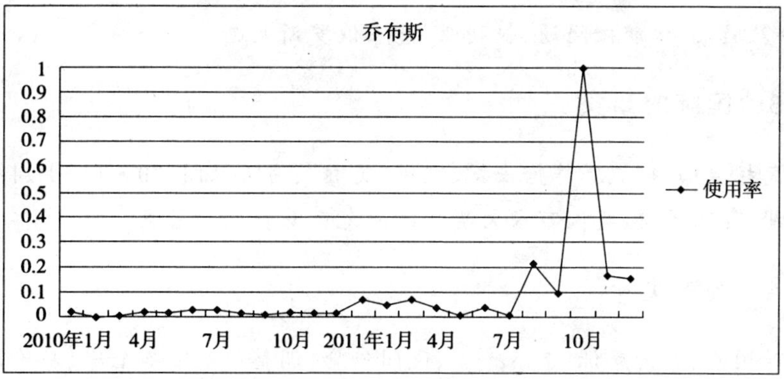

图 4—16　2010—2011 年度“乔布斯”使用情况

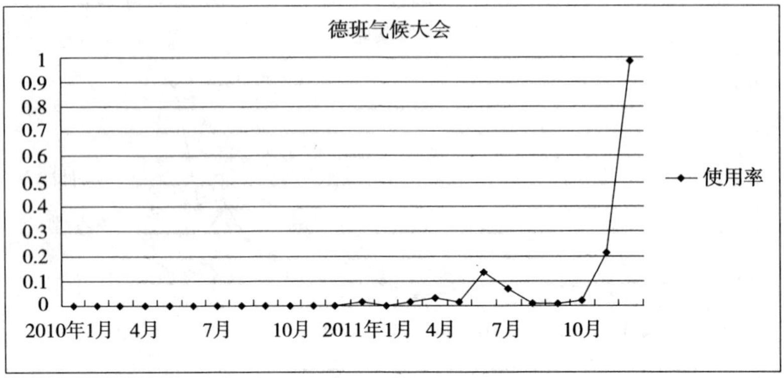

图 4—17 2010—2011 年度“德班气候大会”使用情况

三 其他各类流行语

3.1 国内时政类

辛亥革命一百周年、三公经费、走转改、加强和创新社会管理、稳定物价、“7·23”甬温线特别重大铁路交通事故、打四黑除四害、赴台个人游、南海问题、中国特色社会主义法律体系形成

3.2 国际政治类

卡扎菲、击毙本·拉登、穆巴拉克受审、“占领华尔街”、柏威夏寺、季莫申科被捕、伦敦骚乱、伊朗核问题、叙利亚局势、俄罗斯大选

3.3 国际时事类

福岛核泄漏、挪威爆炸枪击案、飓风“艾琳”、窃听丑闻、“9·11”十周年、英国王室婚礼、泰国洪灾、英国万人大罢工、“魔鬼交易员”、卡恩案

3.4 经济类

金砖国家、美债危机、戛纳峰会、民间借贷、调整存款准备金率、房价调控、小微企业、离岛免税、个税起征点、入世十年

3.5 科技类

天宫一号、神州八号、屠呦呦、“沃森”、云电视、“阿特兰蒂斯”号、Siri、歼 20、

超级稻、“蛟龙”号

3.6 社会生活类

红十字会、京沪高铁、小悦悦、电荒、抢盐、河南宋基会、最美妈妈、菜贱伤农、微博打拐、反淘宝联盟

3.7 文化类

《富春山居图》、中国旅游日、北京精神、茅盾文学奖、西湖申遗、百度文库、西安世园会、哥窑瓷器、非遗法、史铁生

3.8 教育类

校车安全、南科大、虎妈狼爸、绿领巾、打工子弟学校、网络公开课、“入园难”、异地高考、义务教育均衡发展、中非希望工程

3.9 体育娱乐类

李娜、深圳大运会、“穿越”、某某体（撑腰体、淘宝体、断电体等）、姚明退役、hold住、旭日阳刚、NBA停摆、伊丽莎白·泰勒、限娱令

3.10 中国共产党建党90周年专题

“七一”重要讲话、伟大历程、建党伟业、共产党人、红色经典、唱红歌、理论创新、学党史、红军小学、红色记忆

3.11 民生专题

“幸福感”、醉驾入刑、控烟、PM2.5、农超对接、城镇居民养老保险试点、提高最低工资标准、猪肉价格上涨、北上广、收费公路专项清理

3.12 楼市专题

限购令、保障房、公租房、房贷利率、新国八条、一房一价、房价控制目标、房产税试点、房产加名税、房闹

3.13 社会问题专题

郭美美、药家鑫、达芬奇家居、天价酒、尼美舒利、彭宇案、故宫“十重门”、渤

海溢油事故、华商协会、网络谣言

3.14 食品安全专题

瘦肉精、地沟油、塑化剂、肠出血性大肠杆菌、膨大剂、染色馒头、牛肉膏、“潲水油”、毒豆芽、明治奶粉

附录

2011年春夏季中国报纸十大流行语

一、综合类

食品安全、“十二五”规划、日本地震、核泄漏、醉驾入刑、中国共产党建党90周年、京沪高铁、击毙本·拉登、个税起征点、利比亚局势

二、国内时政类

中国特色社会主义法律体系、幸福广东、红歌、离岛免税、稳定物价、国家赔偿、“新国八条”、辛亥革命100周年、胡锦涛访美、南海问题

三、国际时政类

柏威夏寺、斯特劳斯·卡恩、古滕贝格、埃及骚乱、欧债危机、石油危机、金砖五国、中俄石油管道、肠出血性大肠杆菌、白俄罗斯地铁爆炸

四、经济类

支付宝、征收房产税、楼市调控、上调存款准备金率、支付牌照、金融IC卡、房价涨幅、“双反”措施、住房公积金利率上调、海峡两岸经济合作框架协议

五、科技类

沃森、ipad2、歼20、北斗卫星系统导航、V750无人直升机、X－47B无人机、“太阳驱动”号、盘古搜索、李氏果、朱鹮全基因组序列图

六、教育类

五道杠、虎妈、南方科技大学、异地高考、教育规划纲要、网络公开课、上海纽约大学、清华大学百年校庆、大学校长全球峰会、本科生阅卷

七、文化体育类

红色旅游、中国旅游日、国家博物馆、《富春山居图》、国家形象宣传片、中欧青年交流年、西湖申遗成功、博物馆免费开放、李娜、刘翔

八、娱乐类

建党伟业、旭日阳刚、伊丽莎白·泰勒、王室婚礼、咆哮体、裸婚时代、“锋芝”婚变、私奔体、《忐忑》、虐心剧

九、社会生活类

摇号购车、幸福感、网络水军、旱涝急转、超级月亮、动车实名制、恐艾症、故宫被盗、公共场所全面禁烟、赴台个人游

十、日本海啸专题

核辐射、福岛核电站、抢盐、核危机、放射性污染、核素碘—131、9级地震、谣言、日本海啸、福岛50死士

十一、社会问题专题

瘦肉精、塑化剂、药家鑫、郭美美、电信欺诈、天价酒、染色馒头、三公消费、微博打拐、西瓜膨大剂

（王　磊、杨尔弘、王　佳撰稿；李艳娇、于东卿、王文媛、李婷婷、曾小兵等参与数据处理；刘冬明提供平面媒体语言数据；侯　敏等提供有声媒体语言数据；何婷婷、张　勇提供网络媒体语言数据）

2011年度博客语言调查

博客是人们展示自我、发布信息和网络社交的有效途径，对社会生活影响深远，系统地调查分析特定时期的博客语言，有助于了解网络语言的特点和网民关注的热点。本报告以网络媒体监测语料库中2011年的博客语料为基础，对中文博客进行了多角度的调查和分析。

调查语料来自新浪、网易和搜狐三家网站，这些网站都公布了名博列表。本次调查统计了这些列表中的1 728个博客用户全年发布的共计201 488个博客帖。调查内容包括博客用户发帖情况、博客用字用语情况、博客标签使用以及不同性别博客用户用字用语情况等。

一　博客用户发帖情况

1.1　用户发帖量统计

统计调查的1 728个博客用户全年共发布201 488个博客帖。根据发帖数，统计各个数量段的博客用户数，得到用户的年发帖数量分布，如表4—27。

表4—27　各个发帖数量段的博客用户数分布比例

发帖数量段	用户数	用户数比例(%)	累计百分比(%)	发帖数	发帖数比例(%)	累计百分比(%)
1—10	440	25.46	25.46	1 918	0.95	0.95
11—20	181	10.47	35.93	2 737	1.36	2.31
21—30	126	7.29	43.22	3 135	1.56	3.87
31—40	91	5.27	48.49	3 202	1.59	5.46
41—50	83	4.80	53.29	3 798	1.88	7.34
51—100	238	13.77	67.06	17 296	8.58	15.92
101—200	293	16.96	84.02	42 504	21.10	37.02
201—300	115	6.66	90.68	27 855	13.82	50.84
>300	161	9.32	100.00	99 043	49.16	100.00

统计结果表明，年发帖量小于或等于10的用户约占总用户数的25.46%，其中，101个用户全年只发帖1篇；年发帖量小于或等于50的用户占总用户数的53.29%；发帖量小于或等于300的用户占总用户数的90.68%，这些用户合计发帖102 445篇，占总发帖量的50.84%。年发帖量大于300的用户有161个，占总用户数的9.32%，他们共发帖99 043篇，占总发帖量的49.16%，其中，年发帖量最多的用户全年发帖5 674篇，平均每天的发帖量约为15.55篇。年发帖量大于或等于1 000的用户共有22个，合计发帖32 799篇，约占总发帖量的16.28%，这22个博客用户主要是一些广告媒体机构、政治和经济评论家等。

从以上分析可以看出，占总数约90%的博客用户，发帖量只占总数的一半，而剩下的一半博客帖却由不到10%的用户所发。从中可以看出，在网络舆论、宣传中少数机构和个人所起的作用，有一些网络舆论可能会是故意策划的，正确对待网络舆论是非常重要的。

进一步分析年发帖量在200篇以内的用户的发帖数，这部分用户的发帖数分布见图4—18，图中横轴表示发帖数量段，纵轴表示发帖量在某一范围的博客用户数占博客用户总数的比例。从图中可以看出，在这一部分用户中，发帖量在10篇以内的用户比例最高。

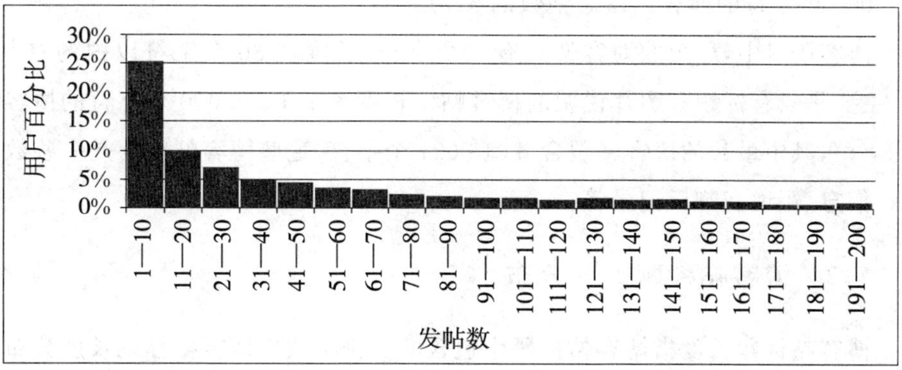

图4—18 各个发帖数量段的博客用户数分布(发帖数小于或等于200的用户)

1.2 博客帖长度分布

博客帖长度指博客帖中包含的字符个数，根据博客帖长度，统计各个数量段的博客帖数量，得到博客帖长度分布的统计数据见表4—28。这些数据可以在一定程度上反映人们写作时文章长度的规律。

表 4—28 博客帖长度分布比例

长度范围	博客帖数	所占比例(%)	累计百分比(%)
1—100	8 152	4.05	4.05
101—200	6 522	3.24	7.29
201—300	5 868	2.91	10.20
301—400	6 977	3.46	13.66
401—500	6 809	3.38	17.04
501—600	6 919	3.43	20.47
601—700	7 246	3.60	24.07
701—800	7 621	3.78	27.85
801—900	7 760	3.85	31.70
901—1 000	7 780	3.86	35.56
1 001—2 000	65 466	32.49	68.05
2 001—3 000	27 614	13.71	81.76
3 001—4 000	12 845	6.38	88.14
4 001—5 000	6 153	3.05	91.19
5 001—10 000	10 174	5.05	96.24
10 001—100 000	6 834	3.39	99.63
100 001—1000 000	724	0.36	99.99
＞1 000 000	24	0.01	100.00

从表 4—28 可以看出，长度小于等于 3 000 个字符的博客帖占博客帖总帖数的 81.76%，这反映出绝大多数博客帖长度在 3 000 个字符以内。长度小于等于 5 000 个字符的博客帖占总帖数的 91.19%。

博客语料中，最短的博客帖只有 7 个字符，长度在 30 个字符以内的有 802 篇，主要是只有标题和图片说明的博客帖。长度大于 1 000 000 个字符的博客帖有 24 篇，其中最长的博客帖包含 8 013 021 个字符，这些博客帖主要是一些数据统计信息、小说和聊天记录等。

1.3 博客帖标题长度分布

博客帖标题长度指博客帖标题中包含的字符个数。博客帖标题长度分布如表 4—29 所示。

表 4—29 博客帖标题长度分布比例

长度范围	博客帖数	所占比例(%)	累计百分比(%)
1—10	45 511	22.59	22.59
11—20	117 702	58.41	81.00
21—50	34 305	17.03	98.03
＞50	3 970	1.97	100.00

统计结果表明，标题长度在50个字符之内的博客帖占总帖数的98.03%。进一步分析长度在30个字符以内的博客标题，其长度分布如图4—19所示，图4—19中横轴表示博客帖标题长度，纵轴表示标题长度为某一值的博客帖数占总帖数的百分比。从表4—28和图4—19可以看出，标题长度在11到20个字符之间的标题约占总标题数的58.41%。

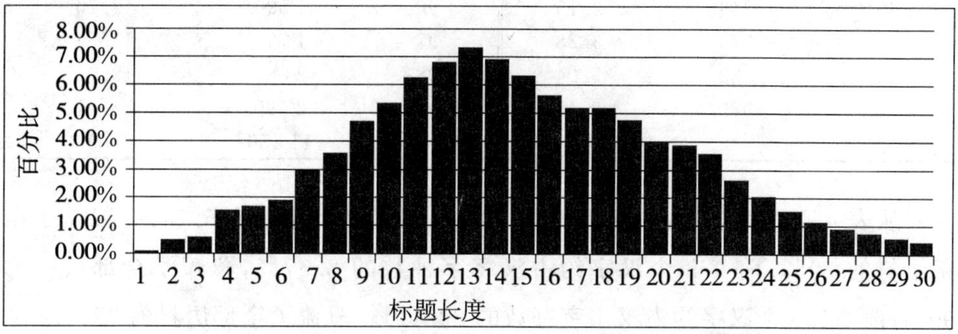

图4—19　长度小于等于30的博客帖标题长度分布

调查的博客语料中，最长的标题长度有93个字符，最短的只有1个字符。其中1个字符的主要是一些普通名词，如“橘”“书”“信”等，长度最长的10个标题中，大多数是一些英文句子，因为是按字符统计，所以标题长度比较大。

标题可以起指称作用，也可以起传递信息的作用，博客的标题更主要地是起传递信息的作用，从前面的数据可以看出，从统计规律上来看，博客帖标题长度比一般的中文文学作品的标题长度长。中国文学作品传统上偏向于比较短的标题，这些年标题长度增加的趋势，与网络的影响分不开，呈现出口语化、西化的趋势。

二　汉字使用情况

2.1　汉字使用情况[①]

全部博客语料中汉字的字种数为11 556，占字符种数的93.37%，总字次为522 411 998，占总字符次的77.04%。表4—30显示了各级覆盖率下所用字种数和字种比例。

① 本次调查在统计汉字时以Unicode中的CJK统一汉字(0x4E00－0x9FBB)和CJK统一汉字扩充A(0x3400－0x4DB5)两个区间为判定汉字的标准，这两个区间共有汉字27 506个。

表 4—30 汉字覆盖率统计

覆盖率(%)	字种数	字种比例(%)	覆盖率(%)	字种数	字种比例(%)
10	6	0.05	91	1 044	9.03
20	24	0.21	92	1 118	9.67
30	55	0.48	93	1 204	10.42
40	98	0.85	94	1 308	11.32
50	160	1.38	95	1 433	12.40
60	249	2.15	96	1 590	13.76
70	379	3.28	97	1 796	15.54
80	583	5.04	98	2 081	18.01
90	979	8.47	99	2 590	22.41
			100	11 556	100.00

从表 4—30 可以看出，高频的前 583 个汉字占字种数的 5.04%，覆盖了全部语料的 80%；前 979 个汉字约占汉字字种数的 8.47%，覆盖了全部语料的 90%；前 2 590 个汉字约占汉字字种数的 22.41%，覆盖了全部语料的 99%。

三 词语使用情况[①]

3.1 词语使用覆盖率

不区分词性时，覆盖率达 99%时，博客语料中共有 80 224 个词种，累计出现 202 675 427 次。表 4—31 显示了博客语料中 10%到 99%的各级覆盖率下所用词种数。

表 4—31 覆盖率与词种数

覆盖率(%)	词种数	词种比例(%)	覆盖率(%)	词种数	词种比例(%)
10	3	0.00	91	12 403	1.90
20	23	0.00	92	14 164	2.18
30	75	0.01	93	16 343	2.51
40	208	0.03	94	19 107	2.93
50	488	0.07	95	22 715	3.49
60	998	0.15	96	27 652	4.25
70	1 967	0.30	97	34 909	5.36
80	4 131	0.63	98	47 351	7.27
90	10 950	1.68	99	80 224	12.32

① 本次调查采用的分词标注软件由中国传媒大学开发。

3.2 专有名词调查

本次调查的专有名词包括机构名、地名和人名。其中，机构名、地名（包括国家名）和人名三类专有名词共有 23 888 种[①]。具体数据见表 4—32。

表 4—32 专有名词统计情况

词类	词种数	总词次
机构名	3 615	591 643
地名	4 175	3 486 143
人名	16 098	2 642 964
总计	23 888	6 720 750

四 博客标签情况

博客标签通常体现了博客所关注的主题。博客标签的来源主要有三种情况：(1)博客用户填写一个词语作为标签；(2)博客用户选择以前使用过的标签；(3)部分博客网站根据博客帖内容自动推荐合适的标签。

4.1 基本情况

本次调查从博客语料中总共提取了 612 625 个标签，共 83 949 种。

4.2 用户数最多的标签

标签用户数是指使用这个标签的用户人数，体现了用户对这个标签所对应话题的关注程度，相对于标签频次它能更好地反映用户对标签所代表主题的关注度。表 4—33 中列出了前 150 个用户数最多的标签及其用户数。

表 4—33 用户数最多的标签列表

标签	用户数	标签	用户数	标签	用户数
杂谈	727	情感	217	日本	177
娱乐	282	美国	202	教育	176
文化	278	转载	195	宋体	162
中国	259	旅游	193	房产	162
财经	247	北京	182	股票	158

① 考虑词性信息时，覆盖率达到 99%时，全部博客语料中共有 99 047 个词种。

（续表）

上海	157	意大利	64	高铁	45
美食	152	卡扎菲	63	A 股	45
时尚	146	张柏芝	62	地震	44
休闲	146	非诚勿扰	58	成都	44
健康	141	央视	58	广东	44
育儿	137	德国	58	摄影	43
体育	137	2011	57	李娜	43
微博	124	电影	57	巴菲特	43
香港	122	亚洲	57	中小企业	43
科技	113	温州	56	加拿大	42
汽车	104	奥巴马	56	丰满	42
爱情	97	重庆	55	房子	42
台湾	95	杭州	54	伦敦	42
军事	94	通道	54	潜规则	41
IT	94	股市	54	音乐	41
英国	88	印度	51	越南	41
家居	87	好莱坞	50	谢霆峰	41
深圳	86	范冰冰	50	新年	41
欧洲	86	俄罗斯	50	辛亥革命	41
日本地震	84	新加坡	49	两会	41
韩国	83	毛泽东	48	埃及	41
游戏	81	婚礼	48	存款准备金率	41
春节	79	明星	48	保障房	41
星座	79	华尔街	48	新疆	41
广州	79	高考	48	南京	40
女性	76	大盘	48	希腊	40
房价	76	A 股市场	48	中国经济	40
房地产	76	互联网	47	上帝	39
生活	75	幸福	47	投资	39
乔布斯	75	郭美美	47	让子弹飞	39
婚姻	74	纽约	47	章子怡	39
校园	73	姚晨	46	视频	39
春晚	72	奢侈品	46	朝鲜	39
进行	70	姚明	46	天津	39
利比亚	70	赵本山	46	结婚	38
法国	69	创业板	46	影评	38
情人节	68	山东	46	建党伟业	38
苹果	65	手机	45	西藏	38
女人	64	少儿	45	淘宝	38
美女	64	男人	45	减肥	38

（续表）

慈善	38	电视剧	37	运动	36
云南	38	陈冠希	37	浙江	36
房产税	38	百度	37	中都	36
楷体	37	澳大利亚	37	核辐射	36
中秋节	37	上证指数	37	家庭	36

从表 4—33 中可以看出，这些标签中包含的主题范围比较广泛。其中有一部分主要代表了博客帖主题的类别信息，例如“杂谈”“娱乐”“文化”“财经”“情感”等标签。更多的标签则是直接标注博客帖讨论的主题，这些标签中有人名、地名、机构名，也有电影或电视节目名、产品名等。

与 2010 年前 150 个用户数最多的标签列表比较，两年共用的标签有 85 个。表 4—34 中分别列出了两年的独用标签。从表中可以看出，2011 年的独用标签集中反映了本年度的国际和国内的热点事件。例如：“利比亚”“卡扎菲”“埃及”等标签反映了中东政治局势动荡的事件；“欧洲”“希腊”等标签反映了欧洲金融危机的事件。“乔布斯”“苹果”等标签反映了信息产业界巨人乔布斯逝世的事件；“郭美美”标签反映了与红十字会下属机构相关的事件。

表 4—34　2011 与 2010 年前 150 个用户数中的独用标签比较

2011 年独用标签			2010 年独用标签		
欧洲	山东	投资	世界杯	王菲	蜗居
日本地震	少儿	视频	世博会	成龙	圣诞节
乔布斯	高铁	天津	足球	三国	模特
利比亚	广东	结婚	阿凡达	就业	法律
情人节	李娜	建党伟业	红楼梦	宗教	留学
苹果	巴菲特	西藏	80 后	湖南卫视	广告
意大利	中小企业	淘宝	玉树	电视	养生
卡扎菲	加拿大	减肥	经济	历史	亚运会
进行	丰满	云南	环保	GDP	徐帆
亚洲	房子	房产税	冯小刚	写真	周迅
温州	伦敦	楷体	韩寒	西班牙	黄晓明
俄罗斯	越南	中秋节	世博	赵薇	奥运
新加坡	谢霆锋	陈冠希	孔子	大学生	阿根廷
婚礼	辛亥革命	百度	南非世界杯	服装	山楂树之恋
华尔街	埃及	澳大利亚	郭德纲	李宇春	娱乐圈
大盘	存款准备金率	上证指数	唐山大地震	姜文	虎年
A 股市场	保障房	运动	南非	富士康	人生

（续表）

郭美美	新疆	浙江	理财	大S	曹操
纽约	南京	中都	低碳	大雪	生日
姚晨	希腊	核辐射	张艺谋	巴西	基金
奢侈品	中国经济		两性	上海世博会	
姚明	上帝		证券	职场	

五 不同性别博客用户用字用语比较

在2011年收集的1 728个博客用户中，项目组人员根据实际情况对这些博客用户的性别进行了人工标注。根据发帖量、发帖总字数等指标，选择了350个男性博客用户和350个女性博客用户。表4—35中给出了男女博客用户的个数、发帖量及全部博客帖包含的总字符数。

表4—35 男女性博客用户情况

性别	博客用户数	博客帖数	总字符数
男	350	23 652	80 494 405
女	350	25 040	48 393 830

"频率差"指同一个对象（字或者词）在不同集合中出现的频率的差值，本报告利用频率差来调查男、女性用字、用词的个性化特点。表4—36中列出了利用频率差对男女性汉字使用情况分析的一些数据，其中每一行列出了某种性别相对另一种性别使用而言，使用频率更高、频率变化最大的20个汉字，按频率差从左到右由大到小排列。

表4—36 男女性高频率差汉字情况

性别	高频率差汉字
男	国 学 中 政 民 为 文 教 年 社 方 医 理 论 化 公 科 制 者 主
女	我 女 你 一 她 不 好 爱 情 男 他 小 了 时 很 看 感 心 人 个

从表4—36可以看出，女性更关注人、关注个体，使用"我、你、她、他、人"等字的频率比男性高，女性也更关注情感、家庭，使用"女、男、爱、情、感、心"的频率也比男性高。

表4—37中列出了男女性频率变化最大的一些名词、动词、形容词。表中的

一列，列举了某种性别相对另一种性别而言，使用频率更高、频率变化最大的前20个词，并由大到小排列。无论从名词、动词、还是从形容词来看，都较好地表现出男女性关注的问题及用词的差异。

表4—37 男女性语文词使用对比表

名词		动词		形容词	
男	女	男	女	男	女
社会	女人	是	会	基本	小
问题	男人	为	爱	新	好
国家	时候	认为	让	科学	健康
政府	女性	进行	吃	重要	老
学生	爱情	成为	看	不同	多
文化	朋友	存在	想	自由	大
政治	孩子	提出	去	民主	真
历史	美女	发展	喜欢	可怕	美丽
学校	星	提供	要	严重	性感
大学	妈妈	没有	做	巨大	瘦
制度	明星	作为	觉得	复杂	红
科学	身体	可能	能	重大	幸福
学术	水	应该	请	高	长
理论	心	建立	买	著名	漂亮
人口	指数	解决	放	具体	可爱
世界	婚姻	称	喝	合理	不错
权力	感觉	形成	带	平等	美
经济	饮食	包括	运	公平	精
我国	感情	发表	走	根本	热
系统	狗	发生	可以	文明	快乐

同时，项目组还利用频率差分析了男女性在专有名词使用上的差异，相对于女性，男性在使用专用名词时频率变化最大、使用更频繁的前10个人名分别是：毛泽东、孔子、蒋介石、鲁迅、曹操、孙中山、胡适、袁世凯、斯大林、马克思；地名分别是：中国、美国、日本、广州、俄罗斯、广东、苏联、朝鲜、重庆、北京；机构名分别是：教育部、南科大、网易、国务院、北京大学、中国共产党、卫生部、清华大学、新华社、铁道部。而相对于男性，女性在使用专用名词时频率变化最大、使用更频繁的前10个人名分别是：张柏芝、范冰冰、杨幂、琼瑶、谢霆锋、赵薇、姚晨、周迅、林志玲、刘亦菲；地名分别是：香港、纽约、韩国、巴黎、泰国、伦敦、新西兰、好莱坞、亚洲、新加坡；机构名分别

是：新浪、微软、湖南卫视、江苏卫视、新浪网、浙江卫视、深圳卫视、东方卫视、路透社、IBM公司。

从这些数据可以看出，男性用户的博客帖中关心的话题更多地与政治、社会等相关；而女性用户的博客帖中更多地与生活、情感、娱乐相关。

（何婷婷、涂新辉、赵军民）

2010年度藏文报纸、网络(新闻)用词调查

词汇反映社会生活的变化最为敏感，藏语词汇随着时代的变化、科技的发展、思维的进步不断向前发展。藏文报纸、网络(新闻)用词调查可以反映现代藏文词汇的使用状况、用词特点，并一定程度地反映社会热点、重大事件及藏族民风民俗等。本次调查使用的语料是2010年度的藏文报纸和网络新闻。

一 调查对象

1.1 调查语料

本次调查语料来源于平面媒体(报纸)和网络媒体。共计7 980个文本文件，2 247 821词次。其中报纸与网络媒体的语料量比例为10:3。

平面媒体语料选择了2010年度的4种藏文报纸，分别是(以藏文报刊创办时间排序)：《青海藏文报》《甘南日报》《西藏日报》《西藏科技报》。《青海藏文报》是新中国第一份藏文地方机关报，《甘南日报》是新中国最早的地市藏文报刊，《西藏日报》是容量最大的藏文报纸，《西藏科技报》是全国首家藏文科技专业报纸。[①] 报纸语料共计6 359个文本，1 772 073词次。

网络媒体选取了3家网站2010年度的新闻语料，分别是(按音序排列)：“西藏文化网”“藏文信息网”“中国西藏网”。选取方式是：2010年全年实时采集上述网站网页，对收集的全部语料信息，以日为单位抽取得到所有文本集合，内容去重后形成网络(新闻)的样本语料。网络(新闻)语料共计1 621个文本，词次数为475 748。

用于调查的语料格式是纯文本格式。在报纸语料的预处理过程中，报纸以期为单位，每个版面中的一篇文章或者一个图片新闻都构成一个完整文本，其中

① 周德仓《中国藏文报刊发展史》，中国社会科学出版社2010年版。

不包括每个版面顶端或者底端的版面标识性信息、一句话的图片注解性信息和转版信息。[①] 在网络(新闻)语料的预处理过程中,每个新闻页面中的正文被认为是一个完整文本,采集过程中去除了 HTML 标签和广告等噪声信息。

1.2 调查内容

本次调查的对象是藏文词语。调查项目主要有词种、独用词种、共用词种、词语覆盖率、高频词及新词语使用状况等;调查内容包括 2010 年度的两种媒体语料的共时考察、报纸与网络的对比调查以及与藏语文教材用词的对比调查。

1.3 调查方法

语料采集采用人工和计算机软件相配合的方法:报纸语料采用纸质报纸扫描、识别、校对等方法进行采集加工;网络(新闻)语料使用网络爬虫在互联网上实时抓取。

词语分词采用机器自动分词与人工干预相结合的方法进行。分词软件采用课题组成员编写的基于统计的"藏文分词软件";在机器分词基础上,对分词软件标注为"未登录词"的部分,做人工修正。藏文分词尽量与藏语语感中的"词"保持一致,即能独立运用、使用稳定且具有固定语义的最小单位。

二 词语使用情况

2.1 基本情况

本次调查的报纸和网络(新闻)语料的词语使用情况见表 4—38 所示。

1. 词总数是指报纸及网络(新闻)语料分词单位总数中除去标点、符号、纯阿拉伯数字、纯西文、汉字、数字与西文混合后的藏文分词单位。

本次调查,报纸词总数:1 772 073 词次;网络词总数:475 748 词次;两种媒体合计词总数:2 247 821 词次。

2. 词种数是指报纸及网络(新闻)语料中形式不同的分词单位。

本次调查,报纸词种数:27 183 个;网络词种数:13 569 个;两种媒体共计词种:31 403 个。

---

① 转版信息:是指报纸中"转见第×版"的用语。

3. 共用词种是指在报纸和网络(新闻)两种媒体语料中都出现的词种。

本次调查,报纸、网络(新闻)两种媒体共用词种共计:9 349 个。

4. 独用词种是只在报纸或者网络(新闻)一种媒体中出现的词种。独用词种可以在一定程度上反映报纸、网络两种媒体的用词特点及报纸、网络使用词汇的通用程度。由于两个媒体语料规模相差较大,独用词的数量相差较大。

本次调查,报纸独用词种 17 834 个;网络(新闻)独用词种 4 220 个。

表 4—38 报纸、网络(新闻)词语使用情况表

媒体	词次	词种	共用		独用	
			词种数	比例(%)	词种数	比例(%)
报纸	1 772 073	27 183	9 349	34.39	17 834	65.61
网络(新闻)	475 748	13 569		68.90	4 220	31.10
全部语料	2 247 821	31 403		29.77	22 054	70.23

2.2 覆盖率

词语覆盖率是反映藏文词汇常用与否的重要指标。针对报纸、网络分类情况及全部语料情况,表 4—39 列出了覆盖率为 10%—90%和 91%—100%各段的词种分布。全部语料在以下统计表中均简称“全部”。

表 4—39 不同覆盖率的词种分布

覆盖率(%)	词种数			比例(%)		
	报纸	网络	全部	报纸	网络	全部
10	3	2	3	0.01	0.01	0.00
20	10	9	10	0.04	0.07	0.03
30	30	26	29	0.11	0.19	0.09
40	76	62	74	0.28	0.46	0.24
50	161	133	159	0.59	0.98	0.51
60	304	270	308	1.12	1.99	0.98
70	556	515	571	2.05	3.80	1.82
80	1 035	993	1 080	3.81	7.32	3.44
90	2 166	2 261	2 326	7.97	16.66	7.41
91	2 365	2 508	2 551	8.70	18.48	8.12
92	2 605	2 799	2 828	9.58	20.63	9.01
93	2 896	3 150	3 171	10.65	23.21	10.10
94	3 258	3 578	3 605	11.99	26.37	11.48
95	3 731	4 115	4 177	13.73	30.33	13.30
96	4 376	4 827	4 957	16.10	35.57	15.79
97	5 327	5 806	6 135	19.60	42.79	19.54

（续表）

98	6 984	7 212	8 180	25.70	53.15	26.05
99	11 136	9 412	13 012	40.97	69.36	41.44
100	27 183	13 569	31 403	100.00	100.00	100.00

从表4—39中可以看到，词种数在覆盖率为90%之后明显上升，报纸、网络及全部语料覆盖率达到90%的词种数分别是2 166个、2 261个和2 326个，其中报纸占词种数的7.97%，网络占词种数的16.66%，全部语料占总词种数的7.41%。覆盖率在99%到100%之间的词种数增幅最大，报纸共计有16 047个，占总词种的59.03%；网络共有4 157个，占总词种的30.64%；全部语料共计有18 391个，占总词种的58.56%。

2.3 频次与词种

表4—40给出了不同频次段下对应的词种数量，从中可以看出词语的分布情况。

表4—40 不同频次段的词种数

频次段	词种数			占词种数的比例(%)			累计(%)		
	报纸	网络	全部	报纸	网络	全部	报纸	网络	全部
1	14 375	3 556	14 937	52.88	26.21	47.56	52.88	26.21	47.56
2	2 189	2 443	3 318	8.05	18.00	10.56	60.94	44.21	58.12
3	1 133	1 224	1 620	4.17	9.02	5.16	65.10	53.23	63.28
4	794	816	1 087	2.92	6.01	3.46	68.02	59.25	66.74
5—10	2 564	2 047	3 190	9.43	15.09	10.16	77.46	74.33	76.90
11—20	1 509	1 197	1 918	5.55	8.82	6.11	83.01	83.15	83.01
21—100	2 560	1 560	2 916	9.42	11.50	9.29	92.43	94.65	92.30
＞100	2 059	726	2 417	7.58	5.35	7.70	100.00	100.00	100.00

从上表可以看到，频次不超过4的词种数所占比例，报纸为68.02%，网络为59.25%，全部语料为66.74%；频次大于100的词种数所占比例，报纸为7.58%，网络为5.35%，全部语料占7.70%，说明藏语媒体中高频词语所占比例很小，低频词语数量较大。

2.4 频段统计

按照词语频次由高到低对词语排序，表4—41列出了三种语料对应词语频序表中不同频序段词种及其使用频次的分布情况。

表4—41　频序段词种及其频次分布

频序段	词种比例(%)			频次			频次覆盖率(%)		
	报纸	网络	全部	报纸	网络	全部	报纸	网络	全部
1—1 000	3.68	7.37	3.18	1 408 624	381 095	1 772 649	79.49	80.10	78.88
1 001—3 000	7.36	14.74	6.37	244 956	59 431	307 264	13.83	12.50	13.67
3 001—10 000	25.75	51.59	22.29	97 883	31 640	134 424	5.52	6.65	5.98
>10 000	63.21	26.30	68.16	20 610	3 582	32 984	1.16	0.75	1.47

2.5　高频词

高频词是词语覆盖率达到90%时的词语。本调查将排序在前的全部语料的2 326个高频词,报纸的2 166个高频词及网络(新闻)的2 261个高频词分别形成《2010年度藏文报纸与网络(新闻)语料高频词表》《2010年度藏文报纸高频词表》和《2010年度藏文网络(新闻)高频词表》,收录于本书所附光盘内。

2.5.1　两个媒体高频词对比

报纸、网络高频共用词种是报纸的2 166个高频词与网络的2 261个高频词共同使用的词语;报纸高频独用词种是报纸高频词在网络高频词范围内没有出现的词语,反之亦然。

高频共用词种及高频独用词种的调查从两个角度进行:一是考察报纸、网络两种媒体间高频词的共用词种和独用词种,观察和分析两大媒体的用词特点,见表4—42,表4—43中列举两种媒体前20个高频独用词种信息;二是考察4份报纸间以及3家网络语料间高频词的共用和独用词种的分布情况,比较各份报纸和各网络的用词异同点,见表4—44。

表4—42　两种媒体高频词共用、独用情况

媒体	高频词种数	共用	共用比例(%)	独用	独用比例(%)
报纸	2 166	2 104	97.13	62	2.87
网络(新闻)	2 261		93.06	157	6.94

在报纸和网络高频词中共用词种占绝大多数,两种媒体在用词方面都倾向于选择常用词。下表中列出两种媒体高频独用词的前20条,其中位序指该词种在词表中的频序位置。

表 4—43　两种媒体前 20 条高频独用词种

序号	报纸				网络(新闻)			
	词语	位序	频次	汉译[①]	词语	位序	频次	汉译
1	དེར།	294	1 002	彼处	བོད་སྐྱོར།	73	567	援藏
2	ཟིན་པ།	315	941	完毕	ལས་བྱེད།	191	350	工作
3	སྐུ་ཞབས།	378	776	尊敬	དོན་འཁྱོལ།	241	296	落实
4	འགོ་ཁྲིད།	389	762	领导	འཆམ་མཐུན།	256	285	和谐
5	སྐབས་སུ།	814	347	……时候	འཛུགས་སྐྲུན།	322	225	组建
6	ཧེ།	938	296	呼声	མཐུན་པ།	356	207	相同
7	རང་ཞིང་།	969	283	省内	ངེས་པར།	437	167	决定
8	ལ་ཁ།	973	281	顶部	ཨུ་ཡོན་ལྷན་ཁང་།	444	165	委员会
9	ཐོག་ཏུ།	988	275	上	ལེགས་གྲུབ།	460	159	竣工
10	མདུན་དུ།	1 005	270	前	ཚགས་པར་ཁང་།	508	148	报社
11	སམ།	1 058	254	不自由虚词	མཉེན་ཆས།	517	146	软件
12	ལེགས་པར།	1 069	251	很好的	བརྟན་སྙིང་།	527	142	稳定
13	བརྟན་སྙིང་།	1 124	236	稳当	ཀྲུང་གུང་།	545	138	中共
14	བདག་དབང་།	1 133	235	主权	འགྲོ་བ།	577	129	人类
15	ཚེག།	1 167	225	分隔符	རིགས་པའི་གཞུང་ལུགས།	623	121	理论
16	རིང་།	1 172	223	今天	ལྗོངས་ཡོངས།	712	103	全区
17	ལའང་།	1 218	213	不自由虚词	དངོས་མང་སྟོན་ཚོགས།	778	93	博物馆
18	བྱེད་དགོས།	1 284	198	要做	འབད་འཐབ།	792	89	拼搏
19	དེ་སྔ།	1 291	197	之前	མཆོང་སྐྱོད།	902	77	前进
20	འཐུས་སྒོ།	1 299	196	条件、适用	ད་ངོས།	919	75	页面

上表可以看出，由于读者群的不同，报纸面向普通大众，高频独用词词长明显较短，用词简练、易于理解；而网络高频独用词词长较长，多涉及时政，如བོད་སྐྱོར།(援藏)，དོན་འཁྱོལ།(落实)，འཆམ་མཐུན།(和谐)，ཨུ་ཡོན་ལྷན་ཁང་།(委员会)等，难度增大。

分别取 4 份报纸以及 3 家网络词语覆盖率达到 90%的词语，考察共用和独用词种的分布情况如下表：

表 4—44　各家媒体高频词共用、独用情况

媒体		词次	词种	高频词种	共用	共用比例(%)	独用	独用比例(%)
报纸	青海藏文报	450 945	16 510	2 275	1 515	66.59	13	0.57
	甘南日报	162 226	9 686	2 076		72.98	9	0.43
	西藏日报	956 908	14 565	1 577		96.07	2	0.13
	西藏科技报	201 994	8 326	2 314		65.47	18	0.78

① 当词语为多义词时，只给出其常用意义的汉译。

（续表）

网络（新闻）	西藏文化网	133 454	9 796	2 490	610	24.50	387	15.54
	藏文信息网	17 963	2 256	898		67.93	60	6.68
	中国西藏网	324 331	8 818	1 577		43.17	130	8.24

表 4—44 显示，4 份报纸语料的高频共用词种相对集中，其中共用比例最少的《西藏科技报》占到了 65.47%；独用词种相对较少，最少的《西藏日报》高频独用词仅有 2 个：

ཁ་འབྲལ་ཐབས།（分开），出现 83 次，བོད་མི་དམངས།（藏族人民），出现 78 次；《西藏科技报》高频独用词最多，也仅有 18 个，占其对应高频词的 0.78%，最高频独用词是：བྱ་དེ།（鸡）。《西藏日报》语料量最大，词种以很高的词次重复使用，如四份报纸中频次最高的前两个虚词均为གི、དང་，在《西藏日报》中分别出现 51 586 次、37 228 次，比语料规模次之的《青海藏文报》（分别为 24 741 次、14 250 次）高出 1—2 倍。说明《西藏日报》词种使用相对集中。报纸整体上用词简洁整饬。

3 家网络语料的高频共用词共 610 个；西藏文化网高频词最多，有 387 个，占其高频词的 15.54%，最高频独用词是：འབྲོག་མི།（牧人）；藏文信息网的独用词相对较少，最高频独用词是：དྲ་ཚིགས།（网站）。

2.5.2 词长分析

藏文词由音节构成，词长指构成词的音节个数。表 4—45 显示了高频词的词长分布。

表 4—45 高频词词长分布表

媒体	单音节	双音节	三音节	四音节及以上	平均词长
报纸	989	1 108	42	27	1.59
网络（新闻）	934	1 219	60	48	1.66

从表 4—45 中可以看出，两种媒体均是双音节词语所占比例最大，报纸占 51.15%，网络占 53.91%；单音节次之，三音节、四音节及以上的占高频词的比例很小。网络高频词词长相对较长，其双音节、三音节、四音节及以上词种比例均高于报纸。报纸的平均词长低于网络，说明报纸用词总体简短，这与表 4—43 及表 4—44 数据反映特征一致。

下面给出不同词长的前 5 个高频共用词：

单音节：གི དང་ ཀྱི ས ར 均作为格助词高频使用；

双音节：འཕེལ་རྒྱས།（发展） ལས་དོན།（事情） མང་ཚོགས།（群众） སློབ་གསོ།（教育）

འཛུགས་སྐྲུན།（建设）

三音节：རང་སྐྱོང་ལྗོངས།（自治区） ལས་བྱེད་པ།（干部） གསར་འགོད་པ།（记者）
ངེས་པར་དུ།（必须） ཧུའུ་ཅིན་ཐའོ།（胡锦涛）

四音节及以上：བཞུགས་མོལ་ཚོགས་འདུ།（座谈会） སྤྱི་ཚོགས་རིང་ལུགས།（社会主义） བོད་རང་སྐྱོང་ལྗོངས།（西藏自治区） རྒྱུན་ཆད་མེད་པ།（连续不断） མངོན་གསལ་དོད་པོ།（明显）

2.5.3 与藏语文教材中的高频词的比较

将媒体高频词和藏语文教材高频词进行对比，可以衡量在基础教育阶段教授的藏语词汇能否满足学生日常浏览媒体资源的需要，同时有助于藏语文教材的编制。

表 4—46 给出了媒体和语文教材高频词①的共用、独用情况。

表 4—46 媒体和语文教材高频词共用、独用情况

语料类型	高频词种数	共用	共用比例（%）	独用	独用比例（%）
藏语文教材（小学、初中、高中）	2 220	2 065	93.02	155	6.98
两种媒体（报纸、网络）	2 326		88.78	261	11.22

从表 4—46 可以看出，教材和公共媒体的高频词语具有较高的相同性，共用比例均在 90%左右。藏语文教材和两类媒体独用的前 10 位高频词见下表。

表 4—47 教材与媒体前 10 位高频独用词

序号	藏语文教材				两类媒体			
	词语	位序	频次	汉译	词语	位序	频次	汉译
1	ཐུག་ཚད།	108	372	厚度	མ་དངུལ།	169	1 939	资金
2	མི་བཞི་ཚོགས་ཁག།	146	279	四人帮	འགན་ལེན།	200	1 648	承担
3	ནང་དུ།	344	130	里边	ཐོན་ལས།	235	1 474	产业
4	ལྤགས།	617	75	皮	ཚན་རྩལ།	265	1 346	科技
5	ཕྱོགས་སུ།	679	70	向……方向	ཧུར་ཐག	268	1 330	勤奋
6	འཛུག་པ།	713	67	错乱	རོགས་སྐྱོར།	314	1 147	帮助
7	མི་རུང་།	773	63	不得	གསར་འགོད་པ།	335	1 064	记者
8	བརྒྱུད་ནས།	817	60	经过	གཙོ་གནད།	351	1 026	重点
9	སོ་སོར།	819	60	各自	ལས་གྲྭ།	364	1 002	工厂
10	ཞབས་ཐུགས།	955	51	靴	གློག་འཕྲིན།	372	983	电信

① 见国家语言资源监测与研究中心编《中国语言生活状况报告（2009）》（下编）第 498—524 页，商务印书馆 2010 年版。教育部语言文字信息管理司组编《中国语言生活状况报告（2011）》第 270—284 页，商务印书馆 2011 年版。

从表4—47可以看出，在藏语文教材中，由于教材选材的原因，会出现类似于མི་བཞི་ཚོགས་ཁག(四人帮)，ཞབས་ཐུགས།(靴)等词；而在媒体资源中，常出现的词汇主要涉及当前人们主要关注行业中的用语，如：མ་དངུལ།(资金)，གློག་འཕྲིན།(电信)，ཚན་རྩལ།(科技)。

2.6 新词语使用状况

藏文新词语的调查以下面的新词语词典为参照，凡是出现在下列词典中的统一定义为新词语。

1. 中国民族语文翻译中心藏文室于2009年11月编的《新词术语词典》(内部资料)中包含的5 300多条藏语新词语；

2.《藏文信息技术术语》上公布的计算机相关的新词，例如："ཐོ་འཇུག(登录)""བཤེར་འཚོལ།(搜索)""བབ་ལེན།(下载)""རྡེབ་ཚད།(点击率)"等，大致覆盖了藏文网站的常用词；

3. 由堪布慈诚罗珠主编的《汉藏英常用新词语图解词典》，该词典共收集天文地理、环境保护、建筑、家用电器、机械以及衣食住行方面的现代常用新名词术语1 900条；同时参考由堪布慈诚罗珠主编的《汉藏英常用新词语词典》(四川民族出版社出版，2009)收录的新词语；

4. 青海省藏语术语标准化审定委员会办公室发布的第一至二十期的共550多条新词术语。

将报纸及网络(新闻)语料的高频词与新词语对比统计，报纸语料的高频词中含有新词语95条，网络语料高频词中含有新词语120条。两种媒体的新词语中有81条是相同的，下面分别列出两个媒体共用、独用的新词语。

报纸、网络共用的新词语(81条)：

རྒྱལ་ཁབ།（国家）སྐུལ་འདེད།（促进）ལག་བསྟར།（实施）པར།（摄影作品）སྲིད་གཞུང་།（政府）
དགེ་རྒན།（教员）ཁྲིམས།（典）བཙུགས།（成立）ཚན་རིག（科学）འགོ་ཁྲིད།（领导）གསོ།(培养)
སྦྱངས།（品味）གསར་འགྱུར།（新闻）སྲིད་ཇུས།（政策）རྩ་འཛུགས།（组织）གཙོ་གནད།（重头戏）
ཡོང་འབབ།（实洋）ཐབས།（办法）ཞིབ་བཤེར།（稽核）ཁེ་ལས།（实业）བྱ་ཐབས།（机制）
གཅིག་སྒྱུར།（精简、统一、效能的原则）ཆབ་སྲིད།（政治）ཚད་གཞི།（品位）འཆར་གཞི།（规划）
འདུ་ཤེས།（理念）ངོས་འཛིན།（确认）སྒྲིག་འཛུགས།（组织）ཁྲོམ་ར།（市场）སྣེ་ཁྲིད།（引导）
ཁྱོན་ཡོངས།（面上）སྤུས་ཚད།（优质率）ལྟ་བ།（理念）བརྟག་དཔྱད།（调查）སྟོབས་ཤུགས།（硬实力）
མཉམ་འབྲེལ།（改组、兼并）གཏན་འབེབས།（决定）སྲིད་འཛིན།（行政）བཅའ་ཁྲིམས།（法律）
རང་བྱུང་།（天然）དམངས་གཙོ།（民主）མེ་ཏོག（黑脱）ལྕགས་ལམ།（轨道）གོ་སྐབས།（机遇）
ཚོད་འཛིན།（制约）སྤུས་ཚད།（规格）མཛུབ་སྟོན།（指示）ཆོག་པ།（许可）ཚད།（栏）དང་ལེན།（受理）

བརྗོད་བྱ།（题材）སྲ་བརྟན།（夯实）ལེགས་ཆ།（优势）དམིགས་ཡུལ།（目的）བཀོལ་སྤྱོད།（录用）
ཁོངས་གཏོགས།（归口）ཨང་དང་པོ།（状元）སྒྲིག་སྲོལ།（游戏规则）སྒྲིག་ཆས།（硬件）ལུག（绵羊）
གསོ་རིག（医学）དམག་དཔུང་།（军队）སྐུལ་སློང་།（发动）ཁྱབ་བསྒྲགས།（公布）བཀའ།（命令）
ཁས་ལེན།（确认）སློབ་གླིང་།（学院）དགེ་མཚན།（优势）མཁར།（建筑物）ཐབས་ཇུས།（举措）
རི་མོ།（美术作品）དཔྱད་གཞི།（资料）སྤུས་ལེགས།（高产、优质、高效）ལྷག་བསམ།（诚信）
གཟིགས་སྐྱོང་།（优惠）འགག་སྒོ།（口岸）རྟེན།（载体）མཚམས་སྦྱོར།（中介组织）སྐུལ་ལྕག（激励）
གད་སྙིགས།（垃圾）མདུན་ལམ།（发展潜力）

报纸媒体独用的新词语（14 条）：

པར་ངོས།（版面）རྩོམ་སྒྲིག་པ།（主编）རྒྱལ་སྲིད་སྤྱི་ཁྱབ་ཁང་།（国务院）སྐྱེ་དངོས།（生物）ལས་འཁྱུར།（退休）
གཉན།（盘羊）དཔྱད་ཞིབ།（检查）འཕར་ཚད།（增值）གད་སྙིགས།（垃圾）སྤུས་ཀ（质量）
ཚབ་བྱེད།（代表）ཡིད་རྟོན།（信任）བཀག་འགོག（防止）ཨང་གྲངས།（号码）

网络媒体独用的新词语（39 条）：

བོད་སྐྱོར།（援藏）འཛུགས་སྐྲུན།（组建）མཐུན་སྦྱོར།（协调）མཉེན་ཆས།（软件）བརྟན་སྙིང་།（和平）
དྲ་ཚིགས།（网站）རྩོམ་སྒྲིག（写作）དངོས་མང་སྟོན་ཚོགས།（博览会）ཡིག་གཟུགས།（字体）གཙོ་སྐྱོང་།（主持）
པར་དབང་།（版权）ཆ་འཕྲིན།（信息）དྲ་ངོས།（网页）སྒྲིག་ཆས།（设备）ལུག（绵羊）
དཔྱད་གཏམ།（评论）ཙུང་ཐུང་།（总统）དཔེ་སྐྲུན།（出版）ཚོགས་ཆུང་།（小组）དྲ་རྒྱ།（网络）
ཆོད་དོན།（规定）ལས་རོགས།（工友）འགྲེམས་སྤེལ།（发行）པར་གཞི།（版本）མཐུན་རྐྱེན།（优势）
གོ་དོན།（内涵）གཅིག་མཐུན།（共识）དམིགས་ས།（落脚点）བློན་ཆེན།（首相）དཀར་ཆག（目录）
ཟུར་བཀོད།（附录）སྲིད་དབང་།（政权）ཐུན་མོང་མ་ཡིན་པ།（得天独厚）ཁྲིམས་སྲོལ།（法则）
དུས་སྟོན།（节庆）ཚོང་ར།（商场）འགན་ནུས།（职能）སྨྱན་སྦྱོར།（媒体）སྤྱི་བསྒྲགས།（公告）

报纸高频独用新词语多为社会生活类词语，网络高频独用新词语中时政类和计算机科技类词语较多。

三 结论

1. 调查语料中共使用 31 403 个词种，与已收录的从 1957 年到 2002 年先后出版的 8 部藏汉词典[①]及新词术语词典中的共 96 843 条词语相比，占 32.43%；

① 词典包括：《藏汉大辞典》，张怡荪主编，民族出版社 1993 年版；《安多藏语口语词典》，华侃、龙博甲，甘肃民族出版社 1993 年版；《藏汉对照拉萨口语词典》，于道泉，民族出版社 1983 年版；《格西曲扎藏文辞典》，温存智，民族出版社 1957 年版；《新编藏文字典》，新编藏文字典编写组，青海民族出版社 1979 年版；《藏文同音字典》，泽旺朗嘉，民族出版社 1958 年版；《藏文动词词典》，史学礼、格桑娜姆，青海民族出版社 2002 年版；《古藏文辞典》，赞拉·阿旺措成，民族出版社 1996 年版。

表明2010年度作为大众媒体传播的报纸、网络(新闻)使用的词汇仅占词典所收总词汇量的三分之一,绝大多数没有使用。

2. 覆盖率达到90%时,报纸使用词语2 166个,网络2 261个,其中共用词语2 104个,达到各自高频词的95%左右,说明媒体高频词使用相对集中。

3. 报纸用词与网络用词相比,报纸平均词长低于网络,表明报纸用词相对简短。

4. 媒体高频词与藏语文教材高频词共用比例高,达到各自高频词的90%左右,说明接受过中等教育的本族读者基本能够通畅地阅读报纸和网络新闻。

5. 媒体高频词中的新词语多属于政策、法规和经济类词语。

(曹　晖、于洪志、祁坤钰、赵小兵、胥桂仙、才旺拉姆撰稿;陆　前审稿;孟祥和、董晓芳、关却吉、江　静参与数据统计)

基础教育数理化教材用字用词调查

一 调查目的

本专题调查基础教育阶段数学、物理、化学三科新课标教材的汉字与词语使用情况。汉语汉字是这些学科知识的载体。调查将展现汉字与词语在这三科中使用的基本状况，突破对语言文字使用状况的了解仅限于语文课的传统认知习惯，更全面地认识基础教育阶段汉语汉字的教学与能力培养。

调查工作有助于认识语言学习、语言能力培养与学科知识获取之间的关系。语言学习、语言能力培养与学科知识获取之间不仅有着密切的因果关系，也能通过学科知识学习反过来促进语言学习和能力培养，由此促进数理化教材的编纂工作，更好地处理语言文字的使用。

二 调查对象

自本世纪初实施《全日制义务教育课程标准(实验稿)》"一纲多本"以来，各出版社编纂出版了不少同类教材。本调查根据教材的流行程度、使用范围、教学界评价，在数学、物理、化学三科中各选取了两套教材作为调查对象。

数学教材：人民教育出版社课程教材研究所及小学数学课程教材研究开发中心编著的《数学》，小学至初中共 9 个年级 18 册。2001—2007 年陆续出版。北京师范大学出版社义务教育数学课程标准研制组组编的《数学》，9 个年级共 18 册。2005—2007 年陆续出版。简称为数学人教、数学北师大。

物理教材：人民教育出版社课程教材研究所物理课程教材研究开发中心编写的《物理》，初中 2 个年级共 3 册。2006 年第 3 版。上海科学技术出版社的《物理》，廖伯琴、何润伟主编。八年级全册 2001 年 8 月第 1 版，九年级全册 2002 年初审通过并出版。简称物理人教和物理沪科。

化学教材：人民教育出版社课程教材研究所化学课程教材研究开发中心编

写的《化学》,分上下两册,2006 年出版。上海教育出版社化学国家课程标准组编写的《化学》,分上下两册,为 2001 年第 1 版。简称化学人教和化学沪教。

数理化教材与文科教材明显不同之处在于有着大量的非汉字符号。大致可分为四类:图片,如函数图像、连线图等;公式、算式;符号;表格。下面以数学教材的非汉字符号为例来显示非汉字符号在教材中的使用情况。第一学段为小学 1—3 年级,第二学段为小学 4—6 年级,第三学段为初中 1—3 年级。

表 4—48　两套数学教材三个学段非汉字符号的使用情况

教材	第一学段					第二学段					第三学段					合计
	图片	公式	符号	表格	小计	图片	公式	符号	表格	小计	图片	公式	符号	表格	小计	
数学人教	1 371	1 056	405	169	3 001	1 094	881	400	268	2 643	1 208	1 284	115	135	2 742	8 386
数学北师大	998	888	907	298	3 091	560	545	378	399	1 882	452	1 991	159	412	3 014	7 987
合计	2 369	1 944	1 312	467	6 092	1 654	1 426	778	667	4 525	1 660	3 275	274	547	5 756	16 373
	6 092					4 525					5 756					

数理化教材书面符号的主体仍是汉字,教材语言的主体仍是汉字词。下面的分析仅限于汉字与汉字词部分。

三　数学、物理、化学的汉字使用

3.1　数学

3.1.1　学段用字统计

3.1.1.1　两套数学教材的学段汉字使用情况

表 4—49　两套数学教材三个学段的汉字字种数

教材	第一学段	第二学段	第三学段	三个学段的总字种数
数学人教	1 048	1 478	1 656	2 004
	1 608			
数学北师大	1 293	1 625	1 806	2 143
	1 811			

表 4—49 显示两套教材在小学与初中阶段使用的汉字数分别是 1 608、1 656个和 1 811、1 806 个。小学与初中阶段合起来分别是 2 004 与 2 143 个。

教学大纲要求基础教育阶段掌握的汉字 3 500 个。学习汉字主要是语文科的任务，我们统计过四套语文教材的汉字使用情况，各教材的汉字使用数都超过了 4 100个。[①] 数学教材的汉字数还是控制在了较小的范围内。

3.1.1.2 三个学段的用字比较

从字量来看三个学段的用字量变化不大。但落实到具体汉字还是有一些变化。

表 4—50 两套数学教材三个学段的汉字复现情况

<table>
<tr><th rowspan="2">教材</th><th>第一学段</th><th colspan="3">第二学段</th><th colspan="3">第三学段</th><th rowspan="2">三个学段的总字种数</th></tr>
<tr><th>初现</th><th>（第一学段）未复现</th><th>复现</th><th>初现</th><th>（第一、二学段）未复现</th><th>复现</th><th>初现</th></tr>
<tr><td rowspan="2">数学人教</td><td rowspan="2">1 048</td><td rowspan="2">130</td><td colspan="2">1 478</td><td rowspan="2">348</td><td colspan="2">1 656</td><td rowspan="2">2 004</td></tr>
<tr><td>918</td><td>560</td><td>1 260</td><td>396</td></tr>
<tr><td rowspan="2">数学北师大</td><td rowspan="2">1 293</td><td rowspan="2">186</td><td colspan="2">1 625</td><td rowspan="2">337</td><td colspan="2">1 806</td><td rowspan="2">2 143</td></tr>
<tr><td>1 107</td><td>518</td><td>1 474</td><td>332</td></tr>
</table>

第一学段，人教前 20 高频字是：一、的、个、做、数、是、有、多、小、米、我、你、分、以、面、可、人、少、方、位。北师大前 20 高频字是：一、的、个、数、多、小、元、是、有、少、你、说、学、分、练、每、了、我、面、在。

第二学段，人教初现字的前 20 高频字是：底、保、径、利、亿、存、含、费、速、码、税、菜、锥、棱、术、脚、铺、负、城、产。北师大初现字的前 20 高频字是：径、因、亿、容、乙、特、棱、锥、墙、梯、营、消、稻、额、及、露、留、究、姐、蒜。

第三学段，人教初现字的前 20 高频字是：矩、范、虑、弦、构、幂、顾、绝、勾、击、柑、橘、螺、软、冻、骰、阻、娱、俯、态。北师大初现字的前 20 高频字是：函、矩、弧、频、勾、股、菱、弦、滑、纵、匀、俯、效、倾、追、敌、拱、逆、摩、梁。

数学教材用字有两个特点：(1)第二学段比第一学段，第三学段比前两个学段新增字在 1/3—1/4，大多数为保留下来的字。北师大版的总用字量比人教版多出 139 个，这主要是由于第一学段多出了 245 个，之后的变化幅度二者基本一致；(2)新增的高频字大多与数学知识有关，特别是第三学段，有关数、量、图、形的字不少，如“矩、弦、幂、勾”。

① 国家语言资源监测与研究中心编《中国语言生活状况报告(2007)》(下编)第 442 页，商务印书馆 2007 年版。

3.1.2 教材之间的共用字与独用字

分析两套数学教材之间的共用字与独用字，可以更好地观察到汉字使用中的共性与差异。

表 4—51 两套数学教材汉字共用、独用情况

教材	总字种数	共用字		独用字	
		种数	比例(%)	种数	比例(%)
数学人教	2 004	1 756	87.62	248	12.38
数学北师大	2 143		81.94	387	18.06
总用字	2 391	1 756	73.44	635	26.56

两套教材的用字分别为 2 004 个和 2 143 个，总字种数为 2 391 个。共用字为 1 756 个，占各自教材的 87.62%和 81.94%。共用字中排在最前面的 20 字是：的、一、数、个、是、图、形、方、分、有、中、角、面、在、小、这、为、用、出、以。

两套教材的独用字分别是 248 个与 387 个。

数学人教的前 20 个高频独用字是：柑、良、齿、签、卸、踩、亩、燕、凸、烙、婴、鸽、鸥、巩、烘、邀、秦、韶、屉、鹏。

数学北师大的前 20 个高频独用字是：笑、淘、颖、舰、弟、敌、摩、俄、豌、孩、缆、核、碗、艇、嘻、盲、扎、职、灾、裹。

两套数学教材的共用字往往体现了共同的叙述语言成分与学科知识点，独用字则与应用题中语言环境的选择与设定有密切关系。

3.1.3 高频字与低频字

两套数学教材总字种数 2 391 个，总词次为 490 185 次，平均每字 205.01 次。按降序排列处于中位数的第 1 196 字出现了 18 次。下面是几个重要频率段的用字情况：

表 4—52 数学教材的累加频率段用字情况

累加频率段(%)	用字数		最低字次(次)
	字种数(个)	比例(%)	
50	80	3.35	1 527
80	286	11.96	378
90	487	20.37	153
95	717	29.99	70
99	1 280	53.53	14
100	2 391	100	1

表 4—52 显示累加频率达 50%时使用了 80 字,占所有汉字的 3.35%;累加频率达 90%时使用了 487 字,占所有汉字的 20.37%。覆盖最后 1%的语料用字 1 111个,占总字数的近一半。频次为 1 的字有 282 个。显示出高频字数量少、集中,低频字数量多、分散的特点。

3.2 物理

3.2.1 汉字使用情况

下面是两套物理教材的汉字使用情况。

表 4—53 两套物理教材的汉字共用、独用情况

教材	总字种数	共用字		独用字	
		种数	比例(%)	种数	比例(%)
物理人教	2 146	1 754	81.73	392	18.27
物理沪科	2 033		86.28	279	13.72
总用字	2 425	1 754	72.33	671	27.67

两套教材的用字分别为 2 146 和 2 033 个,总用字 2 425 个。共用字为1 754个,占各自教材的 81.73%和 86.28%。共用字中排在最前面的 20 字是:的、电、是、一、用、图、在、能、体、中、有、物、动、力、大、不、时、度、量、上。

两套教材的独用字分别是 392 与 279 个。

物理人教的前 20 个高频独用字是:碑、肤、唱、街、徐、朝、薪、卵、遵、枪、闻、扁、蹄、曝、词、锁、甩、纵、郎、掘。

物理沪科前 20 个高频独用字是:迷、坦、坚、涨、锭、蹦、雹、夸、汤、柿、潺、鹅、爸、奠、堡、绸、笑、盏、锰、辉。

3.2.2 高频字与低频字

两套物理教材总字种数 2 425 个,总词次为 196 925 次,平均每字 81.21 次。按降序排列处于中位数的第 1 213 字出现了 9 次。下面是几个重要频率段的用字情况:

表 4—54 物理教材的累加频率段用字情况

累加频率段(%)	用字数		最低字次(次)
	字种数(个)	比例(%)	
50	102	4.21	454
80	355	14.64	126
90	590	24.33	58

（续表）

95	839	34.60	26
99	1 503	61.98	5
100	2 425	100	1

表4—54显示累加频率达50%时使用了102字，占所有汉字的4.21%；累加频率达90%时使用了590字，占所有汉字的24.33%。覆盖最后1%的语料用了922字，占总汉字数的近40%。频次为1的字有374个。与数学教材相比，各个累加频率段使用的汉字数都有增加，字次数有所下降，这是因为两科教材的字种数基本相同，语料量却相差一倍多。

3.3 化学

3.3.1 汉字使用情况

下面是两套化学教材的汉字使用情况。

表4—55 两套化学教材的汉字共用、独用情况

教材	总字种数	共用字		独用字	
		种数	比例(%)	种数	比例(%)
化学人教	1 811	1 518	83.82	293	16.18
化学沪教	1 760		86.25	242	13.75
总用字	2 053	1 518	73.94	535	26.06

两套化学教材的用字分别为1 811和1 760个，总用字2 053个。共用字为1 518个，占各自教材的83.82%和86.25%。共用字中排在最前的20字是：的、化、质、物、用、中、气、水、和、在、有、学、生、氧、成、是、一、溶、量、酸。

两套化学教材的独用字分别是293与242个。

化学人教的前20个高频独用字是：软、砝、词、误、圈、游、肺、齿、揩、斜、笋、淬、媒、丙、丹、饰、阶、友、钨、粪。

化学沪教的前20个高频独用字是：野、希、若、隙、瑟、务、雾、箔、褐、借、谷、姆、绢、瑞、兰、轰、页、疑、辆、童。通过独用字可以观察到不同教材之间在介绍学科知识上的选材差异。

3.3.2 高频字与低频字

两套化学教材总字种数2 053个，总词次为147 334次，平均每字71.66次。按降序排列处于中位数的第1 027字出现了11次。下面是几个重要频率段的用字情况：

表 4—56 化学教材的累加频率段用字情况

累加频率段(%)	用字数		最低字次(次)
	字种数(个)	比例(%)	
50	87	4.24	392
80	322	15.68	103
90	544	26.50	44
95	774	37.70	22
99	1 306	63.61	4
100	2 053	100.00	1

表 4—56 显示累加频率达 50%时使用了 87 字,占所有汉字的 4.24%;累加频率达 90%时使用了 544 字,占所有汉字的 26.5%。覆盖最后 1%的语料用了 747 字,占总汉字数的 36.39%。频次为 1 的字有 317 个。

3.4 数理化三科累加频率段用字汇总

下面是数学、物理、化学三科的累加频率段用字的汇总,可以看出汉字使用的一些基本规律。

表 4—57 数学、物理、化学三科累加频率段用字情况

累加频率段(%)	数学用字数			物理用字数			化学用字数		
	字种(个)	比例(%)	最低字次(次)	字种(个)	比例(%)	最低字次(次)	字种(个)	比例(%)	最低字次(次)
50	80	3.35	1 527	102	4.21	454	87	4.24	392
80	286	11.96	378	355	14.64	126	322	15.68	103
90	487	20.37	153	590	24.33	58	544	26.50	44
95	717	29.99	70	839	34.60	26	774	37.70	22
99	1 280	53.53	14	1 503	61.98	5	1 306	63.61	4
100	2 391	100.00	1	2 425	100.00	1	2 053	100.00	1

化学教材总用字 2 053 个,比数学的 2 391 字、物理的 2 425 字要少。化学教材总字频 147 334 也要比数学的总字频 490 185、物理的总字频 196 925 要少。概括上述,可以看出数理化三科教材用字有这样几个特点:1.汉字字种数均较少;2.汉字使用的总字次较少,复现率较低;3.高频字集中,覆盖总语料一半只用了总汉字数的 3%—4%;4.高频字中主要有三类:起叙述、说明作用的汉字,反映学科知识特点的汉字,与教材编纂、教学过程设计有关的汉字。

3.5 数理化三科教材之间的用字比较

上面对数学、物理、化学各学科的汉字使用做了统计,下面对学科之间的用

字进行比较以更好地观察学科的具体用字情况。使用的方法主要是频率差值对比法、频级位序对比法。①

表 4—58　数学、物理、化学三科汉字使用情况

学科	汉字字种数	共用字		部分共用字②		独用字	
		字种数	比例(%)	字种数	比例(%)	字种数	比例(%)
数学	2 391	1 610	67.34	460	19.24	321	13.43
物理	2 425		66.39	529	21.81	286	11.80
化学	2 053		78.42	281	13.69	162	7.89
总计	3 014	1 610	53.42	635	21.07	769	25.51

数理化三科共用字占每科用字的 2/3 以上，化学最高，达 78.42%。独用字的比例普遍较低，数学为 13.43%，化学为 7.89%。

在数学用字与数理化三科用字总表的频率差比较中，显示数学用字最有特色的 100 个字是：数、一、个、形、角、方、边、面、三、分、图、算、你、平、小、米、点、两、多、长、这、计、是、式、吗、出、少、圆、直、位、次、每、线、法、积、我、相、正、做、得、对、比、行、么、题、等、画、如、为、条、四、果、以、例、说、程、函、元、解、表、年、练、系、下、千、样、可、几、乘、据、上、求、根、组、项、同、公、看、问、共、哪、统、试、轴、第、本、整、段、别、均、张、它、似、最、月、坐、值、与、有、列。

在物理用字与数理化三科用字总表的频率差比较中，显示物理用字最有特色的 100 个字是：电、力、动、压、体、机、能、的、光、流、度、物、磁、大、用、声、器、测、热、在、发、路、镜、阻、不、功、通、温、音、导、信、实、接、水、量、会、强、时、究、来、射、使、探、验、传、波、灯、向、运、源、变、过、像、滑、气、就、受、速、地、太、空、开、弹、械、阳、放、重、核、转、很、透、越、态、间、率、泡、池、科、极、播、起、远、息、轮、汽、话、眼、浮、带、联、摩、节、密、效、内、材、提、也、而、冰。

在化学用字与数理化三科用字总表的频率差比较中，显示化学用字最有特色的 100 个字是：化、质、气、物、氧、溶、水、酸、生、液、成、燃、素、子、碳、和、应、

① 频率差值法是比较同一调查对象在不同调查范围中频率差值的方法。频级调查法是比较同一调查对象在不同调查范围中频级位序差异的方法，相同频次的为一个频级。这两种方法都有助于发现频率差值或频位差异大的对象。前者对频次、频率反应较敏感，后者对等级反应敏感。参见《中国语言生活状况报告(2007)》(商务印书馆，2008)、《中国语言生活状况报告(2008)》(商务印书馆，2009)、《计量方法在词汇研究中的作用及频级统计法》(苏新春，《长江学术》2007 年第 2 期)。

② “部分共用”指的是在三个及三个以上的调查对象中，除“共用”与“独用”外存在于其他部分调查对象中的成分。

石、学、料、金、用、合、量、验、反、性、烧、原、实、氢、中、属、盐、铁、种、硫、钠、含、入、要、制、空、碱、加、管、产、油、品、在、元、或、火、氯、常、食、使、剂、污、肥、发、不、色、活、热、类、二、灰、铜、染、材、取、药、稀、钾、放、氮、钙、察、构、观、瓶、白、业、解、变、然、糖、易、洗、现、研、净、维、究、酒、工、滴、源、铝。

3.6 数理化用字与语文教材用字的比较

3.6.1 数理化与语文教材的共用字

在数学、物理、化学三科教材用字与语文教材用字的频率差比较中，最具有数理化特点的前100个汉字是：数、图、的、形、用、分、方、电、中、角、化、体、量、与、能、学、线、物、表、个、质、面、计、等、度、如、式、和、以、元、平、相、示、同、算、成、为、做、解、程、点、三、实、题、可、验、吗、两、比、积、米、位、法、应、例、少、组、水、关、气、多、果、系、直、对、据、试、变、合、氧、什、动、边、液、出、行、所、溶、性、圆、测、定、机、作、第、加、结、酸、料、内、通、次、反、每、单、种、根、称、器、理。

相比之下具有语文特点的前100个汉字是：了、我、他、不、着、来、人、里、地、那、去、一、天、子、也、就、上、说、儿、这、们、没、好、起、在、头、又、她、到、看、只、老、然、见、山、走、大、家、亲、自、心、声、花、而、树、手、回、得、孩、像、很、是、道、妈、己、候、都、身、眼、无、听、给、国、风、笑、吃、美、还、事、开、之、前、打、望、父、西、把、住、真、但、白、有、草、过、十、门、东、死、太、女、却、海、马、轻、飞、才、爱、河、会、便。

3.6.2 数理化用字不见于语文的独用字

数学、物理、化学三科共使用汉字3 014字，语文教材共使用汉字5 070个。前者见于后者的有2 927个，占总数的97%。独用字有86个，除两个偏旁外其他字为①：氯、钾、铝、镁、铵、氨、锌、碘、烷、矾、酚、氦、酞、氖、氟、铬、钛、苯、氩、钨、钡、坩、埚、镉、醛、氘、硒、氙、铋、钴、锗、淞、氪、氚、锑、鳗、鲕、溴、醚、槔、酯、钼、萘、蓖、铕、幂、锂、砣、铯、羟、铈、脲、龋、骰、拃、圜、锇、铟、胫、蝓、炔、俣、镝、蛞、柢、煅、谔、铒、煲、甑、钔、砷、噶、釜、谟、铍、坂、腈、圳、轳、苊、酰、殼、鳐。

这些字中多数是指化学元素或化合物的汉字。有的是介绍学科知识时所涉及的人、物、事的用字。如“俣”（水俣病）、“甑”（曲颈甑）、“谔”（奥地利物理学家薛定谔）。

---

① 这两个偏旁为“氵”、“钅”，在解释化学用字构成特点时使用到。

数理化三科均有而语文教材无的只有“铝”字。

3.7 数理化用字与《现代汉语常用字表》[①]比较

《现代汉语常用字表》有 3 500 字，前 2 500 字为常用字，要求在小学阶段掌握，后 1 000 字为次常用字，要求在初中阶段掌握。下面将数学、物理、化学的用字与之比较。

3.7.1 数学用字与《现代汉语常用字表》的比较

数学用字不见于《现代汉语常用字表》的共有 99 个。它们是：幂、骰、簧、毽、晷、摞、哇、嘻、鲨、铀、韶、哦、噢、庚、髀、婷、遨、岚、雉、莓、惟、斐、磊、蛞、镖、蝓、镭、拃、莎、弗、铢、馨、棂、斌、窦、曰、禹、炽、嗒、苑、徜、圜、迪、徉、蔡、桉、绚、呱、蘅、隋、豚、鲢、喽、镂、沏、炖、吾、峙、媲、璞、妃、胫、砝、臻、圳、祯、曝、珑、兹、佐、辘、轳、翱、斓、煲、橇、厄、瞩、瑚、涸、耶、翟、彗、祀、怡、弈、咦、颐、韦、矣、瀚、蜴、嗨、圭、铰、棣、昇、蜥、睿。

3.7.2 物理用字与《现代汉语常用字表》的比较

物理用字不见于《现代汉语常用字表》的共有 138 个。它们是：簧、砝、伽、铀、炽、氖、晷、蜃、氦、汐、氟、瀚、镍、熨、兹、氘、曝、潺、钨、睫、烽、铂、箔、斓、绚、镉、氩、氚、淞、铬、彗、峨、靛、珀、荼、醚、桔、舂、鳊、蛟、鳗、豚、艄、琥、榫、孜、怡、铱、穹、苯、垠、黏、匝、惟、婷、烷、砣、铯、呱、锗、锲、冥、矶、汲、傣、咫、牍、恙、棣、琶、亘、琵、萦、梵、煦、噶、嘎、骼、嫣、酰、裔、鳐、涸、颌、壑、霄、驿、遐、骋、蜿、圜、迦、巅、柢、亢、曳、叩、辍、喀、嚏、崛、戊、眩、酯、锑、杞、谔、韶、镭、锂、橇、赝、砷、籁、寐、朔、姹、遨、嘈、翱、韦、瞠、嘹、礴、轼、坂、媲、莓、袤、谟、杓、锇、摞、铋、瞩、霓、拽、啪。

3.7.3 化学教材用字与《现代汉语常用字表》的比较

化学教材用字不见于《现代汉语常用字表》的共有 100 个。其中两个为偏旁“钅、氵”，其他为：镁、铵、烷、烯、酚、酞、酶、氦、氟、钛、铬、氖、钡、苯、镍、埚、砝、渍、绚、坩、醛、氩、硒、钵、黏、骼、氙、钨、钴、箔、淬、镉、纶、臆、氪、铂、铋、佝、偻、汐、钼、溴、锑、骸、脲、锗、铈、熨、霓、烬、酯、迪、铱、璀、锗、羟、魅、簧、眩、龋、悖、瀚、垩、璨、杵、钌、涸、卉、嗨、弗、镝、曳、甑、俣、铀、煅、锂、铟、厄、钋、镭、锇、侏、铒、翱、盎、炔、铍、甪、曝、崛、芘、咀、腈、颐、訇、釜、沤。

数理化总用字 3 014 个，不见于《现代汉语常用字表》的有 267 个。

---

① 《现代汉语常用字表》，国家语言文字工作委员会制定，1988 年发布。

数理化三科均有而不见于《现代汉语常用字表》的 9 个：铀、瀚、砝、曝、簧、涸、镭、绚、翱。

数理化两科有而不见于《现代汉语常用字表》的 52 个：烷、氦、氖、氟、镍、炽、铬、晷、汐、苯、氩、箔、钨、黏、铂、熨、兹、镉、骼、斓、彗、铋、铱、豚、怡、锗、锑、婷、摞、棣、迪、酯、霓、呱、眩、弗、惟、韦、瞩、莓、曳、锂、韶、崛、遨、橇、嗨、圜、媲、颐、厄、钺。

四 数学、物理、化学的词语使用

4.1 数学

4.1.1 学段用词统计

4.1.1.1 两套数学教材的各学段词语使用情况

表 4—59 两套数学教材三个学段的词种数

<table>
<tr><th>教材</th><th>第一学段</th><th>第二学段</th><th>第三学段</th><th>三个学段的总词种数</th></tr>
<tr><td rowspan="2">数学人教</td><td>1 896</td><td>3 310</td><td rowspan="2">5 224</td><td rowspan="2">7 230</td></tr>
<tr><td colspan="2">4 098</td></tr>
<tr><td rowspan="2">数学北师大</td><td>2 451</td><td>3 841</td><td rowspan="2">5 407</td><td rowspan="2">7 759</td></tr>
<tr><td colspan="2">4 838</td></tr>
</table>

表 4—59 显示两套教材无论是分三个学段，还是分小学与初中，词种数都存在大体相同的变化。总体上看数学北师大的用词要多于数学人教，这种差异在“字种数”的统计中也同样存在。

4.1.1.2 三个学段的用词比较

表 4—60 两套数学教材三个学段的词语复现情况

<table>
<tr><th rowspan="2">教材</th><th>第一学段</th><th colspan="3">第二学段</th><th colspan="3">第三学段</th><th rowspan="2">三个学段的总词种数</th></tr>
<tr><th>初现</th><th>（第一学段）未复现</th><th>复现</th><th>初现</th><th>（第一、二学段）未复现</th><th>复现</th><th>初现</th></tr>
<tr><td rowspan="2">数学人教</td><td rowspan="2">1 896</td><td rowspan="2">788</td><td colspan="2">3 310</td><td rowspan="2">2 015</td><td colspan="2">5 224</td><td rowspan="2">7 230</td></tr>
<tr><td>1 108</td><td>2 202</td><td>2 083</td><td>3 141</td></tr>
<tr><td rowspan="2">数学北师大</td><td rowspan="2">2 451</td><td rowspan="2">998</td><td colspan="2">3 841</td><td rowspan="2">2 356</td><td colspan="2">5 407</td><td rowspan="2">7 759</td></tr>
<tr><td>1 453</td><td>2 388</td><td>2 483</td><td>2 924</td></tr>
</table>

人教第一学段前 20 高频词：的、一、做、个、是、有、你、数、多少、可以、人、我、

和、了、用、还、每、元、能、摆。

人教第二学段初现词中前20高频词：体积、倍数、整数、运算、方程、比例、字母、直线、亿、解、直径、化、百分数、速度、底、高度、保留、性质、脚、应用。

人教第三学段初现词中前20高频词：函数、图象、不等式、坐标、全等、有理数、系数、多项式、抛物线、样本、范围、考虑、二次函数、判定、矩形、归纳、对角线、原点、进一步、反比例函数。

北师大第一学段前20高频词：一、的、个、是、有、元、你、说、多少、练、了、在、我、试、每、数、小、多、用、中。

北师大第二学段初现词中前20高频词：体积、倍数、底、直径、实际、因数、半径、底面、乙、支出、方程、甲、棱、梯形、圆锥、质数、百分数、水位、解、整数。

北师大第三学段初现词中前20高频词：议、例、堂、图象、章、函数、全等、相似、已知、多边形、不等式、二次函数、矩形、定理、一次函数、举例、有理数、对角线、数轴、分式。

数学教材用词有以下特点：

(1)后一学段比前一学段新增的初现词多于保留下来的复现词。这个特点与前面分析过的用字情况很不相同，生词的增加比生字的增加要高出许多。

(2)新增加的高频词绝大多数与数学知识有关。这点与用字规律相同，但学科色彩更明显。如两套数学教材第三学段前20高频词中的术语占16个，共同的高达8个：函数、图象、不等式、全等、有理数、二次函数、矩形、对角线。

(3)前一学段有而在后一学段未出现的高频词大都是语文类词语，少数是术语类。

4.1.2 教材之间的共用词与独用词

表4—61 两套数学教材的共用词与独用词

教材	总词种数	共用词		独用词	
		数量	比例(%)	数量	比例(%)
数学人教	7 230	4 342	60.06	2 888	39.94
数学北师大	7 759		55.96	3 417	44.04
总用词	10 647	4 342	40.78	6 305	59.22

两套数学教材用词数分别为7 230和7 759个，总词种数10 647个。共用词4 342个，占各自教材的60.06%和55.96%。共用词排在最前面的20词是：

的、一、是、个、图、在、有、你、中、和、与、两、为、了、用、可以、吗、一个、上、数。其中大部分是一般性用词;带有学科特点的词有"图""数"。

独用词中数学人教有 2 888 个,数学北师大有 3 417 个。

数学人教前 20 个高频独用词是:选学、三视图、解析式、二次根式、列车、柑橘、随机事件、平方千米、定律、重心、冻土、地段、实数根、正投影、引言、良好、结构图、组距、省略、函数值。

数学北师大前 20 个高频独用词是:练、议、堂、淘气、笑笑、小颖、购物券、工资、猫、双方、老人、树叶、相遇、乘客、万花筒、外面、牌面、期、卷、房间。术语词与数学人教相比明显少了许多。

数学北师大独用词中术语较少这个现象在下面例子也显示得很清楚。数学北师大没有独用的"定律",只有一例"反射定律"。而数学人教"定律"出现了 22 次,2 次为"浮力定律",1 次为"杠杆定律",2 次为"定律",其他 17 次为"运算定律"。

4.1.3 高频词与低频词

两套数学教材总词种数 10 647 个,总词次为 318 384 次,平均每个词 29.9 次。下面是几个重要频率段的用词情况:

表 4—62 数学教材的累加频率段用词情况

累加频率段(%)	用词数		最低词次(次)
	词种数(个)	比例(%)	
50	127	1.19	434
80	780	7.33	58
90	1 769	16.62	18
95	3 233	30.37	7
99	7 464	70.10	1
100	10 647	100.00	1

表 4—62 显示,累加频率达 50%时使用了 127 词,占所有词语的 1.19%;累加频率达 90%时使用了 1 769 词,占词语总数的 16.62%;累加频率达 99%时使用了总词语数的 70.10%;覆盖最后 1%的语料用词使用了总词语数的约 30%。与用字情况相比,数学高频词更显集中,在累加频率 90%前的各段所用词语数在总词语中占的比例明显降低;低频词数量多,词频为 1 的词语多达 3 666 条,占总数的 34.4%。

4.2 物理

4.2.1 词语使用情况

下面是两套物理教材的词语使用情况。

表 4—63 两套物理教材的共用词与独用词

教材	总词种数	共用词		独用词	
		数量	比例(%)	数量	比例(%)
物理人教	6 647	3 593	54.05	3 054	45.95
物理沪科	5 873		61.18	2 280	38.82
总用词	8 927	3 593	40.25	5 334	59.75

两套教材的用词分别为 6 647 和 5 873 个，总用词 8 927 个。共用词为3 593 个，占各自教材的 54.05%和 61.18%。共用词中排在最前面的 20 个是：的、图、是、在、中、和、用、了、一、上、与、有、时、物体、实验、可以、不、能、电流、会。学科词语有“图、物体、实验、电流”。

物理人教的独用词是 3 054 个，物理沪科是 2 280 个。物理人教的前 20 个高频独用词是：议议、五、保险丝、水银、照、体温计、电磁继电器、波形、通话、保险、雷、摆、地下、试电笔、散射、条形磁体、继电器、讲、万有引力、邮件。

物理沪科的前 20 个高频独用词是：提问、证据、示数、迷你、加油站、电荷、滑块、罐、点拨、学会、此时、核反应、填写、合力、化学电池、石蜡、铁皮、分子电流、巨人、实物图。

4.2.2 高频词与低频词

两套物理教材总词种数 8 927 个，总词次为 117 603 次，平均每词出现13.17 次。下面是几个重要频率段的用字情况：

表 4—64 物理教材的累加频率段用词情况

累加频率段(%)	用词数		最低词次(次)
	词种数(个)	比例(%)	
50	177	1.98	107
80	1 148	12.86	15
90	2 498	27.98	5
95	4 215	47.22	2
99	7 751	86.83	1
100	8 927	100.00	1

表 4—64 显示累加频率达 50%时使用了 177 个，占所有词语数的 1.98%；累加频率达 90%时使用了 2 498 个，占所有词语数的 27.98%。覆盖最后 1%的语料使用了词语 1 176 个，占总词语数的约 13%。频次为 1 的词语有 3 544 个，占总数的 39.7%。

4.3 化学

4.3.1 词语使用情况

下面是两套化学教材的词语使用情况。

表 4—65 两套化学教材的共用词与独用词

教材	总词种数	共用词		独用词	
		数量	比例(%)	数量	比例(%)
化学人教	4 438	2 540	57.23	1 898	42.77
化学沪教	4 015		63.26	1 475	36.74
总用词	5 913	2 540	42.96	3 373	57.04

两套化学教材用词数分别为 4 438 和 4 015 个，总用词 5 913 个。

共用词为 2 540 个，占各自教材的 57.23%和 63.26%。共用词中排在最前面的 20 个是：的、中、和、在、是、水、物质、与、图、用、化学、溶液、有、元素、等、实验、一、反应、能、你。

化学人教与化学沪教的独用词分别是 1 898 与 1 475 个。化学人教的前 20 个高频独用词是：单元、白磷、粗盐、小结、浑浊、效应、液、胆矾、服装、解离、带有、托盘天平、净、显示、拓展性、植物油、两边、便于、最高、炼。

化学沪教的前 20 个高频独用词是：节、章、微粒、拓展、视野、试液、废、释放、蔗糖水、食用油、老师、线索、希望、充足、空隙、霉菌、卢瑟福、地下、人工、若。

术语的独用显示出教材对知识点作了不同的处理或是对同一知识点使用了不同的语言表述方式。化学人教有“白磷”与“红磷”对称使用，频次也都较高；化学沪教只有“红磷”没有“白磷”。

4.3.2 高频词与低频词

两套化学教材总词种数 5 913 个，总词次为 84 523 次，平均每词出现 14.3 次。下面是几个重要频率段的用词情况：

表 4—66 化学教材的累加频率段用词情况

累加频率段(%)	用词数		最低词次(次)
	词种数(个)	比例(%)	
50	137	2.32	102
80	771	13.04	17
90	1 609	27.21	6
95	2 673	45.21	3
99	5 068	85.71	1
100	5 913	100	1

表 4—66 显示累加频率达 50%时使用了 137 词,占所有词语的 2.32%;累加频率达 90%时使用了 1 609 词,占所有词语的 27.21%。词频为 1 的词语有 2 303个,占所有词语的 38.9%。

4.4 数理化三科累加频率段用词汇总

下面是数学、物理、化学三科的累加频率段用词的汇总,可以从中看出教材词语使用的一些基本规律。

表 4—67 数学、物理、化学三科累加频率段用词情况

累加频率段(%)	数学用词数			物理用词数			化学用词数		
	词种数(个)	比例(%)	最低词次(次)	词种数(个)	比例(%)	最低词次(次)	词种数(个)	比例(%)	最低词次(次)
50	127	1.19	434	177	1.98	107	137	2.32	102
80	780	7.33	58	1 148	12.86	15	771	13.04	17
90	1 769	16.62	18	2 498	27.98	5	1 609	27.21	6
95	3 233	30.37	7	4 215	47.22	2	2 673	45.21	3
99	7 464	70.10	1	7 751	86.83	1	5 068	85.71	1
100	10 647	100	1	8 927	100	1	5 913	100	1

表 4—67 显示数理化三科用词普遍具有高频词数量少而频率高;低频词数量多,单一词次的词占到总数的 34.4%—39.7%之间。

4.5 数理化三科之间用词比较

对不同学科之间的用词进行对比,可以更清晰地观察不同学科的用词情况。下面是数学、物理、化学三科的词语共用、部分共用及独用情况。

表 4—68 数学、物理、化学三科词语使用情况

学科	词种数	共用词		部分共用词		独用词	
		数量	比例(%)	数量	比例(%)	数量	比例(%)
数学	10 647	2 406	22.60	2 307	21.69	5 932	55.71
物理	8 927		26.95	2 569	28.80	3 950	44.25
化学	5 913		40.69	1 394	23.61	2 111	35.70
总计	17 537	2 406	13.72	3 136	17.89	11 993	68.39

表 4—68 中最值得注意的有两组数字，一是共用词占各个词表的比例，最多的是化学，占 40.69%；最少的是数学，占 22.6%。二是独用词，在总词表中独用词高达 68.39%。从单一学科来看，最少的为 35.7%，最高的为 55.71%。

4.5.1 数学、物理、化学的高频学科特色词

数学用词与数理化三科用词总表的频率差比较，显示数学用词最有特色的 100 个词是：一、个、数、你、两、是、多少、吗、点、做、元、出、一个、为、有、图形、条、三角形、解、面积、每、表示、画、数学、想、角、说、米、方程、我、可以、直线、长、问题、试、这个、圆、相等、计算、练、得、分、边、这、分别、如果、例、下面、线段、求、什么、正方形、比、张、数据、人、算、那么、图象、三、组、关系、分数、我们、得到、议、上面、先、几、值、作、买、厘米、看、函数、再、球、各、平均、写、这样、位置、千米、结果、位、填、次、读、即、呢、四边形、证明、长方形、摆、第、最、统计、人数、估计、小数

物理用词与数理化三科用词总表的频率差比较，显示物理用词最有特色的 100 个词是：图、物体、电流、在、实验、力、会、光、电压、运动、时、探究、温度、电阻、电、测量、电路、声音、能量、产生、方向、就、压强、不同、很、使用、通过、越、所、灯泡、液体、信息、节、科学、大、上、作用、人类、热、使、不、传播、地球、大小、想想、现象、导线、人们、声、也、被、工作、着、导体、能源、用电器、电能、密度、转化、单位、为什么、像、不能、了、杠杆、跟、有关、太阳、受、小、重力、把、功率、电源、电流表、来、而、质量、受到、电池、它、振动、物理学、速度、由于、热量、开关、熔化、过程、因素、信号、提问、示、压力、两端、改变、发、测、其、控制

化学用词与数理化三科用词总表的频率差比较，显示化学用词最有特色的 100 个词是：水、物质、化学、溶液、中、和、元素、反应、等、实验、氧气、金属、原子、空气、燃烧、在、二氧化碳、种、气体、质量、现象、或、生成、发生、组成、试管、化合物、变化、材料、观察、铁、含有、分子、生产、加入、性质、燃料、酸、氧、污染、碱、氢气、碳、主要、用、人类、课题、里、讨论、氢、重要、人体、烧杯、加热、离子、于、成分、研究、使用、可、使、不、生活、塑料、盐、将、构成、石油、含、少量、铜、铝、固体、用

途、环境、资源、与、人们、工业、形成、如、蛋白质、由、合成、不同、并、化肥、表、点燃、煤、一氧化碳、溶、具有、会、作用、结构、氮、但、放出、制造

4.5.2 数学、物理、化学的独用词

独用词是指只存在于一个学科中的词，这些词有的是体现该学科特有知识的词，有的是教学用词，有的是该学科教材特有的教学特设词。

只出现于数学教材的词有 5 932 个，前 100 个是：①正方形、分数、函数、四边形、平行四边形、不等式、一共、平移、概率、队、分母、全等、顶点、正方体、乘法、直角三角形、堂、未知数、周长、统计图、有理数、分式、圆柱、二次函数、积、轴对称、整数、拼、多边形、对称轴、平均数、相交、多项式、一次函数、定理、数轴、系数、棵、除法、算式、直角、弧、反比例函数、抛物线、平行线、因数、内角、除以、梯形、圆锥、方程组、命题、等腰三角形、扇形、菱形、整式、一元二次方程、年龄、商、样本、原点、等式、加法、斜边、对边、因式、二元一次方程组、估、剩、票、一元一次方程、平分线、单项式、平方、掷、解法、总体、同类项、实数、自变量、勾股定理、个位、枝、圆心角、度量、对折、正整数、统计表、求证、复习题、点数、销售、减法、收入、中位数、去年、内角和、保留、解集、平方根

只出现于物理教材的词有 3 950 个，前 100 个是：磁场、线圈、内能、做功、功、凸透镜、动能、弹簧测力计、电动机、浮力、噪声、电功率、电压表、摩擦力、静止、势能、接线柱、磁体、快慢、机械能、机械效率、斜面、欧姆定律、大气压、比热容、磁针、电磁铁、音调、并联、变阻器、火线、热机、带动、电能表、透镜、会聚、动滑轮、成像、汽化、大气压强、磁感线、伽利略、串联电路、磁极、拉力、量程、介质、视网膜、焦距、触电、零线、光缆、流动、滑轮、额定电压、有用功、听觉、惯性、电阻丝、波长、粗糙、汽油机、家庭电路、阻值、定滑轮、连通器、放大镜、钩码、接收、紫外线、通电螺线管、扬声器、滑动变阻器、磁化、光屏、望远镜、话筒、柴油机、霜、物理量、超声、水轮机、投影仪、作用力、微波、凹透镜、国际单位制、螺线管、焦耳、水银、太阳电池、镜片、测力计、滑块、家用电器、简单机械、远视眼、光纤、滑片、响度

只出现于化学教材的词有 2 111 个，前 100 个是：溶解、化学式、盐酸、溶质、氯化钠、合金、氢氧化钠、方程式、溶解度、质量分数、石灰石、镁、单质、石灰水、溶剂、饱和、稀硫酸、高锰酸钾、有机、碳酸钙、浓硫酸、稀盐酸、硝酸钾、钠、葡萄糖、锌、化合价、石蕊、硫酸铜、生成物、蔗糖、相对原子质量、淀粉、磷、乙醇、振荡、活

① 对若干只用于教材编纂、教学安排的词语作了删除，如："小朋友、小红、复习题、笑笑"。

动性、可燃物、燃、氢氧化钙、反应物、守恒定律、碱性、相对分子质量、纤维、碳酸钠、试纸、溶解性、稀有、纯净物、氧化物、沉淀、酸碱性、指示剂、熟石灰、过滤、酚酞、高分子、氨水、洗涤剂、必需、电解、水体、活泼、甲烷、生铁、催化剂、钾、食盐水、酸碱度、稀、酸碱、吸入、生石灰、试液、静置、浓、食醋、拉瓦锡、过氧化氢、糖类、铁矿石、玻璃片、氧化铝、洁净、氨基酸、氧化铁、碳酸氢铵、硬水、红磷、中毒、白磷、中和反应、伸入、碳酸、生锈、滴加、制得、灭火器、血红蛋白

4.6 数理化用词与语文用词的比较

4.6.1 共用词中的高频学科特色词

数学、物理、化学三科总用词 17 537 个，语文教材用词 50 670 个。下面是二者的比较结果：

表 4—69 数理化用词与语文用词的比较

项目	词数	共用词		独用词	
	数量	数量	比例(%)	数量	比例(%)
数理化用词	17 537	10 413	59.38	7 124	40.62
语文用词	50 670		20.55	40 257	79.45

频级差统计方法能较好地显示数理化与语文科的共用词中的特色词。最具有数理化特色的前 100 个词如下：图、三角形、图形、物体、相等、物质、探究、面积、分别、计算、溶液、实验、数学、哪些、数据、直线、质量、解、表示、利用、元素、单位、元、电流、性质、例、化学、测量、关系、正方形、练、表、试、位置、根据、交流、体积、组、图象、观察、值、叫做、方法、分子、反应、原子、现象、温度、金属、等于、角、议、相同、平均、分数、例如、变化、距离、组成、通过、大小、使用、量、燃烧、氧气、长度、思考、活动、实际、结论、示、填、分析、过程、说明、下列、证明、规律、气体、厘米、应用、千米、二氧化碳、讨论、约、第、人数、材料、比较、字母、确定、速度、长方形、信息、有关、圆、运动、统计、平行、运算

语文用词中最有特色的前 100 个词语是：那、孩子、她、母亲、啊、父亲、可是、问、您、时候、没、看见、便、事、头、笑、道、先生、死、吃、却、曰、妈妈、东西、听、坐、呀、真、见、片、老、觉得、往、打、住、望、吧、话、心、回、过去、飞、你们、一天、好像、下来、声、回来、爱、座、站、他们、山、拿、风、手、跑、叫、大家、终于、那个、日、者、突然、那些、让、爸爸、这么、眼睛、脸、太、起、高兴、老师、之、敢、怕、这里、好、朋友、树、唱、地方、进、起来、他、告诉、一切、啦、那里、走、美、多么、送、出来、穿、于是、

无、满、爬

4.6.2 数理化的独用词

语文教材词语总数达 50 670 个，其有 80%未出现于数理化教材，可见词语学习的主要任务还是由语文课承担。数理化有而语文无的 7 124 个词语中绝大部分是学科词语，其中只出现一次的高达 3 269 个，表明学科用词数量多，复现率低。

只存在于数理化教材的前 100 个高频词是：方程、线段、函数、四边形、电压、电阻、小数、平行四边形、压强、电路、不等式、平移、分母、边长、全等、顶点、正方体、化合物、直角三角形、周长、未知数、统计图、有理数、分式、二次函数、轴对称、矩形、整数、多边形、对称轴、可能性、平均数、氢气、负数、多项式、对角线、一次函数、数轴、系数、归纳、举例、正数、烧杯、铝、重合、除法、化学式、步骤、算式、转盘、用电器、反比例函数、平行线、离子、磁场、因数、示意图、溶质、内角、小于、氯化钠、圆锥、方程组、等腰三角形、个数、内能、氢氧化钠、锐角、整式、底面、做功、一元二次方程、分米、电流表、原点、减小、等式、加法、斜边、变量、因式、对边、溶解度、相加、二元一次方程组、平分线、一元一次方程、小数点、单项式、质量分数、度数、解法、动能、液态、实数、同类项、总体、化肥、弹簧测力计、自变量

4.7 数理化用词与《现代汉语常用词表》的比较

《现代汉语常用词表》[①]是面向社会使用的常用词表，将数理化教材词语与之对比也能显示双方的用词特点。

表 4—70 数理化教材用词与《现代汉语常用词表》比较

项目	词种数	共用词		独用词	
	数量	数量	比例(%)	数量	比例(%)
数理化用词	17 537	10 902	62.17	6 635	37.83
《现代汉语常用词表》	56 008		19.47	45 106	80.53

表 4—69 与表 4—70 显示两种比较中的共有词与独有词的比例都很接近。表 4—69 中数理化独用词是 7 124 条，比例为 40.62%；表 4—70 中数理化的独用词是 6 635 条，比例为 37.83%。将两个独用词的词集关联，显示两方皆无的

① 《现代汉语常用词表》课题组编《现代汉语常用词表》，“中国语言生活绿皮书(A001)”，商务印书馆 2008 年版。

词为5 069个，只在一方有和无的分别是2 055与1 765个。

表4—71 数理化教材词语与语文教材词语、《现代汉语常用词表》的比较

项目	数量	《语文》与《常用词表》皆无①	《语文》有，《常用词表》无	语文无，《常用词表》有
数理化有，《语文》无	7 124	5 069	/	2 055
数理化有，《常用词表》无	6 834		1 765	/

表4—71显示，数理化教材词语中：

1.《语文》与《常用词表》皆无的词语有5 069条，大部分是学科词。前100条是：平行四边形、压强、边长、全等、直角三角形、统计图、有理数、二次函数、轴对称、对称轴、可能性、多项式、一次函数、数轴、化学式、用电器、反比例函数、因数、溶质、内角、氯化钠、方程组、等腰三角形、内能、氢氧化钠、整式、底面、一元二次方程、电流表、原点、减小、斜边、对边、因式、溶解度、二元一次方程组、一元一次方程、平分线、质量分数、单项式、解法、同类项、弹簧测力计、自变量、方格、勾股定理、绝对值、圆心角、正整数、复习题、中位数、内角和、解集、直角边、电压表、三视图、对应点、集气瓶、频数、三角尺、单质、加减法、稀硫酸、垂直平分线、几分之几、象限、端点、底面积、几何体、平面直角坐标系、接线柱、同位角、等边三角形、质数、读作、位置关系、众数、无理数、方差、碳酸钙、三角函数、浓硫酸、立方根、代数式、纵坐标、垂线、正多边形、量筒、稀盐酸、机械能、直角坐标系、硝酸钾、移项、化简、分式方程、主视图、近似数、解析式、除数、内错角

2.《语文》无，《常用词表》有的2 055个词中，不少是学科色彩较浓的词。前100个词如下：方程、线段、函数、四边形、电压、电阻、小数、电路、不等式、平移、分母、顶点、正方体、化合物、周长、未知数、分式、矩形、整数、多边形、平均数、氢气、负数、对角线、系数、归纳、举例、正数、铝、烧杯、重合、除法、步骤、算式、转盘、平行线、离子、磁场、示意图、小于、圆锥、个数、锐角、做功、分米、等式、加法、变量、相加、小数点、度数、液态、总体、实数、化肥、动能、电动机、个位、一氧化碳、度量、百分数、电磁波、指数、比值、统计表、中点、弹簧、求证、电路图、熔点、氮、实例、横坐标、酒精灯、电功率、平方根、填空、数值、镁、粒子、电荷、视图、沸点、磁、溶剂、底边、高锰酸钾、夹角、势能、常数、百分比、磁体、腐蚀、表面积、题意、直尺、

① 为了节省篇幅，本表中将《现代汉语常用词》简称为“常用词表”。

导电、推理、化工、纳米

3.《语文》有,《常用词表》无的1 765个词中,大部分属日常生活用词和因较多连用而成的凝合词。前100个词如下:与①、一个、不同、图象、我国、小明、这种、示、第、第二、每个、们、提出、第三、看到、不能、得出、作出、看看、同一、每天、想想、很多、数学家、制成、木条、看出、除以、放出、全班、第四、这时、带来、物理学、凸透镜、方程式、升高、举出、找到、最高、每人、制取、某种、一端、化为、遇到、放在、水中、测出、重物、石灰水、分为、第五、看成、最低、放入、做成、写出、只能、不要、强弱、事实上、找出、牛顿、听到、还要、每次、玻璃管、质子、化学家、减去、纸盒、流过、走进、体内、反过来、画出、想到、用水、看做、化成、全等三角形、太阳光、缺水、每月、各项、写成、物理学家、一点、取出、铁钉、大象、售出、各式、大部分、伽利略、同一个、平方厘米、离不开、石块

五　结论

数学、物理、化学三科教材所使用的字词在很大程度上与语文课形成互补,因此,这些课程不仅具有教给学生自然科学知识的功能,在语言能力培养上的作用也不容低估,这一点应引起教材编写者和教学工作者的充分重视。

5.1　数理化用字用词的特色

数学、物理、化学三科教材的用字、用词总量都不大,与承担着语言文字学习任务的语文课相比,字种数、词种数及总词次都要少许多,复现率较低。它们在构成上具有较鲜明的特色:

1.承载着学科知识的字、词数量多,构成了与普通字词使用相对的另一种类型,是全面反映、培养学生语言文字使用能力的一个重要方面。

2.核心术语的使用频率高,分布面广。

3.由于不同教材对学科知识涉及的深浅不一,表达的方式不一,因此不同教材之间存在着一些表达学科知识的独用的低频、低分布的字词。

4.术语的出现与教材对学科知识的处理有密切关系。术语使用有明显的阶段性,在出现先后、分布广狭、频率高低上都有较清晰的差异。

---

① “与”不见于《现代汉语常用词表》,应属失收。

5.为了完成对学科知识的讲授,达到对数学、物理、化学现象的性质、内涵、存在、关系的表达和传递的目的,部分一般性、语文类字词也会具有在某个领域内较高频使用的特点。这部分字词基本都在语文科的用字用词范围内,书面色彩较浓,在各年级中使用较为稳定。

6.学科知识的讲授经常会涉及日常生活中一些具体的物、人、事,它们构成了学科知识呈现的特定语言环境。这样的字词往往具有比较偏僻、偶发、零散、低频的特点。

7.各教材为了完成教学任务,在教材内容的安排、教学环节的处理中都会有一些起着提示、引导作用的教学类用字用词。它们在不同的教材之间或具有高度的共同性,或具有明显的习惯性。

8.各教材在教学的不同环节,为了教学的方便都会设计建构出一些特定的教学辅助手段,形成一些教学特设用字用词。它们与学科、教材没有必然联系,在教材语言使用中只是起着引子的作用,表现出在独家教材中高频使用的特点。

5.2 数理化用字用词的基本构成

数理化的用字与用词主要有以下四类构成:

1.学科术语;

2.一般性的语文字词;

3.指称日常生活中一些特定的物、人、事的字词;

4.教学类字词。它们属于教材编纂与教学过程中起组织、引导、关联作用的用字用词。其中可分两类:一类是教学字词,与教学内容、环节有密切关系;一类是教学特设字词,是为了教学方便而设计出来的。

5.3 数学、物理、化学各科常用词表

从数理化教材中提取了《基础教育数学常用词 1 000 条》《基础教育物理常用词 1 000 条》《基础教育化学常用词 1 000 条》,请见附录 1、附录 2、附录 3。研制工作依据以下三条原则:

第一,在学科内部以频率为主要依据,参考教材、学段,或册数、课文的分布;

第二,在学科之间以对比为主要参照点,辅之以本学科的频率与分布情况;

第三,词表包括术语和带有学科领域色彩的一般性词语,不包括指称日常生活中特殊的事、物、人的字词,也不包括起教学引导作用的词。

附录 1

基础教育数学常用词 1 000 条

一字词(195 条)

按、八、把、百、摆、半、倍、本、比、边、表、并、不、猜、差、长、称、成、乘、尺、出、除、次、从、答、大、当、到、得、的、等、底、地、点、都、度、短、对、吨、多、二、放、分、份、负、高、个、各、根、共、勾、股、过、和、后、弧、画、还、会、或、积、及、即、几、记、加、减、将、角、截、解、九、就、看、可、克、宽、来、类、棱、例、练、两、辆、量、了、列、六、吗、买、每、米、幂、面、秒、某、内、呢、能、你、年、七、千、前、钱、请、求、球、取、去、圈、权、人、日、如、三、商、上、少、设、升、十、时、使、式、试、是、书、数、水、说、四、算、所、它、题、体、天、填、条、同、图、万、为、位、我、五、下、先、弦、线、想、向、项、小、写、行、沿、腰、要、也、一、以、亿、应、用、由、有、右、于、余、与、元、圆、约、月、再、在、则、占、张、这、正、值、只、中、种、周、轴、着、组、最、左、作、做

二字词(558 条)

按照、百位、办法、半径、半圆、倍数、本金、比较、比例、比如、比赛、比值、必须、边长、边数、边线、变化、变换、变量、标准、表格、表面、表示、并且、补角、不同、步长、步骤、部分、操作、侧面、测量、测算、长度、长短、常常、常数、称为、成绩、乘除、乘法、乘方、乘积、乘数、尺规、抽样、出现、除法、除号、除数、除以、垂线、垂直、次数、答案、打折、大数、大小、大于、大约、代表、代入、代数、单位、倒数、得出、得到、得数、等分、等号、等量、等式、等于、等圆、底边、底端、底角、底面、底数、地面、地球、点数、调查、顶点、顶端、顶角、定长、定点、定理、定义、度量、度数、端点、对边、对称、对角、对齐、对应、对于、对折、钝角、多少、发生、发现、法则、反面、反映、范围、方案、方便、方差、方程、方法、方式、方向、放大、分别、分成、分类、分米、分母、分式、分数、分析、分钟、分子、分组、符号、负数、复习、改变、概率、高度、个体、个位、根号、根据、公理、公顷、公式、共同、共有、估计、估算、关系、关于、观察、归纳、规律、过程、海里、含有、函数、毫米、毫升、合并、合计、合适、合数、横轴、后面、弧长、互补、互相、化简、画法、画图、环形、换算、活动、获得、基本、极差、集合、几何、计量、计数、计算、记录、记数、季度、加法、加号、加减、加上、加数、夹边、夹角、假设、减法、减号、减去、减数、简便、交点、交流、角度、叫做、接近、结果、结论、截面、截

取、解答、解法、解集、解决、解释、近似、进率、进行、经过、经线、精度、精确、就是、举例、矩形、具有、距离、卷尺、开方、开口、开始、考虑、可能、可以、刻度、刻画、空间、口算、宽度、扩大、括号、类似、累计、棱长、棱柱、厘米、里程、理由、立方、立体、利率、利息、利用、例如、例子、连接、连线、联系、练习、两边、了解、列表、列举、列式、邻边、菱形、路程、满足、没有、每次、每个、面积、面值、描述、命题、模型、母线、哪个、哪些、内角、内切、那么、纳米、纳税、能够、偶数、排列、判定、判断、配方、频率、频数、平方、平分、平角、平均、平面、平行、平移、普查、其他、其中、奇数、千克、千米、千位、前后、前面、切点、切线、情况、求解、求证、曲面、曲线、全长、全等、确定、然后、人均、人口、人数、认识、认为、任意、容积、容器、如果、如何、如下、锐角、闰年、三角、扇形、上底、上方、上面、上述、上下、设计、射线、生活、十位、什么、时间、实际、实践、实例、实数、实验、式子、事件、视图、试验、是否、适当、收集、竖式、数据、数量、数目、数位、数学、数值、数轴、数字、水平、顺序、说明、思考、速度、算筹、算法、算盘、算式、算术、随机、缩小、所得、所以、所有、它们、探究、特点、特征、梯形、提出、提高、题意、体积、体重、天平、填空、条件、通常、通分、通过、同时、同样、同圆、统计、投影、图案、图表、图象、图像、图形、推导、推断、推理、推论、外角、外切、完成、万位、微米、纬线、位数、位于、位置、温度、问题、我们、物体、误差、系数、下底、下方、下列、下面、弦图、显示、线段、相差、相等、相加、相交、相离、相邻、相切、相似、相同、相应、象限、小时、小数、小于、斜边、信息、形状、性质、虚线、需要、许多、旋转、选择、学习、研究、验算、验证、仰角、样本、一般、一半、一定、一个、一共、一起、一些、移动、移项、已经、已知、以上、亿位、意义、因此、因式、因数、因为、应用、英寸、由于、有关、有时、右边、右侧、余角、余数、余弦、预测、元素、原本、原点、原来、原理、圆规、圆弧、圆盘、圆心、圆形、圆周、圆柱、圆锥、约分、月份、匀速、运算、怎么、怎样、增长、增加、这个、这些、这样、整除、整个、整理、整式、整数、正负、正面、正切、正数、正弦、证明、之间、支出、知道、知识、直尺、直角、直径、直线、只要、指数、至少、质量、质数、中点、中线、中心、众数、重复、重合、周长、周角、主要、注意、转化、准确、字母、总共、总结、总量、总数、总体、纵轴、组成、组合、左边、左侧、左右、作用、坐标

三字词(166 条)

八边形、百分比、百分号、百分率、百分数、百分位、半圆形、被除式、被除数、被减数、比例尺、标准差、表达式、表面积、不等式、侧面积、测角仪、长方体、长方形、常

数项、代数式、代数学、单项式、底面积、对称点、对称性、对称轴、对顶角、对角线、对应边、对应点、对应角、对应值、多边形、多项式、二次项、反比例、反证法、方程组、方位角、分配律、分数线、俯视图、负整数、公倍数、公分母、公共点、公式法、公因式、公因数、关系式、横截面、横坐标、黄金比、几何体、几何学、计数法、计数器、计算机、计算器、加减法、假分数、交换律、角边角、结合律、解方程、近似数、近似值、精确度、绝对值、开立方、开平方、可能性、刻度尺、立方根、立方米、立方体、两位数、量角器、六边形、内错角、内角和、内切圆、逆定理、逆命题、逆时针、抛物线、配方法、平方差、平方根、平方和、平方米、平分线、平均数、平均值、平面图、平行线、七巧板、千分位、铅垂线、三角板、三角尺、三角形、三棱柱、十分位、十进制、双曲线、水平面、水平线、顺时针、四边形、所得税、条形图、同类项、同位角、统计表、统计量、统计图、投影面、椭圆形、外角和、外接圆、为什么、未知数、稳定性、无理数、五边形、相当于、相反数、相交线、相似比、销售额、小数点、旋转角、循环节、延长线、一次项、优选法、有理数、圆心角、圆周角、圆周率、圆柱形、运算律、增长率、展开图、折线图、真分数、正比例、正方体、正方形、正负数、正整数、直方图、直角边、中位数、中心点、中心线、轴对称、主视图、自变量、自然数、纵坐标、左视图、坐标系、坐标轴

四字词(45 条)

百分之几、被开方数、必然事件、不等式组、乘法法则、等量关系、等腰梯形、对称中心、二次函数、分式方程、勾股定理、混合运算、几分之几、角平分线、九章算术、立体图形、平方分米、平方厘米、平面图形、平行投影、求根公式、三角函数、数量关系、四舍五入、四则运算、同底数幂、同旁内角、位置关系、无限小数、旋转中心、循环小数、一次方程、一次函数、有限小数、有效数字、运算法则、整存整取、整式方程、正多边形、正六边形、正三角形、正五边形、直角梯形、中心投影、最简分数

五字词及五字以上者(36 条)

垂直平分线、等边三角形、等腰三角形、钝角三角形、二元一次方程、二元一次方程组、反比例函数、合并同类项、黄金分割点、加法交换律、加权平均数、科学记数法、平方差公式、平面直角坐标系、平行四边形、全等三角形、锐角三角形、三元一次方程组、扇形统计图、四舍五入法、算术平方根、算术平均数、条形统计图、完全平方公式、无限不循环小数、无限循环小数、相似三角形、一元二次方程、一元一

次方程、正比例函数、直角三角形、直角坐标系、中心对称图形、轴对称图形、最大公因数、最小公倍数

附录 2

基础教育物理常用词 1 000 条

一字词(149 条)

安、把、摆、被、比、变、冰、并、波、不、才、测、长、常、成、尺、出、磁、次、从、大、但、当、到、得、的、等、低、地、点、碘、电、都、度、对、吨、多、而、放、分、伏、钢、高、个、各、给、跟、更、功、汞、光、硅、过、和、核、赫、很、后、还、会、或、几、间、将、焦、较、金、就、开、看、可、克、库、快、宽、蜡、来、里、力、两、了、另、铝、轮、吗、每、米、秒、内、呢、能、你、牛、其、铅、前、氢、请、热、人、如、三、上、升、声、时、使、是、受、水、说、所、它、铁、铜、图、瓦、为、锡、下、向、像、小、盐、氧、要、也、一、银、用、由、铀、有、又、于、与、约、越、再、在、这、只、中、种、轴、着、总、最、做

二字词(483 条)

安培、白光、半环、半径、保持、北极、比较、必须、变化、变量、标尺、表面、表示、并联、波长、波速、波形、玻璃、不能、不同、材料、测量、插头、插座、柴油、产生、长度、常见、超声、称为、成像、斥力、冲程、触点、触电、传播、传导、传递、串联、磁场、磁化、磁极、磁体、磁铁、磁性、磁针、次声、存在、大量、大小、带电、单位、但是、弹力、弹性、氘核、导电、导体、导线、倒数、灯泡、等于、地方、地面、地球、地热、地线、电报、电池、电灯、电功、电荷、电话、电机、电极、电力、电流、电路、电能、电器、电热、电视、电刷、电网、电线、电压、电源、电子、电阻、定子、动力、动能、读数、短波、短路、对流、多少、发电、发生、发现、发展、法线、砝码、反射、方法、方向、放电、飞机、沸点、沸腾、分贝、分别、分析、分子、风力、风能、伏特、浮力、符号、辐射、负电、负极、改变、干路、杠杆、高度、高压、各种、根据、工作、公里、公式、功率、汞柱、钩码、固态、固体、关系、观察、惯性、光斑、光波、光带、光缆、光路、光能、光年、光屏、光谱、光束、光速、光纤、光线、光心、光学、光源、规律、过程、海波、氦气、毫安、毫米、合力、核电、核能、赫兹、恒星、横梁、滑轮、滑片、话筒、环境、回声、活动、活塞、火线、机械、激光、计算、记录、技术、加热、减小、交流、焦点、焦耳、焦距、叫做、接触、

结构、结果、结论、介质、金属、近视、进行、晶体、静止、酒精、就是、具有、距离、聚变、绝缘、开关、科学、可能、可以、空间、空气、控制、快门、宽度、扩散、拉力、喇叭、乐音、雷电、厘米、力学、利用、例如、粒子、连接、两端、量杯、量程、量筒、裂变、零线、流速、流体、路程、轮轴、轮子、没有、煤气、煤油、密度、面积、摩擦、目镜、哪些、内能、那么、纳米、氖管、氖气、南极、能够、能量、能源、凝固、凝华、牛顿、欧姆、膨胀、漂浮、频道、频率、平衡、曝光、其他、起来、气态、气体、气压、汽化、汽油、千伏、千赫、千克、千米、千瓦、青铜、氢弹、氢气、情况、曲轴、燃料、燃烧、热机、热量、热能、热值、人类、人们、人体、日晷、熔点、熔化、如果、如何、散射、色光、上浮、烧杯、设计、射频、升华、升力、生产、生活、声波、声呐、声速、声音、声源、什么、石蜡、时间、实物、实像、实验、使用、世界、势能、视频、试管、是否、释放、收集、手机、守恒、受到、数据、水能、水银、速度、塑料、所以、它们、太阳、探究、碳粒、陶瓷、讨论、提出、体积、天平、天体、天线、条件、铁丝、铁心、停表、通常、通过、通路、铜丝、铜线、投影、透镜、图象、图像、推力、托力、瓦特、外力、微安、微波、微粒、卫星、位置、温度、问题、我们、物镜、物距、物态、物体、物质、物重、误差、吸热、吸收、下沉、下面、现象、线圈、相同、响度、橡胶、小时、效率、斜面、斜射、芯片、信号、信息、星系、行星、形变、形成、形式、虚像、需要、许多、悬浮、压力、压强、烟煤、研究、盐水、颜色、氧气、叶轮、液化、液态、液体、一定、一个、一些、一样、移动、已经、因此、因素、音叉、音调、音频、音色、引力、应该、应用、影响、影子、硬度、由于、铀核、游码、有的、有关、宇宙、元件、元素、原理、原子、远视、运动、噪声、怎样、兆赫、折光、折射、这个、这些、这样、这种、真空、振动、振幅、蒸发、正电、正极、正确、之间、支点、支路、知道、直接、直径、质量、质子、中子、重力、重量、重心、周期、周围、主要、注意、转动、转化、转子、装置、状态、总功、阻力、阻值、组成、作用、做功

三字词(192 条)

凹面镜、凹透镜、白炽灯、半导体、保险盒、保险丝、比热容、变压器、变阻器、参照物、测电笔、测力计、测量值、柴油机、超声波、臭氧层、磁感线、大气层、大气压、弹簧秤、挡光板、地磁场、电池组、电磁波、电磁体、电磁铁、电动机、电功率、电流表、电炉丝、电路图、电能表、电压表、电阻器、电阻丝、定滑轮、动滑轮、动力臂、额外功、二极管、发电机、发电站、发动机、发声体、反光镜、反射光、反射角、反应堆、方向性、放大镜、非晶体、分度值、分子力、氟利昂、负电荷、干电池、寒暑表、耗电量、核电站、核反应、核聚变、核裂变、红外线、滑轮组、化学能、换向器、火花塞、机械

功、机械能、基地台、激光束、继电器、交换机、交流电、接线柱、金属杆、金属盒、近地点、近视眼、晶体管、绝缘层、绝缘体、刻度尺、刻度线、冷凝器、立体声、连通器、螺线管、漫反射、米每秒、密度计、摩擦力、内燃机、凝固点、帕斯卡、排水量、平衡力、平均值、平面镜、平行光、漆包线、起重机、气压计、汽轮机、汽油机、千瓦时、牵引力、潜水艇、球面镜、热传递、热辐射、热气球、热污染、热运动、日光灯、日晷仪、入射点、入射光、入射角、三极管、三棱镜、三原色、摄氏度、施力物、实物图、示波器、试电笔、受力物、输电线、水电站、水轮机、水银柱、水蒸气、太阳能、太阳系、体温表、体温计、天然气、投影片、投影仪、凸面镜、凸透镜、望远镜、微波炉、为什么、温度计、稳压器、握力计、无线电、物理量、物理学、显微镜、显像管、消声器、心电图、蓄电池、压力舱、延展性、验电器、扬声器、氧气瓶、液化气、液态氢、液态氧、液压机、因特网、银河系、荧光灯、永磁体、永动机、用电器、有用功、原子弹、原子核、原子钟、远地点、远视眼、照相机、折射角、真实值、蒸发器、蒸汽机、正电荷、支持力、直流电、中继站、重垂线、主光轴、着火点、紫外线、阻力臂、作用力

四字词(123 条)

闭合电路、变速运动、并联电路、测量误差、超导材料、超导现象、串联电路、大气压强、弹性材料、弹性形变、等离子体、电磁感应、电加热器、电力机车、电路元件、电热水器、电子元件、定向移动、定值电阻、额定电流、额定电压、额定功率、二力平衡、二氧化氮、二氧化碳、反射光线、分子电流、风力发电、复合材料、感应电流、杠杆平衡、光导纤维、光合作用、光学仪器、滚动轴承、核反应堆、核能发电、横截面积、化石能源、化石燃料、化学电池、火力发电、机械效率、机械运动、集成电路、家庭电路、家用电器、简单机械、静电感应、空气开关、力的作用、链式反应、量子力学、模拟信号、摩擦起电、摩擦阻力、纳米材料、能源革命、欧姆定律、平衡螺母、平衡位置、平均速度、气体压强、铅蓄电池、球形闪电、燃料电池、热岛效应、热机效率、热交换器、热胀冷缩、人造光源、人造卫星、入射光线、三孔插座、摄氏温度、生物质能、实际电压、实际功率、受力面积、输出功率、数字通信、数字信号、水力发电、太阳电池、蹄形磁体、条形磁体、条形磁铁、通信卫星、同步卫星、透镜焦度、托盘天平、万有引力、网络通信、微波通信、微处理器、微观粒子、卫星通信、温室效应、无绳电话、无线电波、物态变化、吸气冲程、相对运动、信号电流、学生电源、压缩冲程、液体压强、一次能源、一氧化碳、移动电话、移动通信、荧光物质、游标卡尺、有机玻璃、宇宙飞船、宇宙空间、折射光线、蒸汽机车、蒸汽轮机、支路电流、

直线运动、重力势能、做功冲程

五字及五字以上者(53 条)

阿基米德原理、半导体二极管、标准大气压、不可再生能源、磁悬浮列车、弹簧测力计、电磁继电器、电磁起重机、电话交换机、电子体温计、电子显微镜、发光二极管、分子热运动、高压输电线、国际单位制、国际千克原器、哈勃望远镜、滑动变阻器、滑动摩擦力、交流电动机、交流发电机、可再生能源、力的三要素、力的示意图、力的作用效果、灵敏电流计、漏电保护器、纳米科学技术、能量守恒定律、牛顿第一定律、喷气式发动机、平面镜成像、燃料的热值、热力学温度、人造地球卫星、三角旋转式发动机、升压变压器、手摇发电机、隧道显微镜、太阳电池板、天文望远镜、通电螺线管、凸透镜成像、万有引力定律、微波中继站、无线电广播、锌锰干电池、信息高速公路、液体的压强、液压千斤顶、硬磁性材料、匀速直线运动、直流电动机

附录 3

基础教育化学常用词 1 000 条

一字词(187 个)

氨、把、被、本、苯、比、铋、壁、变、表、冰、并、铂、不、层、常、成、呈、出、除、纯、从、大、带、待、但、氮、到、的、等、滴、地、碘、电、都、毒、对、吨、多、而、二、放、氟、复、钙、钢、高、镉、个、各、铬、根、跟、更、汞、钴、光、硅、氦、含、好、和、核、很、后、还、会、或、及、极、几、钾、价、碱、将、较、金、紧、经、就、抗、可、克、氪、口、来、类、冷、里、两、量、了、磷、硫、铝、氯、吗、煤、酶、镁、锰、内、钠、氖、耐、能、你、年、镍、浓、其、铅、强、氢、请、取、缺、燃、热、溶、如、塞、三、上、盛、时、使、示、试、是、水、酸、碎、所、它、钛、碳、锑、铁、铜、图、外、为、硒、稀、锡、洗、下、氙、显、向、小、写、锌、新、锈、氩、盐、氧、要、也、一、已、以、易、银、应、用、由、油、有、又、于、与、遇、约、再、在、这、支、指、中、种、着、总、最、做

二字词(614 条)

安全、氨气、氨水、铵根、铵盐、白色、帮助、包括、饱和、保持、保护、爆炸、比较、比例、必须、必需、变成、变化、变质、标签、标准、表面、表明、表示、表现、玻璃、薄膜、

不断、不仅、不同、不要、步骤、部分、材料、采用、参考、操作、测定、柴油、产品、产生、产物、常见、常温、常用、沉淀、沉降、称量、称取、称为、成分、成为、程度、澄清、充分、出现、除去、储量、处理、纯度、纯碱、纯净、纯水、促进、醋酸、催化、存在、措施、达到、大量、大气、大约、单位、单质、弹性、淡化、淡水、氮肥、氮气、导电、导管、导致、得到、等等、等于、低温、滴管、滴加、滴入、地壳、点燃、电荷、电解、电能、电性、电源、电子、淀粉、调查、定量、毒素、毒性、多少、惰性、而且、发光、发酵、发热、发生、发现、发展、反应、范围、方法、方面、防止、放出、放入、放置、废弃、废水、沸点、沸腾、分别、分布、分解、分类、分离、分散、分析、分子、酚酞、粉末、丰富、风力、风能、符号、腐败、腐烂、腐蚀、复合、改变、干冰、干粉、干净、干燥、钢瓶、钢铁、高炉、高温、各种、根据、工业、功能、共同、构成、固态、固体、关系、观察、广泛、归纳、规律、过程、过量、过滤、海水、含量、含有、焊接、焊锡、合成、合金、合理、核能、很多、红磷、红色、呼吸、化肥、化工、化合、化石、化学、还原、环境、挥发、回收、浑浊、混合、活动、活泼、火柴、火星、火焰、获得、基本、基础、计算、记录、记忆、技术、继续、加工、加热、加入、加压、甲醛、甲烷、钾肥、钾盐、减少、检验、碱性、建议、健康、交流、焦炭、搅拌、叫做、接触、节约、洁净、结构、结果、结合、结晶、结论、解决、解释、金属、进入、进行、浸泡、禁止、经过、经验、晶体、精炼、净化、静置、酒精、举例、具有、剧烈、聚集、开采、开发、科学、颗粒、可能、可燃、可以、课题、空气、矿石、矿物、扩散、垃圾、蜡烛、冷却、离子、立即、利用、例如、粒子、联想、炼铁、量取、量筒、了解、磷肥、硫酸、漏斗、滤液、滤纸、铝丝、氯气、慢慢、没有、煤气、煤炭、煤油、霉变、镁条、密度、面粉、灭火、名称、明矾、某些、木炭、木条、目前、哪些、纳米、能否、能够、能量、能源、尿素、镊子、农药、农业、浓度、排放、排水、判断、配平、配制、膨胀、皮肤、瓶塞、破坏、其他、其中、启示、气态、气体、气味、汽水、汽油、器皿、前后、强度、青铜、氢能、氢气、情况、曲线、取出、取用、燃料、燃烧、热量、热能、人类、人们、人体、人造、认识、认为、韧性、日常、容器、容易、溶剂、溶解、溶液、溶质、熔点、熔合、熔化、如果、如何、乳化、色素、砂纸、上述、烧杯、烧碱、烧制、少量、设计、社会、摄入、伸入、生产、生长、生成、生存、生活、生命、生铁、生物、生锈、剩余、失去、施用、十分、什么、石蜡、石墨、石蕊、石油、时间、实际、实验、食醋、食品、食物、食盐、使用、世界、事实、试管、试剂、试纸、室温、是否、适量、收集、受热、书写、数目、水槽、水分、水垢、水平、水体、顺序、说明、思考、塑料、酸碱、酸性、酸雨、随着、所以、它们、炭黑、探究、碳酸、糖类、陶瓷、讨论、特点、特殊、提出、提高、提供、提取、体积、体内、天平、天然、填入、条件、铁钉、铁丝、铁锈、通常、通电、通过、通入、同时、铜绿、铜片、铜丝、透明、土壤、完成、完全、危害、微粒、微量、维持、尾气、胃酸、温度、温室、稳定、问题、我们、污染、污水、无机、无色、物理、物质、吸附、吸入、吸收、析出、稀释、稀有、熄灭、洗涤、细胞、下列、纤维、现象、相同、橡胶、消除、消耗、硝酸、写出、锌粒、新型、形成、形式、形状、性能、性质、锈蚀、需要、许多、悬浮、选择、学习、血糖、迅速、压力、压强、压缩、严重、研钵、研究、研磨、盐水、盐酸、颜色、氧化、氧气、药匙、药品、药物、冶炼、液氮、液化、液态、液体、一定、一个、一些、医疗、仪器、乙醇、已经、以及、以上、意义、因此、因素、因为、引起、应该、应用、营养、影响、硬度、硬水、用途、用作、由于、油脂、有关、有害、有机、有些、元素、原理、原料、原因、原油、原子、运动、杂质、造成、怎样、增加、增强、沼气、这些、这种、蔗糖、振荡、蒸发、蒸馏、整理、正常、正确、证明、之一、知道、知识、脂肪、直接、植物、制成、制得、制品、制取、制造、质量、质子、置换、中毒、中性、中子、种类、重要、周期、逐渐、主要、属于、煮沸、注入、注意、转变、转化、装置、状况、状态、灼烧、资料、资源、紫色、总和、组成、钻石、作物、作用

三字词(148 条)

氨基酸、半导体、玻璃棒、玻璃杯、玻璃管、玻璃片、不锈钢、赤铁矿、纯净物、刺激性、催化剂、大理石、代数和、蛋白质、导电性、导气管、地热能、点滴板、电子层、反应物、方程式、非金属、肥皂水、废弃物、腐蚀性、干电池、干燥剂、坩埚钳、高分子、根瘤菌、工农业、过滤器、化合价、化合物、化学家、化学式、混合物、活动性、活性炭、集气瓶、金刚石、进一步、酒精灯、聚乙烯、绝缘性、科学家、可燃冰、可燃物、可燃性、孔雀石、矿物质、拉瓦锡、离不开、立方米、磷矿粉、硫酸铵、硫酸钾、硫酸铝、硫酸钠、硫酸铜、氯化铵、氯化钙、氯化钾、氯化钠、氯化氢、氯酸钾、煤焦油、锰酸钾、灭火器、农作物、浓硫酸、浓盐酸、平方米、葡萄糖、氢氧根、燃烧匙、溶解度、溶解性、乳浊液、润滑油、生成物、生石灰、石灰石、石灰水、石灰岩、石棉网、石油气、实验室、食盐水、示意图、试剂瓶、熟石灰、水蒸气、酸碱度、酸碱性、太阳能、碳酸钙、碳酸根、碳酸钠、碳酸盐、天然气、铁矿石、微生物、为什么、维生素、温度计、污染物、吸水性、稀硫酸、稀盐酸、洗涤剂、橡皮管、橡皮塞、消毒剂、消石灰、硝酸铵、硝酸根、硝酸钾、硝酸钠、硝酸盐、硝酸银、小苏打、悬浊液、延展性、氧化钙、氧化汞、氧化铝、氧化镁、氧化铁、氧化铜、氧化物、叶绿素、易爆物、易燃物、有机物、原子核、原子团、蒸发皿、蒸馏水、指示剂、质子数、钟乳石、重金属、周期性、锥形瓶、着火点、自来水、自然界

四字词(43 条)

赤铁矿石、二氧化氮、二氧化硅、二氧化硫、二氧化锰、二氧化碳、分解反应、分液漏斗、复合肥料、高锰酸钾、光合作用、过磷酸钙、过氧化氢、合成纤维、合成橡胶、核电荷数、化合反应、化学变化、化学反应、化学肥料、化学性质、聚苯乙烯、聚氯乙烯、氢氧化钙、氢氧化钠、氢氧化铜、燃烧反应、三氧化硫、守恒定律、碳酸氢铵、碳酸氢钠、体积分数、温室效应、武德合金、血红蛋白、亚硝酸钠、氧化反应、一氧化碳、原子序数、质量分数、置换反应、中和反应、自然资源

五字及五字以上者(8 条)

复分解反应、核外电子数、化学方程式、四氧化三铁、碳氢化合物、五氧化二磷、相对分子质量、相对原子质量

（苏新春、郑泽芝执笔；卞成德、敖　婷、胥　娜、郑　博、江少敏、王　艳、吴　健参加语料加工）

维吾尔语高中语文教材用词调查

语文教材是语文教学的重要资源，课文用词是语文教材重要的组成部分。2011年对维吾尔语小学、初中语文教材进行了用词调查，①本次又对高中教育阶段维吾尔语文教材的词语使用情况进行了调查。

一　教材概貌

本次调查选取的是由新疆维吾尔自治区普通高中教育教材审定委员会审定，新疆教育出版社出版的普通高中教育维吾尔语文新课程标准实验教科书（简称维吾尔语高中语文教材），包括必修课教材和选修教材。必修课教材属于正常教学环节中已安排固定课时的教材，选修教材是在固定课时以外，有选择性地给学生讲授一些（从高二第二学期开始），主要是为学生自学提供的辅助性材料。这套教材是目前新疆维吾尔自治区普通高中的维吾尔语文通用教材。必修课教材5册，选修教材6册，共549篇课文，其中必修课教材课文209篇、选修教材340篇。② 两套教材中选修教材选文数量较大。

必修课教材中小说19篇、说明文87篇、叙述文15篇、议论文49篇，分别占必修课文总数的9.09%、41.63%、7.18%、23.44%，选修教材中小说34篇、说明文24篇、叙述文31篇、议论文98篇，分别占选修课文总数的10.00%、7.06%、9.12%、28.82%。必修课教材中没有出现民间故事、书信、寓言、笑话、日记、电影剧本等题材，在选修教材中则占一定比例。教材课文来源情况如表4—72所示。

---

① 参见教育部语言文字信息管理司组编《中国语言生活状况报告(2011)》第259—269页，商务印书馆2011年版。

② 必修课教材本主编：瓦依提江·吾斯曼、卡德尔·阿尔斯兰、玛依拜达尔·买合木提、吾买尔江·托合提、热米拉·吐尔孙；审定时间：2003—2008年。选修教材本主编：艾海提·阿曼、牙力坤·肉孜、太来提·卡德尔、卡迷里·热依木、阿木提江·艾克木；审定时间：2003—2005年。

表 4—72 教材课文来源分析

教材课文来源	必修课教材		选修教材	
	课文数(篇)	比例(%)	课文数(篇)	比例(%)
维吾尔文学作品	72	34.45	201	59.12
汉语翻译作品	14	6.70	38	11.18
外国翻译作品	19	9,09	48	14.12
通用[①]作品	104	49.76	53	15.59

教材来源可以看出,必修课教材与选修教材各自针对的侧重点不同。

二 用词调查

现代维吾尔文有 8 个元音字母、24 个辅音字母,用来记录语音和词语。维吾尔文书写时词与词之间以空格隔开,标点符号紧跟在词语之后。作为一种黏着型语言,维吾尔语形态变化非常丰富。名词有人称、数、格等范畴的变化,与名词的语法性质相近的其他静词(如动名词、动形词、动副词等)也有类似的变化;动词有人称、数、时、式、态、体等范畴的变化形式;部分形容词和少数副词有级的变化。词尾专用于表示这类语法意义,去除词尾后剩余的部分称为词干,词干主要用于表达词汇意义,不同的词尾可以缀接在同一词干上表示各种不同的语法意义。词干和词尾是语文教学的重要内容。本次调查的项目主要包括词次、词种、词干、词尾、词长和文本数。

2.1 基本数据

高中两套教材课文用词的具体情况见表 4—73。

表 4—73 高中教材用词基本情况统计

教材	词次	词种	词干种	共用词干	独用词干	共用词干比例(%)	独用词干比例(%)
必修课教材	139 880	32 125	15 895	12 802	3 093	80.54	19.46
选修教材	333 306	57 518	23 031		10 229	55.59	44.41

从表 4—73 可知,必修课教材与选修教材词次相差 193 426 个,词种数量相差 25 393 个,词干种数量相差 7 136 个,选修教材语料规模和词种数、词干种数

① “通用”指各民族工作、生活和学习中共同使用的书面应用文,如介绍信、借条、收条、总结等。

等都大于必修课教材。两套教材共用词干种 12 802，占必修课词干种数的 80.54%，占选修教材词干种数的 55.59%。

两套教材共用词干种中前 10 个高频词干种是：

ئۇ（它、他、她），بول（快），بىر（一），بۇ（这），بىل（知道），قىل（做），ۋە（和），بىلەن（与、和），دەپ（拿），شۇ（面）。

必修课教材独用的前 10 个高频词干种是：

لەھەڭ（海豚），تىلماچ（翻译），كۆنۈكمە（习题），گرام（克），تۈزۈڭ（您编），بىشر（拜希尔，人名），زىچلىق（密度），تەۋەلىك（境内），سەئىدخان（赛伊德王），پالتاخۇن（帕力塔阿訇）。

选修教材独用的前 9 个高频词干种是：

ئەدەبىي（文学），ئۇس（碰），تۇي（知道、感觉），مارك（马克，外国人名），نېمە（什么），تاز（秃子），يېقى（边），رومېئو（罗密欧，外国人名），ۋلادىمىر（弗拉基米尔，外国人名）。

以上数据可见，必修教材词汇使用集中，注重基础知识，选修教材词汇使用量大，词种丰富，用以拓展词汇和知识领域，反映出两套教材教学目的、性质的不同。

将高中语文教材用词与小学、初中语文教材（以下简称“小初教材”）用词① 进行比较，可以了解整个中小学语文教育中词汇教学的整体面貌和词汇量的分布状况。

表 4—74　高中教材与小初教材用词状况统计

教材	频次	词种	词干	共用词干	独用词干	共用词干比例（%）	独用词干比例（%）
小初教材	540 294	68 979	24 568	17 572	6 996	71.52	28.48
高中教材	471 386	71 674	26 124		8 552	67.26	32.74

从表 4—74 可见，共用词干数占小初教材总词干数的 71.52%，大于高中教材共用词干比例，高中教材的独用词干比例达 32.74%，大于小初教材独用词干比例。这说明高中阶段语文教学既是小初阶段的延伸，同时也是小初阶段的扩展，较大幅度增加了新词干的学习。

① 参见教育部语言文字信息管理司组编《中国语言生活状况报告（2011）》第 259—269 页，商务印书馆 2011 年版。

2.2 词长分布

维吾尔语的词语长度可按其构成的字母个数来计算。两套教材中词长分布如表4—75所示。

表4—75 高中与小初教材词长分布情况

词长	高中教材				小学、初中教材			
	词种数	占词种数比例(%)	频次	占频次比例(%)	词种数	占词种数比例(%)	频次	占频次比例(%)
1	1	0.00	3 499	0.74	1	0.00	4 580	0.85
2	83	0.12	18 316	3.89	189	0.27	19 957	3.69
3	824	1.15	43 707	9.27	749	1.08	51 071	9.45
4	1 696	2.37	45 824	9.72	1 444	2.09	52 840	9.78
5	5 285	7.37	94 361	19.90	4 805	6.97	111 284	20.60
6	6 875	9.59	69 682	14.70	6 524	9.46	79 538	14.72
7	9 413	13.13	57 289	12.02	9 145	13.26	64 576	11.95
8	11 317	15.79	51 653	10.94	11 102	16.09	58 170	10.77
9	9 539	13.31	31 894	6.76	9 320	13.51	35 784	6.62
10	8 380	11.69	22 148	4.69	8 263	11.99	25 032	4.63
11	6 734	9.40	14 867	3.14	6 444	9.34	15 802	2.92
12	4 413	6.16	8 869	1.88	4 290	6.22	9 592	1.78
13	2 919	4.07	5 088	1.08	2 708	3.93	5 381	1.00
14	1 771	2.47	2 719	0.57	1 739	2.52	2 999	0.56
15	1 077	1.50	1 560	0.33	969	1.40	1 754	0.32
16	589	0.82	833	0.18	603	0.87	963	0.18
17	351	0.49	429	0.09	319	0.46	467	0.09
18	181	0.25	199	0.04	181	0.26	247	0.05
19	112	0.16	124	0.03	94	0.14	123	0.02
20	55	0.08	61	0.01	52	0.08	67	0.01
>20	59	0.08	64	0.01	48	0.07	67	0.01
总计	71 674	100.00	473 186	100.00	68 989	100.00	540 294	100.00

表4—75可见，两套教材词长分布基本一致。都是词种比例7—10个字母的最高，占到总词种的53%—55%，这些词大都是词干和词尾的组合，反映出维语的黏着语特点；频次比例5个字母的最高，占了总频次的20%左右，显示出语言使用的省力原则。1—4个字母组成的词以3%的词种，却占到近24%的频次，也反映出短词高频使用的特点。

表4—76列出每套教材最长的10个词。

表 4—76 高中教材与小初教材中最长的 10 个词

序号	高中教材		小初教材	
	长词	汉译	长词	汉译
1	مۇئەييەنلەشتۈرۈلگەنلىكىنى	已被肯定过	بويسۇندۇرالايدىغانلىقىغا	能征服
2	قالايمىقانلاشتۇرۇۋېتىدۇ	将要搗乱	چىقىرىۋاتقانلىقىڭلارنىمۇ	被赶出去
3	قۇتۇلدۇرالمايدىغىنىمۇ	将也不能救	ئايرىلالمايدىغانلىقىمىزنى	我们已离不开
4	ئۇيغۇنلىشالايدىغانلىقىنى	将能适应	تەسىرلەندۈرۈۋەتكەنلىكىنى	被感动
5	مۇتلەقلەشتۈرۈۋېتىلمىگەن	还没绝对化	مۇجەسسەملەشتۈرۈۋالغاندەك	被肯定
6	ماسلىشالايدىغانلىقىنىمۇ	也能配合	چىقىرىۋاتقانلىقىڭلارنىمۇ	也已被赶走
7	چوڭقۇرلاشتۇرۇلغانلىقىنى	已深化	مۇئەييەنلەشتۈرمەكچىمەنكى	我要肯定
8	خۇنۇكلەشتۈرۈۋېتىلگەنىدى	已被模糊	يوشۇرۇنالمايدىغانلىقىنى	将被不能隐藏
9	كونكرېتلاشتۇرماسلىقتىن	将未具体化	مەسلىھەتلىشىۋالغاندەكلا	好像已商量好
10	سەرەمجانلاشتۇرۇلغانىدى	已收拾	ئالماشتۇرۇۋېلىنغانلىقىنى	将要被置换

表 4—76 可见，这些长词大都是单义词，意思表达比较完整，超越一般词语本身的描述功能，明显表现出现代维吾尔语的黏着性特点。

2.3 覆盖率

覆盖率是反映词语常用与否的一个重要指标。调查结果见表 4—77。

表 4—77 高中教材与小初教材不同覆盖率的词种数

覆盖率(%)	高中教材			小学、初中教材		
	词种	频次	占词种比例(%)	词种	频次	占词种比例(%)
10	20	47 384	0.03	19	54 620	0.03
20	103	94 671	0.14	98	108 150	0.14
30	293	142 090	0.41	282	162 264	0.41
40	691	189 343	0.96	682	216 175	0.99
50	1 475	236 596	2.06	1 487	270 146	2.16
60	2 945	283 935	4.11	3 031	324 191	4.39
70	5 810	331 239	8.11	6 076	378 218	8.81
80	12 014	378 550	16.76	12 574	432 240	18.23
90	28 065	425 868	39.16	28 762	486 265	41.70
95	48 015	449 528	66.99	42 269	513 279	61.28
96	52 747	454 260	73.59	47 367	518 682	68.67
97	57 478	458 991	80.19	52 770	524 085	76.50
98	62 210	463 723	86.80	58 173	529 488	84.33
99	66 942	468 455	93.40	63 576	534 891	92.17
100	71 674	473 186	100.00	68 979	540 294	100.00

表4—77显示，覆盖所有语料的50%、80%、90%时，高中教材中使用的词种数分别为1 475个、12 014个、28 065个，小初教材使用的词种数分别为1 487个、12 574个、28 762个。显示出高频词语使用相对集中，两套教材词汇使用分布整体基本相同的特点。

2.4 词种与词频

词种与频次的关系能从一定角度反映词在教材中的使用情况。本调查从高中两套教材以及高中与小初教材对比两个角度进行了统计。高中两套教材的词频分布统计结果见表4—78。

表4—78 高中两套教材词频分布

频次段	必修课教材		选修教材	
	词种	比例(%)	词种	比例(%)
1	19 069	59.36	32 392	56.32
2	4 799	14.94	8 540	14.85
3	2 182	6.79	3 909	6.80
4	1 272	3.96	2 501	4.35
5	851	2.65	1 621	2.82
6—10	1 902	5.92	3 811	6.63
11—20	1 064	3.31	2 355	4.09
21—100	861	2.68	2 006	3.49
>100	125	0.39	383	0.67
合计	32 125	100.00	57 518	100.00

表4—78显示，在必修课教材中仅出现1次的词有19 069个，占总词种数的59.36%，频次为5(包括5次)以下的词为28 173个，占词种数的87.70%；在选修教材中仅出现1次的词有32 392个，占总词种数的56.32%，频次为5(包括5次)以下的词为48 963个，占词种数的85.13%；两者的细微不同与语料规模有关。低频词语的大量使用也反映了维语的黏着型语言特点。

高中教材与小初教材的词种与词频比较统计结果见表4—79。

表4—79 高中教材与小初教材词频分布

频次段	高中教材		小初教材	
	词种	比例(%)	词种	比例(%)
1	398 98	55.67	26 405	38.28
2	10 414	14.53	18 210	26.40
3	4 888	6.82	4 999	7.25

（续表）

4	3 049	4.25	4 119	5.97
5	2 083	2.91	2 276	3.30
6—10	4 897	6.83	5 741	8.32
11—20	3 048	4.25	3 440	4.99
21—100	2 830	3.95	3 153	4.57
>100	567	0.79	636	0.92
合计	71 674	100.00	68 979	100.00

表 4—79 可见，高中教材仅出现 1 次的词有 39 898 个，占总词种数的 55.67%；小初教材仅出现 1 次的词有 26 405 个，占总词种数的 38.28%。其他频次段词种比例均保持高中教材词种比例小于小初教材词种比例的趋势。这明显表现出小学、初中作为基础教育阶段，更注重词语的复现率，靠反复应用加强记忆，到高中阶段，词语学习更分散，更注重用较大的词汇量来丰富学生的知识。

2.5 词种的课文分布

词种的课文分布是指一个词种在多少篇课文中出现。两套教材共有课文 549 篇（其中必修课教材 209 篇、340 篇）。高中教材词语的分布调查结果见表 4—80。

表 4—80 两套高中教材词种的课文分布

课文（篇）	必修课教材		选修教材	
	词种	比例（%）	词种	比例（%）
1	21 461	66.80	36 074	62.72
2—5	8 055	25.08	15 230	26.48
6—10	1 482	4.61	3 147	5.47
11—50	1 040	3.24	2 670	4.64
51—100	76	0.24	281	0.49
101—200	11	0.03	103	0.18
201—300	0	0.00	12	0.02
>301	0	0.00	1	0.00
合计	32 125	100.00	57 518	100.00

表 4—80 显示，在必修课教材中分布在 100 篇课文以上的词只有 11 个，主要是代词、连词、动词；51—100 篇课文之间有 76 个词；只在一篇课文中出现的词有 21 461 个，占总词种数的 66.80%。选修教材中分布在 100 篇课文以上的

词有 103 个，前 11 条与必修课教材相同；51—100 篇课文之间有 281 个词；只在一篇课文中出现的词为 36 074 个，占总词种数的 62.72%。两套教材中只在 1 篇课文中出现的词种数量都很大，比例较为接近，但出现课文数大于 200 以上的词种数在必修课教材中为 0，在选修教材中为 13，这与两套教材课文数量相差较大有关。

另外，将两套高中教材中高文本数的前 120 条词进行比较，其中有 98 条是共用词，各有 22 条独用词，见表 4—81。

表 4—81 两套高中教材高频文本数独用词表

序号	必修课教材高频文本数独用词				选修教材高频文本数独用词			
	词汇	汉译	文本数	频次	词汇	汉译	文本数	频次
1	مەسىلەن	例如	104	391	ئۇنىڭغا	向他、向她	124	382
2	ئاتىلىدۇ	叫	72	167	مۇشۇ	这就是	122	361
3	ئۇيغۇر	维吾尔	59	199	قويۇپ	放下、放	116	257
4	كۆنۈكمە	习题	53	74	كۆز	眼睛	116	280
5	تۆۋەندىكى	下列	52	74	يۈز	脸	114	357
6	ئىبارەت	等等	52	106	يېڭى	新	110	353
7	ئاساسەن	根据	51	83	كۈنى	日	109	269
8	تۇرىدۇ	已站着	49	82	چاغدا	时候	108	289
9	يىل	年	49	131	ھەممە	都	107	216
10	بۇنداق	这样	49	142	ئەگەر	如果	106	239
11	كىشىلەر	人民	48	103	كىچىك	小	106	292
12	جۈملە	句子	47	217	يەرگە	地上	105	302
13	چوڭقۇر	深	47	137	شۇنىڭ	所以	104	206
14	قېتىم	次	47	137	كۆرۈپ	看着	104	308
15	تۆت	四	47	81	كىرىپ	进去	101	235
16	مۇمكىن	可能	46	99	بۇنىڭ	这个的	101	211
17	بىزنىڭ	我们的	46	110	يول	路	101	228
18	خۇددى	好像	45	115	مۇھىم	重要	101	264
19	تىل	语言	45	133	بىرەر	一个	100	186
20	ئالدىدا	前面	45	95	باشلاپ	带领	100	190
21	ئېنىق	明确	44	67	ئۈستىگە	上面	99	217
22	سىز	您	44	92	پەيدا	产生	98	192

表 4—81 可见，必修课教材独用词中文本数 100 次以上只有 1 条，选修教材独用词中有 20 条，这可能也与两个教材课文数量不同有关。

2.6 高频词

高中教材语料覆盖率达到 90%时词种数为 28 065，占整个词种数的 39.16%。其中覆盖率达到 50%时有 1 475 个词，占整个词种数比例的 2.06%；覆盖率达到 60%时有 2 945 个词，占整个词种数比例的 4.11%；覆盖率达到 80%时有 12 014 个词，占整个词种数比例的 16.76%。

将高中教材覆盖率达 50%时的 1 475 个高频词与小初教材中覆盖率达 50%的 1 487 个高频词进行比较发现，有 1 101 个词完全相同。其中，两套教材的前 100 个高频词完全相同。这说明维语中高频词使用稳定，有些常用词语是会超内容、超领域用到的，它们应该是语言教学中最先教给学生的词。

2.7 词干

本调查利用词干自动提取工具与人工干预相结合的方法，从高中教材 71 674个词种中获得总共 26 124 个词干种，词种与词干种之间的关系如表 4—82 所示。

表 4—82 高中教材词种与词干种之间的关系

覆盖率(%)	词种	词干种	词种与词干种比值
50	1 475	1290	1.14∶1
60	2 945	2455	1.19∶1
80	12 014	8232	1.46∶1
90	28 065	14956	1.88∶1
100	71 674	26 124	2.74∶1

表 4—82 可以看出，随着覆盖率不断提高，词种与词干种呈现一种线性上升关系。说明维语中使用的大量的“词”是由较少的词干加上词尾组成的，反映了维语的黏着语特点。

高中教材中的 26 124 个词干种与小初教材中的 24 568 个词干种进行比较，小学、初中与高中共用词干种 17 572 个，分别占小学、初中词干种比例的 71.52%，占高中词干种比例的 67.26%。小学、初中独用词干种 6 996 个，高中独用词干种 8 552 个，分别占小学、初中词干种比例的 28.48%，占高中词干种比例的 32.74%。说明高中阶段在巩固小学、初中学过的词干基础上又学习了近 1/3 的新词干。

2.8 词尾

词尾是维吾尔语使用最广泛的语法手段之一。例如名词的数和格就是通过词尾表示的。分别统计高中教材与小初教材的词尾种，其中频次在 1 000 次以上的，高中教材中有 210 个、小初教材中有 220 个。表 4—83 分别列出了高中教材与小初教材中频次在前的 20 个词尾。

表 4—83 高中教材与小初教材中前 20 个高频词尾

高中教材						小初教材					
序号	词尾	频次	序号	词尾	频次	序号	词尾	频次	序号	词尾	频次
1	نىڭ	100 163	11	غا	10 321	1	نىڭ	79 463	11	قىچە	8 992
2	نى	51 460	12	تىن	10 236	2	نى	49 745	12	دەك	8 650
3	مۇ	36 731	13	لار	9 869	3	دىن	25 367	13	دۇر	7 766
4	دىكى	22 419	14	گە	8 154	4	لىرى	23 788	14	گە	5 673
5	لىرى	22 154	15	دا	7 981	5	دىكى	19 321	15	لەر	5 665
6	دىن	22 066	16	قىچە	7 745	6	مۇ	17 075	16	غىچە	4 980
7	مىكىن	12 345	17	دۇ	6 987	7	لار	13 483	17	دا	4 660
8	دەك	11 324	18	لىقى	5 642	8	تىكى	13 023	18	دە	4 521
9	لەر	11 236	19	تىكى	4 569	9	دۇ	11 811	19	غا	4 411
10	گە	10 952	20	دۇر	4 326	10	تىن	9 810	20	لىقى	4 336

表中列出的是以单独形式出现的词尾。实际语料中一个词尾可以单独缀接在一个词干上，也可以几个不同的词尾重叠地缀接在一个词干上，形成组合形式。两套教材中使用高频的前 20 个词尾种类非常接近，说明维语中高频词尾使用稳定。

2.9 各册用词

为了解高中新词干教学情况，以小初教材所学过的 24 568 个词干为基础，分别统计出高中必修课教材与选修教材的每册新增词干种。表 4—84 是每册教材用词以及新增词干情况统计结果。

表 4—84　两套高中教材每册用词情况统计

册号	必修课教材				选修教材			
	频次	词种	词干种	新增词干种[①]	频次	词种	词干种	新增词干种
1	20 224	8 159	5 800	707	44 130	10 768	6 548	984
2	20 636	8 298	5 718	558	24 013	10 079	6 697	872
3	29 545	11 004	7 209	664	84 665	23 588	12 990	2 054
4	27 228	9 954	6 673	626	50 423	14 464	8 727	751
5	42 247	12 865	8 248	736	50 835	15 282	9 238	836
6	—	—	—	—	79 240	21 012	11 758	1 264
合计	139 880	32 125	15 895	3 291	333 306	57 518	23 031	6 761

必修课教材与选修教材各册词干及新增词干分布情况在图 4—20、图 4—21 中看得更清楚。

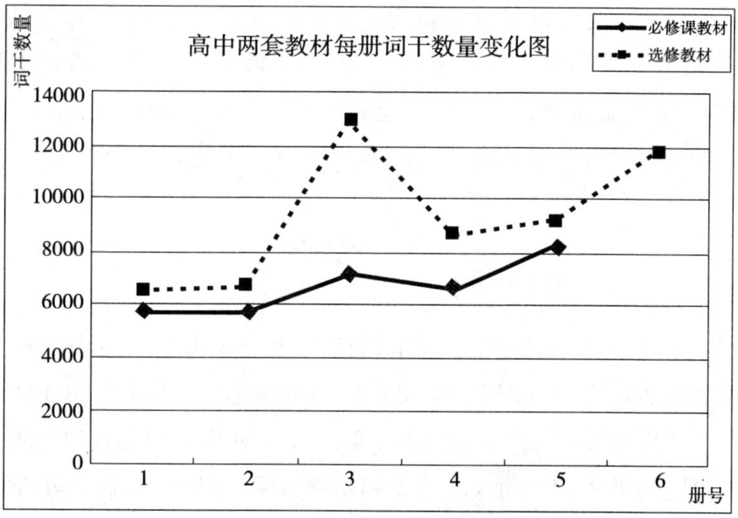

图 4—20　高中两套教材每册词干数量变化图

图 4—20 显示两套教材的每册词干数量情况。两套教材每册词干数量差异明显，选修教材均高于必修课教材，但两种教材各册的词干数量均呈增长趋势。差别较大的是第 3 册，选修教材词干数量突增，看来高二阶段是学生扩大阅读、扩充词汇量的重要时期。

---

① “新增词干种”指的是与前一阶段词干种数相比，去除二者相同的部分后剩余的后一阶段的独有的词干种数。

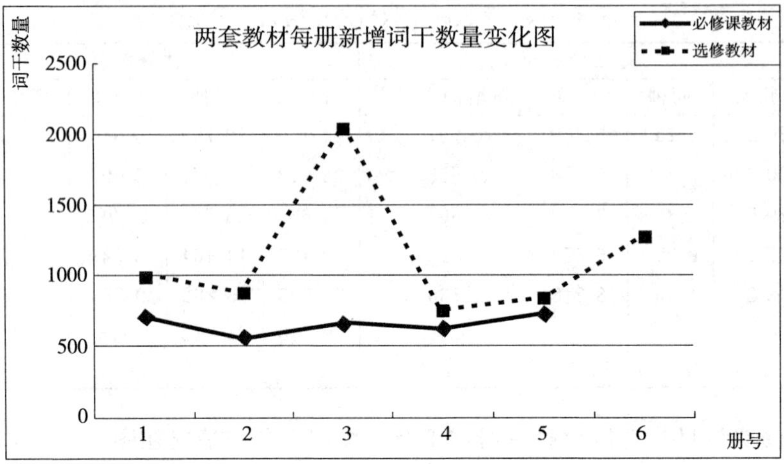

图 4—21 两套教材每册新增词干数量变化图

图 4—21 显示，两套教材每册新增词干的曲线有一定差异，每册结束到下一册开始每册新增词干均有一定幅度增加，但选修教材第 3 册新增词干增加幅度较大，第 4 册、第 5 册新增词干增加幅度相对明显下降。说明不同阶段对学生的学习有不同要求，作为辅助教材的选修教材在这点上表现更为明显。

三 结论

一、就所调查的教材来看，维吾尔语语文教学从小学到高中共涉及 33 248 个词干，其中小初阶段学习词干 24 568 个，高中阶段学习词干 26 124 个。与在《中国语言生活报告 2009》发布的“现代维吾尔文网站用词调查”中的 31 452 个词干比较，共用词干 23 493 个，占整个网络词干种的 74.70%，占小学、初中、高中教材词干种的 70.66%。说明经过中小学阶段维吾尔语文的学习，基本能阅读网络媒体资料。

二、小初教材与高中教材中共用词干 17 444 个，占各自总词干的 71.00%、66.77%，可以看出高中教育是对小学、初中基础教育所学知识的巩固、延伸和扩展。

三、小初教材与高中教材词长相对稳定，词长分布比例以及频次分布比例基本一致，都是 7—10 个字母构成的词种最多，占全部词种的 53%—54%，其中多数是“词干＋词尾”组成的黏合词语；5 个字母构成的词使用频次最高，占总频次的 20%左右，体现出语言的省力原则。短词中多义词多，长词往往是单义词，表达意思比较完整，超越一般词语本身描述功能，体现出黏着语特点。

四、两套高中教材中，必修课教材从语料规模到词种、词干种数量都小于选修教材，体现出两套教材不同的教学目的，具有互补性。

附录

维吾尔语高中语文教材独用 3 000 词干表（示例）

【说明】

本调查采用词干自动提取与人工干预相结合的方法，从维吾尔语高中语文教材 71 674 个词种中获得 26 124 个词干种，将其与小初教材中的 24 568 个词干种进行比较，提取高中独用词干 8 552 种，从中选取频次较高的 3 000 个词干形成《维吾尔语高中语文教材独用 3 000 词干表》，收录在本书光盘内。这里给出前 30 个词干作为示例。词干表按使用频次降序排列，每一条词干给出相应的序号、频次和文本数。

序号	词干	频次	文本数	序号	词干	频次	文本数
1	كېرە	746	224	16	بېرە	102	100
2	كىچىسى	368	186	17	شاما	98	75
3	مۇم	347	144	18	تۈركى	93	28
4	ئەدەبى	330	90	19	ئاتىللا	87	2
5	ئاددى	218	115	20	بىلدۈرىدىغان	86	47
6	تۆۋەندىكى	194	139	21	ئۇرتا	85	65
7	بەدىئى	160	53	22	ھېكايىل	80	36
8	ۋلادىمىر	159	1	23	ئاپتو	80	48
9	كېتە	144	106	24	خاملېت	79	1
10	تەبىئى	126	80	25	ئازا	79	71
11	شەر	117	114	26	توختىما	79	58
12	راست	116	110	27	كارت	79	6
13	مىللى	108	55	28	سوقرات	77	2
14	گۈلشەن	105	2	29	كۆنۈكمە	74	53
15	چۈنچىباي	103	2	30	چارلىز	73	1

（玉素甫·艾白都拉、赵小兵、艾孜尔古丽、艾山江·阿不力孜、麦麦提艾力、齐向伟、艾孜海尔江、胥桂仙、毛拉尼亚孜·吐尼亚孜撰写；拜斯尔、潘伟民、热孜万古丽、张 阳、陈丽湘、阿不都热依木·沙力审阅；阿里木、布海丽倩木、肖开提·阿甫尔、阿孜古丽、约尔泥沙、热西单、阿斯古丽等提供数据）

哈萨克语小学语文教材用词调查

小学哈萨克语文教材是哈萨克语文教学的重要资源之一，其用词状况直接关系到哈萨克语文的教学效果。本次主要调查的是目前新疆维吾尔自治区九年义务教育哈萨克语小学语文通用教材中的词语使用状况。

一　教材概貌

1.1　所选教材

本次调查选取了目前新疆维吾尔自治区九年义务教育通用的，由新疆维吾尔自治区九年义务教育教材审定委员会审定、新疆教育出版社出版的两套哈萨克小学语文教材，全称为"九年义务教育新课程标准普通班实验教科书"（简称"普通班版"）及"九年义务教育新课程标准双语班实验教科书"（简称"双语班版"）。

普通班语文课为哈萨克语文，以哈萨克语文为全程教材；双语班语文课分哈汉两种语文，本调查只包括其中的哈萨克语文教材。

由于两套教材中一年级课文主要以识读字母为主，词汇量非常小，所以没有纳入本次调查范围，本次调查包括小学二年级到六年级的教材内容，每个年级的教材分上、下两册，共 10 册，两套教材合计 20 册。

1.2　课文概况

教材课文在一定程度上反映和决定了整套教材的语言面貌和用词状况，体现了教材编写者的教育理念。本次调查主要从课文体裁、题材来源、课文数量等方面考察教材的选文情况。

1.2.1　课文体裁

教材的课文体裁大体分为叙事类、抒情类、戏剧类等三大类。调查结果表明两版小学教材均以叙事类为主、以抒情和戏剧类为辅，这种选文特点体现了哈萨克语小学语文教学着重培养语言的识读和使用的基本能力。

1.2.2 课文来源

课文来源主要分为中国（哈萨克语、汉语、维吾尔语及其他）、外国（哈萨克语及其他）和通用三部分①。

两套教材的课文来源情况如表 4—85 所示。

表 4—85 课文来源分布情况表

来源		普通班版		双语班版		总计	比例(%)
		课文数	比例(%)	课文数	比例(%)		
中国	哈萨克语	149	52.84	86	62.32	235	55.95
	汉语	54	19.15	4	2.90	58	13.81
	维吾尔语	2	0.71	1	0.72	3	0.72
	其他	0	0.00	1	0.72	1	0.24
外国	哈萨克语	35	12.41	27	19.57	62	14.76
	其他	39	13.83	18	13.05	57	13.57
通用		3	1.06	1	0.72	4	0.95
总计		282	100.00	138	100.00	420	100.00

表中数据表明，不论是普通班版还是双语班版教材，本民族语言文化题材体现突出，分别为普通班版 52.84%＋12.41%＝65.25%；双语班版 62.32%＋19.57%＝81.89%。汉语言文化和其他文化题材占有一定比重，体现了两套教材既注重本民族文化的传承，同时吸收其他民族优秀文化营养的宗旨。两套教材的通用题材所占比例均很小。

1.2.3 课文统计

两套教材共计 420 篇课文（普通班版 282 篇，双语班版 138 篇），其中有 37 篇课文是两套教材共有的。每册教材课文数的统计结果如表 4—86 所示。

表 4—86 课文篇目统计表

教材	课文数		独有课文数		共有课文数
	普通班版	双语班版	普通班版	双语班版	
二年级上册	24	15	22	13	2
二年级下册	26	15	22	11	4
三年级上册	32	15	27	10	5

① “通用”指各民族工作、生活和学习中共同使用的书面语材料，例如：介绍信、借条、工作总结等。

（续表）

三年级下册	32	15	29	12	3
四年级上册	32	15	28	11	4
四年级下册	32	15	29	12	3
五年级上册	28	12	26	10	2
五年级下册	27	12	23	8	4
六年级上册	28	12	23	7	5
六年级下册	21	12	16	7	5
总计	282	138	245	101	37

从表4—86看出，普通班版教材的课文总数大约是双语班版的2倍左右，其涉及的词汇必然更为丰富。

二 用词调查

哈萨克语(以下简称哈语)属于阿拉伯字母体系，词可由单个或多个字母组成，字母在书写时必须以词为单位连体书写，词与词之间以空格隔开，标点符号紧跟在词语之后。

用词调查包括教材用词的基本情况、词长分布、频次分布、覆盖率、词种的课文分布、每册用词、高频词及高频词干等项目。

2.1 基本情况

用词基本情况主要包括词次、词种、词尾种和词干种(包括共用词干和独用词干)的统计，通过这些统计数据反映教材内容的广度和深度。具体情况见表4—87。

表4—87 教材用词统计

教材	词次	词种	词尾种	词干种	共用词干	独用词干
普通班版	108 515	26 679	273	6 975	4 216	2 759
双语班版	54 396	16 607	239	6 065		1 849
两套教材	162 911	29 962	289	8 824		4 608

表4—87显示，两套版本教材中出现词次相差54 119个，词种数相差10 072个，词尾种数相差34个，词干种数相差910个，以上数据表明两套教材在整体规模和词量上具有较大的差异，这是因为两套教材的教学对象与侧重点有所不同。

两套教材中的词尾数量相近，种数仅有289个，说明哈萨克语的词尾是一个封闭的类，使用相对稳定。词干数量相差较大，词种数量相差更大，这种状况与哈萨克语是黏着型语言有关，词语是由词干加词尾构成的。因此，识读词干和词尾是小学语文教学的一项重要内容。

2.2 词长分布

哈语中的词长可按照词的字母个数来计算。

通过对两套教材中的词种长度统计，两套教材中经常使用的词长为5—10个字母，占总词种的81.39%，其中尤以7—8个字母构成的词最多；词长小于5和大于10个字母的词使用较少，分别占6.24%和12.37%。词长分布情况见表4—88和图4—22。

表4—88 词长分布表

长度	词种数	占总词种数比例(%)	累加比例(%)
1	17	0.06	0.06
2	103	0.34	0.40
3	499	1.67	2.07
4	1 252	4.18	6.25
5	3 110	10.38	16.63
6	4 117	13.74	30.37
7	5 298	17.68	48.05
8	5 261	17.56	65.61
9	3 852	12.86	78.47
10	2 748	9.17	87.64
11	1 777	5.93	93.57
12	951	3.17	96.74
13	509	1.70	98.44
14	257	0.86	99.30
15	118	0.39	99.69
16	40	0.13	99.82
17	35	0.12	99.94
18—21	18	0.06	100
总计	29 962	100.00	——

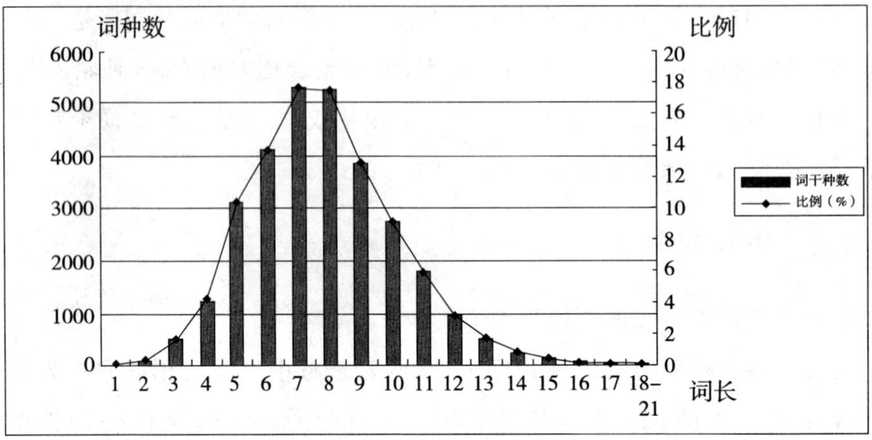

图 4—22 词长分布图

对两套教材中的词干种长度统计表明，两套教材中经常使用的词干长为4—7个字母，占总词干种的79.62%；长度小于4个和大于7个字母的词干使用较少，分别占9.46%和10.92%。词干长度分布情况见表4—89和图4—23。

表 4—89 词干长度分布表

长度	词干种数	占总词干种数比例(%)	累加比例(%)
1	20	0.22	0.22
2	142	1.61	1.83
3	673	7.63	9.46
4	1 417	16.06	25.52
5	2 623	29.72	55.24
6	1 817	20.59	75.83
7	1 169	13.25	89.08
8	603	6.83	95.91
9	229	2.59	98.50
10	80	0.91	99.41
11	40	0.45	99.86
12—17	12	0.14	100.00
合计	8 825	100.00	——

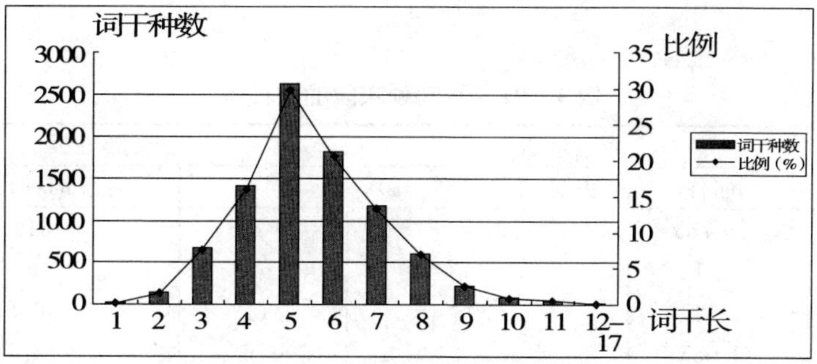

图 4—23　词干长度分布图

对两套教材中的词尾长度统计表明，两套教材中经常使用的词尾长为 2—4 个字母，占总词尾种数的 80.62%；长度大于 5 个字母的词尾使用较少，只占 4.5%。词尾长度分布情况见表 4—90 和图 4—24。

表 4—90　词尾长度分布表

长度	词尾种数	占总词尾种数比例(%)	累加比例(%)
1	19	6.57	6.57
2	74	25.61	32.18
3	115	39.79	71.97
4	44	15.22	87.20
5	24	8.30	95.50
6	7	2.42	97.92
7—9	6	2.08	100.00
总计	289	100.00	——

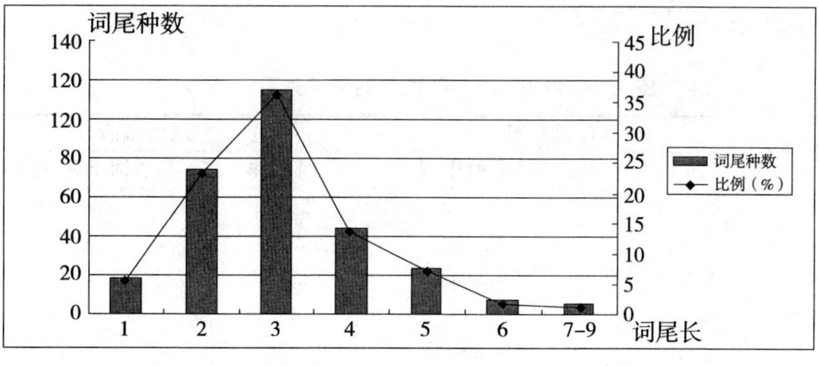

图 4—24　词尾长度分布图

2.3　频次分布

2.3.1　词种频次分布

词种的频次分布反映了教材整体的用词情况。具体统计情况如表 4—91

所示。

表 4—91 不同频次段的词种数

频次段	普通班版		双语班版	
	词种	占总词种比例(%)	词种	占总词种比例(%)
1	15 753	59.05	10 291	61.97
2	4 112	15.413	2 579	15.53
3	1 947	7.298	1 143	6.88
4	1 055	3.954	576	3.47
5	715	2.680	369	2.22
6—10	1 516	5.682	863	5.20
11—20	825	3.092	442	2.66
21—100	662	2.481	312	1.88
>100	94	0.35	32	0.19
合计	26 679	100.00	16 607	100.00

表 4—91 显示,两套教材的词种的频次分布基本保持一致,频次为 1 的词所占比例均在 60%左右,频次为 5 及以下的低频词所占比例均接近 90%,频次在 20 以上的词所占比例均在 2%—3%之间,说明了哈萨克语作为一种黏着语具有词种数量庞大、用词分散的特点,这也符合语文教学的规律,小学阶段主要是以掌握常用词语和学习新词语为主。

2.3.2 词干种频次分布

词干种的频次分布反映了教材整体的词干使用情况。具体统计结果如表 4—92所示。

表 4—92 词频与词干种关系

频次段	普通班版		双语班版	
	词干种	占总词干种比例(%)	词干种	占总词干种比例(%)
1	2 603	37.319	2 436	40.165
2	929	13.319	910	15.004
3	572	8.201	530	8.739
4	347	4.975	365	6.018
5	302	4.330	228	3.759
6—10	762	10.925	683	11.261
11—20	585	8.387	442	7.288
21—100	679	9.735	398	6.562
101—500	170	2.437	67	1.105
>500	26	0.373	6	0.10
合计	6 975	100.00	6 065	100.00

表 4—92 中的数据显示，两套教材的词干在各个频次段的分布情况基本一致，频次为 1 的词干种数所占比例均最大，频次为 5 及以下的低频词干所占比例均超过 68%，这和词种的频段分布相似；当频次在 100 及以上时，两套教材的词干种数有一定的差异，普通班版高频段的词干种数大约是双语班版的 2 倍多，这主要是由于两套教材语料规模不同引起的。

2.5 覆盖率

2.5.1 词种覆盖率

两套教材词种覆盖率的具体统计结果如表 4—93 所示。

表 4—93 各覆盖率段使用的词种数

覆盖率(%)	普通班版			双语班版		
	词种	频次	占总词种数的比例(%)	词种	频次	占总词种数的比例(%)
10	23	10 896	0.09	23	5 549	0.14
20	97	21 722	0.36	95	10 914	0.57
30	256	32 567	0.96	249	16 343	1.50
40	572	43 426	2.14	534	21 777	3.22
50	1156	54 276	4.33	1 037	27 210	6.24
60	2 218	65 123	8.31	1 911	32 649	11.51
70	4 209	76 003	15.78	3 458	38 080	20.82
80	7 989	86 826	29.94	6 024	43 491	36.27
90	16 169	98 005	60.61	11 277	49 066	67.91
95	21 424	103 260	80.30	13 942	51 731	83.95
96	22 475	104 311	84.24	14 475	52 264	87.16
97	23 526	105 362	88.18	15 008	52 797	90.37
98	24 577	106 413	92.12	15 541	53 330	93.58
99	25 628	107 464	96.06	16 074	53 863	96.79
100	26 679	108 515	100.00	16 607	54 396	100.00

表 4—93 显示，两套教材在各覆盖率段中词种所占的比例基本一致，说明两套教材的总词种虽然相差较多，但每套教材在各覆盖率段的用词方面基本保持一致。

2.5.2 词干种覆盖率

两套教材词干种覆盖率的具体统计结果如表 4—94 所示。

表 4—94 各覆盖率段使用的词干种数

覆盖率(%)	普通班版			双语班版		
	词干种	频次	占总词干种数的比例(%)	词干种	频次	占总词干种数的比例(%)
10	8	10 846	0.11	9	5 504	0.15
20	24	21745	0.34	28	10 952	0.46
30	52	32 746	0.75	62	16405	1.02
40	100	43 413	1.43	122	21747	2.01
50	179	54 227	2.57	225	27 197	3.71
60	309	65 066	4.43	399	32 622	6.58
70	542	75 934	7.77	697	38 068	11.49
80	974	86 759	13.97	1 223	43 4935	20.16
90	1 943	97 616	27.86	2 331	48 919	38.43
95	3137	103 053	44.98	3488	51 651	57.51
96	3 523	104 131	50.52	3 905	52 236	64.39
97	4 078	105 241	58.47	4 445	52 776	73.29
98	4 843	106 383	69.43	4 985	53 316	82.19
99	5 909	107 449	84.72	5 525	53 856	91.10
100	6 975	108 515	100.00	6 065	54 396	100.00

2.6 词种的课文分布

词种的课文分布是指一个词种在多少篇课文中出现。两套教材共有课文420篇(普通班版282篇,双语班版138篇),按课文数来统计词语的分布,可以说明词语使用范围的大小。具体统计数据见表4—95所示。

表 4—95 词种的课文分布

文本数	普通班版		双语班版	
	词种	占总词种比例(%)	词种	占总词种比例(%)
1	17 910	67.13	11 418	68.754
2—5	6 537	24.50	4 079	24.562
6—10	1 152	4.32	595	3.583
11—50	949	3.56	480	2.890
51—100	101	0.38	31	0.187
101—282	30	0.11	4	0.024
合计	26 679	100.00	16 607	100.00

表4—95显示,两套教材的词种在课文中的分布情况大体一致,只出现在一篇课文中的词种所占比例均达到67%以上;分布在1—5篇课文中的词种占总词种数的比例很高,均达到91%以上,而分布在50篇以上课文中的词种所占比

例均很小,可见教材的课文用词使用分散。

2.7 词干与词尾

哈萨克语是黏着语,黏着语的特点是通过词干和词尾来构建具有不同语义或语法结构的词种,因此,统计和研究哈萨克语语文教材用词的词干和词尾具有重要的意义。

2.7.1 词干统计

本调查提取词干时主要采用软件自动提取与人工干预相结合的方法。

本次调查中,两套教材共用词干 4 216 个,独用词干共 4 608 个(普通班版独用词干 2 759 个、双语班版独用词干 1 849 个)。造成独用词干差异的主要原因是两套教材选文的来源、内容等方面的不同,这也反映了两套教材在对学生的学习要求方面具有一定差异。表 4—96 列出两套版本教材中按频次降序排列的前 50 个独用词干。

表 4—96 每套教材的独用词干

版本	普通班版	双语班版
独用词干(个)	2 759	1 849
独用词干(前 50 个)	عارىش , كومپيۋتەر , رۋيەن , توراپ , ديۋ , نان , مايمىل , كيت , ۇسەن , گاسو , يۋي , تەكە , فاميليا , گىلياك , ينفورماتسيا , اينەك , تومٸ , شيا , سوندىق , بەي , شاپالاق , پيسۋ , مادەني , شاعان , ىلگەر , كيۋري , ٴتوراعا , دينازاۆور , مىڭگىر , گەنەرال , شات , بۇيىر , قۇبىل , جۇزىم , قارقىن , ۇنەم , اكبار , رۇنتۋ , قوڭىز , ايروپلان , سينگاپۋر , جاق , پوچتا , ماڭىز , الۋ , شاپاق , قۇلتەمىر , حاك , قوق , ٴبىر	بالۋان , مويىن , قازانباي , سىرىڭكە , باس , ۇستارا , كۇشتى , شورا , ۆەركا , سويلەم , قاجىمۇقان , ەلشى , شەگەباي , كۇنشۋاق , ارا , ۇرى , بالا , يمان , شاشتاراز , نيۋتون , جىراۋ , نۇرلى , جاناسىل ، مۇرىن ، باقىت ، جاقسىلىق , باستاۋ , ساركەك , مۇلىكباي , اتتى , استاۋ , ورن , جانتاس , يساتاي , بەينەلە , ەستەلىك , يشيۋ , تاجى , كۇندە ، كۇيشى , ايىرىل , كەتبۇعا , ەت , قارتاي , باقىتتى , شاقىرتۋ ، بەلگىلى , جاڭگىر , نيعمان ، شىعارما

从表 4—96 可知,普通班版独用词主要是**عارىش**(宇宙)、**كومپيۋتەر**(电脑)、**توراپ**(网络)、**ايروپلان**(飞机)、**اكبار**(艾克拜尔,人名)等天体、科技、人名等词干;双语班版独用词主要是**مويىن**(脖子)、**سىرىڭكە**(火柴)、قازانباي(哈赞拜,人名)、**نيۋتون**(牛顿,外国人名)等日常生活、故事以及外国文学中出现的词干。说明两套语文教材的内容涉及各方面的知识,且两个版本的课文在内容上有一定的区别。

2.7.2 词尾统计

哈萨克语中的词尾基本上是一个封闭的类,词尾种数相对来说是比较稳定的。两套教材中共有词尾种 289 个，其中频次在 1 000 次以上的高频词尾只有 21 个，说明哈语中常用的高频词尾比较集中。表 4—97 列出了频次在 1 000 次以上的 21 个词尾的使用情况。

表 4—97　频次在 1 000 次以上的高频词尾

序号	词尾	频次	序号	词尾	频次	序号	词尾	频次
1	-ى	9 099	8	-ن	2 375	15	-ىم	1 257
2	-دى	7 871	9	-سى	2 095	16	-گەن	1 177
3	-ىپ	6 283	10	-دىڭ	1 934	17	-لار	1 135
4	-پ	5 410	11	-ىن	1 795	18	-نان	1 069
5	-نىڭ	3 029	12	-تى	1 613	19	-مەن	1 066
6	-عا	2 506	13	-گە	1 536	20	-ە	1 021
7	-عان	2 397	14	-ا	1 434	21	-قا	1 001

2.8　每册用词

2.8.1　每册用词统计

每套教材各有 10 册，对每册的用词量（词次、词种、词尾、词干种及每册新增词干种）分别进行统计，用于分析每册教材的用词情况，以及对于两套教材的每册新增词干种进行对比分析。具体统计情况见表 4—98 所示。

表 4—98　两套教材每册用词情况统计

册号	普通班版					双语班版				
	词次	词种	词尾	词干种	新增词干种	词次	词种	词尾	词干种	新增词干种
3	3 801	2 027	123	1 139	1 139	2 390	1 417	109	802	802
4	4 377	2 509	134	1 298	814	2 584	1 578	117	982	629
5	8 097	3 719	160	1 719	824	3 003	1 715	123	1 035	518
6	6 566	3 454	161	1 771	713	4 285	2 270	127	1 236	551
7	11 924	5 509	163	1 942	705	7 238	3 463	147	1 703	698
8	10 842	5 014	176	2 552	946	7 798	3 782	146	1 929	720
9	13 033	5 944	174	2 008	478	5 932	3 366	138	1 765	544
10	19 710	7 818	187	2 355	545	6 798	3 326	149	1 612	442
11	16 480	7 024	184	2 201	433	7 753	4 038	157	2 089	628
12	13 685	6 134	179	2 006	378	6 615	3 519	147	1 992	533

表 4—98 显示，两套教材的每册用词情况总体上保持一致，在二、三年级，教材的课文篇幅小，学生的主要任务是学习生活用语，所掌握的是与小学生的日常生活息息相关的词语；而从四年级开始，学生转向篇章学习，接触更多的词语和句子，因而其词汇量逐渐增加，但随着学生年龄的增长，学生受其年龄特点和学习规律的限

制，学生的词汇库里不大可能继续增加大量的新词，尤其是新的词干和词尾。

两套教材的词干学习从二年级第3册开始到六年级第12册基本呈现平缓且稳步增长的趋势，这种安排符合学生学习规律。

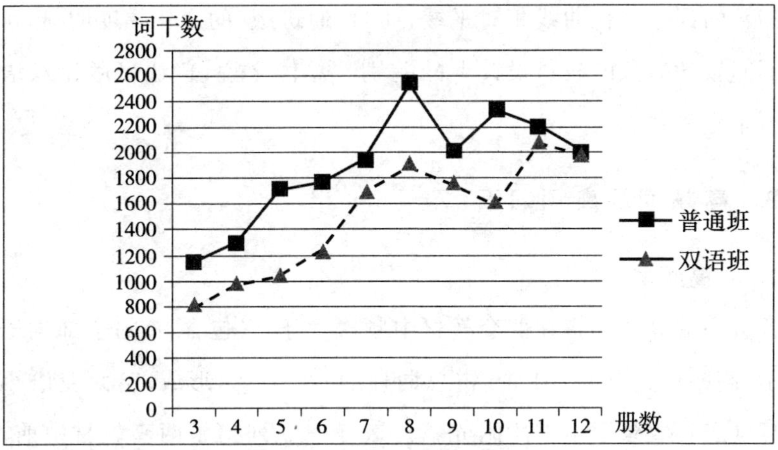

图4—25　两套教材各册词干分布

图4—25显示，除了普通班版各册词干数量均高于双语班版外，两套教材各册词干使用分布大体一致，都是在第8册时词干总量有一个突增，体现了一定的教学规律。

2.8.2　每册新增词干比较

对"普通班版"与"双语班版"每册教材的新增词干进行比较，结果如图4—26所示。

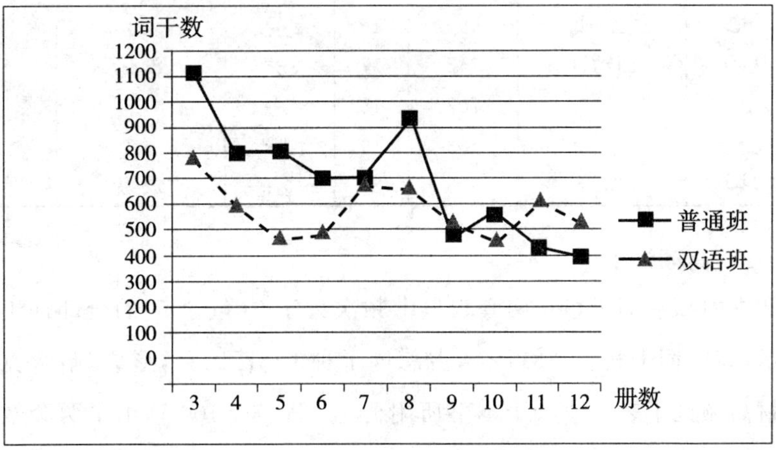

图4—26　两套教材每册新增词干比较

图4—26显示，两套教材中，从二年级第3册到五年级第10册，双语班版的新增词干数量大体上都小于普通班版，而六年级的新增词干数中，双语班版明显多于普通班版，说明在六年级时相对普通班来说双语班加大了词汇的学习量；“双语班版”的词干变化曲线相对平缓，而“普通班版”的变化幅度明显，可能体现了针对不同教学对象的教材设计上的差别。总体来说，普通班版比双语班版的词干种更丰富一些。

2.9 高频词及高频词干

2.9.1 高频词

本调查中的高频词指在两套教材中频次大于5(包含5)的全部词语。统计结果显示，高频词共有5 701个，占总词种的19.03%，形成《哈萨克语小学语文教材高频词表》，收录于本书所附光盘。表4—99列出了两套教材中前20位的高频词。

表4—99 两套教材中前20个高频词

序号	哈语词	解释	频次	序号	哈语词	解释	频次
1	ٴبىر	一	1 972	11	ەدى	是	569
2	مەن	我或连词	1 334	12	الىپ	拿	538
3	دا	连词	1 303	13	دەدى	说了	529
4	دەپ	说	1 166	14	دەيدى	说	523
5	ول	他	1 000	15	اق	白或流	492
6	دە	连词	990	16	بار	有	481
7	ەكەن	助动词	742	17	جوق	没有	461
8	بۇل	这	707	18	ەكى	二	445
9	وسى	这	603	19	سول	那个	444
10	ونىڭ	他的	576	20	بولىپ	成为	394

2.9.2 高频词干

本调查中高频词干指在两套教材中频次大于5(包含5)的全部词干。统计结果显示，高频词干共有3 311个，占总词干种的37.52%，形成《哈萨克语小学语文教材高频词干表》，收录于本书所附光盘。表4—100列出了两套教材中前20位的高频词干。

表 4—100 两套教材中前 20 个高频词干

序号	哈语词干	解释	频次	序号	哈语词干	解释	频次
1	ده	连词	3 922	11	بەر	给	1 114
2	بول	动词	2 942	12	تۇر	起来	1 105
3	ٴبىر	一	2 936	13	بالا	孩子	1 088
4	ال	拿	1 916	14	باس	头	1 054
5	مەن	我或连词	1 859	15	شىق	出来	1 029
6	كەل	来	1 688	16	ەكەن	助动词	993
7	ول	他(她)	1 618	17	كۇن	太阳	979
8	دا	连词	1 308	18	ٴوز	自己	953
9	بار	有或去	1 271	19	وسى	这	913
10	كور	看	1 245	20	ونى	(把)那个	883

三 结论

一、两套教材的教学对象与侧重点不同,所以在课文数量及词汇数量上有较大差异,普通班版收课文 282 篇,双语班版收课文 138 篇;普通班版使用了 108 515 词次,26 679 个词种,6 975 个词干种,273 个词尾种;双语班版使用了 54 396 词次,16 607 个词种,6 065 个词干种,239 个词尾种。从数量上看,两套教材词干和词尾的差异远远小于词种的数量,体现出哈萨克语作为黏着语的特点。

二、两套教材各册在词种、词干的使用数量上分布基本一致;使用词种、词干数量最多的都在第 8 册,显示出一种规律性。

附录 1

哈萨克语小学语文教材高频词表(示例)

【说明】

高频词指在两套教材中频次大于 5(包含 5)的全部词语,共有 5 701 个,形成《哈萨克语小学语文教材高频词表》,收录在本书光盘内。这里给出前 30 个词作为示例。词表按频次降序排列，每条词给出相应的序号和频次。

序号	哈语词	频次	序号	哈语词	频次
1	ٴبىر	1 972	16	بار	481
2	مەن	1 334	17	جوق	461
3	دا	1 303	18	ەكى	445
4	دەپ	1 166	19	سول	444
5	ول	1 000	20	بولىپ	394
6	دە	990	21	دەگەن	388
7	ەكەن	742	22	سوڭ	381
8	بۇل	707	23	بولادى	374
9	وسى	603	24	كەلىپ	363
10	ونىڭ	576	25	بالا	342
11	ەدى	569	26	تاعى	333
12	الىپ	538	27	ونى	319
13	دەدى	529	28	عانا	311
14	دەيدى	523	29	كۇنى	307
15	اق	492	30	كۇن	305

附录 2

哈萨克语小学语文教材高频词干表（示例）

【说明】

高频词干指在两套教材中频次大于 5（包含 5）的全部词干，共有 3 311 个，形成《哈萨克语小学语文教材高频词干表》，收录在本书光盘内。这里给出前 30 个词干作为示例。词干表按使用频次降序排列，每条词干给出相应的序号和频次。

序号	哈语词干	频次	序号	哈语词干	频次
1	دە	3 922	16	ەكەن	993
2	بول	2 942	17	كۇن	979
3	ٴبىر	2 936	18	ۇز	953
4	ال	1 916	19	وسى	913
5	مەن	1 859	20	ونى	883
6	كەل	1 688	21	جەر	853
7	ول	1 618	22	كەت	832
8	دا	1 308	23	قارا	813
9	بار	1 271	24	ەدى	768
10	كور	1 245	25	بۇل	764
11	بەر	1 114	26	ايت	763
12	تۇر	1 105	27	جات	746
13	بالا	1 088	28	قال	729
14	باس	1 054	29	ادام	706
15	شىق	1 029	30	قوي	682

（古丽拉·阿东别克、赵小兵、王雅莉、胥桂仙、阿力肯·阿吾哈力撰写；沙丽哈·吐斯别克、买拉提·阿布扎力汗、兰义湧、拜德力·库尔曼汗、沙吾亚·阿东别克审阅；木合亚提·尼亚孜别克、达吾勒·阿布都哈依尔、萨合多拉·木巴拉克、桑海岩、陈　莉、牛宁宁等提供数据）

附篇

马来西亚华文小学语文教材《华文》用词用语调查

海外华文教材的语言状况是海外华人社会语言生活的重要内容之一。开展海外小学华文教材的用词用语研究,可以更好地了解海外华语的动态变化,为海外华语研究、华文教学与教材编撰等提供参考依据,从而更积极有效地促进汉语的国际传播和发展。

一 语料及调查内容

马来西亚的华文教学属于第一语言教学性质,课时量多,识字量大。

《华文》是供马来西亚华文小学统一使用的教材。本次调查的对象是教材中的课文用词,课文用词是指在教材课文中出现的全部词语。调查项目主要包括频次、频率、词种数、覆盖率、词长、词语用字、成语,等等。为了更好地研究《华文》教材的特点,我们同时进行了《华文》与人民教育出版社出版的新课标小学《语文》、马来西亚主要华文媒体语料库(以下简称为"媒体语料")的对比研究。

教材具体信息如下:

表 4—101 教材具体信息

教材	编写者	出版者	出版年份	册数
华文	郑辉龙、王赛梅、黄雪玲、何贵强、郑淑玲、叶莲丝、孙秀青、周锦聪、王月香、林俐伶	HYPERSURF CORPORATION SDN. BHD、ELITEGUH INDUSTRIES SDN. BHD、PENERBITAN BANGI SDN. BHD、THE MALAYA PRESS SDN. BHD	2003—2007	6
语文	崔 峦、蒯福棣主编	人民教育出版社	2001—2004	12

"媒体语料"来自 5 种马来西亚主要华文媒体:独立新闻在线、韩视新闻中心、光华日报电子新闻、马新社中文网、亚洲时报,时间跨度为 2005 年到 2009

年，文本数共104 743，词种数共180 428，词次共38 013 207。

本次调查采用中国传媒大学的分词和词性标注软件进行分词标注，两套教材语料在分词后进行了人工校对。

二 《华文》课文用词情况调查

2.1 基本情况

《华文》教材基本情况如下：

1. 全套教材共6册，总共230篇课文。

2. 总字符数52 819，字符种数2 804，其中汉字（不含部首、标点和非汉字字符）的总字次45 287，汉字字种数2 765。

3. 分词校对后，共计30 089词次，6 924个词种（不包含标点、符号、纯西文、纯阿拉伯数字、数字与西文混合式等的分词单位）。

2.2 频次与词种数

从教材编写者和学习者的角度来说，课文用词应该在保证一定词汇量的基础上，具备较好的复现率。学习者需要多次重复，才能真正掌握词语的意义和用法。课文中词语的频次在一定程度上正是这种复现率的反映。

表4—102显示了《华文》课文用词的频次与词种数的关系。

表4—102 各频次段的词种数分布

频次段	词种数	占词种数的比例(%)	累计(%)
1	3 907	56.42	56.42
2	1 109	16.01	72.43
3	573	8.28	80.71
4	328	4.74	85.45
5	206	2.98	88.43
6—10	396	5.72	94.15
11—20	230	3.32	97.47
21—100	143	2.07	99.54
＞100	32	0.46	100.00

表4—102显示，《华文》词语频次为1的低频词语占总词种数的56.42%，超过了一半。

2.3 词语的覆盖率

覆盖率反映了课文用词对课文的覆盖情况。表 4—103 列出从 10%到 99%的各区段覆盖率的词种数情况。

表 4—103 课文用词不同覆盖率词种数

覆盖率(%)	词种数	比例(%)
10	3	0.04
20	15	0.22
30	42	0.61
40	108	1.56
50	251	3.63
60	524	7.57
70	1 039	15.01
80	1 961	28.32
90	3 915	56.54
95	5 419	78.26
99	6 623	95.65

覆盖率达到 90%时的词语占总词种数的 56.54%,超过总词种数的一半。

表 4—104 列举了覆盖率分别为 10%、20%、30%、40%、50%时的词种。

表 4—104 覆盖率分别为 10%、20%、30%、40%、50%时的词种

覆盖率(%)	词 种
0—10	的 了 一(3 个)
10—20	我 在 是 不 我们 上 说 他 有 和 着 就 (12 个)
20—30	把 你 小 也 个 地 来 里 都 要 到 得 去 这 好 会 人 看 还 天 能 后 大 很 爸爸 那 妈妈 (27 个)
30—40	对 又 它 他们 只 家 啊 多 中 便 自己 用 才 出 老师 她 像 下 给 再 让 呢 为 时候 走 时 被 学生 们 将 一起 听 吗 可 孩子 大家 学习 山 从 吃 同学 太阳 什么 日 而 向 生活 起 年 没有 两 叫 几 弟弟 等 吧 最 水 起来 过 飞 许多 进 成 并 知道 (66 个)
40—50	真 想 却 爱 做 呀 你们 今天 种 拿 以 带 新 更 些 请 没 与 为了 人们 当 本 因为 四 时间 三 您 奶奶 美丽 哈 高 头 画 根 问 看见 看到 放 房子 动物 这个 有的 写 问题 它们 出来 长 使 身体 如 前 令 可以 花 发现 最后 这样 游戏 一个 一定 校 然后 片 老鼠 老 但 布 住 应该 手 声 老人 开 但是 城 草 班 这些 学校 外 所 树 青蛙 跑 名 河 国王 故事 哥哥 掉 次 坐 小人 下来 跳 书 生日 少 如果 金 丁 点 大地 主人 只要 掌声 张 则 于 学 谢谢 希望 太 十 入 快 经过 姐姐 甲 还是 跟 正 因此 已 眼睛 屋 位 天空 虽然 狮子 强 明 猫 各 柏树 这里 找 鱼 摇 文化 王 停 所以 (143 个)

2.4 全部词语的词长分布

词语长度及其使用频次与阅读难度、学习难度有一定的关系。分析词语的词长，可分析课文用词在教学上的难易度分布的合理性。

表 4—105 词语的词长分布

词语长度	词种数	比例(%)
1	1 286	18.57
2	4 878	70.45
3	396	5.73
4	341	4.92
5	18	0.26
6	0	0.00
7	3	0.04
>7	2	0.03

表 4—105 显示，《华文》课文用词中 70.45%为 2 字词。1 字词也较多，约占 1/5。

2.5 全部词语用字统计

词语用字情况在一定程度上反映了教材中汉字的构词能力，通过词语用字的难易度、用字的数量、用字的集中度可以间接反映词语及其学习的难易度。

具体用字情况见表 4—106。

表 4—106 词语用字情况

汉字总使用次数	共用字种数	平均每个词语使用字数	平均每个汉字使用次数	平均每个汉字在多少个词语中出现
13 651	2 765	1.97	4.94	2.50

表 4—107 显示词语用字中构词数排在前 20 位的汉字。

表 4—107 词语用字前 20 字(降序排列)

排序	字	次数	排序	字	次数	排序	字	次数	排序	字	次数
1	不	125	6	大	72	11	生	49	16	到	46
2	一	111	7	儿	58	12	来	49	17	手	45
3	子	102	8	天	55	13	下	48	18	气	45
4	心	78	9	上	53	14	地	47	19	有	43
5	人	76	10	发	53	15	水	46	20	开	42

2.6 成语的调查

本次调查，是在分词标注软件标注为成语的词语的基础上，采用《新华成语词典》①进行过滤，只保留了出现在《新华成语词典》中的成语。

表4—108显示成语在全部词语中的分布情况。

表4—108 成语在全部词语中的分布

成语种数	词种比例(%)	频次	频次比例(%)
219	3.16	244	0.81

其中，频次大于1的18个成语见表4—109。

表4—109 频次大于1的18个成语

成语	频序	频次	文本数	此时覆盖率(%)	成语	频序	频次	文本数	此时覆盖率(%)
五颜六色	866	5	5	67.23	贫病交迫	2 427	2	1	83.09
奇花异草	1 145	4	3	71.40	灵机一动	2 534	2	2	83.80
居高临下	1 682	3	2	77.39	久而久之	2 608	2	2	84.30
不知不觉	1 874	3	3	79.30	改过自新	2 776	2	2	85.41
责无旁贷	1 989	2	2	80.18	风吹雨打	2 795	2	2	85.54
载歌载舞	2 000	2	2	80.26	对牛弹琴	2 827	2	1	85.75
引吭高歌	2 054	2	2	80.61	得不偿失	2 855	2	2	85.94
五脏六腑	2 184	2	1	81.48	乘虚而入	2 906	2	2	86.28
迫不及待	2 423	2	2	83.07	半途而废	2 993	2	1	86.86

2.7 课文用词与《汉语国际教育用音节汉字词汇等级划分》②的比较

《汉语国际教育用音节汉字词汇等级划分》是汉语国际教育的规范标准，《汉语国际教育用音节汉字词汇等级划分》中的"词汇等级划分"（以下简称为"等级词表"）将词语由易到难分为四级，本调查将"普及化等级词汇"称为"一级词"（2 245个），"中级词汇"称为"二级词"（3 211个），"高级词汇"称为"三级词"（4 175个），"高级'附录'"称为"四级词"（1 461个），这四级词汇合称为"纲内词"，共11 092个词语，超出部分为"纲外词"。

① 商务印书馆辞书研究中心编《新华成语词典》，商务印书馆2005年版。

② 马箭飞主编《汉语国际教育用音节汉字词汇等级划分》，北京语言大学出版社2010年第1版。

马来西亚的华文教学虽然属于第一语言教学性质，但仍然是汉语国际教育的一部分，“等级词表”也可以作为其课文用词难易度分级和词语教学的参考。

表 4—110　课文用词与“等级词表”的比较

二者共用词种数	占课文用词的比例(%)	占“等级词表”的比例(%)
4 089	59.05	47.24

表 4—110 显示，《华文》的纲内词占课文用词的比例为 59.05%，纲内词占“等级词表”的 47.24%，约为二分之一。

表 4—111 显示课文用词在“等级词表”中的分布情况。

表 4—111　课文用词在“等级词表”中的分布情况

项目	课文用词在“等级词表”的分布情况									
	一级词		二级词		三级词		四级词		纲外词	
	词种	词次	词种	词次	词种	词次	词种	词次	词种	词次
数量	4 842	1 497	19 187	1 339	3 832	1 045	1 941	208	287	2 835
比例(%)	16.09	21.62	63.77	19.34	12.74	15.09	6.45	3.00	0.95	40.95

表 4—111 显示，《华文》课文用词中的一、二、三级词合计词种数比例为 56.05%，纲外词词种也比较多，占总词种的 40.94%。但是，一级词词次的比例占到了总词次的 63.77%，纲外词词次仅占总词次的 16.09%。

纲外词举例如下(按《华文》词表中的频次降序排列，前 100 位)：

哈、这个、一个、校、老鼠、明、叶、爷、王爷、玩、健、名牌、兰花、聪、孙、松鼠、鲁宾逊、鲁、格列、有些、小雨、孙山、鸟儿、连环画、纪念册、吉隆坡、很多、我国、蜗牛、轻轻、每天、第二、窗、兵士、八哥、鱼儿、亚、象、仙人掌、武、微风、农、李、老虎、皇冠、很快、第一、伯、竹条、有时、荣、启、鸣、咩、黄鸟、孩童、斧头、般、羊子、西门豹、牵牛花、莫、马苏丽、丽、孔雀、花儿、狐狸、服务员、大树、楚国、楚、紫色、原住民、元方、仪、液、兴华、小天鹅、小河、小孩、石、马来西亚、陆、林、军、京城、叫声、火鸡、欢喜、花朵、河边、海龟、府、稻子、村长、陛下、做事、桌椅、桌、州

从上文列举的词语来看，这些纲外词主要有如下几个来源：

1. 对词语界定的标准宽严不一产生的纲外词。“等级词表”重在语文词，标准更严格，本调查的分词软件以及人工校对，标准稍微宽松一些。例如“这个、一个、有些、一些、很多、我国、每天、很快、有时、做事、第一、第二”。

2. 小学生在教材中需要认知的日常事物名称。例如“老鼠、兰花、松树、鸟儿、纪念册、蜗牛、八哥、鱼儿、象、仙人掌、老虎、牵牛花、孔雀、狐狸、小天鹅、小河、火鸡、花朵、海龟、稻子”。

3. 文化色彩比较浓的词语。例如"鲁宾逊、王爷、孙山、连环画、兵士、西门豹、莫、服务员、楚国、楚、元方、仪、兴华、京城、府、陛下、州"。

4. 具有马来西亚特色的词语,例如"吉隆坡、原住民、马来西亚"。

2.8 课文用词按年级分布情况

2.8.1 课文用词的词次、词种数按年级分布情况

通过按年级分析课文用词的词次、词种数,可以更深入了解《华文》的词语使用情况,进一步找出教材课文分年级用词的特点。

表 4—112 课文用词的词次、词种数按年级分布情况

年级		一	二	三	四	五	六
词次	数量	1 767	3 564	4 447	5 247	7 150	7 914
	比例(%)	5.87	11.84	14.78	17.44	23.76	26.30
词种	数量	571	1 123	1 684	1 971	2 769	2 948
	比例(%)	8.25	16.22	24.32	28.47	39.99	42.58

从表 4—112 可以看到,从一年级到六年级,课文用词无论词次还是词种数量都在逐渐增长。

2.8.2 各年级课文用词在"等级词表"中的分布情况

通过按年级分析课文用词在"等级词表"中的分布情况,可以更深入地了解词语按年级分布的难易度特点。

表 4—113 各年级课文用词在"等级词表"中的分布情况

年级	项目	一级词		二级词		三级词		四级词		纲外词	
		词种	词次	词种	词次	词种	词次	词种	词次	词种	词次
一	数量	321	1 325	75	150	23	39	0	0	152	253
	比例(%)	56.22	74.99	13.13	8.49	4.03	2.21	0.00	0.00	26.62	14.32
二	数量	570	2 565	192	397	83	137	9	23	269	442
	比例(%)	50.76	71.97	17.10	11.14	7.39	3.84	0.80	0.65	23.95	12.40
三	数量	720	3 051	311	481	191	263	15	21	447	631
	比例(%)	42.76	68.61	18.47	10.82	11.34	5.91	0.89	0.47	26.54	14.19
四	数量	652	3 224	437	746	245	369	46	54	591	854
	比例(%)	33.08	61.44	22.17	14.22	12.43	7.03	2.33	1.03	29.98	16.28
五	数量	881	4 280	553	964	386	566	69	87	880	1 253
	比例(%)	31.82	59.86	19.97	13.48	13.94	7.92	2.49	1.22	31.78	17.52
六	数量	867	4 742	554	1 094	409	567	95	102	1 023	1 409
	比例(%)	29.41	59.92	18.79	13.82	13.87	7.16	3.22	1.29	34.70	17.80

图 4—27 更形象地显示了各年级课文用词在“等级词表”中的分布情况。

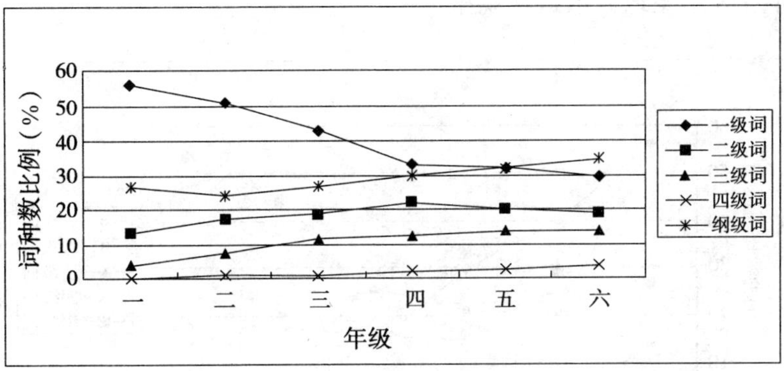

图 4—27　各年级课文用词在“等级词表”中的分布情况

从图表和数据可以看到，从一年级到六年级，一级词词种数比例逐渐下降，其他级别词语的词种数比例缓步上升；各年级中，从一级词到四级词，各级词的词种数所占比例逐级下降；每一年级中，一级词的频次比例都比较大，在 59%以上；每一年级中，纲外词词种数比例都大于二、三、四级词，在六年级，甚至超过了一级词。

2.8.3 《华文》不同年级课文用词递增情况

分年级的课文用词应该遵循由少到多、由易到难的原则，新增词语的词种数也应该遵循循序渐进的原则。表 4—114 显示了课文用词的分年级递增情况。

表 4—114　《华文》不同年级课文用词新增词种情况

当前年级	以前年级总词种数	新增词种		新增词种在“等级词表”中的分布（比例%）				
		数量	比例（%）	一级词	二级词	三级词	四级词	纲外词
一	0	571	——	321(56.22)	75(13.13)	23(4.03)	0(0.00)	152(26.62)
二	571	817	143.08	325(39.78)	167(20.44)	75(9.18)	9(1.10)	241(29.50)
三	1 388	1 120	80.69	332(29.64)	235(20.98)	167(14.91)	13(1.16)	373(33.30)
四	2 508	1 217	48.52	167(13.72)	311(25.55)	194(15.94)	42(3.45)	503(41.33)
五	3 725	1 647	44.21	229(13.90)	328(19.91)	297(18.03)	60(3.64)	733(44.51)
六	5 372	1 553	28.91	124(7.98)	223(14.36)	289(18.61)	84(5.41)	833(53.64)

表 4—114 显示，《华文》课文用词新增词种数量逐年增加，但新增比例逐年下降；新增词中一级词比例逐年下降，三级词、四级词以及纲外词比例逐年上升，二级词比例先升后降。新增词中一级词所占比例最高的是二年级，为 39.78%，

而纲外词占新增词的比例一直比较高，逐年上升，六年级时达到53.64%。

图4—28形象地显示这种规律：

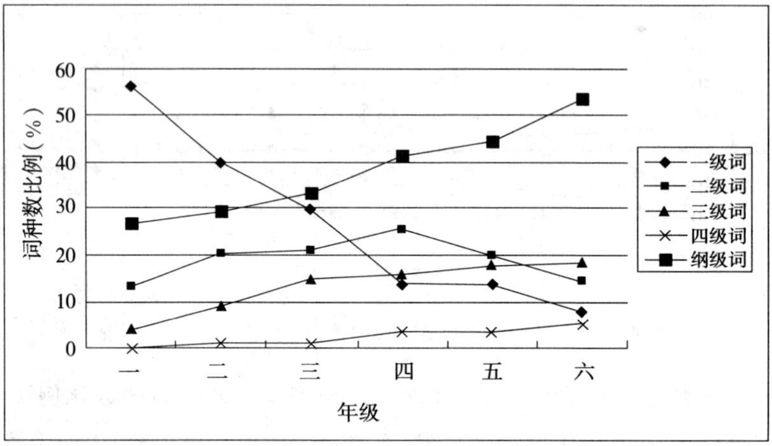

图4—28 《华文》不同年级课文用词新增词种在"等级词表"中的分布情况

三 《华文》与人教版新课标小学《语文》课文用词的对比

3.1 基本情况

《语文》全套教材共352篇课文，总共词次为132 401，词种数为13 950。

表4—115 两套教材基本情况及共用、独用情况

教材名称	总词次	词种数	共用词种数		独用词种数	
			词种数	比例(%)	词种数	比例(%)
华文	30 089	6 924	4 535	65.50	2 389	34.50
语文	132 401	13 950		32.51	9 415	67.49

表4—115显示，《语文》课文用词词种数是《华文》的2倍。两套教材课文用词中共用词种数为4 535，共用词占《华文》词种数的65.50%，占《语文》词种数的32.51%。

3.2 词语的覆盖率对比

表4—116列出了从10%到99%的各区段覆盖率的词种数情况。

表4—116 《华文》和《语文》课文用词不同覆盖率词种数对比

覆盖率（%）	华文		语文	
	词种数	占总词种比例（%）	词种数	占总词种比例（%）
10	3	0.04	2	0.01
20	15	0.22	11	0.08
30	42	0.61	30	0.22
40	108	1.56	75	0.54
50	251	3.63	177	1.27
60	524	7.57	407	2.92
70	1 039	15.01	892	6.39
80	1 961	28.32	1 968	14.11
90	3 915	56.54	4 591	32.91
99	6 623	95.65	12 625	90.50

二者在覆盖率为80％的时候，词种数基本差不多。为了具体显示二者较高频词语的使用情况，下面列出了二者前100个词语的共用独用情况。

二者共有78个词语共用（按《华文》词表中的频次降序排列）：

的、了、一、我、在、是、着、他、上、不、有、地、说、个、就、小、里、这、你、把、也、到、来、人、又、和、我们、去、那、都、它、还、得、要、大、她、看、从、很、只、天、会、没有、像、中、走、两、能、好、什么、下、给、几、他们、多、用、孩子、出、呢、自己、对、叫、们、妈妈、时候、吧、让、吃、水、再、向、起、啊、吗、家、年、才、被

《华文》独用的词语如下：

后、爸爸、便、老师、为、时、学生、将、一起、听、可、大家、学习、山、同学、太阳、日、而、生活、弟弟、等、最

《语文》独用的词语如下：

过、起来、想、十、三、您、头、树、没、画、问、知道、条、手、做、父亲、这样、种、飞、长、这个、位

3.3 高频词语用字对比

这里的高频词语指的是覆盖率达到80％时的词语，具体情况比较见表4—117。

表4—117 《华文》与《语文》课文用词高频词语用字情况对比

教材	高频词语数	汉字总使用次数	字种数	平均每个词语使用字数	平均每个汉字使用次数
华文	1 961	3 360	1 251	1.71	2.69
语文	1 968	3 232	1 333	1.63	2.42

表4—117显示，二者的用字情况相差很小。

下面列出了二者排在前20位的用字情况（括号里为构词数）。

《华文》：子(43)、人(28)、不(27)、一(26)、大(22)、时(21)、天(19)、来(19)、上(18)、生(17)、到(17)、下(16)、学(15)、开(14)、儿(14)、有(13)、心(13)、花(13)、国(13)、地(13)

《语文》：子(37)、不(30)、大(27)、一(26)、人(23)、来(23)、到(22)、小(21)、天(20)、下(16)、时(16)、上(16)、面(16)、儿(16)、花(15)、有(14)、里(14)、国(14)、中(13)、过(13)

3.4 成语的对比分析

表4—118 两套教材成语的对比

词种数		词种数比例(%)		词次		词次比例(%)	
华文	语文	华文	语文	华文	语文	华文	语文
219	452	3.16	3.24	244	660	0.81	0.50

表4—118显示，在全部词语中，《华文》和《语文》使用的成语的词种数相差较大，《语文》的成语词种数为452，是《华文》的2倍，但两者的成语词种数比例很接近。《华文》成语使用的词次比《语文》高0.31%。

《语文》课文用词中的前18个成语是：

自言自语、一动不动、五颜六色、四面八方、目不转睛、一模一样、五彩缤纷、情不自禁、迫不及待、恍然大悟、大吃一惊、成千上万、不慌不忙、震耳欲聋、兴致勃勃、小心翼翼、五光十色、随心所欲

和《华文》相比，这18个成语中，只有“五颜六色、迫不及待”共用。相对于《华文》，《语文》中的成语更常用，更加贴近日常生活。

3.5 按年级对比《华文》与《语文》课文用词情况

3.5.1 按年级对比两套教材课文用词词次、词种数

通过按年级对比两套教材课文用词的词次、词种数，可以深入了解《华文》与《语文》按年级安排的词语情况。进一步找出两套教材课文分年级用词的异同。

表 4—119　按年级对比两套教材课文用词词次、词种数

教材	项目		一	二	三	四	五	六
华文	词次	数量	1 767	3 564	4 447	5 247	7 150	7 914
		比例(%)	5.87	11.84	14.78	17.44	23.76	26.31
	词种	数量	571	1 123	1 684	1 971	2 769	2 948
		比例(%)	8.25	16.22	24.32	28.47	39.99	42.58
语文	词次	数量	6 440	12 643	18 897	28 995	33 754	31 672
		比例(%)	4.86	9.55	14.28	21.89	25.49	23.93
	词种	数量	1 539	2 787	4 038	5 881	6 428	6 414
		比例(%)	11.03	19.98	28.95	42.16	46.08	45.98

表 4—119 显示,《华文》课文用词的词次和词种数基本呈现按年级递增,最高值均出现在六年级。但《语文》的词次和词种数在前五个年级呈现递增,到六年级时出现下降,最高值均出现在五年级。

3.5.2　两套教材不同年级课文用词递增情况对比

表 4—120　两套教材不同年级课文用词递增情况对比

年级	华文			语文		
	以前年级总词种数	新增词种		以前年级总词种数	新增词种	
		数量	比例(%)		数量	比例(%)
一	0	571	/	0	1 539	/
二	571	817	143.08	1 539	1 892	122.94
三	1 388	1 120	80.69	3 431	2 308	67.27
四	2 508	1 217	48.52	5 739	3 123	54.41
五	3 725	1 647	44.21	8 862	2 789	31.47
六	5 372	1 552	28.91	11 651	2 299	19.73

表 4—120 显示,《华文》按年级新增词种数的最高峰出现在五年级,达到 1 647种,之后开始略微回落,但仍高于四年级。而《语文》按年级新增词种数的最高峰出现在四年级,达到 3 123 种,之后五、六年级呈持续下降,六年级的新增词种数大约与三年级时相同。

四　《华文》课文用词与马来西亚华文媒体用词对比

4.1　基本情况

"媒体语料"词种数共 180 428,词次共 38 013 207。

《华文》词种数共 6 924，词次共 30 089。

4.2 前 6 924 个词语的使用

将“媒体语料”的词语按频率降序排列，取前 6 924 个词语（此时的覆盖率为 88.32%）和《华文》的前 6 924 个词语（即全部词语）进行对比，情况如下：

二者共用词种数 2 807，独用词种数 4 117，共用比例为 40.54%，独用比例为 59.46%。

下面分别列出了《华文》和“媒体语料”独用词种中的前 50 个词语。

《华文》独用词种中的前 50 个词语：

奶奶、青蛙、小人、大地、谢谢、天空、狮子、柏树、摇、王爷、叔叔、诗人、名牌、兰花、风筝、聪、松鼠、鲁宾逊、忽然、公鸡、格列、大自然、大海、星星、小雨、孙山、树枝、树木、鸟儿、连环画、纪念册、只见、乙、爷爷、小小、橡皮、蜗牛、轻轻、摸、海底、窗、兵士、八哥、鱼儿、一旁、仙人掌、微风、老虎、火柴、改良

“媒体语料”独用词种中的前 50 个词语：

党、陈、後、於、拿督、新闻、巫、记者、吉、媒体、票、部长、元、统、阿、议员、报道、国会、香港、区、民主、独立、大选、局、总统、发表、巴、银行、选举、政策、选民、公正、安华、指数、美元、槟、仙、针对、北京、大学、行动党、水扁、上述、投资、麽、选、集团、企业、候选人、法令

《华文》中独用的这些词语大多是日常生活中的知识性词语，体现了小学语文教材的特点。“媒体语料”中则多为报纸新闻媒体中常见的词语，如人名、地名、时政性词语、马来西亚特色词语等。

4.3 成语的使用

《华文》和“媒体语料”中的成语使用情况如下。

表 4—121 成语在《华文》和“媒体语料”中的分布

语料	考察范围	词种数	词种数比例（%）	频次	频次比例（%）
华文	在全部 6 924 个词语中	219	3.16	244	0.81
媒体语料	在全部 180 428 个词语中	4 471	2.48	122 848	0.32
	在前 6 924 个词语中	2	0.29	6 313	0.00

在前 6 924 个词语中，“媒体语料”中只出现了两个成语：“无论如何”（频序 860、频次 6 524）、“何去何从”（频序 5 292、频次 789），这两个成语在《华文》中都

没有出现。

在前219个成语中,《华文》和"媒体语料"中共有16个成语共用,共用比例为7.31%,比例很低。共用的成语如下:

沸沸扬扬、不约而同、层出不穷、成千上万、迫不及待、引人注目、千方百计、不可或缺、不堪设想、有机可乘、不言而喻、小心翼翼、发扬光大、理直气壮、久而久之、不甘示弱

4.4 《华文》特色词语

对考察范围内的词语的频序比从低到高排列,可以得到《华文》教材中出现频序相对于"媒体语料"相差较大的词语,在一定程度上反映了《华文》课文用词的特点。

我们统计了《华文》前6 924位词语和"媒体语料"前6 924位词语的频序比,按频序比从低到高排列的前100个词语如下:

爸爸、呀、妈妈、啊、太阳、弟弟、草、同学、国王、老鼠、老师、房子、掌声、主人、鼓、美丽、姐姐、哥哥、看见、天天、动物、爷、鸟、您、这时、老人、水果、公主、树、猫、基因、飞、眼睛、河、游戏、生日、根、捉、吧、健、佛、画、鼠、快乐、想起、呢、奖励、皇冠、有的、学习、相机、听、将军、心里、过来、鱼、跳、你、便、牛、真是、你们、吃、它们、掉、洗、山、着、空气、孩童、学会、热闹、身体、躺、长大、干净、深深、跑、叫、绑、一起、吹、回家、里、鹰、然后、诗、故事、上课、路上、墙、喝、起来、放、怎么、挖、像、于是、回来、吗

这些词语大多是日常生活中的知识性词语,符合儿童认知特点,体现了小学语文教材的特色。

(刘　华、黎景光、郭　熙)

第五部分

港 澳 台 篇

香港教育领域中的“两文三语”变化

“两文三语”这一概念，在香港回归以后不断被提及、推广、延伸，到了今天，大家都认为这就是香港的语言政策，也是香港语言生活的写照。

“两文三语”所涵盖的中文、英文和粤语、英语、普通话，确实在香港的语言生活当中，占据重要的位置。然而这三者之间，在回归前和回归后，经常处于互相角力和此消彼长的关系当中。在回归的头10年里，英语、粤语各有其使用空间和社会角色，普通话远远没有普及，推广普通话主要集中在教育领域，但是，随着内地和香港各个领域的接触日益频繁，尤其是政府2003年推出“自由行”和2006年推出“内地与香港更紧密经贸关系的安排”政策以后，香港社会使用普通话的机会越来越多，普通话、粤语和英语之间的使用空间出现了令人瞩目的变化。2011年政府和民间的相关材料对此已做过直接或间接的反映。以下我们将集中描述2011年香港的“两文三语”在教育领域的运用和变化情况。

一　教学语言的改变

1.1　英语作为教学语言

香港学校的中国语文和英国语文课程，在培养青少年中英语文方面，发挥了最重要的作用；而教学语言，则一直是另外一种提升学生语文水平，特别是英语水平的重要手段。

虽然英语长久以来都是香港政府和工商机构的工作语言，但是，香港人口以华人为主，在校学生的课外生活和社会交往接触英语口语的机会并不多。因此很多人相信，学校必须为学生提供有利的语言环境，才能保证他们的英语学习取得较好的成效。

香港在开埠不久，就已经出现由教会承办的英文书院，除了中国语文科以外，其余科目的教学语言全用英语，以便为学生创造更多接触和使用英语的机会。这类教会承办的学校，经过几十年、甚至上百年的经营，有不少发展成为香港的传统名校，全面采用英语教学是这些名校吸引学生的一项重要因素。

英语是国际通行语言，是香港的高阶层语言，在政府机构和工商行业中广泛应用，因此，在校学生和大部分工作人员都必须努力掌握英语。上世纪七八十年代，当香港政府有意增加对教育的控制和管理，同时大力推行英语教学，以便通过教育加强英国影响的时候[①]，很多中学也都乐意顺应政府的意愿，纷纷转为"英文中学"，采用英语作为主要教学语言。这一转变，为一些没有能力用第二语言学习的学生，带来极大的负担，以致不少学生由于英语水平低下，连带所有科目的学习都无法应对。

1985年香港教育署就曾进行过多项有关教学语言对教学成效影响的研究，结果显示，有三分之一的中学三年级学生认为英文学习有重大困难，而有七成中学二年级学生，即使有中文辅助讲解，学习还是出现困难。[②] 香港社会希望通过教学语言的选择来保障英语人才的培养，这个愿望是良好的，但在实施过程中，困难重重，其结果也不尽如人意，在过去的二三十年间，香港教育界不断为教学语言的选择问题而左右为难。

1.2 母语教学的实施

香港华人占人口的绝大多数，中文是绝大部分香港民众所熟悉的语言。虽然维持高程度的英语水平对香港作为国际金融贸易中心相当重要，但是中文作为另外一种法定语文，其应用和发展也必须得到充分重视。香港回归以后，中文成为第一法定语文，确保香港民众具备良好的中文水平，更是政府所应承担的责任。

因此第一任特区行政长官董建华在1997年10月所发表的首份施政报告里，就明确指出："若要维持香港在国际上的竞争优势，我们必定要有中英兼擅的

① 王齐乐《香港中文教育发展史》，三联书店（香港）有限公司1996年版。

② Johnson, R. K. Chan, R. M. K., Lee, L. M., Ho, J. C. (1985) "An investigation of the Effectiveness of Various Language Modes of Presentation, Spoken and Written, In Form III In Hong Kong Anglo-Chinese Secondary Schools" (Abstract)；另见教育署及香港大学（1985）《教学语言队香港中学二年级学生学习进度的影响》（要点摘录）；及教育署（1985）《在英文中学初中班级采用不同教学语言安排的研究》（要点摘录）。以上载香港教育局网页 http://www.edb.gov.hk/FileManager/TC/Content_2052/tmimstudy(c).pdf。

人才。我们的理想，是所有中学毕业生都能够书写流畅的中文和英文，并有信心用广东话、英语和普通话与人沟通。”[①]这一理念在两年以后就总结为“两文三语”的概念，在1999年的施政报告中出现：“特区政府的一贯宗旨，是培养两文三语都能运用自如的人才。”[②]“两文三语”虽然是以语文教育政策的名义出现在特区首长的施政报告中，但是由于这个高度概括的说法既符合香港开埠百多年来所形成的语文格局，也符合特区未来的社会发展需求，因此迅速得到香港民众的普遍认同，并逐步被视为香港语言政策的大方向。

在“两文三语”的理念下，书面中文和书面英文、口头粤语、口头英语和普通话具备同等重要性，这就意味着教学领域长时间向英语倾斜的局面必须有所改变。此外，英语作为教学语言所衍生的学习问题，也一再引起教育当局的关注。例如，教育署在1994年进行的一项有关中学教学语言的研究[③]发现，在语文成分比较重的学科里（例如历史、地理、科学等），采用中文学习的学生比采用英文学习的学生表现好；英文能力低的学生如果采用英文来学习，对英文成绩不但没有明显帮助，反而对整体的学习动机和学习成绩，都有不良的影响，他们应付语文成分重的科目更加困难。

因此在香港回归之初，行政长官就多次在施政报告中提出推行“母语教学”的政策。1997年9月，教育统筹局颁布了《中学教学语言指引》，明确指出香港是一个华人社会，日常沟通以中文为主，在这种环境下，母语教学不但可以减少学生在学习时所遇到的障碍，更可帮助他们积极学习，发挥创意，并发展高层次的思维，建立批判性思考的能力。同时指出，学生使用最熟悉的语言学习，可以畅所欲言，学习兴趣和信心都有所提升，其思考比较活跃，探究精神也得以发展。

该《指引》要求学校从1998年至1999学年的中学一年级开始，改用母语教学，并逐年扩展至各个年级。[④] 在这个政策下，只有114所中学的师资和学生能力都符合条件，可以保持用英语作为教学语言。政策实施了一段时间以后，教育

① 行政长官《1997施政报告》第84段，第19页。

② 行政长官《1999施政报告》第69段，第18页。

③ 教育署(1994)《中学改用教学语言的研究》(重点摘要)；载香港教育局网页 http://www.edb.gov.hk/FileManager/TC/Content_2052/tmimstudy(c).pdf。

④ 香港教育统筹局(1997)《中学教学语言指引》，并载香港教育局网页 http://www.edb.gov.hk/index.aspx?nodeID=1906&langno=2。

统筹局再于2000年开展了一项教学语言的评估研究，显示母语教学能使学生在整个中学阶段中的大部分学科都得到增值，尤其是科学和社会等科目。[①] 2005年8月10日《明报》的社论[②]指出：采用母语教学后，中文中学考生的成绩持续改善，英文科和主要学科的及格率与优良成绩的比率，都有所增加。而这成绩更承接过去两年的趋势，说明改变教学语言不但没有降低学生的整体成绩，而且能够协助学生更好地掌握学科知识。

1.3 教学语言微调政策

不过，母语教学所带来的种种好处，始终无法抵消人们因恐惧学生英语水平下滑而对母语教学所产生的抵触情绪。香港中文大学香港亚洲太平洋研究所在2002年8月份所做的一份意见调查[③]显示：在八百多名受访者中，有一半人支持母语教学，原因如上所述，认为有利于学生理解学习内容，同时认为中国人应该学好母语；但是，不支持的也接近四成，他们认为母语教学会使学生的英文水平下降，而英文是国际通行语言，学生必须掌握好，才能保证有好出路。此外，尽管有半数受访者赞成母语教学，但是超过一半人表示会把子女送到英文中学读书。

母语教学之所以引起那么多争辩，其实不在于它的教育理念是否正确，或对学生学习的助益是否足够。大部分人基本上都同意，母语教学可以促进学生的思维发展和学习积极性。人们的犹豫甚至反对意见，来源于中英文地位改变以后所带来的社会经济、学校名声、个人出路等等相关问题的重新定位。

首先是该政策推行以后，每年公开考试一发榜，就有不少人对学生会考英文水平下降表示忧虑，恐怕长此以往香港的英文人才减少，无法维持国际金融贸易中心的地位。

其次是在母语教学政策下，只有114所中学因为有长期采用英语教学的经验和师资力量，学生英语程度也足够应付用英语来学习的挑战，因而获得教育局批准继续采用英语作为教学语言。这些学校变成少数能冠以“英文中学”称号的名校，一时身价倍增，学额难求。其他几百所中文中学，仿佛都沦为二流学校。母语教学的标签为不少学校、学生和家长带来了无形的心理压力，这种心理上的

---

① 香港教育统筹局(2000)《教学语言评估分组研究：1994/95至1998/99学年》(重点摘要)。载香港教育局网页 http://www.edb.gov.hk/FileManager/TC/Content_2052/tmimstudy(c).pdf。

② 社论“母语教学见成效，应增资源巩固成果”，《明报》2005年8月10日。

③ 香港中文大学香港亚太研究所《母语教学政策意见调查结果摘要》新闻稿，2002年9月5日。

负面信息，往往掩盖了母语教学给学校实际教学带来的好处；很多学校也由于要尽力跻身"英文中学"之中，而投入不少额外的精力和资源，并时刻为此而"挣扎奋战"，不得安宁。

于是，在母语教学政策实施12年以后，教育当局于2009年推出"教学语言微调"政策，2010年至2011学年开始实施，先从中学一年级开始，然后逐步推展到整个初中阶段[①]。教育局局长孙明扬于2009年初在"微调中学教学语言——家校组织及团体汇报会"上指出："香港是国家中唯一明文规定中文和英文同样是法定语言的地区，香港赖以为生的金融、经济及商贸活动，也是以英文作为主要沟通工具。在这先天条件下，我们在推行母语教学的同时，必须营造有利条件，让我们的孩子学好英文。……香港大多数的孩子都缺乏一个英语语境，而学校是具备最佳现成条件，可创造甚或加强英语语境的地方。"这段发言概括了香港政府重新调整教学语言的原因。

根据"教学语言微调方案"所示，全港的官立和政府津贴中学，都可以根据自身情况，包括教师以英语授课的能力、学生以英语学习的能力，以及学校的支援措施等情况，自行决定教学语言。政府希望该项措施可以为有条件有需求的学生，提供更多使用和接触英语的机会，为他们日后进修和就业作好准备。在新政策下，学校可以结合师资和学生能力等因素，按班级或按科目采用不同的教学语言，基本上排除了以往教学语言"一刀切"的做法，因而学校再没有所谓"中文中学"或"英文中学"之分。政府希望通过这个政策，可以同时消除因教学语言不同而给学校带来的不必要的标签作用。为了支援这个措施，政府投入了大量资源，包括一笔3.2亿港元的额外拨款，用来推行一项为期两年的提升英语水平计划，以便学校优化现有的校本措施或推行新措施，为学生创造更好的英语学习环境。当局另外预留5.9亿港元，用以优化课程，为采用英语授课的教师提供专业培训。此外，政府还新设立一项"准英语教师奖学金"，资助英语程度良好的人才修读本地高等院校提供的英语学位课程或师资培训课程。获得奖学金的学生毕业后，必须在香港的中学、小学担任全职英语教师。[②]

在过去二三十年，香港教育界一直为教学语言问题所困扰，主要是因为大家

① 教育局通告第6/2009号"微调中学教学语言"，2009年6月5日。档号：EDB(RP) 3410/15/07(6)。

② 香港政府公务员事务局《香港年报2010》教育篇，第115页。

都看到，中英文对香港的长远发展同等重要，但是在有限的课程空间和教学时间里，要真正培养出中英兼擅的学生并不容易，因此作为影响自身和其他科目学习成效的教学语言，就经常在教育理念和经济因素的作用下而有所变动。“教学语言微调”政策避免了单面倒向英语或倒向母语教学的局面，在强调两文三语并行不悖的香港社会里，似乎比较能为大多数民众所接受。但是，这项政策的推行，却间接对中学推广普通话教学构成了阻碍。大部分中学在过去12年实施母语教学，现在要在不同层面上调节教学语言，教学和行政上的改变不小；加上香港2009年开始全面实施新高中课程，高中学制由两年改为三年，学校要面对多项政策变动，于是对普通话教学所投放的精力，难免有所减少。

二　学制变化与普通话教学

2.1　新高中课程中的普通话科目

语文教育及研究常务委员会（下称“语常会”）是专门就一般语文教育事宜及语文基金的运用，负责向政府提建议的咨询机构，它于2008年至2009学年开始推出“协助香港中、小学推行‘以普通话教授中国语文科’计划”，通过语文基金拨2亿元，分4个学年接受学校申请。每所学校参与计划的期限为3个学年，每学年加入的学校数量以40所为上限。计划内容包括资助内地交流人员和本地支援人员驻校提供协助、筹办教师专业研修班、举办本地与内地的观摩交流活动，以及提供代课教师津贴。[①] 根据语常会的资料显示，截至2011年，过去3年申请资助的学校主要是小学，中学一直只有个位数，而且申请的学校数目逐年下降。

2009年香港政府推行新高中学制，高中的学科也进行了较大幅度的改革。其中中国语文范畴由原来的语文、文学、普通话三科分立，变成以必修单元和选修单元划分，必修部分包含了语文和文学内容，选修单元一共10个，有重语文训练的“新闻与报道”“多媒体与应用写作”；有重文学的“小说与文化”“翻译作品选读”等。与普通话学习有关的占两个选修单元，分别是“普通话传意和应用”“普

① 见语文教育及研究常务委员会网有关该计划的介绍：http://www.language-education.com/chi/pbt_pmic.asp。

通话表演艺术”。[①] 配合学制改革，原有的中学会考将于2012年由新的文凭考试所取代。中文科文凭考试只包括必修部分，不包括选修部分。也就是说，2000年开始推出的普通话科会考，在2010年最后一届旧学制高中学生毕业以后就正式取消。没有公布考试科目，在一定程度上影响了学生在高中阶段修读普通话选修单元的意愿。再加上学校为准备学生升读大学和就业，都着力提升他们的英语水平，教学语言微调的政策，在高中的实施力度比初中要大得多。有些校长坦言：学校再没有精力在中学推动普通话，尤其是在高中；至于在初中推动普通话作为中文科教学语言的问题，目前很多学校也都无暇兼顾，只好搁置一旁。

与高中新学制相配合的，是香港所有政府资助的大学将于2012至2013学年改为四年制。大部分大学都会利用多出来的一年加强语文培训和通识教育；但是，大概由于2012年以后进入大学的，都是在1998年普通话成为中小学核心课程以后入学的，全部在中小学阶段接受过九年普通话训练，因此有些大学的课程设计人员认为大学中文训练的重点不在普通话。根据多位中文课程负责人2011年4月在香港中文大学召开的一次题为“大学中文的新发展”研讨会中的介绍，大部分大学的四年制中文学分都集中在汉语书面语训练方面，普通话培训主要以选修科的形式推出，让学生自由选择，对普通话训练的力度并没有因为课程空间较宽裕而有所增加。

按照目前这种发展趋势，将来香港的普通话教学，似乎有可能在高中和大学阶段出现断层。但是如果我们同时审视一下小学的普通话教学情况和大学的发展策略，就会发现这种忧虑虽然有一定依据，但难以断言。

2.2 小学普通话教学成效

香港教育统筹会《第六号报告书》建议，让普通话从1998年开始成为所有中小学核心课程的一部分，在小学一年级、中学一年级和中学四年级实施，并逐步推行。教育当局接受了这个建议，目前香港所有小学生和初中生都必须修读普通话课程，但具体实施情况因校而异。以教学时间为例，不同学校划分给普通话科的教时差异很大，从每年二十多小时到一百多小时不等。此外，有的学校开设独立普通话科目，有的则与中国语文科结合，或以普通话作为语文科的教学语言。

---

① 有关新高中中国语文科的课程结构，可参见课程发展议会与香港考试及评核局联合编订（2007）《中国语文课程及评估指引（中四至中六）》，载香港教育局网页 http://www.edb.gov.hk/FileManager/TC/Content_5999/chi_lang_final.pdf。

在推行普通话课程的头10年，教学效果不算理想，主要问题在于师资无法配合。不过，尽管情况各异，小学的普通话教学在过去几年已经逐步成型，教学成效也在逐步提升。香港理工大学中文及双语学系在过去三四年里，为部分中小学生提供过多轮普通话水平测试服务，结果显示，中学生的普通话水平比得上目前的大学生，而小学生跟中学生的表现也相差不大。

对小学普通话教学起促进作用的，还包括正处于转变当中的语言环境。多项由大学和教育当局进行的调查都显示，学生的家庭用语跟他们在学校的语言学习成绩密切相关。大部分普通话科成绩比较优秀的学生，都因为家庭同时使用普通话；这两者之间的相关性，在理工大学2004年和2011年所进行的两项调查研究中都有所显示，一项在2011年进行的国际阅读测试也有同样的发现。[①]这些研究显示，过去六七年间，香港中小学生在家庭使用普通话的频率比以前高，有不少学生认为，自己可以很流利地使用普通话跟人沟通，有的认为，自己的普通话虽然算不上流利，但与人沟通没有问题。表示自己虽然学过普通话，但是还无法驾驭的只有相对小的比例。

家庭语言的改变受两种可能的因素影响：一是部分小学生来自内地新移民家庭，因此家庭语言以普通话为主；二是本地的父母刻意培养孩子掌握两文三语，在家里也积极为孩子营造使用普通话和英语的环境。2009年香港政府开始放宽非本地大学毕业生留港就业的限制，也使得一些普通话水平比较高、来自内地的毕业生加入了香港的教师队伍，尤其是小学教师队伍。这些外来人才虽然在数量上还不足以舒缓香港普通话教师不足、师资力量匮乏的困局，但综合这几方面的因素，加上年幼的孩子有学习语言的年龄优势，可以预见香港的小学普通话教学可以逐步取得成效。

只要小学生能建立起比较牢固的普通话基础，在高中或者大学阶段，就算因为各种条件限制而使教学力度有所放缓，学生也应该可以维持一定的普通话水平。此外，香港各大学的学生群体在过去几年间也发生了巨大变化，加上有关专上教育[②]

① 见2004年香港理工大学中文及双语学系提交给语文教育及研究常务委员会、有关中学生普通話水平等级描述研究的简要报告（内部文件）；2011年同系苏咏昌、陈瑞端、刘文采等有关An *ex post facto* study of school & socio-psychological factors and Putonghua proficiency of HK students indicated in the PTH Proficiency Assessment of Secondary-3 students and the PolyU Graduating Students' Language Proficiency Assessment (PTH)［研究资助局项目］的中期报告；以及香港大学教育学院《Progress in International Reading Literary Study (PIRLS) 2011》中期报告（内部文件）。

② 指中学阶段以后大专程度的教育。

国际化的呼声，大学的语言环境和大学生的语言水平，包括英语和普通话水平，在过去一年再一次成为备受关注的课题。

三　教育国际化

3.1　教育国际化对两文三语人才的要求

专门负责大学拨款和检测大学运作的大学教育资助委员会(以下简称“教资会”)于2011年初，向香港立法会教育事务委员会，提交了一份题为“展望香港高等教育体系”的报告，提出香港的文化同时蕴含中西元素，主张本地高等院校必须充分利用这个特质，在保存传统价值和照顾本地需要之外，推动院校国际化，以进一步提升香港的独特性和吸引力。面对全球一体化，香港的前途需要具备国际视野和环球竞争力的人才来开拓。因此，建议各高等院校尽快制定和实施国际化策略，同时吸引更多外地学生前来进修，共同努力把香港发展成为一个教育枢纽。报告还指出：中央政府公布的《国家中长期教育改革与发展规划纲要(2010—2020年)》就多个关键议题定下方针，包括加强和提升内地大学与国际院校的交流和合作、鼓励境外知名院校与国内院校在教学和研究方面合作，以及吸引优秀人才到内地。香港应把握这个机会，深化与内地院校的合作关系，为国家迅速发展出一份力。

教资会认为，要落实以上建议，大学应该检讨其正规和非正规的教学程序，为学生开拓更多空间和机会，帮助他们认识和了解国际事务，其中相当关键的是语言问题。香港与内地的关系日益密切，毕业生必须精通普通话，具备良好的中文书写能力。与此同时，英语将继续是国际商业和交流的主要语言，因此香港的大学生也必须具备良好的英文水平。香港教育界和劳动力市场对“两文三语”人才的追求，再一次以更大的深度和广度，通过上述教育体系展望报告，向广大香港社会尤其是高等院校提出要求。

香港各所大学基本上都采用英语作为教学语言，但是过去曾经出现过一些政策宽松的情形，英语教学措施有时候并不严格落实。随着近年来“高校国际化”的呼吁越来越强烈，海外交流生的人数有所增加；为了照顾海外学生的学习，确保本地大学生可以利用英语从事高层次的学习和研究活动，各大学在贯彻英语教学方面，措施显然比以前严格。

另一方面，香港教资会自2004年至2005学年开始，逐步撤销对文凭课程和授课式硕士课程的资助，各高校纷纷设立各种自负盈亏专上课程[①]，以应付本地和中国大陆对专上学位[②]的需求。这类课程近年来发展蓬勃，推动整体高等教育急速扩展。教育局披露的资料显示，在2010年至2011学年，香港各类自负盈亏课程的总学生人数有3.9万人[③]，其中很大一部分学生来自中国大陆。这批学生，在香港各高校形成一个普通话群体，不但改变了过去校园语言以粤语为主的局面，而且连带部分本来用粤语教授的科目，也要纷纷转用普通话授课，以便照顾大陆学生的学习需要。

因此，大学实施四年制以后，虽然说大部分大学都不设立带学分的初、中级普通话必修课程，但由于普通话已经在不少大学的校园里占据一定的使用空间，所以将来大学生的普通话学习，也许不是通过专门的普通话科目，而是作为某些中文科的授课语言，或通过非课堂的形式来进行。鉴于小学生的普通话基础比较牢固，大学校园的普通话逐渐普及，在可见的未来，普通话的学习在初中以后出现严重断层的可能性并不大。

四 非华语学生的中文学习

同时掌握“两文三语”，不只是社会对本地学生的要求，一些非华语学生也同样需要培养良好的多语能力。相对于本地华语学生，外籍孩子过去的教学语言问题比较简单，他们主要通过英语来学习，同时按个人意愿，自由选择学习一种第二语言。不过，随着香港语言生活的转变，这些在国际学校受教育的孩子，也面对语言学习方面的新挑战。

根据2011年特区政府编撰的《香港便览》，香港在2010年共有275 340名小学生和376 730名中学生，分别就读于462所公营小学和402所公营中学；公营学校的学额约占全部学额的82%。此外，香港共有73所直接资助计划学校，提供约7.8%的学额；另有48所国际学校，其中15所由英基学校协会营办。这些学校所开办的各式非本地课程包括英国、美国、澳大利亚、加拿大、法国、德国、日本、韩国、新加坡等国家的课程，以及国际预科文凭课程，合共提供约36 100个学额。[④]

---

① 香港高校所开办的“专上课程”包括本科课程、研究生课程，以及本科以下的高级文凭课程和副学士课程。

② “专上学位”主要包括副学士学位、学士学位、硕士学位和博士学位。

③ 见香港特别行政区政府“经评审专上课程资料网”，http://www.ipass.gov.hk/edb/index.php/ch/home/statheader/stat/stat_el_index。

④ 香港特区政府公务员事务局法定语文事务部编《香港2010》第七章“教育”。上述数字见第120页。

很多国际学校的设立，是为各地在香港的侨民提供衔接本国教育系统的课程；由于这些学校所提供的并非本地课程，没有得到香港政府的资助，因而也不受香港教育局的监管；而国际学校的学生在语文学习方面呈现什么样的面貌，也就较少引起大众的注意。一般而言，国际学校以外籍学生居多，但也有一定比例的本地学生。绝大多数学校采用英语作为教学语言，也有少数在英语以外，还提供诸如法语、德语、日语或韩语等教授的课程。

由于汉语的重要性逐步提升，以往在国际学校里不占一席之地的中文科目，近年也纷纷被纳入国际学校的课程当中。根据各所学校 2011 年所提供的资料，几乎所有国际学校都开设汉语课。大部分国际小学把汉语作为日常课程的一部分，根据学生的汉语背景，提供不同程度的科目，供学生作为二语修读。

类似的安排也出现在大部分国际中学的初中课程里；到了高中，由于学生开始根据个人能力和兴趣，集中修读几门科目，以便为升读大学做准备，因此多数国际中学只会提供汉语作为其中一门科目，归入"现代外语"（Modern Languages）的范畴，与其他几门外语一起，供高中生选择。

不过，一般海外大学录取新生都不会考虑汉语的成绩，而家庭经济条件比较优越的国际学校学生，大部分都会到海外升学，所以在高中选读中文科目的学生人数非常少。在接近 50 所国际学校里，只有两所是从小学到中学都同时提供接近母语程度的汉语训练的，所以总的来说，香港国际学校的学生英语水平一般都相当高，但汉语能力却颇为参差不齐。

香港的非华语学生，固然大部分都集中在国际学校里，但是从 2004 年开始，也有部分进入了政府资助的中小学，与本地学生一起接受汉语作为母语的教育。这群学生多数来自南亚国家，家庭经济条件比较差，父母的教育程度也比较低，大部分这类家庭都希望在香港长久居住，希望孩子能在香港升学就业。南亚学生当中，一部分在香港出生，但也有一部分是不同时段来港的插班生，在完全没有汉语基础、家长也无法提供汉语帮助的情况下，他们要跟本地中小学生一样通过汉语来学习，在学业方面通常遇到相当大的困难，而教师面对这些中文能力跟本地学生有天壤之别的少数族裔学生，挑战也是相当大的。[①]

为了向这些学生和有关的学校、教师提供进一步支援，香港教育当局于

① 陈瑞端《香港语言政策与少数族裔人士的语言教育》，载《中国语言生活状况报告（2007）》第 269—280 页，商务印书馆 2008 年版。

2008年制订了一套《中国语文课程补充指引(非华语学生)》,希望能结合非华语学生的学习情况,为学校提供一些落实中国语文课程的原则、策略和建议,另外还配备了一系列课程资源,以期能帮助这些学生逐步融入主流教育体系当中。此外,教育局又委托香港的大专院校提供到校支援服务、营办中文学习支援中心,以及为有关的中文教师提供培训。在2010至2011学年,教育局把录取较多少数族裔学生的19所小学和9所中学列为指定学校,提供额外津贴和人力资源,协助它们发展校本措施和累积教学经验。[①]

另一方面,政府为了帮助其余录取非华语学生的学校解决困难,通过注资语文基金,试行为期3年的"课后中文延展学习计划",为非华语学生营造更多学习中文的语境。在2010至2011学年,有62所"非指定学校"参与计划,每所学校按非华语学生数目获得5万至30万元的拨款,为大约2 300名非华语学生安排多元中文延展学习活动。[②]

在学校和教育当局的努力下,非华语学生的中文学习逐步有些进展。在2010年,有170名非华语学生参加了英国综合中等教育证书(GCSE)中国语文科考试,其中143人获得了认可资历。另外还有56名参加了香港高级程度会考,其中20名获得香港的高校录取。目前大约有250名非华语学生正在修读香港的自负盈亏学位或副学位课程。此外,职训局是取录少数族裔学生较多的专上教育机构,在2010至2011年度,职业训练局为少数族裔人士提供了400个职业及教育训练学额,并为少数族裔学生开办职业中文和英语课程,以协助他们提升语文水平。

不过,有能力通过香港高级程度公开考试的非华语学生始终占少数;对大部分非华语学生来说,那是个遥不可及的目标。相比之下,综合中等教育证书的要求是较多学生可以应付的;但这样一个以汉语作为外语的测试,在内容和设计方面却又相对简单,难以符合香港这个华人社会对各行业人员语文能力的要求。虽然从2008年开始,香港高校已开始接受学生以综合中等教育证书的中文成绩申请入学,但同样成绩却不被大部分行业接受为符合入职的资格。

因此香港教育局计划在2011年至2012年推出一项"职业语文增润计划",

---

① 香港立法会CB(2) 1213/10-11(01)、CB(2)1213/10-11(02)及CB(2)1258/10-11(01)号文件,载立法会网页,http://www.legco.gov.hk/yr10-11/chinese/panels/ed/minutes/ed20110314.pdf。

② 香港立法会CB(2) 1213/10—11(01)号文件,载立法会网页http://www.legco.gov.hk/yr10—11/chinese/panels/ed/minutes/ed20110314.pdf。

帮助非华语学生掌握一些配合职业需要的基本语文技能，并与政府所推出的“资历架构”[①]挂钩，以取得行业的认可；在可能的范围内，职业语文培训甚至包括普通话训练。所以总体看来，香港非华语学生在“两文三语”的政策下，也在英语以外，努力掌握汉语；虽然道路仍然崎岖，但是过去一年毕竟踏出了几下蹒跚的步履。

（陈瑞端）

① 香港行政会议于2004年通过成立一个跨界别的七级资历架构及相关的质素保证机制。“资历架构”是一个资历等级制度，目的在于说明不同资历的水平和符合这些资历的质素，用以整理和解释主流教育、职业培训和持续进修方面的资历，并为不同程度的资历提供衔接阶梯。在职业培训方面，资历架构包含为各行业制订的《能力标准说明》，以加强行业对职业教育的领导作用，使职业培训更具成效。有关详情可参见资历架构网页 http://www.hkqf.gov.hk/guig/home.asp。

台湾语文生活近况

2011年，台湾地区的语言文字生活有以下几点值得关注。

一　简化字与繁体字

1.1　背景

从2008年7月开始，大陆居民可以正式到台湾旅游，游客人数逐年增加；2011年6月底，开放了大陆游客赴台个人游。在这样的形势下，为了招揽大陆游客，扩大商机，台湾地区一些商家的招牌、标志、产品说明书、餐馆菜单等陆续使用简化字，有些机构的网站也开始启用简化字版，连台北、高雄等城市都准备发行简化字版的旅游简介。所有这些，引发台湾岛内出现了一场简繁汉字使用的讨论。

1.2　商家和旅游单位的做法

高雄是台湾南部的重要景点城市，因为其旅游网站上频频出现用简化字发来的帖子，询问高雄市景点的详细信息。高雄旅游当局感到商机已经到来，于是积极策划印刷简化字版的旅游信息折页，以方便大陆游客阅读使用。与此同时，岛内许多商家开始将繁体字招牌改为简化字，印制简化字版的产品说明书及菜单等。

台北101商场，各楼层标志都是简繁两种汉字并存，网站上的在线服务编目和编目介绍，都只有简化字版。民间摊商为了吸引大陆游客，将台湾的菜名也改为大陆熟悉的名称，如将原有的“蚵仔煎”改名为“鸡蛋海蛎饼”。

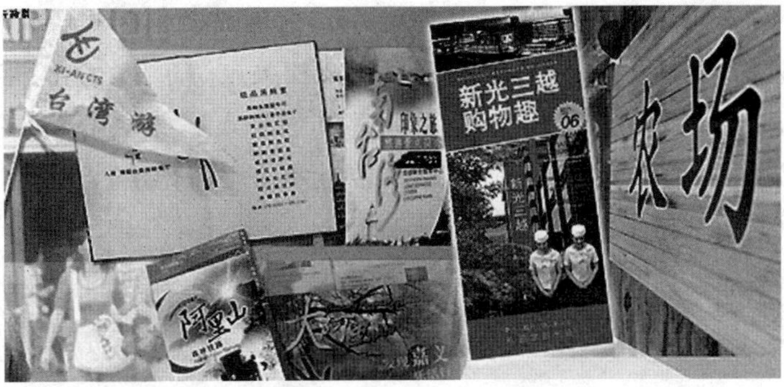

资料来源：网友自拍图片。

图 5—1　简化字宣传页

资料来源：民视 FTV 视频截图。

图 5—2　店家简化字广告

1.3　当局反应

6 月 14 日，台湾行政当局发布新闻稿称，大陆游客赴台湾观光交流，主要目的之一就是体验两岸不同的文化、人情和风俗，而繁体字的美感及实用性，更具有丰富深远的意义和价值，也有简化字无可取代的优势。[①] 6 月 15 日，台湾地区领导人马英九表示，台当局所有官方文件和官方网站都应以繁体字版（台湾地区称“正体字”）为主，因此，原有的简化字版应立即移除，即使有业务需求，也只需

① 吕雪彗《自由行效应 “政院”：菜单无须印简体》，《工商时报》2011 年 6 月 15 日。

提供繁体字和简化字对照表即可。6月16日，台湾旅游部门相关人员在记者会上表示，近期将再次下发文件至各县市及民间相关旅游单位，希望风景区内的指示说明和商家招牌都使用繁体字，但菜单等其他个人服务项目可采用繁简对照文字；各旅游机构在大陆或东南亚等地宣传时才使用简化字，但在台湾地区的宣传网站必须使用繁体字。[①]

台湾当局还认为，繁体字是台湾推广中华文化的重要项目，使用繁体字，能深化两岸人民对中华文化的认同。

1.4 质疑和回应

国民党籍民意代表曹尔忠和蒋乃辛几乎异口同声地指责，这是行政部门管得太宽，多此一举。他们认为任何事情都应该顺其自然，商家不过是以客为尊，对客人好，提高服务质量，没有什么不妥。他们说："有简体字也没什么大不了的，很多商家可以写英文、日文，那为什么不能写简体字呢？这关政府什么事？"[②]

这一事件的利益攸关方——旅游业者和商家则不置可否，一心准备简化字说明书和菜单；一些公司还暗自培训工作人员，要他们练习用大陆民众熟悉的日常用语招揽游客。

二 闽南语与"台语"

2.1 背景

2010年年底，台湾"国立"编译馆，审查各出版社送审的国小语文领域"台语"教学教材，依照教育主管部门制定的课纲标准，要求各出版社统一使用"闽南语"，而不是"台语"，包括封面标题。

2011年初，台湾各地办理闽南语认证考试，也直接将名称由"台语"改为闽南语。

2.2 相关反应

5月23日，数十个以"台语"研究为主的社团和在台湾的立法机构，召开了

---

① 萧博树《支持正体字 "中央"地方连手导正业者》，《联合报》2011年6月17日。

② 王名舟《简体字登台 台湾商家做得好！》，中国评论新闻网2011年6月23日，http://www.chinareviewnews.com。

记者会，组织“反对闽南语歧视称呼”正名联盟，向台湾教育主管机构抗议，要求将闽南语正名为“台语”。

他们认为，闽南一词的“闽”字在《说文解字》中有“蛇种、野蛮民族”之意，如同用“番”指称原住民族，是歧视称呼；“台语”在台湾长期未使用，本应正名；闽南语也不只分布在闽南，广东和东南亚也有；“台语”与大陆的闽南语已经不同，使用“台语”称呼，才是尊重台湾人的文明。①

5月24日，民进党发言人陈其迈表示，“台语”在台湾经历四百年的演化，在发音、腔调、词语内容等方面和大陆闽南语已明显不同，所以被约定俗成，称为“台语”，以区隔于大陆的闽南语。基于不同的社会与文化脉络，“台语”和闽南语不应混为一谈，尤其语言政策、名称与国家认同相关，政府应该严肃面对。②

2.3 当局回应

5月24日，台湾教育主管部门针对各方的反应和质疑，做出回应。他们表示，2000年公布暂行课程纲要，首度纳入本土语言时，已经采用“闽南语”称呼；2003年公布正式纲要，以及2008年微调课程纲要时，经过评估，仍称为“闽南语”，一直不曾改变。

教育主管部门还表示，台湾使用闽南语的多数人习惯称“台湾话”或“台语”，对于民间约定俗成固然要尊重，但官方使用名称应更为谨慎，尤其必须考虑客家、原住民族群，保障语言平等，所以一致采用“闽南语”“客家语”及“原住民族语”等中性名称。对于目前已经公布的行政规则、成果资源、出版物内容中，若未使用“闽南语”一词，暂时也不需修正，未来如有新发布或修订改版时，则须配合使用“闽南语”，使名称逐渐趋于一致。③

三　中华文化基本教材列为必选课程

3.1 背景

2006年之前，“中华文化基本教材”是台湾高中的必修课程；2006年，台湾教

---

① 吕淑姮《“台语”改闽南语 学者抗议“教部”》，《台湾立报》2011年5月24日。

② 王鼎钧《教科书拟将“台语”改称闽南语 民进党批：去台湾化》，《今日新闻》2011年5月24日。

③ 唐澄暐《避免疑虑“教部”：“闽南语”名称不变》，《台湾立报》2011年5月24日。

育主管部门将其改为选修课，尽管有“抢救国文教育联盟”等民间团体的强烈反对，却仍然坚持实施。2010年9月，台湾教育主管部门修改高中新课纲，该课程仍为选修；课纲出来之后，“抢救国文教育联盟”上书台湾地区领导人马英九，要求将其列为必修。

2011年3月1日，台湾教育主管部门提出微调高中国文课纲：从2012学年起，高中生在高中三年，每学期将必读《论语》《孟子》《大学》《中庸》四书，且设为毕业门槛，成绩不及格者将无法毕业；大学学测和指考，预计只考必修范围内的《论语》和《孟子》，不考《大学》和《中庸》。①

3.2 不同看法

2月16日，“抢救国文教育联盟”共同发起人暨“中华文化基本教材”课纲委员杜忠诰表示，文化基本教材内容属于指示良知德性的“启发”语言，它是提升人格品德灵智的特效药，跟其他文学、艺术类科的“情感”语言以及自然、社会类科的“科学”语言迥然异趣。杜忠诰说，文化基本教材可以帮助学子及早认清自己，引导他们学会如何做好一个好儿女、好学生，将来步入社会，还可以早日学会如何做一个好父母、好师长、好部属、好长官、好员工、好老板，乃至于好媳妇、好公婆、好邻居等；下自升斗小民、上至政治领袖，没有人不需要它。②

3月2日，台湾教师会高中职委员会主委黄文龙和成功高中国文教师范晓雯都指出，学测、指考国文科试题一向没有范围，中华文化基本教材的内容和国文教材的四书文章是分不清楚的，教育部门说前者会考、后者不会考，只是在玩文字游戏。台湾家长团体联盟副理事长林文虎说，《四书》列为必选，压缩学生选修其他课程、发展多元兴趣的空间。③

3.3 后续发展

3月4日、7日、9日、10日，台湾教育主管部门在台北、花莲、台中、高雄四地举办了四场公听会，广泛听取各方面的意见。

---

① 林晓云、胡清晖《高中国文必选四书 明年8月实施》，《自由时报》2011年3月2日。

② 张达智《杜忠诰：文化教材 反对不得》，“中央日报”网络版2011年2月16日，http://www.cdnews.com.tw。

③ 林志成《国文基本教材不考？“教部”骗人》，《中国时报》2011年3月2日。

6月16日，台湾教育部门高中课程发展会审议通过“中华文化基本教材课程纲要”，确定内容涵盖《论语》《孟子》《大学》《中庸》，列为高中“语文类”必选课，教学强调时代性、在地性、实践性，与生活相连接。考虑到有些教师担心会挤占其他的选修课程的时间，在听取各方意见后，纲要将原来规划的三年六学分，改为两年四学分，自2012学年度逐年实施。①

四　在海外设立“台湾书院”

4.1　背景

2008年，马英九在竞选台湾地区领导人时提出设立“台湾书院”，要让“台湾书院”能够与大陆的孔子学院相竞争。

2010年初，盛治仁任台湾文建主管部门负责人后，“台湾书院”的筹建正式启动。

2010年，台湾文建主管部门选定在洛杉矶和休斯敦的“驻美代表处侨教中心”开办“台湾书院”，并打算在当年12月18日挂牌。但是，书院成立仪式一拖再拖，台湾当局的说法是“细节作业尚未完善”。

2011年4月5日，台湾媒体报道，“台湾书院”之所以一直没搞起来，是因为至今“未获美方同意”。美方提出三项说明：强调组织、架构完整的语言教学不被美国视为“文化活动”；华语教学不能直接由“驻美代表处”人员处理；不能使用“驻美代表处”场地设施办理，更不能收取费用。②

4.2　最新进展

8月4日，台湾文建机构在行政当局会议上报告，台湾拟从“华语文教学及正体字的推广”“台湾研究及汉学研究”“台湾多元文化的输出”三大规划方面，推动“台湾书院”政策；确定10月同步在美国纽约、洛杉矶及休斯敦三个城市开办。会后，文建机构负责人盛治仁表示，未来推广“台湾书院”的具体做法，将会善用

① 张书涵《中华文化基本教材变动 学者：应专注12年国教》，《台湾立报》2011年6月16日。

② 韩朵朵《“台湾书院”在美受阻》，“国际在线”2011年4月12日，http://gb.cri.cn/27824/2011/04/12/5311s3215187.htm。

数字资源推展，包括构建“台湾书院”数字信息整合平台、华语文教学及繁体字推广、整合台湾研究及汉学研究成果、办理“台湾书院”奖助学金，鼓励国外人士学习台湾文字及汉学文化。①

10月15日，“台湾书院”在纽约、洛杉矶、休斯敦三地同步揭幕，周美青、盛治仁等台湾相关人士出席揭幕仪式。当天，马英九通过视频表示，未来“台湾书院”希望能成为文化交流的平台，与国际接轨，让所有热爱中华文化的朋友，共同分享悠久、醇厚，又深具台湾特色的中华文化。盛治仁在致词中表示，未来“台湾书院”将以台湾研究及汉学研究、台湾多元文化体验，以及华语文教学服务为三大面向，希望能推动数字台湾书院，让所有想要了解中华文化、台湾生活的外国人能有接触的管道，将中华文化的美推广到全世界。②

台湾书院的运作初期拟定四年建设计划，经费共36亿元新台币。其中，30亿元新台币由台湾各行政主管机构的经费相互匀支。目前，书院的运作由文建主管机构整合外务主管机构、教育主管机构、侨务主管机构等14个机关的现有资源共同推动而成。③

4.3 台湾学者观点

着眼于未来发展，不少台湾学者呼吁，台湾书院能与大陆的孔子学院进行合作。

台湾淡江大学大陆研究所教授杨景尧表示，台湾书院与孔子学院在内容设置上没有什么关系。台湾书院应该是输出台湾“软实力”的前哨站，而不是要与孔子学院打对台戏或成为“两岸文化竞争”的平台。台湾大学教授张亚中认为，两岸应携起手来，共同在海外弘扬中华文化。他表示，台湾继承了中华5000年文化，较早接触西方思想，塑造出中华文化在台湾特有的多元、丰富面貌，台湾文化成为中华文化不可或缺的一部分。而大陆方面，有较雄厚的经济实力及外交条件，如果两者能很好结合，必定能创造双赢的局面。在合作模式上，他表示，两岸可以共同教学、师资共享，必要时，也可以一起办活动。孔子学院已在全世界遍地开花，大陆可以在孔子学院的资源配备上让台湾参与进来。而台湾方面则

① 黄政嘉《推广特色华文 在美台湾书院10月开张》，《台湾醒报》2011年8月4日。

② 王鹏捷《台湾书院成立 周美青纽约揭幕》，“中央日报”网络版2011年10月15日，http://www.cdnews.com.tw。

③ 林崇胜《台湾书院如何走向世界》，《国际先驱导报》2012年11月1日。

要以一种合作的心态来传播中华文化，而不是抗衡。若双方都能以这样的心态、方式进行合作，台湾书院的前景将非常可观，不仅可以把中华文化传播出去，也能真正实现两岸双赢。[①]

（余桂林）

① 林崇胜《台湾书院如何走向世界》，《国际先驱导报》2012 年 11 月 1 日。

台湾第八次人口普查语言使用数据分析*

一　台湾的语言格局

台湾岛内语言从使用人口上看，总的格局是两大两小一分散。两大是国语和闽南方言，两小是客家话和原住民族语言，一分散是指国民党迁台时从大陆带去的各种汉语方言（目前已逐渐式微）。台湾这种语言格局，是历史上多次大规模移民和1945年以来台湾地区大力推行国语政策形成的。

台湾所称的“国语”相当于大陆的普通话，也是以北京语音为标准音。但由于台湾国语受日语和闽南话影响较大，另外国民党迁台后，带来了很多江浙一带的人，他们对台湾国语也有一定影响，因此台湾国语与大陆普通话存在一定的差异。主要体现在：

第一，卷舌音废了。全部归入齿头音……

第二，浊的“日”读作zi，这一音常单独被读作i，而会让人觉得那么矫揉造作。

第三，韵母in和ing往往合为ing，江浙腔的影响从这一点表露无遗。

第四，轻声也单调化为一种，并且也不怎么轻，后面还带有喉塞音，很像闽南语的阴入声……

第五，生活词汇贫乏。由于是一种人造语言，没有生活文化作基础，所以生活词汇很贫乏。不过他一方面也在本土化，为生活上所需的概念创造新名词……

第六，创造新词汇的素材，有取自文言者，如“飙车”“霹雳小姐”。有采自闽南语者，如“黑白讲”“QQQ”“衰”“爽”“赞”“手扒鸡”。有采自英文者，如“OK”“MTV”。有采自香港话者，如“老公”“T恤(shirt)”，有采自日文者，如“甜不辣”……①

---

*　台湾“行政院主计处”编印《99年人口及住宅普查初步统计结果提要分析》，2011年11月，http://www.dgbas.gov.tw/public/Attachment/111171361171.pdf。下文中台湾第八次人口普查数据及语言使用情况数据都出自此手册。

①　洪惟仁《台湾方言之旅》第100—101页，前卫出版社1992年版。

台湾的闽方言主要包括闽南话，人口占绝对优势。闽东话和莆仙话使用人口很少，其中闽南话又分为四种腔调，具体情况如表5—1。

表5—1 台湾闽方言

闽方言	腔调名称	备注
闽东次方言	福州腔	通行于马祖列岛
闽南次方言	漳州腔 泉州腔 鹿港腔 海口腔	
莆仙话	兴化腔	通行于乌丘

资料来源：根据中国台湾网《台湾地区语言分布概况》整理，http://www.chinataiwan.org/twzlk/twgk/yywz/200803/t20080312_604527.htm。

客家话则按不同来源地分为四县腔、海陆腔、大埔腔、饶平腔、诏安腔。四县腔主要源于广东省梅州市的兴宁市、五华县、平远县、蕉岭县等，主要分布在台湾的桃园、新竹、苗栗、屏东、台东县等地，占台湾客家话的绝对优势。

台湾客家话中的海陆腔主要源于广东汕尾的陆丰市和海丰县，主要分布在台湾的桃园、新竹、花莲等地。客家话中的诏安腔源于福建漳州市诏安县、南靖县、平和县、云霄县等，主要分布在台湾的云林县。大埔腔源于广东省梅州市大埔县，主要分布在台中县。饶平腔源于广东古潮州府一些县市(现属潮州市和揭阳市)，主要分布在苗栗、彰化、新竹等地。[①]

台湾的少数民族，大陆统称为高山族，台湾统称原住民族，有49万，约占台湾总人口的2.1%。经台湾当局认定的原住民族有14个，分别是阿美族、泰雅族、排湾族、布农族、卑南族、鲁凯族、邹族、赛夏族、雅美族、邵族、噶玛兰族、太鲁阁族、撒奇莱雅族及赛德克族，其中阿美族、泰雅族、排湾族占台湾少数民族人口总数的七成。而语言(方言)的认定则高达42种，还在增加，主要有中部阿美语、北排湾语、北部阿美语、卡那卡那富邹语、卡群布农语、沙阿鲁阿邹语、卓群布农语、奇莱语、东排湾语、东鲁凯族语、知本卑南语、初鹿卑南语、邵语、南王卑南语、南排湾语、泰雅万大语、泰雅泽敖利语、泰雅赛考利克语、郡群布农语、道泽语、德克达雅语、德路固语、噶哈巫语、噶玛兰语、赛夏语、峦群布农语等。[②] 据最新数据显示，6岁以上常住人口每100人仅有1.4人次在家说原住民族语言。

① 马重奇《闽台方言的源流与嬗变》第42—45页，福建人民出版社2002年版。

② 台湾"行政院原住民委员会"网站，http://www.apc.gov.tw/portal/docList.html?CID=6726E5B80C8822F9。

其他方言主要是国民党迁台时，从大陆各省带去的方言，亦称外省方言，其中操江浙一带方言的数量较大。未见确切统计数据。目前能说外省方言的主要是一些年龄相对偏大的“外省人”及其子女，年轻一代几乎已经不会说了。

二 第八次人口普查

2010年12月26日至2011年1月22日，台湾开展了第八次人口普查。[①]这次普查主要采用“公务登记”辅以“抽样调查”方式进行，共抽选16%的样本普查区进行全面访查，其中军人、学生和收容羁押人员采取项目分工方式，委托各主管机关采用全面普查方式进行。调查项目既包括以往调查的常住人口总数、男女比例、分年龄比例、分教育程度比例、人口密度、户籍、婚姻状况、住宅状况等，还新增了“使用语言情形”“行业”“职业”“现有子女数及其最近子女居住地点”“除本有住宅外，是否还有其他自有住宅”5个项目。

据统计，截至2010年年底，台湾省常住人口为2 312.3866万人，其中外籍人口56.2万人。男性1 148.9万人，占49.7%，女性1 163.5万人，占50.3%。大学文化程度者占15岁以上常住人口的20.7%，研究生文化程度者占4.3%，二者合计占25%。台北市、高雄市、新北市、台南市、台中市五个直辖市的人口1 406万人，占全部人口的60.8%。[②] 表5—2是各县市人口数据。

表5—2 台湾各县市人口数据

序号	县市	人口数量	百分比(%)	序号	县市	人口数量	百分比(%)
1	台北市	2 655 570	11.5	8	台中市	2 731 628	11.8
2	新北市	4 054 091	17.5	9	苗栗县	530 332	2.3
3	基隆市	381 891	1.7	10	彰化县	1 226 664	5.3
4	新竹市	476 237	2.1	11	南投县	460 840	2.0
5	宜兰县	426 713	1.8	12	云林县	618 443	2.7
6	桃园县	2 190 054	9.5	13	台南市	1 840 232	8.0
7	新竹县	522 141	2.3	14	高雄市	2 778 158	12.0

① 台湾自1945年以来，共开展了八次人口普查，分别是1956年、1966年、1970年、1975年、1980年、1990年、2000年和2010年。

② 台湾“行政院原住民委员会”网站，http://www.apc.gov.tw/portal/docList.html? CID=6726E5B80C8822F9。

（续表）

15	嘉义市	267 636	1.2	19	台东县	200 900	0.9
16	嘉义县	492 926	2.1	20	花莲县	309 629	1.3
17	屏东县	800 909	3.5	21	金门县	57 214	0.2
18	澎湖县	87 053	0.4	22	连江县	14 605	0.1

这次调查特别增设了“语言使用情形”专项，主要调查6岁以上常住人口在家说“国语”“闽南话”“客家话”“原住民族语言”及“其他”的基本情况。调查项目包括“总体情况”“居住地”“年龄段”和“教育程度”4个指标。

三　“语言使用情形”调查数据分析

这次语言使用情形调查包括“国语”“闽南话”“客家话”“原住民族语言”和“其他”(其他方言)。下面按照调查项目分述并作简要分析：

3.1　在家使用语言的总体情况

表5—3　台湾各语言(方言)在家使用总体情况

语言或方言	国语	闽南话	客家话	原住民族语言	其他
每100人在家说语言的相对人次	83.6	81.9	6.6	1.4	2.0

注：每个被调查者可能会说一种以上语言或方言，统计数据都是各类语言或方言占常住人口的相对人次。下表数据相同。

从表5—3可以看到：(1)国语已成为台湾在家使用的最主要语言，闽南话比例与国语大致相当，是台湾在家使用的最重要的方言；客家话和原住民族语言使用人口相对人次比较低。这也是上世纪90年代以来，台湾当局大力扶持客家话和原住民族语言的政策依据之一。(2)台湾已基本上是一个双语双方言社会，绝大多数民众既可以说国语，还可以说一种或一种以上方言(或原住民族语言)。(3)每100人中尚有2人次说其他方言，如闽东话、莆仙话、江浙一带方言等。

3.2 按居住地统计的语言使用情况

表 5—4 分居住地在家使用语言情况

县市名称	6 岁以上常住人口数	每百位常住人口在家使用各类语言(方言)的相对人次				
		国语	闽南话	客家话	原住民语	其他
新北市	3 779 113	92.0	82.9	2.4	0.9	2.4
台北市	2 475 542	93.2	73.5	3.5	0.5	3.2
基隆市	359 021	87.2	91.2	0.9	1.8	1.8
新竹市	427 744	92.1	70.7	11.1	0.8	1.6
宜兰县	392 793	78.2	94.9	0.6	1.8	1.0
桃园县	1 982 446	93.4	58.2	17.1	1.3	1.3
新竹县	464 201	90.6	27.7	56.0	2.0	1.1
台中市	2 522 527	87.1	89.9	3.4	1.6	0.4
苗栗县	482 251	79.4	45.8	52.4	1.0	0.5
彰化县	1 123 730	69.5	98.1	0.3	0.2	0.9
南投县	426 622	75.3	92.1	3.2	4.3	1.2
云林县	572 861	60.0	98.2	1.6	0.1	1.4
台南市	1 719 872	71.7	95.8	0.5	0.3	2.7
高雄市	2 597 307	78.6	90.9	3.0	0.7	2.4
嘉义市	250 816	76.5	94.7	0.4	0.3	1.0
嘉义县	458 178	61.0	97.5	0.8	0.8	3.6
屏东县	750 113	66.2	82.3	12.0	4.7	0.5
澎湖县	80 244	75.0	93.6	0.5	0.3	2.4
台东县	187 624	89.9	65.9	5.4	21.3	5.5
花莲县	287 547	90.8	60.9	10.8	16.9	1.6
金门县	52 619	85.4	92.9	1.1	0.5	0.8
连江县	14 064	96.6	44.7	3.9	1.6	24.1

从表 5—4 可以看到:(1)在台湾 8 市 14 县中,说国语的人数每 100 人中超过 90 人次的有 7 个县市,超过 80 人次的有 4 个县市(而且都比较接近 90),占台湾县市总数的一半。其中最高的是连江县,高达 96.6 人次,最低是的嘉义县和云林县,分别是 61 人次和 60 人次。国语在台湾北部和台湾东部的普及率相对较高,而在南部和西部普及率相对较低。(2)说闽南话的人数在 8 市 14 县中,每 100 人中超过 90 人次的有 10 个县市,超过 80 人次的有 2 个;其中最高的是云林县和彰化县,分别高达 98.2 人次和 98.1 人次,最低的是新竹县,为 27.7 人次,其他较低的还有连江县和苗栗县,分别为 44.7 人次和 45.8

人次。闽南话使用情况分布差异比较明显，这与闽南话在台湾的地域分布有很大关系。(3)客家话主要分布在新竹县和苗栗县，每 100 人中分别为 56.0 人次和 52.4 人次。其他较高的分别是桃园县、新竹县、屏东县和花莲县，分别是 17.1 人次、11.1 人次、12.0 人次和 10.8 人次。(4)原住民族语言主要分布在台东县和花莲县，每 100 人中分别为 21.3 人次和 16.9 人次，其他地方都不超过 5 人次。(5)其他这一项中，连江县每 100 人次中高达 24.1 人次，这主要是因为连江县有部分人来自福建省的福州地区，使用带福州腔的闽东话。

3.3 按年龄段统计的语言使用情况

表 5—5 分年龄段在家使用语言情况

年龄段	6 岁以上常住人口数	每百位常住人口在家使用各类语言(方言)的相对人次				
		国语	闽南话	客家话	原住民语	其他
6—14 岁	2 418 610	96.0	69.7	3.8	1.0	0.8
15—24 岁	3 146 521	94.9	78.6	4.8	1.3	1.0
25—34 岁	3 799 930	91.9	83.2	5.6	1.3	1.8
35—44 岁	3 531 622	90.4	84.1	6.4	1.5	2.3
45—64 岁	6 068 715	78.9	86.3	8.1	1.5	2.6
65 岁以上	2 441 837	45.3	81.7	10.1	1.3	3.1

从表 5—5 可以看到：(1)在家说国语，每 100 人中，年龄在 45 岁以下的都超过 90 人次。而 65 岁以上则仅为 45.3 人次。使用国语的人次与年龄呈负相关，即年龄越大，说国语的人次越少。(2)在家说闽南话，每 100 人中，年龄 25 岁以上的都超过 80 人次，其中 45—64 岁年龄段最高，达 86.3 人次，但闽南话使用人次之间差别不是很明显，最低的也接近 70 人次，各年龄段分布比较均匀。使用闽南话人次与年龄基本呈现正相关，即年龄越大，说闽南话的人次越高。(3)说客家话、原住民族语言和其他人次都相对较少，而且与年龄也基本呈现正相关，即年龄越大，使用人次越高。这里值得注意的是“其他”类型，年龄越大，人次越高，而在 6—14 岁年龄段仅为 0.8 人次，说明其他方言已逐渐式微，主要在 35 岁以上群体中使用。

3.4 按教育程度统计的语言使用情况

表 5—6 分教育程度在家使用语言情况

教育程度	6 岁以上常住人口数	每百位常住人口在家使用各类语言(方言)的相对人次				
		国语	闽南话	客家话	原住民语	其他
小学及以下	4 879 642	61.6	81.6	6.9	1.9	2.0
初中	3 513 923	80.8	83.7	6.6	2.0	1.9
高中(中职)	6 036 246	89.4	83.6	7.3	1.5	1.7
大专及以上	6 977 424	95.2	79.7	5.9	0.6	2.4

从表 5—6 可以看到:(1)初中以上水平的,每 100 人中,说国语的都超过 80 人次,其中小学生最低,为 61.6 人次,大专及以上最高,达 95.2 人次。这说明教育是推广国语最为重要的手段。说国语人次与教育程度成正相关,即受教育程度越高,说国语的人次越多。(2)每 100 人中,说闽南话的各个受教育程度都在 80 人次左右,呈现两头低中间高的状况,即初中、高中相对较高,小学和大专及以上相对较低,最高和最低的相差仅 4 人次。(3)每 100 人中,说客家话的各个受教育程度都在 6 人次至 7 人次。其中小学和高中较高,大专及以上教育程度最低。(4)其他类型中,呈现出两头高、中间低的状况,与闽南话刚好相反。这种局面的形成,小学生应与其他类型的方言退至家庭有关,其他方言类型主要靠爷爷奶奶或父母在家传授。而大专及以上程度的人次比较高,主要是因为大专及以上文化程度的人包含的年龄段比较宽,有很多上了年纪的原来从外省来的人及其子女,文化程度相对较高。

四 启示

新中国成立以来,我国开展了几次较大规模的语言调查,如上世纪 50 年代的民族语言文字大调查,上世纪末进行的语言国情调查,2010 年国家语言文字工作委员会在河北、江苏和广西进行了一次抽样调查,取得了普通话普及的最新数据,此外还有很多学者进行的调查等;但是这些资料都缺乏台湾地区的信息。台湾也是首次将语言使用纳入人口和住宅普查中,这项调查很有意义,对全面了解我国的语言国情具有重要价值。

从上述语言使用数据中,可以看出:

1. 台湾国语推行取得了重大成就,国语不但是当前台湾地区社会公共领域最为重要的通用语，也是家庭中使用人次最多的语言。

2. 台湾社会已进入普及型双语双方言社会，绝大多数人既能使用国语，又能使用闽南话或其他方言(语言)。1993 年以来，闽南话、客家话和原住民族语言纳入教育体系后，对维持这种双语双方言社会具有基础性作用，台湾将长期处于这种双语双方言社会之中。

3. 台湾自 1945 年以来大力推行国语，造成了客家话和原住民族语言的萎缩，形成了国语和台湾“乡土语言”的严重对立，从而导致 20 世纪 80 年代末以来的“乡土语言”运动。这种教训我们应该充分研究和汲取，以便更为科学地制定普通话推广政策。

4. 台湾当局重视语言使用，首次将语言普查纳入人口抽样调查或人口普查中去。尤其是随着社会逐渐开放，不同群体的语言接触、语言交流的机会大增，语言压力和语言矛盾也会随之而来，掌握语言基本状况，有利于解决各种语言问题。

(戴红亮、杨书俊)

第六部分

参　考　篇

世界语言生活大事述略

一　语言政策法规

1.1　设立国语日

俄罗斯总统梅德韦杰夫2011年6月6日签署总统令，指定当日即诗人普希金的诞辰日为“俄语日”。尽管欧盟诸国有6%的人口讲俄语，但在这些国家的学校中并不教俄语。俄罗斯政府表示将资助俄语推广项目，希望俄语能重新成为国际交流的重要语言。[①]

匈牙利国会决定将每年的11月13日定为“匈牙利语日”[②]，以纪念1844年匈牙利语在该日立法成为官方用语。匈牙利政府责成相关机构调查“民族语言的使用现状”，并制定保护和发展匈牙利语的措施。

1.2　保护本国语

阿塞拜疆议会2011年4月30日宣布，新语言法将更好地保护阿塞拜疆语。[③]苏联时期的俄语和如今的英语，都对阿塞拜疆语产生了重要影响。这些影响反映在日常语言中，电视媒体特别突出。一些不良影响在词汇和语法上已有所反映。法规制定者称，学校应该注意防微杜渐，公众人物在网络社交媒体上应起表率作用。

1.3　语言维稳

中亚国家的一些团体近来呼吁，罢黜俄语在本国的国语地位。哈萨克斯坦

---

① Dmitry Astachov. President Medvedev declares June 6 as Russian Language Day. *RIA Novosti*. June 6, 2011.

② Parliament declares November 13 “Day of Hungarian language”. *Magyar Távirati Iroda*. September 27, 2011.

③ M. Aliyev. Azerbaijan to improve legislation to preserve language. *Trend*. April 30, 2011.

国会9月15日表示，目前不宜讨论其境内的俄语地位问题。“本年度及今后几年，国会都不打算针对该问题修订宪法或出台新的语言修正案。”[①]

斯里兰卡总统马欣达·拉贾帕克萨10月向内阁提议，为缓和紧张的民族关系，政府鼓励公民熟练掌握僧伽罗语、泰米尔语和英语三种语言，并将2012年定为斯里兰卡三语年[②]。

1.4 “唯英语”运动

早在1981年，美国加利福尼亚参议员早川一会向美国国会递交宪法修正案，要求增加“以英语作为美国官方语言”的条款。在没有得到支持后，他和一些支持者转而通过向各州议会提交提案、发起议会外活动、组织公民联名签署请愿等手段，掀起了自下而上的“唯英语”运动。30多年了持续不断。

印第安纳州众议院2011年2月，以63票比26票通过议案，要求除紧急医疗救治及公共安全等特例外，州政府的所有公务活动都必须使用英语。[③]

得克萨斯州众议院的州务委员会5月以7比3投票决议，确立英语为本州官方语言。[④] 该州有三分之一的民众是拉丁美洲裔，西班牙语非常盛行。虽然该法案在州众议院已获通过，但尚需提交州参议院表决生效。本年度密歇根、宾夕法尼亚和纽约等州，都有一些语言社区在为确立英语为官方语言而做舆论宣传。

美国共和党众议员史蒂夫·金和参议员吉姆·因何夫3月11日，向美国联邦国会提交英语官方语言化的法案，要求所有美国政府部门都应以英语执行公务[⑤]，并对新移民的归化入籍提出英语语言上的要求。

二　语言能力与语言教育

2.1 提高移民语言要求

欧洲有人把居高不下的失业率归咎为外来移民太多。为防止形成外来移民

① Senate speaker: Kazakhstan will not change constitution's language principles. *Interfax-Ukraine*. September 15, 2011.

② Sri Lanka looks for national unification through language. *Press Trust of India*. November 24, 2011.

③ Elizabeth Llorente. English-Only and English as Official Language Bills Gain Momentum, *Fox News Latino*. February 1, 2011.

④ Should the official language of Texas be English? *The Associated Press*. April 29, 2011.

⑤ Brian Montopoli. Bill would make English official language of U.S. government. *CBC News*. March 11, 2011.

潮,这些国家普遍对新移民提出了更高的语言要求。[①]

意大利政府要求新移民和外来劳工必须参加意大利语水平考试,尽管题目并不难,但很多外国人啧有烦言,表示有受到侮辱的感觉。

奥地利本土居民对新移民与子女交谈不用德语颇有微词。由于人口老龄化现象严重,奥地利不得不引入外来劳工解决劳动力短缺问题。奥地利政府2011年度要求新移民在入境取得工作之前,必须具备基本的德语技能。有人认为,此举对贫穷国家无法支付德语学费的移民不公。该法案尚需经议会审批。

鉴于前几年的伦敦恐怖袭击等因素,英国移民政策更趋谨慎。英国政府大幅削减移民配额,对移民的语言要求也更高。自2005年以来,对那些希望成为英国公民或获得英国永久居留权的申请者,要求必须能用英语回答有关英国历史、文化和法律的多项选择题。

法国本年度酝酿出台新的移民法。[②] 新法规定,从2012年开始,试图入籍法国的外国人,必须出示能证明其具有法语能力的官方书面材料。目前在法国的外国人不会说法语的约有100万。法国政府动用8 275万美元普及基础法语。

2.2 跨国务工语言问题

俄罗斯移民机构2011年9月发布研究结果[③]:中亚劳工大多不会说俄语,过半不能独立用俄语填写表单。很多工作离不开外来劳工,俄罗斯政府有意资助其学俄语。但这些人不太热心此事。前8个月入境的外国人有670多万,其中80%来自前苏联国家,报名参加俄语培训的只有5 000人。

2008年曾发生德国医生为英国病人注射过量吗啡致死的事故,英国医疗监管机构对欧盟医生的语言能力产生怀疑。全英医学总会已搜集一些无法用英语交流的医生材料,并向欧盟提交报告,称这些不懂英语的医生对病人生命安全构成威胁。[④] 根据欧洲单一市场法,欧盟医生可以在英国自由行医。目前英国境内有2万多名欧盟医生。

---

① Frances D'emilio. Speak our language or leave: Europe tightens the linguistic screws on immigrants. *Associated Press*. March 5, 2011.

② France imposes tough language rule. *United Press International*. October 14, 2011.

③ Rachel Van Horne. Russia: Central Asian Labor Migrants Face Language Barrier. *EurAsiaNet*. October 21, 2011.

④ Sophie Borland. Doctors from the EU to face language tests following landmark ruling. *Associated Newspapers Ltd*. December 20, 2011.

印度尼西亚全国护士协会2011年3月宣布，根据2008年的劳务派遣协定，在日本研修的104名护士多数将被遣返回印尼，主要原因是日语不过关。[①] 这些印尼护士原本应在日本医院做满三年助理护士，协助照顾住院病人，并且在日居留期间完成日本国家护理认证资格考试。由于不识汉字通不过考试，很多印尼护士无法获得独立护士资格而不得不回国。

2.3 英语教育

格鲁吉亚总统萨卡什维利倡导“语言革命”，力主将英语作为该国第二语言，从国外引入大批外语教师来本国任教，确保每所学校都至少有一名英语教师。教育部希望在全国普及英语教育，将俄语课程转为选修课。[②]

马来西亚教育部2011年计划培训上万名英语教师。[③] 为解决师资短缺问题，马来西亚政府计划今后3年返聘600名退休英语老师。原来设想“用英语教数学和科学课程”，因迫于国内压力太大，将由双语教学取代。教育部表示，双语“软着陆”可提供一种平稳过渡。

日本文部省2011年7月遴选96名英语教师，赴美国参加为期半年的语言培训。[④] 这是去年11月由日本美国两国首脑达成的“教师培训计划”的一部分。该协议计划未来5年将促成数千民众的交流往来。日本希望这批教师学成归来，能够改变日本学生的内向型特质，培养全球化国际视野。

2.4 其他外语教育

捷克国家经济委员会2011年年初向教育部建议，为学生减负，只将英语定为中小学必修课程。[⑤] 捷克媒体3月发布对企业高管的调查数据显示，70%的受访者认为还应学习其他外语。鉴于捷克的历史和经济现状，企业家认为更应学德语和俄语。考虑未来发展，汉语和印地语也很重要。

---

① Yuli Krisna. Language Barrier Clips Wings of Indonesian Nurses. *The Jakarta Globe*. March 18, 2011.

② Georgia switches to English. *TV-Novosti*. August 12, 2011.

③ Shaun Ho. 10,000 more English-language teachers to be trained. *The Star Online*. April 25, 2011.

④ Kyodo. Japanese English teachers leave for U.S. looking to broaden horizons. *Japan Times*. July 8, 2011.

⑤ Luděk Bednář. Czechs should learn several languages—even Mandarin. *Czech Position*. March 15, 2011.

菲律宾2011年2月决定，在部分试点学校引入汉语和阿拉伯语教学。[①] 教育部表示，面对竞争激烈的全球市场，只掌握一门外语远远不够。为培养具有国际竞争力的人才，有必要引入更多外语课程。此前菲律宾已试点在高中开设西班牙语、日语、法语和德语课程。

丹麦2011年度对国内中小学的外语教育政策进行变革[②]，把英语必修课的首开时间，从小学三年级提前到一年级；小学五年级再开设德语或法语必修课。该方案得到丹麦民众支持。社会民主党甚至建议小学七年级再开设第三门外语必修课程，如汉语、西班牙语和阿拉伯语。

2.5 母语教育

捷克教育部表示没有开设罗姆语课程皆因民众兴趣不足。[③] 根据政策，只要有7名学生要求，就可以在该校开设罗姆语等选修课程。去年在Facebook上约有12 000人签名，反对在校开设罗姆语课程，因为相关支出将从残疾儿童和多元文化教育经费中划拨。

瑞士格劳宾登州议会2011年12月决定，该州的教科书可以用当地罗曼什语方言编写。[④] 该决议推翻了该州2003年有关“教材只能使用标准罗曼什语”的规定。格州的方言难以沟通，于是有语言学家糅杂各方言制定标准罗曼什语，并成为国家官方语言之一。这种人为规定的标准语，在现实生活中并不受人待见。当地语言保护组织一直没有放弃用当地方言编教材的诉求。

纳米比亚2011年11月的一项调查显示，98%的教师英语说得不流利，有必要修订该国1993年的教学语言政策。[⑤] 该研究建议，母语教育应从3年延长到5至7年，低年级的母语教育师资培训亟待加强。尽管从儿童认知角度出发，用母语接受教育是合理的，但出于不让孩子输在起跑线上的考虑，许多家长更愿意子女尽早接受英语教育。

---

① DepEd to offer Mandarin, Arabic language courses to HS students. *GMA News*. February 24, 2011.

② Bodil Due. Denmark's focus on foreign language education. Ministry of Science, *Innovation and Higher Education*. June 21, 2011.

③ Romany language not taught at Czech schools over lack of interest. *Česká tisková kancelář*. April 2, 2011.

④ Romansh dialects carry the day in Graubünden, *Swissinfo*. December 9, 2011.

⑤ Johanna Absolom. Namibia: Swapo Language Policy a Disaster. *Namibia Economies*. November 18, 2011.

三 语言产业与语言服务

3.1 语言教育培训产业

在英语国家中，英语培训是一项重要的收入来源。英国曾一度提高外国学生进入语言学校签证的语言要求，2011 年年初，英国政府改变策略，规定非欧盟学生可以申请长达 11 个月的学生签证；对入境者英语水平的要求也将取消。此举对振兴英国的语言培训产业具有重要意义。当地业者指出“语言学校是一种隐性的经济模式”。①

爱尔兰语言培训行业的 90 家海外代理机构于 2011 年 10 月初召开研讨会，总理恩达·肯尼出席并表示，政府对振兴爱尔兰语言旅游业的重视。② 2011 年 1 至 9 月，进入爱尔兰学英语的外国学生人数超过 10 万，收入达 3 亿英镑。到爱尔兰“旅游兼学英语”已经形成一个巨大市场。

马耳他是欧洲地中海国家学生学英语的理想去处。当地英语培训机构本年度遭遇寒冬。一是该国政府减少为留学生发放语言学习奖学金；二是盛传马耳他已成联军空袭利比亚的军事基地，导致生源紧张。③

3.2 语言翻译服务产业

根据 9 月份进行的 2010 年至 2011 年度对全美 20 个主要城市语言翻译使用情况的一项调查④，美国人对阿拉伯语和越南语的翻译需求增长迅速。在 20 个调查城市中，有阿语翻译服务需求的占 13 个，增长较快，跻身前五名。越南语的翻译需求排名也进入前五。

一家欧盟调查机构 2011 年 5 月发布报告称，尽管英语是欧洲网站的主要语言，如果英国公司忽视网站本地化工作，仍将失去欧洲市场。⑤ 调查对象包括欧盟 27 个

---

① Boost for language schools and town's vital 'hidden' economy. *Hastings and St. Leonards Observer*. January 23, 2011.

② Ronan McGreevy. Language students flock to Ireland. *Irish Times*. October 22, 2011.

③ Chiara Bonello. Local language schools to contend with Libyan situation. *The Malta Independent Online*. March 31, 2011.

④ Carla Collado. Language Line Services' Report Reveals Spike in Mandarin, Arabic, Vietnamese and Russian Interpreter Requests Nationwide. *PR Newswire*. October 20, 2011.

⑤ Neelie Kroes. Digital Agenda: More than half EU Internet surfers use foreign language when online. *EU News*. May 12, 2011.

国家的上万名网络用户。结果显示，42%的受访者从不在外文网站购物。一家美国市场调查公司称，要想赢得世界80%的客户，就必须至少将网站译成11种语言。

3.3 政府语言服务

2011年12月，爱尔兰议会的议员们都得到一本《简明英语风格指南》。[①] 该书由爱尔兰议会语言服务机构和国家成人基本读写能力调查处组织编写，用来帮助立法者与外界更好地沟通。议会希望此举能帮助议员，使用普通百姓都能看得懂、听得懂的语言，与民众交流。

印度政府以前曾规定，发布公文只能使用印地语，结果使政令行文晦涩，难以卒读。2011年12月，内政部语言管理部门签署命令，指示在公文撰写过程中，如果遇到复杂难懂的印地文词语，可采用以印度天城体文字转写的英文词代替，从而使公文更具可读性。[②]

3.4 社会语言服务

2011年9月27日是第52个国际聋人节。冈比亚聋哑人协会呼吁，全国所有医院聘用手语翻译。[③] 冈比亚失聪人士正在增长，95%的聋哑人没有受过教育，有必要配备手语翻译，帮助他们与医护人员顺畅交流。

10月，英国交通管理部门计划取消使用驾照的外语考试。[④] 目前规定理论考试可以从19种外语中任选一种答卷，马路驾驶考试可以自带翻译。2010年全英有93 407例外文答卷。试卷翻译全由国家埋单。

3.5 紧缩语言广播节目

英国广播公司国际台2011年度取消原有32种语言服务节目中的5种，其中包括汉语普通话广播，未来3年将现有2 400名员工裁减650人。[⑤] 该机构近年来每年开销2.75亿英镑。2010年政府宣布，从2014年开始，该台支出自行承担。

2011年2月16日美国之音向美国国会提交2012年度财政预算，将用于汉

---

① Miriam Lord. Politicians to mind their language. *Irish Times*. December 10, 2011.

② Prefer 'hinglish' over pure Hindi. *Govt. PTI*. December 05, 2011.

③ Momodou Jawo. MoHSW urged to employ sign language interpreters in hospitals. *Daily Observer*. September 28, 2011.

④ Daily Mail. Furious Minister urges ban on foreign language driving test. *Daily Mail*, October 15, 2011.

⑤ BBC World Service to cut five language services. *BBC*. January 26, 2011.

语普通话广播的预算大幅削减800万美元，并且裁员55%。[①] 美国之音计划全面停播汉语短波、中波以及卫星电视广播等节目，将服务内容的重点转向在线网络和手机通信等新技术领域。

四 语言生态与语言传播

4.1 放弃自己的语言

印度尼西亚科学院2011年12月宣布，本世纪末境内将有169种语言灭绝，只有大约10%的当地语言能够生存下来。[②] 城市化和种族通婚是很多语言灭绝的主要原因。说方言土语的自卑感、经济状况不佳以及试图摆脱与贫困落后的出生地的联系，使当地语言用得越来越少。

涌入城市的越南农民面临两种语言问题。[③] 一是学好居住地的口音，尽快融入城市生活。再就是守护好自己的方言。但人们往往在前一方面做得很好，在第二个方面做得很不够。

济州方言与韩国语差别很大，最近列入《世界濒危语言图谱》。[④] 目前岛上能说流利方言的人口不超过1万，多数还是70岁以上的老人。济州是韩国风景名胜地，出于经济考虑，当地人对土语保护重视不够。

4.2 互联网对本国语的冲击

Arabizi是阿拉伯年轻一代发明的、在电子设备上用英语字母来拼写阿拉伯语汇的方法，目前在互联网上应用得很普遍。[⑤] 很多教师和家长认为，这将威胁到阿拉伯语的健康发展。由于在计算机或手持设备上键入阿拉伯文字不方便；网络聊天和发送手机短信息又要求速度快、响应时间短，为了贪图方便或显示时尚，年轻人采用英语字母夹杂的方式来拼写阿拉伯语内容，并逐渐演变成一种时尚。其后果是阿拉伯青年的本族语拼写能力严重下降。

网络社交工具的应用在泰国非常普遍。网上交际时年轻人总爱用英语。[⑥] 与

---

① China Notes Cuts to VOA's Mandarin Broadcasting. *VOA*. February 22, 2011.

② 169 local languages likely to extinct: Researcher. *The Jakarta Post*. December 14, 2011.

③ VietNamNet Bridge. Regional accents prove point of pride, prejudice. *Viet Nam News*. December 5, 2011.

④ Yonhap. Distinct dialect of Jeju threatened with extinction, *The Korea News*. October 14, 2001.

⑤ Renad Ghanem. 'Arabizi is destroying the Arabic language'. *Arab News*. April 19, 2011.

⑥ Anasuya Sanyal. Facebook eroding Thai language? *Channel News Asia*. September 30, 2011.

键入泰文相比，用拉丁字母打字更方便并且还节省时间。在泰国的卡拉 OK 歌厅里播放泰语歌曲，还流行一种糅杂拉丁字母的泰文字幕。究其原因，可能是一些电子设备不方便输入或显示泰文，另一种可能是这种拼写显得另类而时尚。泰国社会有一种隐忧：在网络和电子设备日益普及的今天，年轻人的泰语水平会越来越差。

4.3 拯救与保护语言的措施

马来西亚媒体认为，对方言土语最大的威胁是操这种语言的人自己态度的转变。[①] 人们不说母语，也不向下一代传授母语，导致很多方言土语消亡。认为自己的语言很土，很多人希望晚辈能跟得上潮流，鼓励子女学好英语和马来语，主动放弃了自己的语言。

尼日利亚近年开展了一系列的抢救工作，以便保护约鲁巴语的文化遗产。[②] 工作包括呼吁本地作家采用本族语创作；鼓励家长在家多说母语，让下一代接受纯正的母语教育；要求教育部门将土著语言设为中小学生的必修课，开发更多适合儿童的教材读物，提高学习兴趣和积极性。

新西兰纽埃人后裔不多，散居全球各地，缺乏共通的母语交流环境。一项名为“纽埃语无线网络”的工作最近受到瞩目。[③] 借助无线网络技术，纽埃人有望在网上形成一个使用母语的社交圈子，保持他们与母语的联系。技术专家们还在为纽埃人建设纽埃语图书资源库。

4.4 语言传播

欧盟组织的“语言故事（Tongue Stories）”竞赛 2011 年 5 月中旬落下帷幕。[④] 从 2010 年开始，欧洲公民通过提交短文、视频及音频材料或照片来讲述自己的语言故事，经在线投票和专家评判遴选出优胜者。组委会共接收到 600 多份材料。欧盟试图通过此举彰显欧洲的语言多样性。

第五届泛亚美尼亚奥林匹克竞赛于 2011 年 7 月 18 日开幕，今年恰逢亚美尼亚独立 20 周年，亚美尼亚总理出席并致辞，来自 12 个国家的 130 名学生参加。其目的是帮助旅居海外的亚美尼亚儿童了解亚美尼亚语言与文学，历史与文化知识，建立与祖国的密切联系。

---

① Borneo Post. Attitude the main threat to local languages-professor. *BorneoPost Online*. December 15, 2011.

② Nigeria: Indigenous Language, A Veritable Tool-Don. *Vanguard*. October 13, 2011.

③ WHAM Public Relations. Internet Can Help Save Niue language. *Scoop*. October 14, 2011.

④ Moises Mendoza. Expat's language essay wins her a trip to Brussels. *The Local*. May 17, 2011.

五 语言冲突与安全

5.1 语言冲突

拉脱维亚语是拉脱维亚的唯一国语，2011 年要求提高俄语官方地位的运动贯穿全年。拉脱维亚现有 200 多万人口，其中说俄语的民众占近 44%。一些社区要求将国立俄语学校转为拉脱维亚语学校，并加大对在公务场合不说拉脱维亚语者的惩戒力度。[①] 一些俄罗斯族社区组织"为了母语"行动，从年初开始发起公民联署请愿活动，要求修改宪法、赋予俄语第二官方语言的地位。[②] 在如愿筹集到全体选民数 10%的法定票数后，该动议提交到拉脱维亚议会表决，但在年底议会投票时被否决。在 2012 年 2 月举行的全民公决中，俄罗斯族人口未能过半，并且还有很多人没有取得公民权，最终由于七成拉脱维亚公民反对，俄语未能成为该国的第二官方语言。

摩尔多瓦自由党议员 2011 年 1 月，要求国会进行立法，强制规定所有议员，必须掌握该国官方语言摩尔达维亚语。2008 年《公务员法》规定公务员必须掌握摩尔达维亚语；对国会议员没有过多语言要求。自由党此举是针对反对党——共产党人党的部分议员在议会只说俄语而提出的，并且对国会有关"少数族裔在高等院校中必须接受官方语言教育"的议题表示不满。

立陶宛议会 2011 年 3 月 17 日发布法令，要求境内各少数民族学校本学年度，必须采用立陶宛语讲授立陶宛历史和地理等课程，同时规定，立陶宛语的授课时数不得少于母语授课时数。所有学生从 2013 年开始，必须参加立陶宛语考试。[③] 俄裔和波兰裔等少数民族社区曾征集 6 万人连署签名，要求其子女在中学阶段享有用母语受教育的权利。

至 2011 年 10 月，比利时的法语政党和荷兰语政党之间的争吵声仍在进行当中。比利时新任首相埃利奥・迪吕波[④]是 1974 年以来首位说法语的首相。该国内阁 15 个席位一直由两派政党平分。此前首相即便是荷兰语党派出身，也

---

① Latvian ombudsman backs proposal to toughen language policy. *RIA Novosti*. May 19, 2011.

② Over 6,000 Latvian citizens sign petition to make Russian state language. *RIA Novosti*. April 5, 2011.

③ Lithuania restricts Russian-language school lessons. *Itar-Tass*. March 18, 2011.

④ Deutsche Press. Belgian politicians row over "linguistic sex" of would-be leader. *Deutsche Press-Agentur*. November 29, 2011.

能说流利的法语，因而被看成是语言中立的。但是，新首相迪吕波的荷兰语基本上不能有效沟通，这对稳定荷兰语地区的民众情绪，还有很长的路要走。

一对法语极端主义者夫妇起诉加拿大航空公司，因为该公司工作人员没有使用法语。① 根据加拿大的官方语言法，加航服务应该使用英语和法语两种语言。法院最终判定加航给予这对夫妇经济赔偿并向其致歉。该裁定再次激起加拿大的语言之争。

5.2 语言安全

“9·11”事件之后，美国把国家外语能力看成保障国家安全的重要战略资源。据统计，美国情报部门的阿拉伯语使用量增加3倍，阿富汗和巴基斯坦等地语言的使用量增长30多倍。情报部门抱怨缺少精通这些语言的人才，并将问题归结为美国教育系统前期忽视外语教育。②

2011年度各国维护海运安全取得了成效，但对已抓获的索马里海盗的审讯却进展甚微。

韩国政府2011年1月幸运地获得在韩国避难的索马里人的协助，对在一次营救被劫货轮行动中抓获的5名索马里海盗进行调查。③ 外交部官员表示“这些翻译在确定海盗身份和犯罪基本事实等方面发挥了作用，但在审判后期，需要有更高层次的专业翻译人员”。为保证审判客观公正，韩国请求英国政府提供职业翻译。

印度警方2011年2月表示，印度缺少法庭认可的官方翻译。④ 他们曾向孟买大学征寻索马里留学生充当翻译，但无功而返。后经出入境管理局帮助，找到一名懂索马里语的埃塞俄比亚留学生，才算解决燃眉之急。由于是“借来”的业余翻译，这些口供并不被法庭采信。

（熊文新）

---

① Jessica Murphy. Air Canada language ruling sparks controversy. *Toronto Sun*. July 16, 2011.

② Tabassum Zakaria. U.S. spy agencies struggle with post-9/11 languages. *Reuters*. September 19, 2011.

③ Chosun Ilbo. Gov't Searches for Interpreters in Trial of Somali Pirates. *The Chosun Ilbo*. February 1, 2011.

④ Megha Sood. Hijack probe hits language barrier. *India Press*. February 21, 2011.

非洲语言状况

非洲语言众多且复杂。目前使用的语言有 2 000 多种，占世界语言总数的 30%。[①] 非洲本土语言的使用者，有的超过数千万，有的则不足百人。很多语言已经濒危。语言是文化的核心，与社会、经济和政治密切相关。非洲语言在非洲的社会经济发展中举足轻重。

一 概况

非洲大陆以其气候、地理、民族和文化诸多方面的多样性而著称，其本土语言亦不例外，语种多，分布广，使用复杂。非洲本土语言的种类尚无准确数字，学界认为非洲有 2 000 多种语言，同时还存在大量未被发现或濒危的语言。[②]

非洲本土语言可分为四大语系：尼日尔—刚果语系、尼罗—撒哈拉语系、亚非（闪—含）语系以及科伊桑语系。另一个主要语系为南岛语系[③]，包括马达加斯加岛的马达加斯加语。其中尼日尔—刚果语系所包含的语种超过非洲语言总数的三分之二。[④]

---

① Grimes, Barbara F. 1996. *Ethnologue* (*13th ed.*). Dallas: Summer Institute of Linguistics.

② Blench, Roger. 1998. The status of the languages of Central Nigeria. In *Endangered Languages of Africa*, ed. Matthias Brenzinger, 187—205. Koln: Rudiger Koppe Verlag.

③ 又称马来—玻里尼西亚语系。

④ Bendor-Samuel, John T. 1971. Niger-Congo, Gur. In *Linguistics in Sub-Saharan Africa*, eds. Jack Berry and Joseph H. Greenberg, 141—178. The Hague and Paris: Mouton.

资料来源:《非洲语言》,维基百科网,http://zh.wikipedia.org/wiki/%E9%9D%9E%E6%B4%B2%E8%AF%AD%E8%A8%80。

图 6—1　非洲语系分布图

尼罗—撒哈拉语系主要分布于东非以及中部非洲以东地区,包括 4 个语族和 2 种独立的语言,即沙里—尼罗语族、撒哈拉语族、马巴语族、科马语族以及富尔语和桑海语。沙里—尼罗语族又称大苏丹语族,通常分为东苏丹语支和中苏丹语支,主要语言有肯尼亚的卢奥语和苏丹的努埃尔语,还有马萨依语、萨拉语和努比亚语。

表 6—1　语言数量及语言使用人数

	语言数量(种)	语言使用人数(百万)
尼日尔—刚果语系	1 650	班巴拉语(3),富拉语(13),伊博语(17),摩尔语(11),斯瓦希里语(5),约鲁巴语(20),祖鲁语(9.1)
闪含语系(非洲)	200—300	阿拉伯语(180,包含所有变体),阿姆哈拉语(20),豪萨语(22),奥罗莫语(10),Somali(5—8),桑海语(2),柏柏尔语(3)
尼罗—撒哈拉语系	80	丁卡语(1.4),卡努里语(4),卢奥语(3.4),马赛语(0.883),努尔语(0.84)
科依桑语系	40—60	纳玛语(0.14),桑达韦语(0.07),孔语(0.008—0.03)

资料来源:Childs,G. Tucker. 2003. *An Introduction to African Language*. p23. John Benjamins Publishing Company.

尼日尔—刚果语系是非洲最大的语系,其中班图诸语是非洲使用最广泛的语族,约有 600 种语言,2 亿母语者。班图诸语在非洲中部和南部很普及,尽管英语、法语或葡萄牙语是这些国家的官方语言。在班图诸语中,最著名且最常用的是斯瓦希里语。除了用作母语,班图诸语还是很多人的第二语言或第三语言,是社会上广为学习和使用的语言，同时也是非洲的通用语言。

对大部分非洲国家来说，欧洲语言是高级语体，是原宗主国的语言，现在作为官方语言和教学媒介语言，一直在使用甚至强化推广。在撒哈拉以南的非洲地区，以法语为官方语言的有 19 个国家；以英语（南苏丹国系例外）为官方语言的有 17 个国家；以葡萄牙语为官方语言的有 5 个国家；另外，以阿拉伯语为官方语言的有 4 个国家；以本土语言为官方语言的只有 8 个国家。

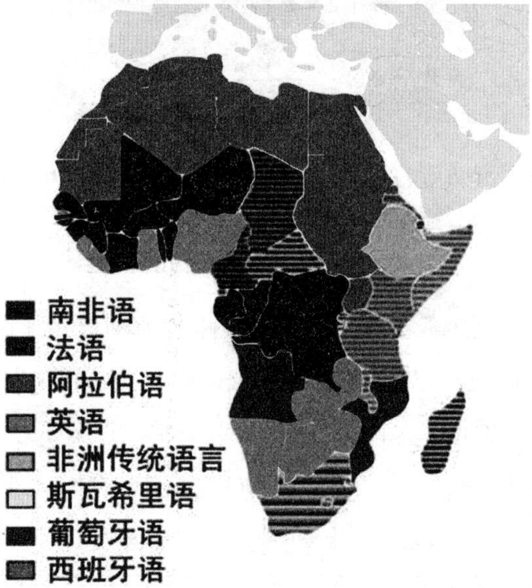

资料来源：《非洲语言》，维基百科网，http://zh.wikipedia.org/wiki/非洲语言。

图 6—2 非洲的官方语言分布图

在非洲大陆，本土语言的分布并不均衡。撒哈拉沙漠是无人区，以此为界，北非的语言相对趋同，差异性较小，而喀麦隆西北部和喀麦隆与尼日利亚交界地区则是世界上语言密度最高的地区。有些国家的本土语言，如博茨瓦纳的茨瓦纳语、布隆迪的基隆迪语、莱索托的塞苏陀语、马达加斯加的马达加斯加语、毛里求斯的克里奥尔语、卢旺达的卢旺达语、塞舌尔的克里奥尔语、索马里的索马里语、斯威士兰的斯瓦蒂语，使用较为集中；有些国家的本土语言十分复杂，如，埃塞俄比亚约有 4 500 万人口，使用 97 种语言，贝宁只有 300 万人口，使用 58 种语言，坦桑尼亚则有 120 种语言。[①]

① UNESCO. 2002. Intergovernmental Conference on Language Policies in Africa, Working Document, P9.

表 6—2 非洲使用最广泛的语言及使用人数

语言	分类	主要使用地区	数量(百万)
斯瓦希里语	尼日尔—刚果语系	东非和中非	48
豪萨语	闪含语系	西非	38
阿姆哈拉语	闪含语系	埃塞俄比亚	20
约鲁巴语	尼日尔—刚果语系	尼日利亚	20
伊博语	尼日尔—刚果语系	尼日利亚	17
富拉语	尼日尔—刚果语系	西非	13

资料来源：Childs, G. Tucker. 2003. *An Introduction to African Language*. p24. John Benjamins Publishing Company.

多语使用是非洲语言的另一重要特点。多数非洲人熟悉两种或两种以上语言，不同的场合使用不同的语言。[①] 例如，在塞内加尔，有些人在家使用康俊语(Cangin)，在外则使用沃洛夫语(Wolof)。[②] 不同语言有不同的作用。在尼日利亚北部和尼日尔南部，亚非语系的豪萨语作为第一语言广泛使用，但在非洲其他地区则作为第二语言广为用之。[③] 此外，同一种语言，使用者不同，其作用亦不同。在尼日利亚北部城市卡诺，以豪萨语为母语的豪萨族，普遍认同豪萨文化、民族主义及其价值观念；但在尼日利亚北部的阿达马瓦等州，豪萨语在日常口语交际中，仅是苏瓦语和卡努里语等的补充；而在喀麦隆，使用豪萨语则代表北部地区的富尔贝人和富尔贝文化。

总之，非洲本土语言众多，殖民地时期欧洲宗主国语言在非洲的广泛推广和使用，使得非洲语言的分类、分布和使用情况更加复杂。近年来，非洲语言的使用日益受到各方关注，许多国家开始重视制订语言规划和政策。

二　后殖民时期诸国语言政策

欧洲的宗教传播和殖民统治，对非洲国家的语言规划及政策产生了很大的影响。后殖民时期，非洲诸国开始重视本土语言，尝试建立公正平等的多语言社

① Myers-Scotton, Carol. 1993. *Social Motivations for Codeswitching: Evidence from Africa*. Oxford: Clarendon Press.

② Pichl, Walter J. 1966. *The Cangin Group—A Language Group in Northern Senegal*. Pittsburg, PA: Institute of African Affairs, Duquesne University.

③ Fardon, Richard, and Graham Furniss, eds. 1994. *African Languages, Development, and the State*. London and New York: Routledge.

会。这些国家的语言政策具有三个特征：第一，原宗主国语言仍占主导地位；第二，语言呈多样化趋势；第三，本土语言受到重视。

脱离殖民统治后，许多非洲国家新政权在制订语言政策时，多采取多语制或双语制，在官方语言的选用上各有不同，但是，原宗主国语言在非洲诸国依然占据主导地位。有些国家选用一种本土语言和一种欧洲语言作为共同的官方语言。譬如，布隆迪的官方语言是法语和基隆迪语，莱索托的官方语言是英语和索托语。有的国家选用两种外来语言作为官方语言，如喀麦隆的官方语言为英语和法语。只有极少数国家把本土语言提升为官方语言，如斯瓦希里语在坦桑尼亚，阿拉伯语在突尼斯。

另有一些国家只把一种欧洲语言作为官方语言。如，贝宁的法语、加纳的英语、安哥拉的葡萄牙语、赤道几内亚的西班牙语等。津巴布韦约有 1 050 万人口，讲原住民语言的人口占绝对优势，其中讲绍纳语的至少占全国总人口的 75%，讲恩德贝勒语的至少占 10%—16%。而将英语作为母语来使用的人数尚不足津巴布韦人口的 1%，但英语是官方语言，在社会生活中占优势地位，是商业、行政管理、政治生活和传媒的用语，是各级学校中的教学用语。

语言多样化，旨在保护语言的多样性，倡导多种语言在社会中并存。非洲各国逐渐意识到建立语言平等公正的多语社会，将有助于非洲经济和社会的发展。许多非洲国家制定了一些旨在消除语言不平等、建立公正的多语言模式的语言政策。突尼斯制定的多语语言政策的特点是，以突尼斯方言为主，以经典阿拉伯语和法语等其他语言为辅。其中，突尼斯方言是家庭中最基本的交流语言，在获得本民族知识、传统和习俗方面起到重要作用；另外，突尼斯深受穆斯林宗教文化的影响和熏陶，在情感上认同阿拉伯—穆斯林文化，阿拉伯语作为突尼斯的民族语言在使用；深受法国 200 余年殖民统治的深刻影响，法语作为突尼斯的通用语，在社会中也发挥着重要作用。

语言本土化，提倡选择一种或几种本土语言作为当地或国家主要的交际工具和官方语言。[①] 后殖民地时期，一些非洲国家认识到，非洲本土语言对社会、经济、教育的发展和恢复非洲国家民族精神，具有重要的作用，开始重视提高本土语言的地位和作用，并尝试将其纳入教育体系。例如，南非的新宪法明确规定了语言权利，列出了 11 种官方语言。《权利法案》规定，保护人们不受任何直接

① Cobarrubias, J. & J. Fishman. 1983. Progress in Language Planning: International Perspectives [M]. Berlin: Mouton Publisher.

或间接的语言歧视，保护人们交流表达的自由以及使用母语接受教育的权利。“在公共教育机构，人人都有以官方语言或自选语言接受教育的权利。”为了认同多语，南非还建立了全南非语言委员会，旨在“为所有的官方语言……的使用、发展与获得尊敬创造和改善条件”。“为了显示对所有官方语言的尊重和公正对待，政府和各级政府必须至少使用两种官方语言”。而在上世纪60年代的南非，“本土语言的学习还被认为是不合适和不恰当的”。[①] 在南非，英语依然是优势语言，但其作用更多地体现在交际语和国际交流上，本土语言开始享有同等重要的地位，并逐渐渗入教育及其他领域。

目前非洲语言本土化取得了很大进展，但仍面临很大挑战。社会精英和公众对非洲本土语言持消极态度，学校教师更倾向于使用英语等欧洲语言，非洲本土语言在教学中受到排斥和压制。高等教育中使用的语言依然主要是南非语[②]、阿拉伯语、英语、法语、意大利语、葡萄牙语和西班牙语。这种状况已在整个非洲大陆引发了对母语与第二语言教育的讨论。联合国教科文组织更是把这种状况看作非洲国家社会发展面临的重大挑战。[③]

三　全球化进程中语言政策走向

伴随着全球化的到来，非洲语言呈现出去殖民化、语言多样化和本土化的趋势。随着全球化的发展，由于社会经济、政治、文化发展的需要，非洲各国愈来愈重视语言和文化的认同。为了提高本土语言的影响力，推动非洲的发展，非洲各国制定了一些相应的语言政策，其核心价值是尊重非洲语言所体现的文化价值多元性，为非洲大陆的内在发展而整合非洲语言，使其成为推动非洲各国间合作和交流、提升非洲整体价值观的重要因素。[④]

3.1　整合非洲本土语言，提高非洲本土语言影响力

非洲语言研究院将未来非洲语言发展的主要方向确定为赋予非洲语言合法

① 常永才、李红记《试论新南非语言政策的演变及其对教育的影响》，《西藏大学学报》2006年第3期。

② 亦称南非荷兰语、阿非利堪斯语。

③ 罗美娜《非洲国家的多元语言使用问题》，《世界民族》2011年第2期。

④ AFRICAN ACADEMY OF LANGUAGES, http://www.acalan.org/eng/about_acalan/about_acalan.php.

的权利，即提高非洲语言的影响力。而非洲语言发展的前提是，在对非洲语言充分认识和研究的基础上，对非洲语言进行整合。整合非洲本土语言即是去掉不同语言间的所谓模糊性，分析各语种之间在语法、词汇、发音上的共同性，围绕核心语言创造共通的书写系统，将这些互相可以辨读的地方语言整合起来。非洲语言的复杂性，部分原因是由于殖民统治造成的，同一种非洲语言由于与不同的欧洲语言混用，而导致在词语拼写等方面的不同，如尼日利亚和贝宁的约鲁巴语对音位/u/采用“u”和“ou”两种不同的拼写形式。

近年来，非洲不断加强非洲本土语言的研究。2006 年非洲联盟第六届首脑会议决定，成立非洲语言研究院，制订“2006 非洲语言年”计划。非洲联盟在 2009 年举行的“重塑非洲的教育：第一届泛非课程、读写能力和出版业发展会议”上提出，促进斯瓦希里语在非洲国家教育系统的使用。在联合国教育科学文化组织的帮助下，各种研究机构如非洲社会高级研究中心、非洲教育协会等也相继成立，致力于研究非洲语言问题，积极推动非洲语言的发展，提高非洲本土语言的影响力。

3.2 完善教育体系，将非洲本土语言纳入教学实践

非洲语言研究院倡导发展建立在母语基础上的多语言教育，将非洲本土语言作为教学工具，从小学推行到中学阶段：在学习非洲本土语言的同时，教授目前在绝大多数非洲国家中作为官方语言的欧洲语言。① 目前，在坦桑尼亚、埃塞俄比亚、马达加斯加、索马里和厄立特里亚等国，以本土语言作为初等教育语言的目标已基本实现，但大多数国家本土语言在教学体系中的使用还处在试用阶段，或者还没有开展。

3.3 利用现代化技术手段，发挥非洲语言在发展中的核心作用

随着信息时代的发展，非洲语言的发展似应与现代化技术相结合，以获得更大的发展空间。语言学家与信息技术专家携手合作，开发各种非洲本土语言的电脑输入法，适应大部分不会英语、法语等非洲人的需要。一些电脑公司受非洲市场商业利益驱使，开始让电脑系统“非洲化”：在东非地区超过 1 亿人口使用斯瓦希里语，因此，微软公司把斯瓦希里语框架，加入 Windows 操作系统和微软

① AFRICAN ACADEMY OF LANGUAGES, http://www.acalan.org/eng/texts/statutes.php.

Office2012 等通用软件中;世界最大搜索引擎谷歌也已在肯尼亚版搜索引擎上,推出了斯瓦希里语的搜索引擎;非洲语言技术公司尝试发明了一个专为约鲁巴语输入制作的键盘;非洲网站开始使用或部分使用非洲本土语言。

非洲,特别是撒哈拉以南的非洲,是世界上民族成分最为复杂的地区,语言呈现多样性、语言问题体现复杂性。非洲的历史发展、意识形态和政治经济等各方面的影响更加剧了这种复杂性。近年来,非洲各国逐渐意识到,本土语言的发展与非洲文化以及价值多样性紧密相关,是非洲发展的核心。

随着全球化的进程加快和非洲政治经济的发展,非洲各国越来越重视语言规划和语言政策的制定,强调语言的多样化和本土化。尽管殖民地时期的语言对非洲语言的影响力很难在短期内消除,非洲本土语言在各国的发展还面临着各种问题,但非洲政府和人民正逐步认识到发展非洲本土语言的重要作用,非洲本土语言将随着非洲的发展而发展。

(战　菊、潘海英)

《法语使用报告》(2010)概览

语言政策，尤其是涉及法语的政策是法国政治生活的重大主题之一。斯波斯基一针见血地指出："法国是语言意识形态和语言管理都表现强烈的典型国家。"[①]在法国，法语的地位是由宪法确定的。法国宪法第二条规定："共和国的语言是法语。"[②]但不论在国内，还是在国际，法国都强烈感受到了法语地位的下降。面对法语词汇日趋"英语化"以及英语在越来越多的场合替代法语的势头，法国于1994年8月4日颁布了《法语使用法》，又称《图邦法》(Loi Toubon)。[③]该法第一条明确规定："法语是法兰西品格和遗产的基本要素。法语是教育、劳动、交际和公共服务部门使用的语言。"[④]

由于受到违反《人权宣言》规定的"思想和言论自由"原则的指控，《图邦法》在限制私人或视听传媒使用英语等方面的作用有限，但是对国家机关影响深远。一方面，公法法人及私人在执行国家公务时，必须使用法语，并应遵守使用规范。另一方面，《图邦法》第22条明确规定："政府应在每年9月15日之前，向议会递交有关本法实施情况的报告，以及在国际机构中缔结的有关法语地位的国际公约或条约的实施情况的报告。"

鉴于此规定，法国文化部法语与法国语言司(下称"法语司")从1994年10月开始，每年向议会提交《法语使用报告》(以下简称《报告》)，总结前一年的法语使用状况。[⑤] 该《报告》旨在实时跟踪法语使用情况，以便依法律规定规范法语

---

① 博纳德·斯波斯基《语言政策——社会语言学中的重要论题》第72页，张治国译，赵守辉审定，商务印书馆2011年版。

② 法国第五共和国宪法第二条。

③ 又称第94—665号法律。《图邦法》因当时的文化部长雅克·图邦(Jacques Toubon)而得名。

④ 本文有关《图邦法》的译文均引自《法兰西共和国法语使用法》(陈振尧、罗贤佑校)，载周庆生主编《国外语言政策与语言规划进程》第174—177页，语文出版社2001年版。其他译文为本文作者译。

⑤ 法语与法国语言司名称中的"法国语言"指法国的地方语言。2002年以前该司名为法语司。《法语使用报告》以出版年命名。一般于每年10月公开发布。法语及法国语言司和隶属法国总理府的法国文献出版社(la documentation française)的官网上可以全文下载从1997到2010年的14部报告及2005年以来报告的综述。

的使用,使其不受或少受英语的影响,从而维护法语在国内国际生活中的地位。《图邦法》中的大部分规定都有相应的监察和惩罚机制,从而保证了法律的有效实施。近20年来,《报告》作为《图邦法》实施的保证措施之一,逐渐把语言提升到国家战略的高度。《报告》中说:“从今以后,掌握语言技术对于国家公务部门,甚至对于所有的经济行为体来说都是一个战略问题。”[①]

本文拟先概述已收集到的14部《报告》,然后描述2010年《报告》的主要内容。

一　历年《报告》概况

限于《图邦法》的规定,《报告》历年的名称、形式、长度以及框架虽有些变化,但大同小异。1997到2001年的《报告》名称为:“关于1994年8月4日法律执行情况呈交议会报告”,编著机构为文化部法语司。为了体现文化多元和语言多元的原则,从2002年开始,法语司更名为法语及法国语言司。其报告名称则简化为“关于法语使用状况呈交议会报告”。报告的封面装帧亦有所变化。从1997到2004年,封面一直是黑白色的。虽然庄重有加,但稍显单调和沉重。从2005年开始至今,封面披上了淡红、淡青、淡紫等色彩,既不失庄重,又活泼、雅致。另外,《报告》篇幅不一。目前掌握的14部《报告》从131页(2003)到225页(2005)不等,平均长度为165页。

每年《报告》的框架基本相同。在《报告》正文前,一般设有前言、感谢辞、总目录、《图邦法》关于本《报告》的规定、《报告》使用的法语规范说明、《报告》两大部分的内容简介等。“前言”部分是从2002年开始设立的。第一年由政府总理拉法兰(Jean-Pierre Raffarin)撰写,从2003年开始一直由文化部长执笔。“前言”中的主要论点历年没有太大变化:一方面重申法语的重要地位,另一方面强调传播法语同文化多样之间是互相促进的关系。“前言”中还会提及政府现阶段语言工作的重点和本《报告》的主要内容。

“感谢辞”部分经历了从简到繁的过程。2004年之前只有三四行字,说明“本《报告》的出版,得到诸多国家和民间组织、部门的大力协助。它们为法语的推广做出了贡献。法语司同他们关系密切。在此对他们表示衷心感谢”。[②]

① 报告第89—90页。

② 《法语使用报告(2003)》第3页,本文作者译。参见法国文化部法语及法国语言司官方网站,http://www.dglf.culture.g 和 http ouv.fr/rapport/2003/Rapport_au_parlement_2003.pdf,2012年10月15日查阅。

从2004年开始，感谢辞大约占一页至两页的篇幅，除了上述几句话外，开始详细列举为《报告》撰写做出贡献的国家机关、民间机构、企业、组织和个人，基本涵盖了法国法语政策制定和执行的参与者。《报告》虽然由文化部法语司牵头执笔，但其内容远不限于该司或该部的行动。法语使用状况检查是以各部委相关部门为主、有资格认定的民间法语保护机构为辅参与的大规模活动。参与者众多，从感谢辞中可见一斑。

以2010年《报告》为例，感谢的机构和个人包括：外交部（详细列举了相关司、处、科和驻外代表处、使馆），经济、工业和就业部，司法部，劳动部，国民教育部，国防部，移民部，青年部，拉丁语联盟，法国高级视听委员会，国家扫盲署，互联网权利论坛，法国电视三台，法国广播电台，法国海外领土电视台，广告监管局，法国标准协会，法语国家与地区标准网16家接受调查的跨国公司以及阿兰·卡尔维（Alain Calvet）和路易·让·卡尔维（Louis-Jean Calvet）两位研究者。

《报告》的主体一般分为国内和国际法语使用状况两大部分。国内部分总结相关法律的执行情况，国际部分则分析法语在国际组织中的使用。除了欧盟是历年的关注焦点外，《报告》每年还要选取不同国际机构和国家、地区予以重点介绍。该年度的国内和国际重大语言事件在《报告》中亦有所体现。比如2006年《报告》分析了2005年联合国教科文组织通过《文化多样化公约》的影响，2008和2009年《报告》探讨了法国方言进入宪法的意义，2009年则回顾了2008年北京奥运会期间的法语使用情况。

另外值得注意的是，该《报告》十分重视法律。这很容易理解：该《报告》的直接目标就是检查《法语使用法》的实施情况。《报告》对于法律条文应用精准，对法律执行和监察情况的介绍细致入微。由于《法语使用法》约束的主要是国家部门，《报告》对国家机关的语言使用情况进行严格审查。《报告》认为，公务员必须使用规范法语，为其他的行业和领域树立榜样。如术语与新词委员会每年在《政府公报》中发布国家部门必须使用的法语新词，《报告》则报告新词的具体数目，如2008年发布了462个新词。

二 2010年《报告》的主要内容

2010年《报告》共有168页，主要反映2009年度法语使用的各个方面。《报告》主体分为7个部分:(1)保障社会生活中使用法语的权利;(2)掌握法语:教育与培训的关键因素;(3)促进语言多样性;(4)在数码世界中发展法语;(5)欧盟中法语的使用状况;(6)贸易和发展国际组织中法语使用的情况;(7)世界范围内法语的推广情况。与历年《报告》相比,2010年的最大亮点是卡尔维的语言影响力评估体系,其次的亮点为跨国企业语言使用情况和利用数码世界发展法语以及后者中的国际标准组织的语言使用。现将《报告》的七大部分分述如下:

2.1 保障社会生活中使用法语的权利

这部分包括:为消费者提供信息、广告、大企业语言管理、科研领域和广播电视媒体5个小部分。消费者语言权利保护是《图邦法》及其实施办法的中心内容。根据相关统计,社会生活中的语言违法率较2008年有所上升,但程度较轻,因此启动司法程序的比率则有所下降。

广告监管局联手法语司调查了2009年第一季度的广告(包括张贴、电视、电台的广告)使用情况。结论是,广告语言规范程度基本令人满意,8%的广告进行了语言创新,而违反《法语使用法》的比率仅为4%。虽然有消费者不断抱怨广告中过多使用英文,但实际上,有的商品是出于在全球推销的需要,才采取英文广告语的。

各领域有代表性的二十多家法国大企业介绍了他们各不相同的语言策略。他们常通过合并、兼并和购买等手段而成为国际化大公司。公司所在国语言、法语和英语这三种语言在公司内并存,常须制定相关政策进行协调。理论上各公司在法国的分支均应受《图邦法》的制约,需要在工作中保障法语的使用,但是英语的国际商务语言地位也不可忽视。不同公司有不同的处理方法,有的倾向英语,有的倾向法语。

科研领域的调查结果显示,该领域工作语言“英语化”趋势非常明显。为了保障科研活动中法语的使用率,法国文化部设置了同声传译服务。后者每年参加大约二十几场研讨会。

电视、电台等媒体的语言使用情况,由法国高级视听委员会监督。该委员会创建了一个迷你网站,可以查到关于节目字幕和解说①的相关规定和信息。

① 指为盲人讲电视节目的服务。

2.2 掌握法语:教育与培训的关键因素

法国国民教育部2010年3月开展了“扫盲”活动,法语学习再次成为国家工作的重点。《报告》认为,法语的水平决定了其他学科的学习程度,常常也决定了就业的层次。在此活动框架内,青少年、成人和外来人口成为扫盲的主要目标人群。法语水平的提高能够帮助他们更好地完成学业、找到好工作,利于融入社会。

语言使用研究所隶属于文化部法语司。为了大众语言水平的提高,该所创建了法语以及法国方言的“口语材料”网站。

2.3 促进语言多样性

在语言的社会使用中,文化部鼓励开展文化艺术活动。法国方言也是语言多样化的重要组成部分。《报告》列举了巴斯克语公署的成功范例。从方言教学到方言电视台的建立,法国在践行宪法第75条第1款的规定:“地区语言是法国文化遗产的组成部分。”[①]另外,法国海外领土和海外省常常拥有双语或多语的宝贵资源。

在此部分中,《报告》特别介绍了法国理工科博士阿兰·卡尔维与著名社会语言学家路易·让·卡尔维关于语言影响力的测试体系。[②]一种语言的影响力常常只以使用该语言的人数为主要标准来测量。他们认为,这样做至少有两个问题:一是使用某语言的人数常常无法精确测知;另一方面,许多影响语言的重要因素没有被考虑在内。因此,他们提出了10个参数来测量世界上使用人数超过500万的137种语言的影响力,每个指标都具有同等的重要性,分值均为1。卡尔维认为,语言影响力测试指标要有确凿的数据为研究基础,还应随着时代的变迁而有所增减。

(1)使用该语言的人数:指把该语作为第一语言的人数。同137种语言的选择一样,其材料主要来自民族学家网站(ethnologue.com)世界语言百科上的数据。

(2)语言熵:即语言的“混乱”程度,也就是其地区分布指数。熵的概念最早

---

① 即2008年修宪后增加的条款:“Les langues régionales appartiennent au patrimoine de la France.”

② 本部分的内容参考语言门户网站,参见 www.portalingua.info/fr/poids-des-langues/methodologie/,2012年1月20日查阅。

用于热力学，后引入信息论，最近才应用于语言学。如果 pi 是在某国家或地区使用某语言的人口占该语言世界使用总人数的比例，那么该语言的熵的计算方法如下：

熵$=-\sum(pi\times Log(pi))$

熵与使用该语言的总人数没有关系，但与该语言分布的国家和地区有关。如果使用某语言的人多数(如 98%)生活在某一国家，而很少一部分生活在另外一个国家(2%)，那么该语言的熵是：

$(0.98\times Log\ 0.98 + 0.02\times Log\ 0.02) = 0.098$

如果使用一种语言的人平均分布在三个国家，那么该语言的熵为：

$(0.33 \times Log\ 0.33 + 0.33 \times Log\ 0.33 + 0.33 \times Log\ 0.33) = 1.099$

我们可以简单地推断出，语言地理分布越广、比例越平均，那么它的熵值就越高。

(3)人类发展指数：依据联合国发展署的国家人类发展指数计算。每种语言的人类发展指数是使用该语言的人数比例超过其总数的 1%的相关国家的人类发展指数的平均数。例如，讲乌尔都语的人口 80%在印度，18%在巴基斯坦，那么乌尔都语的人类发展指数为：

乌尔都语人类发展指数=(0.80×印度人类发展指数+0.18×巴基斯坦人类发展指数)/(0.80+0.18)

如果在某国使用一种语言的人口仅占该语言使用总人数的 1%以下，那么该国可以忽略不计。对于联合国没有提供人类发展指数的国家和地区，采用同邻国或同等境况的推定指数。

(4)生育率：数据来源和计算方法基本与人类发展指数相同，即利用联合国的相关数据，每种语言的数值是使用该语言的人数比例超过其总数 1%的相关国家和地区的生育率的平均数。对于联合国未提供的国家和地区的数据，则采用法国发现出版社 2008 年出版的《世界形势年度报告》(2009)[①]提供的数据。

(5)互联网普及情况：使用互联网世界统计(Internet World Stats)[②]实时更新的世界各国互联网使用数据[③]，计算方法同人类发展指数。

(6)拥有的维基百科条目数：根据维基百科给出的数据，目前使用的是 2009

---

① Bertrand Badie, Sandrine Tolotti, *L'état du monde 2009*, Paris, La Découverte, 2008.

② 参见 www.internetworldstats.com。

③ 目前使用的是 2009 年 11 月 21 日的数据。

年 11 月 23 日的数据。

(7)作为官方语言的情况：基本根据加拿大拉瓦尔大学官网的官方语言列表。

(8)诺贝尔文学奖获奖数：根据诺贝尔奖官网(http://nobelprize.org)的数据。目前的数据截止到 2009 年 11 月，以作家的主要创作语言而不是以其国籍语言为准。

(9)翻译数(作为源语)：数据来自联合国教科文组织官网的翻译索引数据库(Index Translationum)①。

(10)翻译数(作为译入语)：数据来源同上。

该研究计算了 137 种语言的每一项分值和 10 项总和，并进行排序。如果单纯按照使用人数排列，法语名列世界第 15 位；如果考虑其他参数，法语名列第 2。中文是使用人数最多的语言，但是 10 项总分排序则名列第 13。

2.4 在数码世界中发展法语

互联网近 3 年发展迅速，移动网络和社交网站尤其如此。要在互联网上推进法语的发展，除了设立相关机构，更要发展过硬的技术。由于语言的战略地位，语言技术也成为经济、政治实力发展的重要战略因素。

2001 年在国家支持下成立的互联网权利论坛，是独立的网络监管机构。该机构象征着一种新的互联网管理模式，整合了国家、私营部门和公民社会的力量，提出了“语言和网络”的诸多建议，认为国家应把语言作为战略因素进行考量。

法语是国际标准化协会的官方语言。随着经济发展，使用人数多的语言(如汉语)的重要性在该协会中地位有所上升，对法语地位有所挑战。

2.5 法语在欧盟中的使用状况

从 2004 年欧盟东扩以来，英语在欧盟的势力持续增长，法语影响相应减小。2009 年，法语作为文件“源语言”的使用率第一次降到 10%以下；英语该比例则高达 74.61%，德语为 2.74%。法国担任欧盟轮值主席国期间，做过努力，但也没能改变这一趋势。法国欧洲事务国务秘书把欧洲议会视为扩大法语影响的重要基地，并创建了欧洲法语议员论坛，目前已拥有 30 多名成员。

---

① 参见 www.unesco.org/xtrans/bsstatlist.aspx。

2.6 法语在贸易和发展国际组织中的使用状况

本年《报告》考察了 6 个贸易发展组织，法语是其中 4 个组织的官方语言，而国际货币基金组织和世界银行没有官方语言。虽然其中 3 个组织的总部设在法语城市，但是法语的前景并不乐观：在这些机构中，英语常是招聘国际职员时唯一要求的语言；文件都用英文写成；有法文译文时，要等很久才能拿到；母语为法语的官员通常也只讲英语……。只有联合国开发计划署和国际货币基金组织内部，还有少许有利于法语发展的微弱迹象。

2.7 法语在世界范围内的推广情况

由于法语是加拿大的官方语言之一，温哥华冬季奥运会的法语使用情况令人满意。在 2010 年度重点考察的马格里布地区[①]，经过独立初期的阿拉伯语化浪潮之后，法语从 1990 年代起，逐渐成为第一外语。法语在该地区的发展，深受相关国与法国关系的影响。

法国政府认为，《报告》"既不回避困难，也不讳言希望，旨在使读者尽可能公正、全面地了解法语的现状"。[②] 对于关心世界各国语言政策、语言规划和语言生活的中国读者，该《报告》展现了法国独特的语言政策视角，或可为中国语言生活状况的研究和管理提供思路、灵感或借鉴。

附录

《法语使用报告》[③](2010)目录

---

① 一般指摩洛哥、阿尔及利亚和突尼斯三国。

② 参见《法语使用报告》(2008)中法国文化部长阿尔巴内尔(Christine Albanel)所撰前言。

③ 法国文化部法语及法国语言司《法语使用报告》(2010)(Délégation générale à la langue française et aux langues de France, Ministère français de la Culture et de la Communication, *Rapport au Parlement sur l'emploi de la langue française*)，2010 年出版。

2 海关与间接税司行动总结

3 广告

4 被授权协会的行动

5 职场

(二)大企业的语言管理

1 法语与英语组合使用

2 跨国集团公司欧洲航空防务及航天公司(EADS)个案分析

3 法语是集团形象的组成部分

4 同一集团内部的不同语言选择

(三)科学界

1 法律规定

2 口译支持

3 罗贝尔瓦尔奖(Le Prix Roberval)

(四)视听媒体

1 广告中的法语

2 对法语的尊重和法语国家与地区组织的影响

3 语言多样化

4 残疾人士享受视听节目

(五)法语的丰富

二 掌握法语:教育与培训的关键因素

(一)针对年轻人的行动

1 教育系统的行动

2 教育系统的合作伙伴

(二)国家扫盲署的参与

1 文盲情况调查

2 国内行动的协调与政策影响力评估

3 扫盲参与者使用的整套措施

(三)针对成人的行动

1 监狱管理

2 经济、工业和就业部

3 国民教育部

(四)学习法语融入社会

1 为了方便接待、融入社会与行使公民权利的行动

2 法国移民与社会融入局的行动

3"向家长开放学校以成功融入社会"专项活动

三 促进语言多样性

(一)法国方言

1 文化活动

2 媒体

3 教学

(二)法国海外领土的语言发展

1 结构性计划

2 实验活动

(三)多语主义、文化多样性与可持续发展

(四)语言的影响力:法语的现状、关键问题与前景

1 罗曼语族的影响力[①]

2 科学与技术

3 语言门户(Portalingua):知识界的语言观测

4 信息社会中的互联网

四 在数码世界中发展法语

(一)法语的使用与互联网的发展

1 互联网上法语的新蓝景

2 移动互联网的发展变化

3 Proxima Mobile:第一个欧洲移动电话公民服务门户

4 社交网站及其对互联网使用的影响

5 语言技术是互联网经济发展的核心

6 互联网服务的新关键因素

---

① 指法语、意大利语、西班牙语、葡萄牙语和罗马尼亚语。

(五)世界贸易组织中的法语国家地区列表

(六)国际法语国家与地区组织70个成员国和政府的身份和加入日期

(七)驻法语国家与地区组织法兰西共和国总统个人代表

(八)马格里布地区法语联盟分布图

(九)马格里布地区法国文化中心分布图

(十)马格里布地区法国学校分布图

(戴冬梅)

日本国语测试状况*

日本文部省2006年以前曾对部分资格测试设立过认证制度，2006年行政改革以后，废除了相关审批制度，绝大部分的测试转为市场运营。日本语检定和日本汉字能力检定均属非学历型①国语能力测试，皆为民间机构，②在日本影响较大，对于我国开展提升国民语文能力的相关工作，具有一定的借鉴意义。本报告通过考察这两种代表性的测试，简要反映日本国语测试的现状。

一 日本语检定

在日本，日本语检定是同类语言测试中应试者最多的一种，由“特定非营利活动法人日本语检定委员会”主持，每年举行两次。最初，该测试被作为东京书籍③的社会贡献事业，2007年登记设立，2009年成为一个独立的民间机构并得到东京都政府的认证，2011年文部省允许其使用“后援”的名义。

《特定非营利活动法人日本语检定委员会设立宣言》阐明了这项工作的目的：“通过培养日常生活中正确使用日语的能力和思维能力，使人际关系更加融洽，从而为发展日本文化和推进社会教育做出贡献。为达成上述目的，本法人实施公益性的非营利活动——日本语检定。”④

日本语检定委员会的后援机构和组织包括：文部省、日本商工会议所、日本

---

* 本文是国家语言文字应用研究“十二·五”科研规划2011年重点项目“高校母语教育问题与对策”(编号:ZDI125—2)和2010年度教育部哲学社会科学重大课题攻关项目“新形势下国家语言文字发展战略研究”(编号:10JZD0043)的阶段性研究成果之一。

① 本文所说“非学历型”测试，指未被视作获取某个学历、学位的必备条件的测试。

② 本文中的日本的语言测试名称、机构名称、人名等专有名词，尽量采用“借形”的翻译方式，即沿用与日文相同或相似的简体汉字。

③ “东京书籍”是日本一家创业于1910年的老出版社，以出版教科书见长。

④ 译自《検定試験の自己評価シート》，日本语检定委员会官网2011年4月1日至11月28日，http://www.nihongokentei.jp/pdf/jikohyoka2011.pdf。

经团连事业服务、全国小学校长会、全日本中学校长会、全国高中校长协会、全国高中国语教育研究联合会。赞助机构包括:读卖新闻社、时事通信社、东京书籍。委员会的理事、监事成员来自大学、出版社、新闻机构、词典编委会、商工会、教育科研机构等。

1.1 机构管理

日本语检定委员会的工作部门包括:理事会、事务局、试题委员会、危机管理委员会、审议委员会和评价委员会。具体分工如下:

1.1.1 理事会

由理事、监事组成,遵从《特定非营利活动法人日本语检定委员会章程》和《理事会规定》,全面负责机构的运营和测试工作。

1.1.2 事务局

遵从理事会的指示,负责处理日常事务,如运营管理、接待应试者、会员服务、广告宣传、考务管理、物流管理等。

1.1.3 试题委员会

负责制作试题、分析答题情况等。

1.1.4 危机管理委员会

同一天在全国各地同时参加测试的对象可能有 10 万人,为应对不测事件,事前拟定危机管理条例,每次测试前后都对工作进行相应的调整。

1.1.5 审议委员会

理事会的咨询机构。

1.1.6 评价委员会

负责检查委员会的“自我评价表”,今后拟增加外部委员,使机构的运营更加透明,接受社会监管。

日本语检定委员会遵循“PDCA 循环”制度,以便改善考试业务,使机构的业务得以顺畅运营和发展。

(1)“P = Plan”,即“目标、计划”。以上一次和以往考试的实际经验、本次考试改善的方面、对将来的预测等方面为基础,制定下一次考试的方针、业务计划和运营计划。

(2)“D = Do”,即“实行、实施”。遵照既定的方针、业务计划和运营计划,开展日常业务。

(3)“C = Check”,即“检查、评价”。检查日常业务工作,每次测试结束以后再次检查所有的工作。组织召开委员会内部检查会议，实施面向个人考生和团体考生负责人的问卷调查。特别重视考生反馈的调查问卷，整理出有待改善的方案，提交理事会协同审议。

(4)"A = Action"，即"处理、改善"。将理事会通过的有待改善的工作落实到下次测试计划之中。①

1.2 测试内容与成绩级别

该测试从六个方面综合考察应试者的日语使用能力：文字（包括汉字和送假名两个方面）、词汇（兼顾词汇量、语词之间的关系）、语法（组词造句能力）、语义（词语意义的理解）、敬语（尊敬语、谦让语和敬体的使用能力）、汉字（包括汉字、成语和熟语的音义）。②

测试内容涉及各级应试者的日常生活场景，富有生活实感。例如，2 级测试含有对商务电话应答内容的考察，4 级测试包含检查应试者向学校提交的读书报告情况，6 级测试涉及与邻居的对话内容等。③

凡假定在校学生为考察对象的测试级别，出题范围和标准答案将充分考虑与之相对应的各级《学习指导要领》。譬如，有关汉字的测试题常常假定考生来自不同年级，将参照《教育汉字》有关规定而设定测试的范围；1—3 级测试是以社会成人为假定考察对象的，因而更多测试其是否具备了作为一个社会人所必需的日语能力。

该检定分成 7 个级别，每一个级别又分为两档，如一级分为"1 级"和"准 1 级"。其中，1—3 级主要是针对大学生、社会成人，4—7 级则针对中小学生。1 级是最高级，报考此级的应试者必须首先取得 2 级或准 1 级的证书。测试成绩的认定方法如下：报考 3—7 级的考生，准确率在 70％以上的可获得级别证书，在 60％—70％之间的可获得准级别证书，在 60％以下的为不及格；报考 1—2 级的应试者，若准确率在 80％以上可获得级别证书，70％的可获得准级别证书，准确率在 70％以下的被视作不及格。

---

① 参见《検定試験の自己評価シート》，日本语检定委员会官网 2011 年 4 月 1 日至 11 月 28 日，http://www.nihongokentei.jp/pdf/jikohyoka2011.pdf。

② 参见《検定の概要》，日本语检定委员会官网，http://www.nihongokentei.jp/about/aboutnk/about.html。

③ 同注②。

应试者在测试之后将收到检定委员会寄送的成绩单和证书。成绩单不仅仅有总得分，还附一张有助于应试者了解自己存在的语言问题的"诊断书"，使其下一阶段的学习更具针对性。①

1.3 测试对象

该测试号称"针对所有的日语使用者"，既有大学、中学、小学的学生，也有公司职员、公务员、人才派遣公司的雇员、临时工、民间机构职员以及其他社会人员。就实际的应试人数而言，开始测试工作的第一年人数较少，其余年份每年都在8万人以上，2008年、2009年甚至超过9万。

近5年，各类应试人员的年平均比例从高到低依次是：高中生约35%，社会成人和其他人员共约20%，小学、初中生各约15%，大学生约11%。各类群体的变化趋势略有不同，高中生基本处于30—40%，而初中生、小学生逐年减少，大学生和社会成人则是稳中有升。详见下表：

表6—3　2007—2011年日本语检定各类应试者比例(%)

类别	2007年	2008年	2009年	2010年	2011年	年平均比例
小学生	15.6	15.6	17.8	11.4	8.4	13.8
初中生	20.5	20.4	15.0	11.9	10.9	15.7
高中生	27.8	27.7	35.0	41.6	42.4	34.9
专门学校生*	4.5	4.5	3.9	4.0	3.6	4.1
大学生**	10.2	10.3	10.0	12.3	15.5	11.7
社会成人	8.8	9.5	14.9	14.1	15.6	12.6
其他***	12.6	12.1	3.5	4.7	3.6	7.3

*　如今"专门学校"大部分是中专，也包含一部分高专，因此上表按照原文单列一行"专门学校生"。

**　包含短期大学生、大学生、研究生。

***　包括公司职员、公务员、人才派遣公司雇员、临时工、民间机构职员、无职人员、家庭主妇等。

资料来源：参见《検定データ》，日本语检定委员会官网，http://www.nihongokentei.jp/result/resultnk/data.html。

该测试包括了"母语"和"非母语"使用者两种考生。近年留日学生数量庞

① 《個人カルテのご説明》，日本语检定委员会官网，http://www.nihongokentei.jp/about/aboutnk/about.html。

大，针对非母语者的测试受到大学的欢迎并常常被用作录取的参考标准，因而原本针对母语者的日语测试——日本语检定也开始关注这个市场，测试对象也增加了非母语者或外国人。不过，与专门针对海外学生的“日本语能力考试”相比，参加这个测试的留学生并不多。

二　汉字能力检定

当下，日本国内社会认知程度较高的国语能力测试是汉字能力检定。这一测试始于1975年，之后于1992年成为文部省的认证测试，2006年以后改由(财团法人)日本汉字能力检定协会主持。因其开展时间较早，社会影响力较大。

汉字能力检定是有关汉字使用能力的测试，不仅考察应试者认读和书写汉字的数量，而且考察其对汉字的理解能力和在文章中准确使用汉字的能力。该测试的适用对象涵盖社会各阶层的人士，即大中小学学生、社会成人、企业团体的人事部门工作人员及与教育有关的人员。应试者最小的仅3岁，最大的101岁。[①]

2.1　测试宗旨

汉字能力检定协会制定的测试宗旨或原则包括如下内容：[②]

2.1.1　试题范围

试题范围广泛全面，以准确测定考生对汉字的掌握情况。为测定考生理解汉字的意义、在文章中恰当地使用汉字的能力，测试不仅考察汉字的读写能力，还涉及成语、熟语的词源和意义、错字的订正、部首、笔顺等诸多方面。

2.1.2　以论述题为中心

以论述题为中心，综合考查汉字能力。为使考查更加适应日常生活中的所有场合、考查综合使用汉字的能力，试题的形式尽量采用论述题形式。

2.1.3　试题设计要旨

试题的设计考虑如何引导考生从基础知识到应用提高汉字能力。测试成绩

① 参见《漢検の概要》，2011年12月1日查阅，日本汉字能力检定协会官网，http://www.kanken.or.jp/about/。

② 同注①。

分成12个级别，其依据是文部省制定的小学、初中、高中各个阶段的《学习指导要纲》。应试者可以根据各自的目标和能力，设定想要达到的级别，循序渐进地参加测试和提高能力。

2.1.4 测试的理想状态

测试需提供高质量的试题，测试的理想状态是“同等实力的考生，无论考多少次，得分应该是几乎相同的”。主考机构采用了“项目反应理论”(Item Response Theory; Item Latent Theory)的科学分析方法，以确认该测试使用的试题能否符合这一方法。

2.2 测试内容及成绩级别

该测试内容包括汉字的形、音、义三个方面，主要通过笔试完成。主考机构指出，并非每次测试都需涉及测试的全部范围，同时试题也有可能超出上述范围；实际出题的内容参照历年的《汉检过去问题集》(日本汉字能力检定协会编)。其成绩划分为12个级别，考核内容见表6—4：

表6—4 汉字能力检定的测试内容

级	水平	知识和能力	试题范围	
1	大学、社会人程度(约6000字)	掌握《常用汉字》约6000字(以《JIS第二水准》为大致范围)的读音和字义，能在文章中恰当使用	汉字的读音(包括：动植物名，外国人、地名等、文章标题) 汉字的听写(包括日本汉字、文章的题目)	故事、谚语 同义、近义词 同音、同义字 错字改正 四字成语
准1	大学、社会人程度(约3000字)	掌握《常用汉字》中的约3000字(以《JIS第一水准》为大致范围)的读音和字义，能在文章中恰当使用	汉字的读音(包括：日本汉字、文章的题目)汉字的听写(包括：文章标题)	故事、谚语 同义、近义词 同音、同义字 错字改正 四字成语
2	高中毕业、大学、社会人程度(1945字、人名用汉字)①	掌握小学、初中、高中阶段学习的《常用汉字》，并能在文章中准确使用，能够读出人名用汉字	汉字的读音 汉字的听写 部首、部首名 词尾假名 同义、近义词	同音、同义字 错字改正 四字成语 成语的构成

① 能够读写和使用常用汉字水平。

（续表）

准2	高中在学程度（1945字）	掌握小学、初中阶段学习的《常用汉字》，并能在文章中准确使用	汉字的读音 汉字的听写 部首、部首名 词尾假名 同义、近义词	同音、同义字 错字改正 四字成语 成语的构成
3	初中毕业程度（1608字）	掌握小学《学年别汉字分配表》收录的所有汉字，加上其他600字左右（收入《常用汉字》），并能在文章中准确使用	汉字的读音 汉字的听写 部首、部首名 词尾假名 同义、近义词	同音、同义字 错字改正 四字成语 成语的构成
4	初中在学程度（1322字）	掌握小学《学年别汉字分配表》收录的所有汉字，加上其他300字左右（收入《常用汉字》），并能在文章中准确使用	汉字的读音 汉字的听写 部首、部首名 词尾假名 同义、近义词	同音、同义字 错字改正 四字成语 成语的构成
5	小学6年级程度（1006字）	掌握小学6年级为止学习的汉字，加深理解汉字在文章中的作用，并能在文章中准确使用	汉字的读音 汉字的听写 部首、部首名 笔顺、笔画数 词尾假名	同义词 同音、同义字 错字改正 四字成语 成语的构成
6	小学5年级程度（825字）	掌握小学5年级为止学习的汉字，加深理解汉字在文章中的作用，并能在文章中准确使用	汉字的读音 汉字的听写 部首、部首名 笔顺、笔画数 词尾假名	同义词 同音、同义字 错字改正 三字成语 成语的构成
7	小学4年级程度（640字）	掌握小学4年级为止学习的汉字，并能在文章中准确使用	汉字的读音 汉字的听写 部首、部首名 笔顺、笔画数 词尾假名	同义词 同音、同义字 错字改正 三字成语
8	小学3年级程度（440字）	掌握小学3年级为止学习的汉字，并能在造句、文章中使用	汉字的读音 汉字的听写 部首、部首名 笔顺、笔画数	词尾假名 同义词 同音字
9	小学2年级程度（240字）	掌握小学2年级为止学习的汉字，并能在造句、文章中使用	汉字的读音 汉字的听写	笔顺、笔画数

（续表）

10	小学1年级程度（80字）	掌握小学1年级为止学习的汉字，并能在造句、文章中使用	汉字的读音 汉字的听写	笔顺、笔画数

资料来源：译自《各級の程度と出題》，日本汉字能力检定协会官网，http://www.kanken.or.jp/teido/index.html。

成绩评定和通知方法与日本语检定大同小异，此处从略。

三　测试证书的功效

关于国语能力，以往人们可以接受的一种观点是：语言能力是所有学科学习的基础，尤其是教师应该具备相应的语言能力。如今，人们更深切地体会到，国语能力不仅是教师等行业所必需的基本功，而且应该作为每个人生存、发展（求学、就业）的基本技能，同时，也应该是企业、公司走向成功的不可或缺的利器。

3.1　日本语检定测试

日本语检定颁发的证书，属于公共职业能力证明书之一，可以记载到大学毕业生的求职卡上。该测试还被灵活运用于企业的各项人事管理工作当中，如日常的营业或接待，新员工的招聘、旧员工的岗位调整，员工职位的升迁，外籍员工的聘用等。而将该测试当作新员工的培训内容之一的公司也有800多家。

经过不懈的努力，日本语检定在大学入学考试中也取得了一定程度的认可，特别是被灵活运用在一些大学的自荐、推荐入学考试中。例如，日本知名的大学庆应大学综合政策系、法律系、文学系、理工系、环境情报学系、看护医疗系，关西大学法律系要求取得3级以上证书，神奈川大学经营学系国际经营专业将在日本语检定等各种资格考试中取得的优异成绩、拥有各种资格作为公募推荐入学考试的报名条件。

3.2　汉字能力检定

据汉字能力检定协会官方网站介绍，其合格证在相关学校被应用到三个方面：

第一，2011 年，日本有 299 所大学、159 所短期大学[①]将其作为新生入学的重要参考。[②]

第二，在高中入学考试中，该测试不仅被用作相关学科测试成绩的参考，也常被视作应试者是否具有学习能力的客观证明，有的学校甚至对该测试合格者给予直接加分的优惠。2011 年有 1357 所高中以检定的成绩作为入学参考。

第三，该测试的成绩与日本全国高中的“学分认定制度”关联，即学生在校外取得的这类资格证书可转换为高中学分。许多学校将该测试的 2 级证书转换为“国语综合”科目的 2 学分，部分学校也将该测试的 3 级和准 2 级证书转为相应的学分。

四 国语能力测试特点

2011 年，日本文部省允许日本语检定委员会使用“后援”的名义，该委员会理事长梶田叡一指出：“在这个重视‘国语力’的时代潮流中，文部省承认了日本语检定的公益性，允许使用后援的名义，这件事本身具有重大意义。”[③]日本语检定委员会希望该测试能作为所有人从小学到社会的终生学习场所，给大家提供重新审视和纠正自己日语的机会；同时，通过测试掌握相关的日语知识及正确使用日语的能力。如果个人能与他人交流畅通，那么最终结果是全体社会成员的交流活动也就能够更加顺利、畅达。因此，该委员会表示，“愿意为创造更加丰饶的社会而出把力，并与各地居民、企业、地方政府、非营利公益法人、学校、家庭等紧密联系并展开更加有益的活动。”[④]

而近 10 年，汉字能力检定的报名人数和合格人数基本都呈上升趋势。报名

---

① 日本大学的一种，学制通常为两年，医疗技师和护理专业也有三年制的。其教学方针和内容注重实际应用，大致相当于中国的大专。

② 2010 年文部省统计，全国共有 778 所大学、395 所短期大学、5116 所高中、3311 所专修学校。参见 http://www.google.com.hk/url?sa=t&rct=j&q=%E5%AD%A6%E6%A0%A1%E6%95%99%E8%82%B2%E7%B7%8F%E6%8B%AC%EF%BC%8C%E7%9F%AD%E6%9C%9F%E5%A4%A7%E5%AD%A6%2C2011&source=web&cd=1&ved=0CCwQFjAA&url=http%3A%2F%2Fwww.mext.go.jp%2Fcomponent%2Fb_menu%2Fother%2F__icsFiles%2Fafieldfile%2F2011%2F05%2F26%2F1305712_01.xls&ei=3SlCT4arOoSQiAfoq6GoDw&usg=AFQjCNG-1SkoK5f6Q0K7dZukOuAMUuy0Mg。

③ 译自牧俊朗《初心忘れず、さらに信頼高める努力を》，2011 年 8 月 8 日，http://www.nihongokentei.jp/info/exam/outline.html。1999 年 11 月，日本文部省颁布了新的高中《学习指导要领》，并将于 2000 年 4 月正式实施。

④ 参见《検定試験の自己評価シート》，日本语检定委员会官网 2011 年 4 月 1 日至 11 月 28 日，http://www.nihongokentei.jp/pdf/jikohyoka2011.pdf。

人数最高年度涨幅为13.99%，而每年的合格率稳定在43.53%至54.82%之间。仅以2010年为例，该测试的报名人数约232万人，合格人数约119万人，合格率为51.41%。这一趋势极有可能保持一段时间。

综合而言，日本的国语能力测试的特点可以初步概括为：

4.1 测试对象广泛

日本每100位国民中，每年几乎有1位参加日本语检定，或有2位参加汉字能力检定。应试对象涵盖大中小学学生和社会各个阶层人士，有助于提供公民的整体国语能力。[①] 主考机构官网建设比较完备，信息丰富，政策透明度高。

4.2 测试目的明确

测试主要是引导考生从了解基础知识到提高实际应用日语、日文、汉文等的能力，对普通民众具有吸引力。测试的内容从简单到复杂，难度循序渐进。命题原则、理论依据、评分依据都十分明晰，且鼓励和资助相关的科学研究，有利于形成科学的测试体系。

4.3 测试内容全面

如日本语检定测试的内容几乎包括了日语的方方面面，考察应试者对日语的综合使用能力；汉字能力检定触及汉字的字音、字形、字义各个方面的知识和能力，也有助于应试者全面提高汉字的运用能力。

4.4 测试证书得到社会公认

国语测试已作为一些企业竞聘、升迁的重要参考；证书获得者得到了一部分学校对入学、学分认证的优惠政策，从而使测试在大、中、小学等各级学校获得更大更稳定的发展平台。测试机构还重视成绩通知环节，使测试证书成为一种荣誉的象征，让应试合格者受到社会的尊重，对加强国民对国语的重视程度、提升国语能力起到了积极的推动作用。

（郑梦娟、何群雄）

① 日本2010年报名汉字能力检定的人数为240万，而该年度全国人口总数为1.28057352亿（2010年10月1日），前者占后者的比例是1.9%。日本2010年人口总数，参见 http://ja.wikipedia.org/wiki/%E6%97%A5%E6%9C%AC%E3%81%AE%E4%BA%BA%E5%8F%A3%E7%B5%B1%E8%A8%88。

伊朗语言政策

伊朗位于亚洲西南部，面积164.5万平方公里，人口7 510万（2011年），其中波斯人占66%，阿塞拜疆人占25%，库尔德人占5%，其余为阿拉伯人、土库曼人等。伊朗史称波斯，是具有四五千年历史的文明古国。公元前550年—前330年，波斯帝国非常强盛，创造了灿烂的波斯文化。公元前330年波斯帝国被亚历山大大帝所灭。公元7世纪后，阿拉伯人、突厥人、蒙古人、阿富汗人先后入侵和统治伊朗。18世纪后期，伊朗东北部的土库曼人恺伽部落统一伊朗，建立了恺伽王朝。19世纪后伊朗被英国、俄国等列强瓜分，逐渐沦为半殖民地国家。1925年，伊朗军队首领礼萨汗·巴列维发动政变，建立巴列维王朝。1978年至1979年，霍梅尼领导伊斯兰革命，推翻巴列维王朝。1979年2月11日，成立伊斯兰共和国。[①]

一　语言文字

伊朗从公元前550年居鲁士大帝建立统一的中央集权的波斯帝国至今，其语言文字的发展可分为3个阶段：即古波斯语时期（公元前550年—公元前331年）、中古波斯语时期（公元前250年—公元651年）和近代波斯语时期（公元9世纪初至今）。

伊朗的语言和方言包括三大语系：印欧语系、亚非语系和阿尔泰语系。官方语言是波斯语。波斯语属于印欧语系印度—伊朗语族，是媒体、行政、国家事务、科学和文学的主要用语。

历史上波斯语受阿拉伯语的影响最大，大约近半的词语来自阿拉伯语。此外，它还部分吸收了土耳其语和蒙古语词语，近年又较多地吸收了法语、英语和俄语等欧洲语言的词语。

① 《伊朗》，维基百科网站2012年9月20日，http://www.zh.wikipedia.org/wiki。

公元前6世纪到公元前3世纪，在伊朗通用的语言是古波斯语(楔形文字)。公元前330年亚历山大征服伊朗，阿契美尼法王朝覆灭，古波斯语也随之衰落，代之而起的是中古波斯语，即巴列维语。伊朗历史上的两个著名王朝，安息王朝(公元前247—公元224)和萨珊王朝(224—651)通行巴列维语。巴列维语是中古波斯语的主要形式，通行于公元3—10世纪，是萨珊帝国的官方语言。

7世纪60年代初阿拉伯人占领伊朗，萨珊王朝覆灭。这次入侵改变了伊朗的历史和文化发展的进程，伊朗人民由信奉袄教转为信奉伊斯兰教。现代波斯语是由中古波斯语发展而来的，于8世纪末至9世纪初开始普及。现代普通伊朗人已看不懂巴列维语，该语言只在伊朗大学中讲授。

由于伊朗人民不断举行起义，伊朗上层统治集团日益扩大其政治势力，9世纪末，阿拉伯人的统治实际上已名存实亡，伊朗建立了许多地方政权。10世纪初，一种在伊朗东部流行的方言法尔斯语(即达丽语)开始广泛传播，并逐渐取代巴列维语而成为伊朗的通用语言，这就是流传至今的波斯语。阿拉伯语在伊朗也曾经是官方语言，但是阿拉伯语仅限于在官方文书、宗教及科学领域使用。虽然有些波斯诗人也曾用阿拉伯语写作，但阿拉伯语从未成为伊朗的通用语。伊朗古代诗人正是用波斯语创造了光辉的波斯文学。

伊朗大多数公民说印欧语系中的一种语言，一小部分人使用亚非语系中的阿拉伯语。伊朗的阿拉伯人大多居住在胡泽斯坦省和波斯湾的沿海地区。阿拉伯语融入波斯语中，成为说波斯语者的外语或第二语言。各种阿拉伯语的口头变体和正式的阿拉伯语有很大差异。巴列维王朝(1925—1979)时期，政府努力将阿拉伯语从波斯语中清除出去，但未取得实际效果。相反，在伊斯兰革命后，阿拉伯语获得了政策制定者的特别关注，被作为主要外语在国内宣传和学习。

突厥语族属于阿尔泰语系，说突厥语的人占伊朗总人口的25%，主要居住在除了阿塞拜疆以外的西北部地区。土库曼语也属于突厥语族，分布在伊朗东北部的格勒斯坦省，有少部分人使用。伊朗的突厥语与土耳其的突厥语在结构上相似，但在发音上差别很大。

波斯语的地区方言有库尔德语、罗利语和俾路支语。库尔德语属印欧语系伊朗语族或伊朗语支，是库尔德人使用的语言，他们聚居在伊朗、伊拉克、叙利亚和土耳其等地。现在库尔德语有3种不同的书写体系。在伊朗，库尔德文使用经修改过的阿拉伯字母。库尔德语在媒体上可以使用，但是在教育上受到限制。[①]

二 语言政策演变

作为一个多语言、多方言的国家，伊朗经历了不同的历史时代和政治变化，波斯语、外语或第二语言和地方语言的政策也不断演变，以应对动荡多变的社会政治局势。最近几年的全球化趋势则削弱了政治思潮在语言政策制定中的决定性作用。[②]

2.1 前伊斯兰时代的语言政策

古波斯的一个显著特点是多语言，尤其是在阿契美尼法王朝（公元前550—前331）。波斯帝国（公元前550—公元641）占据西亚大部分地区，公民来自很多民族。当时的官方语言是古波斯语，其统治地位长达12个世纪。随着亚历山大一世侵略伊朗和阿契美尼法王朝的衰亡，普及波斯语的政策遭到破坏，未能继续。

在马其顿人被赶出伊朗、阿什坎王朝（公元前250—公元226）建立之后，支持波斯语的政策得到恢复，并在萨珊王朝时达到顶峰。在萨珊王朝，最有名的国王阿诺什尔万执政期间（531—579），贡地·沙普尔大学成立了，所教授的几门科目包括医学、哲学、天文学、数学和政治学，大量书籍从印度引进，并译成波斯语。

2.2 伊斯兰时代的语言政策

随着7世纪中叶伊斯兰教传入伊朗，作为伊斯兰教语言的阿拉伯语，渐渐占据了主导地位，取代了古波斯语，成为朝廷和政府信函的官方用语，也是整个波斯地区的文化知识用语。

尽管仍然是当地语言，古波斯语却采用了阿拉伯语的书写体系，并吸收了大

---

① 朱维之主编《外国文学史·亚非卷》，南开大学出版社2000年版。

② 本节主要内容根据 Language Planning and Language-in-Education Policy in Iran. *Language Problems and Language Planning*, 34:1(2010)改写。

量阿拉伯词汇和表达式。阅读《古兰经》和其他伊斯兰教的文章，也促使阿拉伯词汇融入波斯语，从而产生了一种新型的波斯语，这种新波斯语大量使用阿拉伯语词汇。阿拉伯语在社会上的传播使波斯作家有机会在写作中自由使用阿拉伯语。事实上，在翻译伊斯兰教著作时，如果找不到现成的对应词，波斯作家常常保留原来的阿拉伯语词汇，而不是将它们译成波斯语。

这个时期的语言政策强调，将阿拉伯语作为外语甚至第二语言进行教学。伊斯兰教进入波斯后的10个世纪，所有传统学校都教授阿拉伯语，这种语言政策一直持续到恺伽王朝(1779—1925)，伊朗在此期间与某些欧洲朝廷和西方国家建立了重要关系。

2.3 现代语言政策

9至10世纪伊朗社会开始接触西方文化和语言，知识分子越来越强烈地意识到，伊朗和西方强国在科学与经济发展方面的差距日益拉大。恺伽王朝中的一些政治要人感到了缩小这种差距的紧迫性。恺伽王朝的国王阿巴斯·米尔扎(1794—1831)率先派遣几名学生去欧洲学习科学技术。接着米尔扎·塔基汗国王于1851年建立了伊朗第一所现代教育机构——达拉—弗农(Daral Fonoon)科技学院。由于外语是培训和教学的媒介，该学院开设了一门外语课，旨在促进外国教员和伊朗学生之间的交往，正确掌握用外语编写的教材。由于大部分教师来自法国，法语成为所有科目的教学语言。

为了反对俄国和英国在伊朗的势力，米尔扎·塔基汗国王聘请了法国、奥地利、西班牙和意大利等国家的教师。1852年他被暗杀后，英国和俄国的教师开始进入该学院。与此同时，随着美国作为经济大国的崛起，伊朗和美国的关系越来越密切。在恺伽王朝期间，外国机构和传教士建立了很多外国学校。这些机构和教师在提高伊朗人民的外语知识方面发挥了重要作用。在巴列维王朝时期，伊朗和美国建立了更加友好的关系。政策制定者对英语国家文化价值观的认同，促进了1925年伊朗—美国协会的建立，旨在教伊朗人学英语。该协会在德黑兰等主要城市设立了分会，教师大部分来自美国和英国。

从此，英语成为伊朗教授的最主要的外语。1934年英语纳入教育体制中。在巴列维王朝的统治下，英语巩固了自己在全国教学中唯一的外语地位，其他外语趋于边缘化。国家继续保持送学生去西方国家学习的传统，不过他们现在去的主要是英语国家。

新建立的大学聘用英美专家，以解决教师短缺问题。多数大学仍然使用波斯语，德黑兰大学和设拉子大学的教师进修学院等一些院校使用英语教学。在设拉子大学，学生必须通过两个月的强化英语课程，才能开始各自专业的学术教育。外国机构建立的私立学校使用波斯语(通常是学生的母语)以外的语言进行教学，以便使学生直接接触外语，确保有效学习。这些学校极大地促进了外语学习。为了使伊朗军队现代化，几乎所有高级军官都被送到美国接受特殊培训，上非母语英语(ESL)课程，因为英语被视为现代化的语言。由于接受西方模式和英语的现代化方案，伊斯兰革命产生了"语言后果"。

1979年伊斯兰革命席卷了人民生活的各个方面，教育制度也不例外。为了改革昔日的教育制度，新伊斯兰政府在1980年4月关闭了所有大学和高等学府，以实施文化革命。在确保国家团结和自治的前提下，伊斯兰政府改革了以前的政策，复兴了以前政府所忽视的伊斯兰理念和传统。西方文化和价值观的传播，尤其是恺伽和巴列维王朝的那些思想，与伊斯兰革命公认的思想和意识形态格格不入。

大学关闭后，为了制定以伊斯兰—伊朗文化和信仰为基础的新的教育制度，成立了高级别的伊斯兰知识分子议会。1982年，在落实了新课程大纲后，大学重新开学。波斯语作为国家的官方语言，成为大学和整个教育制度的教学语言。作为伊斯兰语言的阿拉伯语也是课程中的重要部分。教授阿拉伯语的目的是帮助学生读懂伊斯兰教著作，学会《古兰经》中阿拉伯词汇的正确发音。因此，在小学之后的初中和高中阶段教授阿拉伯语。虽然英语未能享有与恺伽和巴列维王朝时的同等地位，但是作为一种纯粹的科学和国际语言，英语是发展教育、应对全球化和现代化浪潮必不可缺的工具，所以学校里仍然进行英语教学。总之，一方面波斯语巩固了自己作为主要教学语言的地位，另一方面，英语教学也在私立学校和公立学校继续展开。

三 "波斯化"政策和外语教育政策

3.1 关于地方语言和少数民族语言的政策

在恺伽王朝期间，国家关于地方语言和少数民族的政策是十分明确的。国家政策制定者很清楚，各少数民族分裂主义运动想使少数民族语言成为官方语言,会带来何种危险性。政府采取了强制性预防措施,来削弱少数民族的威胁。为了融合各少数民族,伊朗在联邦中的代表人物——穆罕默德-阿里·福鲁吉劝诫政府避免使用武力和压制少数民族。他认为宣传波斯语言、文学和文化将是减少威胁的更好方法。

1906 年,根据伊朗的第一部宪法,波斯语被定为国家唯一的官方主导语言,用于国家信函、官方行政和与人民的交流。之后,在巴列维王朝的奠基人礼萨汗执政期间,所有官方和国家机构人员都学习使用波斯语来处理日常行政事务。该宪法倡议行动是中央政府为保证一个多语言国家的团结和巩固所采取的国家主义运动。认同波斯语为主要语言以及在全国少数民族中宣传波斯语,成为非直接压制其他语言使用的政府命令。

比如,1923 年,为了宣传波斯语,阿塞拜疆省中央教育办公室发布命令到该地区各大城市的教育办公室,如以库尔德语居民为主的马哈巴德市,宣布必须在学校和其他国家资助机构使用波斯语。同样,为了避免突厥人共和运动的势力和突厥语言宣传的加大,突厥语书籍和手稿被堆放在位于伊朗的一个主要突厥人城市——大不里士的市政府大楼前,由国家官员点火烧毁。在国家主义运动的强烈影响下,礼萨汗继续推行针对非波斯少数民族的文化和语言同化政策,希望普及波斯语、复兴古波斯的文化传统。这项“波斯化”政策,是通过各种方式在整个礼萨沙,即最后一位巴列维君主时期实施的。

跟所有新建立的政府一样,决策者努力维护国家团结和一致,伊斯兰政府针对少数民族的政策力求保证国家巩固和团结,同时承认各民族之间文化、语言的差异。大众传媒和教育允许使用少数民族语言,学校在波斯语教学的同时,允许少数民族文学的教学。很多杂志用少数民族语言出版,突出了少数民族的传统、文化和文学。今天,全国每个省份至少有一个电视频道用当地语言播放节目。尽管政府放宽了对地方语言的控制,波斯语仍然是伊朗实际的主导语言,但是官方并不阻止其他地方语言的使用。

3.2 保护和提高国家主导语言的政策

在几千年的历史上伊朗经历了多次社会变革,但任何时候都没有放弃使用波斯语。虽然波斯语在不同的时期也受到了希腊语、土耳其语、蒙古语、阿拉伯语、印度语、法语、英语和俄语等外语的影响,但波斯语并没有发生根本性的变化,只是在书写形式上有些细微的改变。新伊朗国家主义的崛起,发达国家现代产品和新词新语流入伊朗社会，给波斯语带来了危机。一些主张伊朗新国家主义的激进知识分子呼吁，清除波斯语中所有的阿拉伯语词汇，代之以波斯语词根和以往词汇的派生词。

另一方面，知识分子和一些政治人士感到，亟须找到或创造一些新词来表达进入波斯语的外来词汇（主要来自欧洲语言）。这些倡议导致了伊朗历史上语言政策的一个特殊时期。从恺伽王朝开始，这些活动和文化趋势一直延续至巴列维时期，并在1939年波斯语言文学学院建立之时达到高潮。尽管该学院曾几次解散并重新建立，其活动和目标始终未变。

波斯语言文学学院的一个主要目的是，防止激进国家主义团体创造的词汇进入波斯语。这些团体试图将所有阿拉伯词语及其表达式，从波斯语中赶出去。该学院制定了波斯语拼写法和组词法的标准，其正式目标是：

第一，保护波斯语不受外来语言词汇和表达式的侵入；

第二，提高波斯语的语言能力，应对国家科学和新文化的需求；

第三，研究和调查波斯语出版物的所有版本和分支，以便更好了解波斯语的语言能力；

第四，找到并创造进入波斯语的外来词汇的对应词。

波斯语言文学学院的建立标志着一个时代的开始，政府公开成立机构，颁布命令，控制、指挥大众和传媒的语言使用。1941年，学院建立两年后，首相发布命令，要求国家各办事机构和部门在官方信函中使用新创制的词汇。事实上，学院的主要目的是提高波斯语作为国家主导语言的地位。

总之，保护波斯语不受外来词汇的侵扰，提供统一的标准书写法，让波斯语在公共传媒中使用，提高波斯语的语言能力，提升语言的现代化程度和科学水平，都将作为第一语言政策的主要内容继续执行下去。波斯语和其他任何语言一样，受到国内各政党和有影响的社会团体所制定和实施的规划和行动的影响，这种影响反映了伊朗社会历史上的政治局势和政治变化。

3.3 伊斯兰革命后的外语教学政策

伊斯兰革命虽然产生了一些文化变革，但公立与私立学校的外语教学机构几乎保持和之前一样的局面。公立学校到初中才开始学习英语，作为主要科目之一，每周上2至3小时，这样3年时间仅仅涉及基本层次的内容。开设外语课的目的是使学生能够阅读简单的英语课文，提高阅读能力。英语课文根据新出台的词汇表编写。英语在初中和高中阶段一共学习7年。伊朗的英语教育政策着重语法和阅读，学生实际应用英语能力不强，这也是全球性外语学习方面的问题。

为了弥补这方面的不足，私立学校作为教育体制的二级机构，承担了帮助大众满足国家科技交流的需求的任务。伊朗—美国协会是第一个私人语言机构，伊斯兰革命后，该协会更名为伊朗语言学院(ILI)，根据新政府的意识形态导向，重新制定了教学目标和课程大纲。几年后，为了应对公立学校已无法满足英语学习大量需求的情况，很多私立学校成立，各年龄层次的学生都可以通过不同课程学习英语，一定程度上解决了公立学校能力不足的问题。

英语是大学的主课之一。分两类教学：第一类是面向各专业学生的通用英语(EGP)。第二类是特殊用途英语(ESP)，如工程英语、医学英语、社科英语，这两类英语教学可以帮助学生掌握与研究领域相关的概念和术语。英语也作为一门专业来学(EM)，分成翻译、文学和作为外语的英语教学法(TEFL)。在研究生阶段，还增加了语言学专业。

缺少合格师资和基本设备，过分以教师为中心，教学时间不足，这些都是导致伊朗外语教学低效的主要原因。随着英语，尤其是美国英语的强势冲击，地方语言和地方文化面临日益严重的濒危、损耗和边缘化局面。伊朗政策制定者在继续创造英语教学最佳环境的同时，也在努力克服由于英语普及而对伊朗的国家和社会—文化认同所构成的威胁。

语言是个人和国家认同的主要标志。语言规划者和政策制定者必须意识到社会、历史、经济、文化和政治的差异，使所制定的语言政策既服务于政治结构，又符合国家的经济制度要求，满足人民的基本需求和权利。

伊朗关于将波斯语定为国家官方语言的政策，受到在多语言地区保护国家统一、国家同质和国家认同目的的驱使。但是，政治局势并不是伊朗语言规划的唯一决定性因素。现代化发展和全球化的必然趋势，影响了英语作为主要外语的语言教育规划。民族语言的需求和偏向，国家巩固和保持波斯语作为国家通用语的地位，全球化的发展和渗透，伊朗政府在制定语言政策时始终力求兼顾并在这三者之间达成妥协。

（李　欣）

《世界濒危语言图谱》(2009)

一 概况

语言是文化的载体,承载着不同的民族长期以来逐渐积淀下来的独特文化。一种语言一旦消亡,便对该种文化带来无可挽回的损失。

在现代文明的挤压下,许多语言赖以生存的环境遭到破坏,语言空间越来越小,如果不采取措施,我们甚至可以预见到它们消失的时间。据统计,世界上现有约 6 000 种语言,已有 43%处于濒危状态。因此,最近几十年来,挽救濒危语言成为一个重要的课题,联合国教育科学文化(以下简称“教科文”)组织在这方面做出了不懈的努力。

本世纪以来,联合国教科文组织进一步强调了语言在表达、交流及文化传承等方面的重要作用和意义,更加关注世界濒危语言的发展趋势,关注保护语言、文化多样性的必要性,认为语言多样性是文化多样性的基本要素。为此,教科文组织召开了多次专家会议,研究讨论濒危语言的复兴、保护和抢救等问题,并设立了多个国际性和地区性的濒危语言项目,旨在为语言多样性的地位和发展趋势提供监测、支持和评估的工具,同时提供诸如政策建议、技术专门人才与培训、良好的实践以及交流与技术转换平台等服务,并通过采取开发、调节和传播等手段,支持社区、专家和政府的活动。

2009 年 2 月,教科文组织在巴黎推出了《世界濒危语言图谱》的电子版,①随后于 2010 年发布了纸质版本。这是继 1996 年和 2001 年的两版《世界濒危消失语言图谱》②之后,教科文组织语言濒危项目所取得的又一重要成果。

《世界濒危语言图谱》(2009)的主编克里斯托芬·莫斯利(Christopher Moseley)在序言中说明了编写的目标、范围和目的,同 1996 年的版本一样,主要

---

① http://www.unesco.org/culture/languages-atlas/en/atlasmap.html.

② Wurm, S. (ed.) 1996. *Atlas of the World's Languages in Danger of Disappearing*, 1st edn. Paris, UNESCO Publishing.

——. 2001. *Atlas of the World's Languages in Danger of Disappearing*, 2nd edn. Paris, UNESCO Publishing.

包括以下几个方面:(1)继续搜集有关语言濒危及其地位和学习的紧迫程度的信息;(2)搜集迄今少有研究的濒危语言材料,特别是涉及类型学的材料;(3)语言保持和语言保护。[①] 此外,还解释了书中可能引起争议或注意的相关问题,例如,地图的设计理念、制图中发现的语言代码、符号标注、手势语、濒危语言族群的母语教育以及语言与方言的关系等等。

《世界濒危语言图谱》(2009)的纸质版共有218页,内含29份语言地图。该书划分了14个地区:撒哈拉沙漠以南的非洲地区,北非和中东地区,欧洲和高加索地区,西亚和中亚地区,东北亚,印度和喜马拉雅山脉地区,东南亚、华南和中国台湾,大太平洋地区[②],澳大利亚,南美,南美安第斯山脉地区,墨西哥和中美洲,美国,加拿大和格陵兰岛。各章的内容体例并不完全一致,有的概括所描述地区的濒危语言总体情况,有的则按国别一一说明。所有地图,先列出该地区濒危语言名称及濒危程度,再附上地图。

二 语言活力分类标准

语言活力是判定语言濒危的一项最重要指标,也是该图谱的主要分类依据。2002至2003年,教科文组织任命了一个由多国语言学家组成的临时专家小组,研究语言濒危问题,最终形成《语言活力与濒危》[③]一文,其中设定了衡量“语言活力”的九个标准。如图6—3所示:

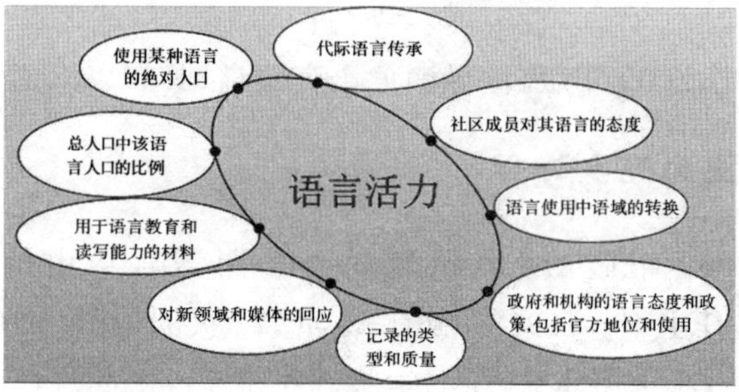

资料来源:本文作者译自 http://www.unesco.org/new/en/culture/themes/endangered-languages/language-vitality/。

图6—3 语言活力图

① Christopher Moseley (ed.). 2010. Atlas of the World's Languages in Danger. Berman PR,2010.

② 原文为“the Greater Pacific Ocean”,当指位于太平洋上的众多面积较小的国家和地区。

③ Language Vitality and Endangerment, UNESCO Ad Hoc Expert Group on Endangered Languages, Document submitted to the International Expert Meeting on UNESCO Programme Safeguarding of Endangered Languages. Paris,10—22 March 2003.

按照这九个标准，语言的濒危程度被划为六个等级。见表6—5：

表6—5 语言活力表

濒危程度	级别	说明	数量*
	安全	每一代都使用该语言，代际传承不受干扰，不包括在本图谱中	
	不安全	大部分儿童都使用该语言，但可能限于某些特定语域（如家庭）	601
	肯定濒危	儿童在家庭中不再将该语言作为母语来学习	648
	严重濒危	该语言被祖父辈以上使用，父辈可能只听得懂，但并不在同辈或孩子中使用	526
	极度濒危	该语言最年轻的使用者是祖父辈及以上，而且并不完全地及经常地使用该语言	576
	消亡	已没有使用该语言的人＞＞本图谱包括1950年以后消亡的语言	231
总计			2472

* 表格中语种数量一项，来自于联合国教科文组织官方网站上的更新数据，截至2012年2月29日。

资料来源：本文作者制作，参考自 http://www.unesco.org/new/en/culture/themes/endangered-languages/atlas-of-languages-in-danger/。

三 特点

与前两版相比，2009年版《世界濒危语言图谱》具有以下两大特点：

3.1 内容更为充实详尽

1996年和2001年版的《世界濒危语言图谱》，均由斯蒂芬·武尔姆(Stephen Wurm)任主编。1996年版有53页，12页的地图，约600种语言，有英语、法语、西班牙语3个版本。2001年版则扩充到90页，14页地图，800种语言。与前两个版本相比，2009年版在语言的数量上大为增加，囊括了约2 500种语言，其中有230种是1950年后消亡的。这三版所涉及的语言数量前后差距非常之大，原因在于前两版只是举例性说明严重濒危的语言，而2009年版则是全面描写所有濒危语言及其濒危程度。

3.2 采用了新的技术方式

2005年，教科文组织以非洲为试点，将2001年版的《世界濒危语言图谱》中的100种非洲大陆濒危语言数码化，以电子地图的形式呈现。2009年则扩大到世界上已发现的所有濒危语言，并不断更新完善。该图谱的网络版在联合国教科文组织的官方网站上发布，从此人们可以直观了解世界濒危语言概况。各种语言大致按照“国家或地区、语言名称、语言使用者人数、濒危程度、ISO—639—3码、信息来源、地理坐标、相关项目”等8项来说明。由于语言的分布、使用者及其数量、社会功能等过于复杂，主编克里斯托芬承认，这些都难以在简单的二维图上完美地体现出来。不过，该书和地图的主要意图是，在尽可能科学地描述濒危语言现状的前提下，引起世人对这一问题的关注和重视。

四　意义

《世界濒危语言图谱》(2009)自发布以来，引起全世界对语言濒危和语言文化多样性问题的广泛关注，多国媒体报道了这一事件，并对教科文组织的这一成果表示赞赏。同时，搜集和考察语言濒危信息的来源也大大扩展了，特别是经由网络这一交互性的传播媒介，有关世界濒危语言的信息也能通过各种方式反馈到教科文组织相关部门，使濒危语言数据库得到及时更新。

据统计，截至2011年3月，根据用户的反馈，修正或更新了116种濒危语言的信息。[①] 该成果还直接或间接地应用到多个国家、学术团体、专业机构的研究项目中。但是，《世界濒危语言图谱》(2009)的成果也令人触目惊心，人们更加清醒地认识到，人类语言现状相当严峻，人类文化多样性正面临着考验。

附录

《世界濒危语言图谱》(2009)全书目录

序言/联合国教科文组织总干事，伊琳娜·博科娃

介绍/克里斯托芬·莫斯利

世界濒危语言地图展示/克里斯托芬·莫斯利

① UNESCO, "Atlas of the World's Languages in Danger", Published by the United Nations Educational, Scientific and Cultural Organization, 2011.

撒哈拉沙漠以南的非洲地区/马塞亚斯·布伦辛格、赫尔曼·巴提博
北非和中东地区/撒拉姆·默兹侯德、雅米娜·艾尔·吉拉特·阿拉姆
欧洲和高加索地区/他帕尼·萨尔米宁
西亚和中亚地区/哈吉姆·艾那扎诺夫
东北亚/尤哈·扬胡宁
印度和喜马拉雅山脉地区/斯图亚特·布莱克布尔、琴·罗伯特·奥普金诺特
东南亚、华南和中国台湾/大卫·布莱利
大太平洋地区/戴瑞尔·T·泰瑞昂
澳大利亚/米歇尔·沃尔斯
南美/威廉·艾得拉
南美安第斯山脉地区/马林·哈博德
墨西哥和中美洲/尤拉德·拉斯特拉
美国/克里斯·罗杰、内奥米·帕罗萨利、里勒·康贝尔
加拿大和格陵兰岛/玛丽·简·罗瑞斯

撰稿者
参考书目
索引

（白 娟）

附　　录

教育部关于中小学开展书法教育的意见

教基二〔2011〕4号

各省、自治区、直辖市教育厅(教委),新疆生产建设兵团教育局:

为贯彻《国家中长期教育改革和发展规划纲要(2010—2020年)》精神,全面实施素质教育,继承与弘扬中华民族优秀文化,现对中小学开展书法教育提出以下意见。

一　充分认识开展书法教育的重要意义

书法是中华民族的文化瑰宝,是人类文明的宝贵财富,是基础教育的重要内容。通过书法教育对中小学生进行书写基本技能的培养和书法艺术欣赏,是传承中华民族优秀文化,培养爱国情怀的重要途径;是提高学生汉字书写能力,培养审美情趣,陶冶情操,提高文化修养,促进全面发展的重要举措。

当前,随着信息技术的迅猛发展以及电脑、手机的普及,人们的交流方式以及学习方式都发生了极大的变化,中小学生的汉字书写能力有所削弱,为继承与弘扬中华优秀文化,提高国民素质,有必要在中小学加强书法教育。

二　中小学书法教育的总体要求

1.开设书法课的要求

中小学校主要通过有关课程及活动开展书法教育。在义务教育阶段语文课程中,要按照课程标准要求开展书法教育,其中三至六年级的语文课程中,每周安排一课时的书法课。在义务教育阶段美术、艺术等课裎中,要结合学科特点开展形式多样的书法教育。普通高中在语文等相应课程中设置与书法有关的选修课程。中小学校还可在综合实践活动、地方课程、校本课程中开展书法教育。

2. 书法教学的要求

中小学书法教育应本着打好技能基础、坚持循序渐进、注重书法修养、提高文化素质的原则。

明确写字的基本要求。书法教育应培养学生正确的写字姿势，养成良好的书写习惯；一至三年级着重培养学生硬笔书写能力，首先要能使用硬笔熟练地书写正楷字，做到规范、端正、整洁；随着年级升高，逐步要求行款整齐，力求美观，并学写规范、通行的行楷字，提高书写速度。三年级开始，过渡到硬笔软笔兼学。

明确使用毛笔书写的基本要求。学生要用毛笔书写楷书，临摹名家书法；大致了解书法历史和汉字字体源流；从书法作品的内涵、章法、结构、笔法等方面鉴赏历代重要书法家作品，培养初步的书法欣赏能力，提高审美情趣。

三　为落实书法教育提供条件保障

1. 省级教育行政部门要结合本地区中小学校书法教育的实际情况，对书法教育的课程安排、教学管理、教师任职条件及资源配置等进行规划，稳妥推进书法教育。

2. 地方各级教育行政部门应有计划、有步骤地安排书法教师的培养和培训，逐步提高教师书法教育教学的能力和水平。

3. 各级教研部门要把书法教育纳入教学研究工作的范围，研究中小学书法教育的教学规律和评价方法，安排教研人员指导学校和教师开展书法教学工作。

4. 学校可根据需要，聘请当地青少年校外活动中心、少年宫、文化艺术团体的书法专业人员根据中小学书法教学要求指导学生学习书法。鼓励社会各界及个人为学校开展书法教育活动提供支持。学校全体教师应努力提高自己的书写技能和书法欣赏水平。

5. 书法教育基础较好的地区和有条件开设书法课的地区，应争取在今年秋季开设书法课。尚不具备条件的地区，要做好开课的规划和具体实施方案。

6. 各地教育行政部门要加强对书法教育工作的指导和管理，教育督导部门要把书法课开设情况纳入教育督导的专项内容。

中华人民共和国教育部

二〇一一年八月二日

关于进一步规范使用民汉两种语言文字的通知

（新政办发〔2011〕57号）

伊犁哈萨克自治州，各州、市、县（市）人民政府，各行政公署，自治区人民政府各部门、各直属机构：

我区是一个多民族、多语言、多文种的地区。全面贯彻党和国家语言文字政策，正确使用民汉两种语言文字，对于促进民族团结、维护社会稳定具有重要意义。随着经济社会的不断发展，一些地方和单位社会用语、用字不规范，如不按规定使用民汉文字，民汉文字同时使用时比例失调、翻译不准确、排列不规范等现象时有发生，造成了不良社会影响。

根据《中华人民共和国国家通用语言文字法》、《自治区语言文字工作条例》，为进一步加强我区语言文字工作，促进各民族语言文字规范准确地使用，现将有关规定重申如下：

一、国家推广普通话，推行规范汉字；各民族都有使用和发展本民族语言文字的自由；少数民族语言文字的使用依据《宪法》、《民族区域自治法》及其他法律的有关规定；国家机关以汉语普通话和规范汉字为公务用语用字。法律另有规定的除外。

二、自治区的自治机关在执行职务时，同时使用维吾尔、汉两种语言文字；根据需要也可以同时使用其他民族的语言文字；自治州、自治县的自治机关执行职务时，在使用自治区通用的维吾尔、汉语言文字的同时，使用实行区域自治的民族的语言文字，也可以根据需要，同时使用当地通用的其他民族的语言文字；同时使用几种语言文字执行职务的，可以实行区域自治民族的语言文字为主。

三、机关、团体、企事业单位召开的全区性和地方性会议，应根据与会人员情况，使用一种或几种语言文字，特别是会议下发的文件材料必须同时使用民汉文字。重要会议的会标应当同时使用少数民族文字和汉字。

四、机关、团体、企事业单位在招生、招工、招干和技术考核、职称评定、晋级时，必须同时或分别使用当地通用的少数民族语言文字、汉语言文字。国家和自治区另有规定的除外。

五、社会用字应当同时、规范使用汉字和少数民族文字，使用时要做到比例相称、工艺美观、翻译书写准确。

社会用字主要是指：机关、团体和事业单位的公章、门牌、证件和印有单位名称的信封、公函纸等，以及自治区境内上报下发的各种公文、函件，发行的学习材料和宣传品（可根据需要，使用当地通用的一种或几种文字）；公共场所、公用设施以及从事公共服务的名称标牌、公益广告、界牌、指路标志、交通标志和车辆上印写的单位名称、安全标语，区内生产并在区内销售的产品的名称、说明书等。

公共场所是以公众为对象进行商业性经营的或对公众提供服务的场所，是提供公众进行工作、学习、经济、文化、社交、娱乐、体育、参观、医疗、卫生、休息、旅游和满足部分生活需求所使用的一切公用建筑物、场所及其设施的总称。如，公共交通工具及其候车（机、船）厅、售票厅；医疗机构的候诊区、诊疗区、病房区；影剧院、歌舞厅、录像放映厅、游艺厅；各类体育场馆；旅游景区；学校、图书馆、阅览室、博物馆、展览馆、科技馆、美术馆、档案馆、青少年宫；广场、公园；商场、超市、宾馆、酒店、餐厅；各类营业厅；宗教活动场所等。

六、门牌、印章的用字规范标准。

（一）字体颜色和标准。按照惯例，各级党委机关门牌文字为红色，各级人大、政府、政协、司法机关及团体、事业单位门牌文字为黑色。民文字体为正文印刷体，汉文字体为宋体。门牌文字应与其印章文字一致，门牌材料、大小可根据建筑物的情况确定。

（二）文字排列方式。上下排列的：民文在上，汉文在下，有外文的在汉文之下；左右排列的：维吾尔、哈萨克、柯尔克孜文在右，汉文在左，有外文的在汉文之左。蒙古、锡伯文在左，汉文在右，有外文的在汉文之右；圆形印章民文在左，汉文在右。

七、文字翻译和审核。机关、团体和事业单位的公章、门牌、证件、信封、公函纸等，公共场所、共用设施以及从事公共服务使用少数民族语言文字的，可以咨询当地语言文字主管部门，以确保翻译准确、用字规范。

各地、各部门要高度重视规范使用民汉语言文字工作，加强领导，认真组织学习宣传，建立健全规章制度，经常性组织检查本地、本部门（单位）的语言文字使用情况，及时整改不规范现象，为实现新疆跨越式发展和长治久安营造良好的语言文字环境。

新疆维吾尔自治区人民政府办公厅

二〇一一年五月三日

语言生活丛书名录

语言文字规范系列

书　名	作　者	出版时间	出版社
《汉字部首表》	中华人民共和国教育部、国家语言文字工作委员会发布	2009	语文出版社
《现代常用独体字规范》	中华人民共和国教育部、国家语言文字工作委员会发布	2009	语文出版社
《现代常用字部件及部件名称规范》	中华人民共和国教育部、国家语言文字工作委员会发布	2009	语文出版社
《字符集汉字部首归部规范》	中华人民共和国教育部、国家语言文字工作委员会发布	2009	语文出版社

中国语言生活绿皮书・A 系列

书　名	作　者	出版时间	出版社
《现代汉语常用词表(草案)》	《现代汉语常用词表》课题组编	2008	商务印书馆
《日本汉字的汉语读音规范(草案)》 《文语转换与语音识别系统语言文字评测规范(草案)》 《机器翻译系统语言文字评测规范(草案)》 《语料库系统语言文字评测规范(草案)》 《现代汉语语料库元数据规范(草案)》 《基于概念层次的语句概念结构语料库标注规范(草案)》	教育部语言文字信息管理司组编	2009	语文出版社

中国语言生活绿皮书·B系列

书 名	作 者	出版时间	出版社
《中国语言生活状况报告(2005)》（上编）	“中国语言生活状况报告”课题组编	2006	商务印书馆
《中国语言生活状况报告(2005)》（下编）	国家语言资源监测与研究中心编	2006	商务印书馆
《中国语言生活状况报告(2006)》（上编）	“中国语言生活状况报告”课题组编	2007	商务印书馆
《中国语言生活状况报告(2006)》（下编）	国家语言资源监测与研究中心编	2007	商务印书馆
《中国语言生活状况报告(2007)》（上编）	“中国语言生活状况报告”课题组编	2008	商务印书馆
《中国语言生活状况报告(2007)》（下编）	国家语言资源监测与研究中心编	2008	商务印书馆
《中国语言生活状况报告(2008)》（上编）	“中国语言生活状况报告”课题组编	2009	商务印书馆
《中国语言生活状况报告(2008)》（下编）	国家语言资源监测与研究中心编	2009	商务印书馆
《中国语言生活状况报告(2009)》（上编）	“中国语言生活状况报告”课题组编	2010	商务印书馆
《中国语言生活状况报告(2009)》（下编）	国家语言资源监测与研究中心编	2010	商务印书馆
《中国语言生活状况报告(2011)》	教育部语言文字信息管理司组编	2011	商务印书馆
《古籍汉字字频统计》	北京书同文数字化技术有限公司编	2008	商务印书馆
《中日韩常用汉字对比分析》	北京书同文数字化技术有限公司编	2009	商务印书馆
《中国语言资源有声数据库调查手册·汉语方言》	中国语言资源有声数据库建设领导小组办公室编	2010	商务印书馆
《中国语言文字使用情况调查资料》	中国语言文字使用情况调查领导小组办公室编	2006	语文出版社
《中国少数民族语言文字规范化信息化报告》	李宇明主编	2011	民族出版社

新时期中国少数民族语言使用情况研究丛书

书 名	作 者	出版时间	出版社
《基诺族语言使用现状及其演变》	戴庆厦主编	2007	商务印书馆

（续表）

《阿昌族语言使用现状及其演变》	戴庆厦主编	2008	商务印书馆
《云南蒙古族喀卓人语言使用现状及其演变》	戴庆厦主编	2008	商务印书馆
《布依族语言使用现状及其演变》	周国炎主编	2009	商务印书馆
《莫旗达斡尔族语言使用现状与发展趋势》	丁石庆主编	2009	商务印书馆
《西摩洛语语言使用现状及其演变》	戴庆厦主编	2009	商务印书馆
《元江县羊街乡语言使用现状及其演变》	戴庆厦主编	2009	商务印书馆
《云南里山乡彝族语言使用现状及其演变》	戴庆厦主编	2009	商务印书馆
《耿马县景颇族语言使用现状及其演变》	戴庆厦主编	2010	商务印书馆
《景洪市嘎洒镇傣族语言文字使用现状及其演变》	赵凤珠主编	2010	商务印书馆
《片马茶山人及其语言》	戴庆厦主编	2010	商务印书馆
《元江县因远镇语言使用现状及其演变》	白碧波主编	2010	商务印书馆
《澜沧拉祜族语言使用现状及其演变》	戴庆厦主编	2011	商务印书馆
《四川盐源县各民族的语言和谐》	戴庆厦主编	2011	商务印书馆
《云南德宏州景颇族语言使用现状及其演变》	戴庆厦主编	2011	商务印书馆
《科尔沁左翼中旗蒙古族语言使用现状及其演变》	哈斯额尔敦主编	2012	商务印书馆

（朱俊玄）

语言生活大事记

【说明】

本大事记只记录2011年中国语言生活方面的主要事件，未记录语言本体研究方面的事件。资料主要来自《语文信息》《语言文字周报》《语言文字应用》《中国语文》《中国科技术语》《民族语文》《汉语学习》《汉语学报》《语言教学与研究》《世界汉语教学》《当代语言学》《古汉语研究》《语言科学》《辞书研究》《中文信息学报》以及中国语言文字网、国家汉办/孔子学院总部网等。

1月

1月1日，教育部人文社会科学重点研究基地“北京大学汉语语言学研究中心”正式更名为“北京大学中国语言学研究中心”，英文全称 Center for Chinese Linguistics PKU，简称“CCL”。

1月5日，教育部主办、北京巨人教育集团承办的第二届全国学生规范汉字书写大赛优秀获奖作品暨书法家祝贺作品展在北京民族文化宫开幕，教育部副部长、国家语言文字工作委员会（以下简称“国家语委”）主任李卫红出席并讲话。

1月9日，民汉双语教材语料库建设工作研讨会在北京召开。

1月17日，教育部、国家语委、中央精神文明建设指导委员会办公室（以下简称“中央文明办”）联合主办的“中华诵·2010经典诵读大赛”全国总决赛在北京举行。

1月18日，商务印书馆举行“2011中青年语言学者沙龙”，议题为“虚拟语言生活”。

1月20日，全国人大教科文卫委员会、教育部、国家语委、国务院法制办公室在北京联合召开纪念《国家通用语言文字法》颁布10周年座谈会。会议的主题是总结《国家通用语言文字法》贯彻实施10年来取得的成绩和经验，规划语言文字法制建设蓝图，推动中长期语言文字事业的科学发展。中共中央政治局委员、国务委员刘延东，全国人大常委会副委员长路甬祥出席会议并发表重要讲话。教育部部长袁贵仁、国务院法制办副主任袁曙宏、国家广电总局副局长李伟、解放军总政治部宣传部副部长禹光和江苏省人民政府副省长曹卫星在会上发言。全国人大教科文卫委员会主任委员白克明主持会议。

1月20—21日，国家语委在北京召开2011年度语言文字工作会议。教育部副部长、国家语委主任李卫红出席会议并讲话，提出今年要着力做好《语言文字规划纲要》颁布和实施工作。

1月26日，“学好中国话，朋友遍天下”汉语教材图书展在曼谷蒙通他尼国际会展中心开幕。

2月

2月2—5日，国家汉办/孔子学院总部自2005年以来第七次组团，在第29届巴黎语言博览会上展出了百余种、近千册汉语教材等多语言、多种类产品。

2月14日，国家语委召开2011年度全体委员会议。教育部副部长、国家语委主任李卫红及18个部委的国家语委委员、联络员出席。

2月14日，教育部语言文字信息管理司(以下简称“语信司”)在北京组织召开中文罗马化转写国际标准专家研讨会。

2月18日，国家语委咨询委员会第11次会议在北京召开。国家语委咨询委员会主任许嘉璐，教育部副部长、国家语委主任李卫红以及其他咨询委员出席。

2月22日，全国科学技术名词审定委员会(以下简称“全国名词委”)召开2011年度常务委员会会议。全国人大常委会副委员长、全国名词委主任路甬祥出席。

3月

3月1日，英国威尔士第一所孔子课堂在霍兰德沃里学校成立，英国王储查尔斯王子和中国驻英国大使刘晓明为孔子课堂揭牌并参加庆祝活动。

3月3—4日，国家语委在北京举办语言文字规范化标准化研修班。教育部副部长、国家语委主任李卫红出席并讲话。

3月5—6日，全国名词委第二届数学名词委员会在北京召开《数学名词》(第二版)一审会议。

3月10日，教育部语信司组织相关部门及专家赴陕西省西安市就公共服务领域外文译写国家标准制定工作进行调研。

3月18—21日，中央民族大学、国际双语学会、玉溪师范学院联合主办，玉溪师范学院外国语学院承办的第八届国际双语学研讨会在云南玉溪召开。

3月22日，国家汉办/孔子学院总部与茅台集团在京共同签署《文化推广战略合作协议》。双方将共同设立孔子学院专项发展基金，用于奖励各国优秀汉语学习者，资助汉语国际推广活动。

3月23日，两岸专家在北京举行中华语文工具书合作编纂工作第四轮会谈。

3月24日，中国语言资源有声数据库建设上海建库工作启动。教育部副部长、国家语委主任李卫红，上海市副市长、市语委主任沈晓明出席启动仪式并讲话。

3月25日，汉语国际推广基地工作会议在海南师范大学召开。国家汉办/孔子学院总部总干事许琳等13位代表和全国19个汉语国际推广基地的40余名代表出席。

4月

4月1—3日，教育部语言文字应用管理司（以下简称"语用司"）邀请部分省市语委办相关负责人，在湖北武汉召开城市评估和示范校工作文件研讨会。

4月6—11日，受台湾教育研究院、李国鼎基金会邀请，全国名词委组织大陆化学名词审定专家赴台北参加海峡两岸化学名词交流研讨会。

4月7日，中国语言资源有声数据库建设试点总结会在南京举行，"中国语言资源有声数据库（江苏库）展示网"同时开通。教育部副部长、国家语委主任李卫红出席并讲话。

4月8日，全国名词委科学技术名词宣传推广工作媒体座谈会在北京召开。

4月8—9日，中国政策科学研究会国家安全政策委员会、国家语委在江苏扬州联合举办"扬州论坛：语言与国家的安全和发展"。中国人民政治协商会议全国委员会副主席李金华，国家安全政策委员会会长巴忠倓，教育部副部长、国家语委主任李卫红出席并讲话。

4月9日，全球首个"旅游孔子学院"——格里菲斯大学旅游孔子学院在澳大利亚布里斯班成立。中国人民政治协商会议全国委员会主席贾庆林出席揭牌仪式并致辞。

4月9日，教育部语用司召开全国推普周领导小组办公室主任会议，研究部署第14届推普周有关事项。

4月11日，国家语委向社会发布《关于印发〈国家语委"十二五"科研规划〉

〈国家语委"十二五"科研规划2011年度项目指南〉〈国家语委科研项目管理办法(2011年修订版)〉的通知》(国语函〔2011〕7号),正式启动国家语委"十二五"科研立项工作。

4月14—16日,国家汉办/孔子学院总部应邀组团出席在美国旧金山举行的第四届全美中文大会。国务委员刘延东出席开幕式并致辞。

4月15日,国务委员刘延东在美国俄勒冈州的波特兰为12所孔子课堂揭牌。

4月15日、19日、26日,全国名词委植物学名词委员会相继在北京组织召开苔藓、植物细胞与遗传、真菌分支学科名词第一次审定会。

4月21日,海峡两岸机械工程名词交流研讨会在南京召开。

5月

5月5—6日,教育部、国家语委在海口召开语言文字规划纲要培训会议。教育部副部长、国家语委主任李卫红出席并讲话。

5月12日,教育部、国家语委发布了2010年中国语言生活状况报告。这是教育部、国家语委第六次向社会发布年度语言生活状况报告。

5月13日,中国教育国际交流协会、中国联合国教育科学文化组织全国委员会、联合国教育科学文化组织驻华代表处、国家语委联合主办的"联合国教科文组织第十二届国际母语日活动"在昆明举行,本次活动的主题是"多元文化,和谐中华"。

5月13日,教育部语信司召开《规范汉字表》名称问题专家研讨会。教育部副部长、国家语委主任李卫红出席并讲话。

5月19日,《公共服务领域外文译写规范》研制启动仪式暨专家研讨会在北京举行。

5月26日,教育部语信司主办的新世纪普通话审音工作研讨会在北京召开。

5月27日,中国语言资源有声数据库建设北京建库工作启动,教育部副部长、国家语委主任李卫红,北京市副市长、市语委主任洪峰出席启动仪式并讲话。

6月

6月2日,教育部、国家语委、中央文明办主办,中国教育电视台和中共贺州市委、市人民政府共同承办的"中华诵·2011经典诵读晚会(端午篇)"暨"中华诵贺州行"在广西贺州举行。

6月3—5日,教育部语言文字应用研究所(以下简称"语用所")主办,中国社会科学院民族学与人类学研究所、商务印书馆和渤海大学合办的第六届全国社会语言学学术研讨会在辽宁锦州渤海大学召开。

6月6日，教育部等九部门下发《关于开展第14届全国推广普通话宣传周活动的通知》。本届推普周主题：提升国家通用语言文字应用能力，弘扬中华优秀文化传统。

6月8日，“国家普通话水平测试在香港实施15周年纪念论坛”在香港中文大学举办。教育部副部长、国家语委主任李卫红出席论坛并讲话。

6月13日，教育部、国家语委、中共中央党史研究室在陕西延安举办“中华诵·颂歌献给党”红色经典诵读晚会(延安篇)。

6月17日，公文写作和语言文字规范使用研讨会在北京召开。

6月17日，汉字应用水平测试命题评价中心揭牌仪式在北京语言大学举行。

6月17日，教育部、国家语委、中共中央党史研究室在上海、江西井冈山两地同时举办“中华诵·颂歌献给党”红色经典诵读晚会(上海篇、井冈山篇)。

6月18日，教育部、国家语委、中共中央党史研究室在河北西柏坡举办“中华诵·颂歌献给党”红色经典诵读晚会(西柏坡篇)。

6月21日，教育部、国家语委、中共中央党史研究室在北京举办“中华诵·颂歌献给党”红色经典诵读晚会(北京篇)。教育部部长袁贵仁出席。

6月23日，国家汉办/孔子学院总部和外交部新闻司共同举办的首期外国驻华记者汉语培训班在北京开班，来自9个国家的16位驻华记者参加了历时2个月的汉语培训。

6月23—25日，国家语委2011年重大科研项目答辩会在北京召开。

6月25日，全国名词委第二届生物物理学名词审定委员会成立大会在北京召开。

6月29—30日，海峡两岸专家在北京举行中华语文工具书合作编纂工作第五轮会谈，重点讨论科技名词组的工作。

7月

7月3日，教育部语信司、中国社会科学院语言研究所和商务印书馆联合主办的“海内外中国语言学者联谊会——第二届学术论坛”在商务印书馆召开，论坛主题是“中国的语言学教学：过去、现在与未来”。

7月4日，八省区蒙古语文工作协作小组第十五次成员会议在西宁召开。会议提出了《2011—2015年八省区蒙古语文工作协作规划》。

7月4日，教育部语用司下发《开展“中华诵·2011经典诵读大赛”“中华诵·

2011全球华人学生暨全国学生规范汉字书写大赛"的通知》，正式启动2011年中华诵两大赛事。

7月5日，《新华字典》第11版出版座谈会在人民大会堂举行。全国人大常委会副委员长严隽琪，中宣部副部长蔡名照，教育部副部长、国家语委主任李卫红，新闻出版总署副署长邬书林，中国出版集团公司党组书记王涛等出席并讲话。

7月19日，"我唱北京(I Sing Beijing)"——国际青年声乐家汉语歌唱计划在国家汉办/孔子学院总部举行开学典礼。

7月23—24日，中国语言资源(上海)有声数据库建设学术研讨会在上海松江区组织召开。

7月26日，教育部召开新闻通气会，通报汉语能力测试和"中华诵"系列活动等有关情况。

7月29日，国家标准《出版物上数字用法》由国家质量监督检验检疫局国家标准化管理委员会批准发布。

7月29日，中国中文信息学会、中国中文信息学会民族语言文字信息专业委员会主办的第十三届中国少数民族语言文字信息处理学术研讨会在内蒙古呼和浩特召开。

7月29—30日，全国名词委测绘学名词审定工作会议在江苏徐州召开，原则通过了《测绘学名词》(第四版)审定方案。

7月29日—8月1日，中国辞书学会主办、黄河出版传媒集团宁夏人民出版社承办的中国辞书学会第九届年会暨第三届辞书事业终身成就奖颁奖大会在银川举行。

7月29—31日、8月1—2日，全国名词委林产化工、木材科学与技术两个林学分支学科名词审定会分别在哈尔滨和南京召开。

7月31日—8月9日，国家汉办/孔子学院总部举办了2011年汉语考试夏令营，23个国家的529名在汉语水平考试(HSK)、新中小学生汉语考试(YCT)等汉语考试中取得优异成绩的考生应邀来华参加此次活动。

8月

8月2—10日，教育部师范教育司统筹规划、语用司业务指导的"国培计划(2011)——中小学经典诵读教育骨干教师国家级培训"在徐州师范大学举办。

8月6日，汉语能力测试试点工作部署会在京召开。

8月8—9日，全国名词委编辑出版学名词审定委员会成立大会暨第一次审定工作会议在北京召开。

8月9—12日，教育部、国家语委、中央文明办联合主办，中共张家港市委员会、张家港市人民政府承办，中国教育电视台协办的“中华诵·2011中小学生夏令营”在江苏张家港青少年实践基地举办。

8月11日，第二期全国普通话水平测试站站长管理工作研修班在北戴河结业。

8月15—18日，全国普通话培训测试中心主任会议在青岛召开。

8月19日，《中国术语学概论》编撰工作启动会议在黑龙江大学召开。

8月24日，全国名词委第四届电力名词审定委员会成立大会在北京召开。

8月29日，《公共服务领域外文译写规范 英文》专家委员会成立会暨研讨会在北京召开。教育部副部长、国家语委主任李卫红出席会议并讲话。“公共服务领域外文译写网”同时开通。

9月

9月6日，第14届全国推广普通话宣传周新闻发布会在教育部举行。

9月11日，第14届全国推广普通话宣传周开幕式在内蒙古鄂尔多斯市伊金霍洛旗举行，教育部副部长、国家语委主任、全国推广普通话宣传周领导小组副组长李卫红出席活动并讲话。9月17日，宣传周在拉萨闭幕。

9月15—16日，全国名词委医学名词审定委员会在昆明召开物理医学与康复医学名词审定会。

9月16日，拉萨市召开国家通用语言文字工作评估总结会。

9月17日，教育部语用所广播电视语言研究中心、北华大学文学院、北华大学语言文字研究所联合举办的广播电视语言问题学术研讨会在吉林省吉林市举行。

9月17—18日，中国辞书学会语文词典专业委员会主办、陕西师范大学文学院承办的第八届全国语文辞书学术研讨会在西安举行。

9月22日，全国名词委社会科学名词审定工作协调会在中国社会科学院召开。

10月

10月8—9日，教育部语用司和教育部考试中心在北京联合召开汉语能力测试专家研讨会。

10月12日，国家语委“十二五”科研规划2011年度重大项目“语言文字规范标准符合性测查认证系统建设(一期)”开题会在教育部语用所召开。

10月22日，国家语委“十二五”科研规划2011年度重大项目“国民语言文字能力标准与测评体系研究”开题会在教育部考试中心召开。

10月22—23日，中国应用语言学会(筹)、教育部语用所主办的第七届全国语言文字应用学术研讨会在湖南湘潭举行。

10月26日，“普通话朗诵水平测试”“普通话演讲水平测试”“旅游行业普通话水平测试”3个项目鉴定会在天津召开。

10月28日，普通话审音委员会成立大会在北京举行。教育部副部长、国家语委主任李卫红出席并讲话。

10月31日，国家标准《中国人名汉语拼音字母拼写规则》由国家质量监督检验检疫局国家标准化管理委员会批准发布。

11月

11月1日，国家语委普通话培训测试中心、全国普通话水平测试研究会主办的第三期全国普通话水平测试站站长管理工作研修班结业。

11月1日，教育部语信司在昆明召开了语言文字信息管理工作调研会(中、西南片)。

11月4—10日，教育部语用司主办，西泠印社出版社、中国语文报刊协会规范汉字书写专业委员会承办的首批规范汉字书写、书法师资培训在京召开。

11月8日，国家语委、中国残疾人联合会2011年度重大科研项目“国家通用盲文手语标准研制”和“国家通用盲文标准修订”开题会在北京中国盲文图书馆召开。教育部副部长、国家语委主任李卫红出席会议并讲话。

11月9日，第50期国家级普通话水平测试员培训班结业典礼在北京举行。教育部副部长、国家语委主任李卫红，国务院侨务办公室副主任马儒沛出席并讲话。

11月10—11日，国家语委在上海外国语大学召开国家语委“十二五”科研工作座谈会。教育部副部长、国家语委主任李卫红出席并讲话。

11月15日，国家语委“十二五”科研规划重大项目——“中国跨境语言现状调查”开题会在中央民族大学召开。

11月19—20日，2011中国语料库语言学大会在北京外国语大学举行。

11月23日，汉语能力测试试点工作部署会在北京召开。教育部副部长、国家语委主任李卫红同志出席并讲话。

11月23—24日，“中华诵·经典诵读行动”经验交流研讨会在北京召开。

教育部副部长、国家语委主任李卫红出席会议并讲话。

11月25日，国家语委“十二五”科研规划2011年度重大项目“中华经典诵读教育与语文素质、语文教育、弘扬中华优秀传统文化相关研究”开题报告会在广州大学举行。

11月28日，教育部语用司下发《关于汉语能力测试试点工作的通知》，指导试点省份做好准备工作。

11月28日—12月1日，澳门理工学院、中国社会科学院语言研究所、南开大学共同主办的第六届海峡两岸现代汉语问题学术研讨会在澳门召开，会议主题为“国语运动百年”。

11月29日，联合国教科文组织同意世界汉语教学学会今后可用“NGO in operational relations with UNESCO”(与联合国教科文组织建立业务关系的非政府组织)名义开展活动。

11月29日，根据国际纯粹与应用化学联合会(IUPAC)2010年2月对第112号元素正式确定的英文名称，在广泛征求有关专家意见的基础上，全国名词委提出了112号元素的中文定名草案。

12月

12月1日，教育部、国家语委印发了《关于认定第三批国家级语言文字规范化示范校的通知》，北京市朝阳区芳草地国际学校等506所学校通过审查获国家级示范校称号。

12月7—8日，教育部语信司在上海组织召开国家标准《公共服务领域外文译写规范 英文(通则)》研制工作会。

12月9—11日，海外孔子学院/课堂的年度会议在北京外国语大学举行，会议主题为“孔子学院的未来十年”。

12月12日，世界汉语教学学会第八届常务理事会第四次全体会议暨第八届理事会第四次全体会议在北京召开。世界汉语教学学会会长许嘉璐出席并讲话。

12月12—14日，第六届孔子学院大会在北京举行。中共中央政治局常委李长春出席开幕式并为全球孔子学院先进个人和突出贡献奖获奖者颁奖，中共中央政治局委员、国务委员、孔子学院总部理事会主席刘延东出席开幕式并致辞。教育部部长、孔子学院总部理事会副主席袁贵仁做总结报告。大会主题为“孔子学院可持续发展”。96个国家和地区的1 400位大学校长和孔子学院代表出席。

12月16日，教育部语用所广播电视语言研究中心、绍兴文理学院联合举办的媒体语言规范问题研讨会在绍兴文理学院召开。

12月17—18日，首届中国心理语言学研讨会在广东外语外贸大学举行，会议期间召开了中国心理语言学专业委员会成立大会。

12月20日，中国语言资源有声数据库辽宁库建设工作正式启动。

12月22日，教育部、国家语委民族语言文字规范标准建设及信息化项目"现代藏语语法信息词典数据库研究"鉴定会在北京举行，并通过了专家鉴定。

12月24日，国家副主席习近平参观了泰国朱拉隆功大学孔子学院，参观了泰国孔子学院教学成果图片展，了解了泰国各地孔子学院、孔子课堂在教育教学、师资培训、活动交流等方面的情况。

12月24日，汉语能力测试试点工作在北京、内蒙古、上海、江苏、云南和南开大学等地(校)举行。

12月26日，山东大学语言经济研究中心成立大会暨语言经济研讨会在山东大学举行。

12月28日，广西壮族自治区政府在南宁召开壮语文水平考试试点工作座谈会，试点工作正式启动。

12月30日，国家标准《标点符号用法》由国家质量监督检验检疫总局国家标准化管理委员会批准发布。

（毛力群、毛筱静）

图 表 目 录

术语索引

H

后　记

一年一度的《中国语言生活状况报告》，自去年开始进行“瘦身”和“改版”，将两卷本改并为一卷本，增附一张光盘，原下卷中的大量表格和数据收入光盘中，极大地方便了读者的使用，赢得了较好的社会反响。

国家语言文字工作委员会主任、教育部副部长李卫红曾亲自打来电话，询问本项目的进展及出版情况。本年度，教育部语言文字信息管理司完成了新老领导的更换。老领导李宇明司长、王铁琨副司长和陈敏处长亲力亲为，持续关心指导本课题组工作长达六七年之久，新任司长张浩明、副司长田立新，出席本课题组的各种重要学术会议，提出过许多指导性意见，借此时机，我们课题组同仁，谨向教育部的新老领导表示崇高的敬意和由衷的谢意。

本课题组沿用去年的工作程序和机制，资深审订陈章太、戴庆厦、陆俭明、邢福义，副主编郭熙、杨尔弘、周洪波，审稿小组成员易军、王奇、李强等，兢兢业业，一丝不苟，精诚合作，始终保持旺盛的精力和献身精神，有关高等院校和民族语文工作机构也积极配合，为本书的编审、校改和出版做出了重要贡献。

课题组所有成员排除各种干扰，克服重重困难，保质按时完成了各自承担的撰稿及改稿任务。白娟博士除了承担撰稿任务、编辑《术语索引》外，还兼任课题组秘书，为筹办课题组启动会、联络课题组成员、处理各种繁琐事宜，投入了大量的时间和精力。

安凤雅、白杨、蔡长虹、陈慧、冯准、高建平、和丹丹、何婷婷、何瑞、贺阳、黄小珊、李雪、刘华、刘靖文、龙国贻、陆萍、茹菲、孙春颖、苏新春、王春辉、王笑艳、徐敬宏、张昌东、张晶晶、张维佳、张卫国、赵蓉晖、赵小兵、周大军等教授或学者，为课题组的组稿及其他工作，提供过有效的支持和帮助。

商务印书馆投入了大量的财力、物力和人力，周洪波副总编狠抓质量，掌控大环节大进度；责任编辑刘建梅，首次合作，认真尽责，工作效绩显著。

在此，我们谨向上述各位专家学者同仁表示衷心感谢！

由于多种原因，本书中的疏漏错讹在所难免。诚望读者不吝赐教，我们将在下一年度的工作中认真改进。

周庆生　侯　敏

2012 年 10 月 20 日

图书在版编目（CIP）数据

中国语言生活状况报告. 2012/教育部语言文字信息管理司组编. —北京：商务印书馆，2012(2013. 4 重印)
（中国语言生活绿皮书）
ISBN 978-7-100-09591-4

Ⅰ. ①中… Ⅱ. ①教… Ⅲ. ①社会语言学－研究报告－中国－2012 Ⅳ. ①H1

中国版本图书馆 CIP 数据核字(2012)第 246401 号

ZHŌNGGUÓ YǓYÁN SHĒNGHUÓ ZHUÀNGKUÀNG BÀOGÀO (2012)
中国语言生活状况报告（2012）
教育部语言文字信息管理司 组编

商 务 印 书 馆 出 版
（北京王府井大街 36 号 邮政编码 100710）
商 务 印 书 馆 发 行
北 京 瑞 古 冠 中 印 刷 厂 印 刷
ISBN 978 - 7 - 100 - 09591 - 4

2012 年 10 月第 1 版　　开本 787×1092 1/16
2013 年 4 月北京第 2 次印刷　　印张 32
定价：85.00 元